文革史料叢刊第三輯

第四冊（一）

李正中　輯編

只有不漠視、不迴避這段歷史，中國才有希望，中華民族才有希望！忘記歷史意味著背叛！

——摘自「文革史料叢刊·前言」

蘭臺出版社

巴金先生說在文革
受盡火與血磨煉
的人是不會沉默的

八十又
五叟
李正平

著名中國古瓷與歷史學家、教育家。
李正中　簡介

祖籍山東省諸城市，民國十九年（1930）出生於吉林省長春市。
北平中國大學史學系肄業，畢業於華北大學（今中國人民大學）。
歷任：天津教師進修學院教務處長兼歷史系主任（今天津師範大學）。
　　　天津大學冶金分校教務處長兼圖書館長、教授。
　　　天津社會科學院中國文化研究中心主任、研究員。
現任：天津文史研究館館員。
　　　天津市漢語言文學培訓測試中心專家學術委員會主任。
　　　香港世界華文文學家協會首席顧問。
　　　（天津理工大學經濟與文化研究所供稿）
為加強海內外學術交流，應邀赴日本、韓國、香港、臺灣進行講學，
其作品入圍德國法蘭克福國際書展和美國ABA國際書展。

文革五十周年祭

百萬紅衛兵打砸搶燒殺橫掃五千年中華文史精華　　可惜

中國知識分子慘遭蹂躪委曲求全寧死不屈有氣節　　可敬

國家主席劉少奇無法可護窩窩囊囊死無葬身之地　　可歎

內鬥中毛澤東技高一籌讓親密戰友林彪墜地身亡　　可悲

2016年李正中於5.16敬祭

前言：忘記歷史意味著背叛

文學巨匠巴金說：

應該把那一切醜惡的、陰暗的、殘酷的、可怕的、血淋淋的東西集中起來，展覽出來，毫不掩飾，讓大家看得清清楚楚，牢牢記住。不能允許再發生那樣的事。不再把我們當牛，首先我們要相信自己不是牛，是人，是一個能夠用自己腦子思考的人！

那些魔法都是從文字遊戲開始的。我們好好地想一想、看一看，那些變化，那些過程，那些謊言，那些騙局，那些血淋淋的慘劇，那些傷心斷腸的悲劇，那些勾心鬥角的醜劇，那些殘酷無情的鬥爭……為了那一切的文字遊戲！……為了那可怕的十年，我們也應該對中華民族子孫後代有一個交代。

要大家牢記那十年中間自己的和別人的一言一行，並不是讓人忘記過去的恩仇。這只是提醒我們要記住自己的責任，對那個給幾代人帶來大災難的「文革」應該負的責任，無論是受害者，或者害人者，無論是上一輩或是下一代，不管有沒有為「文革」舉過手點過頭，無論是造反派、走資派，或者逍遙派，無論是鳳或者是牛馬，讓大家都到這裡來照照鏡子，看看自己為「文革」做過什麼，或者為反對「文革」做過什麼。不這樣，我們怎麼償還對子孫後代欠下的那一筆債，那筆非還不可的債啊！

（摘自巴金《隨想錄》第五冊《無題集·紀念》）

我高舉雙手讚賞、支持前輩巴老的呼籲。這不是一個人的呼籲，而是一個民族對其歷史的反思。一個忘記自己悲慘歷史和命運的民族，就是一個沒有靈魂的民族，沒有希望的民族，沒有前途的民族。中華民族要真正重新崛起於世界之林，實現中華夢，首先必須根除這種漠視和回避自己民族災難的病根，因為那不意味著它的強大，而恰恰意味著軟弱和自欺。這就是我不計後果，一定要搜集、編輯和出版這部書的原因。我想，待巴老呼籲的「文革紀念館」真正建立起來的那一天，我們才可以無愧地向全世界宣告：中華民族真正走上了復興之路……。

當本書即將付梓時刻，使我想到蘭臺出版社出版該書的風險，使我內心感動、感激和感謝！同時也向高雅婷責任編輯對殘缺不全的文革報紙給以精心整理、校對，付出辛勤的勞累致以衷心得感謝！

感謝忘年交、學友南開大學博導張培鋒教授為拙書寫「序言」，這是一篇學者的呼喚、是正義的伸張，作為一個早以欲哭無淚的老者，為之動容，不覺潸然淚下：「一夜思量千年事，人生知己有一人」足矣！

李正中於古月齋

2014年6月1日文革48周年紀念

序言：中國歷史界的大幸，也是國家、民族之大幸

張培鋒

　　李正中先生積三十年之功，編集整理的《文革史料叢刊》即將出版，囑我為序。我生於1963年，在文革後期（1971-1976），我還在讀小學，那時，對世事懵懵懂懂，對於「文革」並不瞭解多少，因此我也並非為此書寫序的合適人選。但李先生堅持讓我寫序，我就從與先生交往以及對他的瞭解談起吧。

　　看到李先生所作「前言」中引述巴金老人的那段話，我頓時回想起當年我們一起購買巴老那套《隨想錄》時的情景。1985年我大學畢業後，分配到天津大學冶金分校文史教研室擔任教學工作，李正中先生當時是教務處長兼教研室主任，我在他的直接領導下工作。記得是工作後的第三年即1987年，天津舉辦過一次大型的圖書展銷會（當時這樣的展銷會很少），李正中先生帶領我們教研室的全體老師前往購書。在書展上，李正中先生一眼看到剛剛出版的《隨想錄》一書，他立刻買了一套，並向我們鄭重推薦：「好好讀一讀巴老這套書，這是對「文革」的控訴和懺悔。」我於是便也買了一套，並認真讀了其中大部分文章。說實話，巴老這套書確實是我對「文革」認識的一次啟蒙，這才對自己剛剛度過的那一個時代有了比較深切的瞭解，所以這件事我一直記憶猶新。我記得在那之後，李正中先生在教研室的活動中，不斷提到他特別讚賞巴金老人提出的建立「文革紀念館」的倡議，並說，如果這個紀念館真的能夠建立，他願意捐出一批文物。他說：「如果不徹底否定「文革」，中國就沒有希望！」我這才知道，從那時起，他就留意收集有關「文革」的文獻。算起來，到現在又三十年過去了，李先生對於「文革」那段歷史「鍾情」不改，現在終於將其衰輯付梓，我想，這是中國歷史界的大幸，也是國家、民族之大幸！

　　前兩年，我有幸讀到李正中先生的回憶錄，對他在「文革」中的遭遇有了更為真切的瞭解。「文革」不僅僅是中國知識分子的受難史，更是整個民族、人民的災難史。正如李先生在「前言」中所說，忘記這段歷史就意味著背叛。李先生是歷史學家，他的話絕非僅僅出於個人感受，而是站在歷史的高度，表現出一個中國知識分子的真正良心。

　　就我個人而言，雖然「文革」對我這一代人的波及遠遠不及李先生那一代人，但自從我對「文革」有了新的認識後，對那段歷史也有所反思。結合我個人現在從事的中國傳統文化教學與研究來看，我覺得「文革」最大的災難在於：它對中華優秀傳統文化做出了一次「史無前例」的摧毀（當時稱之為「破四舊，立新風」，當時究竟是如何做的，我想李先生這套書中一定有非常真實的史料證明），從根本上造成人心

的扭曲和敗壞，並由此敗壞了全社會的道德和風氣。「文革」中那層出不窮的事例，無不是對善良人性的摧殘，對人性中那些最邪惡部分的激發。而歷史與現在、與未來是緊緊聯繫在一起的，當代中國社會種種社會問題、人心的問題，其實都可以從「文革」那裡找到根源。比如中國大陸出現的大量的假冒偽劣、坑蒙拐騙、貪汙腐化等現象，很多人責怪說這是市場經濟造成的，但我認為，其根源並不在當下，而可以追溯到四十年前的那場「革命」。而時下一些所謂「左派」們，或別有用心，或昧了良心，仍然在用「文革」那套思維方式，不斷地掩飾和粉飾那個時代，甚至將其稱為中國歷史上最文明、最理想的時代。我現在在高校教學中接觸到的那些八十年代、九十年代後出生的年輕人，他們對於「文革」或者絲毫不瞭解，或者瞭解的是一些經過掩飾和粉飾的假歷史，因而他們對於那個時代的總體認識是模糊甚至是錯誤的。我想，這正是從巴金老人到李正中先生，不斷呼籲不要忘記「文革」那段歷史的深刻含義所在。不要忘記「文革」，既是對歷史負責，更是對未來負責啊！

記得我在上小學的時候，整天不上課，拿著毛筆——我現在感到奇怪，其實就連毛筆不也是我們老祖宗的發明創造嗎？「文革」怎麼就沒把它「革」掉呢？——寫「大字報」，批判「孔老二」，其實不過是從報紙上照抄一些段落而已，我的《論語》啟蒙竟然是在那樣一種可笑的背景下完成的。但是，僅僅過去三十多年，孔子仍然是我們全民族共尊的至聖先師，「文革」中那些「風流人物」們今朝又何在呢？所以我認為，歷史是最公正、最無情的，是不容歪曲，也無法掩飾的，試圖對歷史進行歪曲和掩飾其實是最愚蠢的事。李正中先生將這些「文革」時期的真實史料拿出來，讓那些並沒有經歷過那個時代的人們真正認識和體會一下那場「革命」的真實過程，看一看那所謂「革命」、「理想」造成了怎樣嚴重的後果，這就是最好的歷史、最真實的歷史，這也就是巴老所說的「文革紀念館」的一個重要組成部分啊！我非常讚成李正中先生在「前言」中所說的，只有不漠視、不回避這段歷史，中國才有希望，中華民族才有希望！

是為序。

中華民族最黑暗的年代「文革」48周年紀念於天津聆鍾室
〔注〕張培鋒：現任南開大學文學院教授博士班導師

古月齋叢書5　文革史料叢刊　第三輯

首都紅代会

北京外国語学院紅旗革命造反団

文革風雲 編輯部

三

一九六七年

启　事

最　高　指　示

"互通情报"。就是说，党委各委員之间要把彼此知道的情况互相通知、互相交流。这对于取得共同的语言是很重要的。有些人不是这样做，而是象老子说的"鸡犬之声相闻，老死不相往来"，结果彼此之间就缺乏共同的语言。

为了交流經驗，互換材料，促进运动的发展，把无产阶級文化大革命搞得更好，我們衷心希望：

一、各地革命造反派組織和一切革命同志与我們进行革命串連，交換文革資料。

一、欢迎广大工农兵和革命师生批評指教，积极供稿。

本刊编辑部

最最热烈欢呼北京市革命委員会光荣誕生

"虎踞龙盘今胜昔，天翻地覆慨而慷。"

在我們伟大領袖毛主席的亲切关怀指导下，在无产阶級文化大革命的一片凱歌声中，北京市革命委員会光荣誕生了。这是无产阶級革命派大联合，大夺权的重大胜利，这是毛主席的无产阶級革命路綫的重大胜利；这是战无不胜的毛泽东思想的伟大胜利。

北京市革命委員会的誕生宣告了旧北京市委反革命修正主义集团的死亡，粉碎了刘邓忠实走狗彭眞之流篡党、篡政、篡軍的迷梦，标志着无产阶級夺权斗争的重大胜利。

"世界上一切革命斗爭都是为着夺取政权，巩固政权。而反革命的拼死同革命势力斗爭，也完全是为着维持他們的政权。"眞正的无产阶級革命派就应該牢記主席的教导，看的是政权，想的是政权，干的就是为了政权。有了政权就有了一切，沒有政权就丧失一切。

以彭眞为首的旧北京市委是一个地地道道的反革命修正主义集团。这一伙反党野心家，在其后台老板，党內最大的走資本主义道路当权派刘少奇的庇护和支持下，干尽坏事，罪恶滔天。

就是这一小撮反革命修正主义分子，恶毒攻击我們的伟大領袖毛主席，疯狂反对战无不胜的毛泽东思想，就是这一小撮反革命修正主义分子，狂热鼓吹党內头号走資本主义道路的当权派刘少奇，强行推銷大毒草"黑修养"。他們的狼子野心昭然若揭。他們的一切罪恶活动都围繞着一个政权问题，那就是要篡党、篡政、篡軍，实现他們颠复无产阶級专政，复辟資本主义制度的罪恶目的。

无产阶級革命派同旧北京市委反革命修正主义集团的斗爭，就是一场尖銳复杂，惊心动魄的夺权斗爭，一场資产阶級复辟和无产阶級反复辟的你死我活的阶級斗爭。

"六月天兵征腐恶，万丈长纓要把鲲鹏缚。"北京市的无产阶級革命派遵循我們伟大領袖毛主席"造反有理"的教导，敢想、敢說、敢闖、敢干、敢革命，发揚"舍得一身剛，敢把皇帝拉下馬"的大无畏精神，造了这批修正主义分子的反，罢了他們的官，撤了他們的职，夺了他們的权，捣毁了他們所控制的大大小小的阎王殿，在资本主义和修正主义的一片废墟上建立起了自己的紅色政权——北京市革命委員会。

北京市革命委員会的成立宣布了北京市无产阶級革命派夺权斗争的胜利，宣告了旧北京市委反革命修正主义集团的死亡。这是毛泽东思想的伟大胜利；这是毛主席的革命路綫的伟大胜利。它是北京市文革史上的光輝的里程碑；它是北京市目前运动的一个重要的轉折点。

"宜将剩勇追穷寇，不可沽名学霸王。"

目前 片大好形势。无产阶級文化大革命正沿着毛主席的革命路綫势如破竹，节节胜利，凯歌前进！但是，阶級敌人人还在，心不死。我們任重道远，万万不可松懈自己的警惕性。毛主席說："**敌人是不会自行消灭的。无论是中国的反动派，或是美国帝国主义在中国的侵略势力，都不会自行退出历史舞台。**"我們无产阶級革命派一定要发扬"**宜将剩勇追穷寇，不可沽名学霸王**"的彻底革命精神，穷追猛打，把党內一小撮走资本主义道路的当权派统统揪出来，把他們拉下马，抛进历史的垃圾箱。

无产阶級革命派联合起来，牢牢把握斗争的大方向，坚决把无产阶級文化大革命进行到底。这就是我們对自己的紅色政权——北京市革命委員会的最好献礼和最大支持。

让光輝灿烂的毛泽东思想伟大紅旗永远永远地飘扬在世界革命的中心——紅色首都北京城的上空！

我們心中最紅最紅的紅太阳毛主席万岁！万岁！万万岁！

北京市革命委員会主要負責人名单

(据地质《东方紅》报本月十九日采访于市委)

主　　　任：謝富治
副　主　任：吳　德　郑維山　傅崇碧　聂元梓
核 心 組 长：謝富治
核心組副組长　吳　德　周景芳（兼秘书）
核 心 組 成員：謝富治　吳　德　郑維山　傅崇碧　黃作珍　范普泉　周景芳
　　　　　　　刘建勋　高揚文　丁国鈺
九 个 办 事 組：
　办 事 組組长：杨　远
　宣 传 組組长：丁国鈺
　政 治 組組长：周景芳　王　戾
　工 交 城 建組：高揚文　杨寿山　张　亮　杜春荣
　財　貿　組：杨少桥
　农　村　組：刘建勋　张义山
　政　治　組：范普泉　牟利善
　計　划　組　牛連碧　毛連珏　武柯枫
　外　事　組：丁国鈺

打倒陈毅，解放外事口

"钟山风雨起苍黄，百万雄师过大江"。

无产阶级文化大革命正沿着毛主席的革命路綫节节胜利，凯歌向前。形势一片大好，好得很！

目前，一场空前规模的彻底摧毁刘邓资产阶级黑司令部的战斗已經打响了，我們正处在两个阶级，两条路綫，两种命运最后决战的关键时刻。无产阶级革命派胜利在望，党内一小撮走资本主义道路的当权派末日降临！

"宜将剩勇追穷寇，不可沽名学霸王"

在这场关系重大的决定性战役中，我們外事系统的无产阶级革命派，一定要牢記主席的这一教导，高举革命的批判旗帜，炮轰外交部，解放外事口，坚决把无产阶级文化大革命进行到底。

长期以来，外事口主要负責人陈毅，在外交、軍事、文艺、体育等各个領域到处放毒，疯狂反对伟大的毛泽东思想，攻击无产阶级专政，为资本主义复辟制造輿論。他的资产阶级世界观根深蒂固。他反对毛主席由来已久。文化大革命以来，这个自称几次反对过毛主席的陈毅，多次在公开场合大放厥詞，拚命詆毁伟大的毛泽东思想，反对我們心中的紅太阳毛主席。眞是猖狂至极，罪恶滔天，是可忍，孰不可忍！

就是这个陈毅，积极参与了刘、邓制定资产阶级反动路綫的罪恶活动，充当了刘、邓黑司令部鎭压无产阶级革命派的忠实打手，把外事系统轰轰烈烈的无产阶级文化大革命打了下去；就是这个陈毅，假检查，眞进攻，大刮翻案风，公然与中央文革唱对台戏，变本加厉地反对毛泽东思想，妄图反攻倒算，卷土重来，实现资本主义反革命复辟，就是这个陈毅，颠倒黑白，混淆是非，把"打倒一切"，"执行资产阶级反动路綫"等罪名强加在革命小将头上，支持保守派，在革命派内部实行分化瓦解，拉一派，打一派，背离革命的"二结合"，操纵假夺权，妄图使无产阶级文化大革命带上"温和"色彩，半途夭折。

大量鉄的事实証明，陈毅是刘邓资产阶级黑司令部里的人，只有打倒陈毅，才能解放外事口，才能貫彻毛主席的革命路綫，才能树立毛泽东思想的絶对威信，才能在外事系统来一个彻底革命化，眞正把外事口办成紅彤彤的学习毛泽东思想的大学校。

外事系统无产阶级革命派的战友們，让我們勇敢地投入战斗，打一场人民战争，克服一切阻力，冲破层层障碍，联合全市乃至全国的革命造反派，**"下定决心，不怕牺牲，排除万难，去争取胜利"**，坚决把外事系统的无产阶级文化大革命进行到底。不达目的，死不罢休！

舍得一身剮，敢把陈毅拉下馬！

打倒陈毅，解放外事口！

毛主席的无产阶级革命路綫胜利万岁！

——本刊評論員

15

外事口文革专辑

最 高 指 示

"舍得一身剮，敢把皇帝拉下馬"，我們在为社会主义共产主义而斗争的時候，必须有这种大无畏的精神。

照 会

首都大专院校红代会北京外国语学院红旗革命造反团作战组
一九六七年五月四日

陈 毅：

你在一月二十四日的假检討中說了一些什么，人們已經忘却了。然而，你的最后一段冠冕堂皇的話，我們却至今仍然記忆犹新。你說，你要"放下臭架子，甘当小学生，高价征求批評，誠恳接受监督，以滿腔热情，到群众中去，虛心向群众学习。"我們曾經抱着良好的愿望，大門啟开着，期待着你到群众中来。

不料你作为堂堂的副总理，原来是一个翻云复雨，出尔反尔，說話不算数的人物。冬去春来，几个月过去了，你不但沒有履行自己的諾言，反而躲在阴暗的角落里，干了一系列見不得人的勾当。

你以怨报德，无视党中央和毛主席对你的期望，"检查"墨迹未干，你就反戈一击，声称检查是"逼出来的"。你頑固坚持资产阶级反动立场，继续抗拒毛主席的革命路綫，抗拒由毛主席亲自領导的无产阶级文化大革命，抗拒毛主席的参謀部中央文革小组的正确領导。你打着"老干部"的旗号，招搖撞騙，在当时社会上出现的那股資本主义复辟逆流中，你和譚震林一样，充当了赤膊上陣的急先鋒的角色，对党对人民犯下了新的罪行。

目前，外事系统的无产阶级革命派已經认清了你的庐山眞面目，你的大量反党反社会主义反毛泽东思想的罪恶言行被揭发出来，你的丑恶嘴脸已經暴露在毛泽东思想的光天化日之下。千千万万鉄的事实告訴我們，你是刘邓黑司令部里的一員干将，你是外事系统党內头号走資本主义道路的当权派，你是埋在我們最最敬爱的領袖毛主席身边的一顆危险的定时炸弹。

任你巧舌如簧，甜言蜜语，你騙不了我們；任你张牙舞爪，气势洶洶，你吓不倒我們；任你有多高的职位，多老的資格，多大的"声望"，我們誓与你斗争到底！

早在四月十七日陈伯达同志就指示你到群众中来，可是你对伯达同志的指示置若罔聞，二十天过去了，你仍然拒不和革命群众見面。你抗拒伯达同志的指示是罪上加罪，罪該万死！

现在，我們向你发出照会，你必须立即滚到群众中来，听取广大无产阶级革命派对你的揭发和批判，**你必须彻底交待你的反党反社会主义反毛泽东思想的滔天罪行；你必须向毛主席低头认罪，向革命群众低头认罪。**

你已临四面楚歌，你已成瓮中之鳖。如果你胆敢冒天下之大不韪，继续对抗伯达同志的指示，对革命群众的严正要求不予理采，我們就将采取一切必要的革命行动。到底何去何从，希望你权衡利害，善自抉择。有言在先，勿謂言之不預也。

陳毅手下的各对外友协主要负责人都是些什么货色？

江青同志說："从五九年起，各个战线上有他（刘少奇）的一条路线，也同时有毛主席的路线。"我們要根据这个重要指示，发扬"宜将剩勇追穷寇"的革命精神，把刘邓在外交战綫上安插的黑党羽統統揪出来，把外事口的无产阶級文化大革命进行到底。

陈毅手下的各对外友好协会的負責人都是些什么货色？这些协会的会长，副会长的职权都被哪些人把持了呢？看：

中罗友协：陆平（黑帮）梅益（黑帮）

中阿（阿尔巴尼亚）友协：蔣南翔（黑帮）刘白羽（黑帮）

中尼友协：吳晗（黑帮）

中蒙友协：曹禺（反动学术权威）

　　　　　曹荻秋（修正主义分子）

　　　　　毛齐华（問題严重）

中波友协：邓拓（黑帮）蔡楚生（黑帮）

中古友协：张致祥（修正主义分子）

　　　　　刘志坚（有严重問題）

　　　　　林默涵（黑帮）馮基平（黑帮）

中非友协　包尔汉（修正主义分子）

　　　　　徐平羽（修正主义分子）

中拉友协·吳冷西（黑帮）

　　　　　周而复（修正主义分子）

中印友协·阳翰笙（黑帮）

中阿（阿联）友协：包尔汉（修正主义分子）

中錫（錫兰）友协·錢信忠（有严重問題）

　　　　　　　　严文井（修正主义分子）

中緬友协：张友漁（黑帮）

　　　　　翦伯贊（反动学术权威）

中越友协：杨秀峰（黑帮）

中柬友协：章汉夫（叛徒）

　　　　　张茜（頑固执行反动路綫）

中印（印度尼西亚）友协：馬玉槐（西北局书記处书記，修正主义分子）

　　　　　　　　包尔汉（修正主义分子）

17

中德友协：荣高棠（修正主义分子）

馬思聰（叛徒）

各对外友协的領导权被这些人所把持，外事系统问题的严重性可见一斑。这伙坏蛋大肆贩卖修正主义黑货，猖狂反对毛泽东思想，拚命推行资产阶级反动路綫，对党、对人民犯下了滔天罪行，而庇护他們的大紅伞就是陈毅！

陈毅不投降，就叫它灭亡！

身为党中央政治局委員、外交部长的陈毅，多次来云南从不过問地处边疆的云南省的工作、外事和边疆情况，也沒有給云南省的同志带来党中央在政治上的关怀和优良作风。他跟工作人員接触时从不談政治、思想、学习毛主席著作，只談些什么地方好玩，什么东西好吃。他来云南不是游山玩水，就是下围棋、看戏跳舞，极尽享受之能事。陈来云南多次，当地的农村人民公社他是不去訪問的，工厂也去得极少。因此他給人留下的只是一个讲究吃、喝、玩、乐，追求资产阶级生活方式的官老爷的形象。

一、吃

陈毅曾說过：干外交工作的人要有个好肚子，天天吃宴会沒有个好肚子应付不了，我想叫它瘦一点也瘦不下来。照此来说，他该想吃点简单清点的飯菜了吧！可是并不。陈来云南数次充分显示他不但爱吃、能吃，而且还会点着吃。因此每当他来昆，招待人員包括厨师、采购員等莫不忙得不亦乐乎。他爱吃的东西稀奇古怪，他点过的菜从一般的鸡鸭魚肉到山珍海味，諸如象、熊掌、麂子、蜂蛹等名目繁多，什么"老狗烧湯"、"小狗吃肉"、"全羊"、"泥鳅钻豆腐"、"子薑炒麂子肉"、"老糟米花鸡蛋"等等。为了他吃麂子肉，不惜派省体委和軍区的同志专門去打麂子，一次他要吃泥鳅钻豆腐，只得派人连夜去捉泥鳅，萝卜落市的季节，他要吃萝卜絲炒麂子肉，只好连忙派人到溫泉附近的龙山去采买，忙坏了廚师和采购員。此外，他每次来云南都千方百計要到閻紅彥家去吃一頓川味飯菜，因为閻家有四川廚师和自制的四川腊肉。这也使交际处的服务員忙苦了。

二、跳舞

陈毅酷爱跳舞，特别是在四清运动以前，每次来昆明都要组織交际舞会。他还亲自指示舞会要組織得热鬧一些，那就是除了跳舞之外，中間还要穿插一些歌舞节目和伴唱。舞伴要会跳舞的熟人。六三年，有一次他看完戏以后还要組織舞会，叫工作人員忙得团团转。他一边在看戏，另一边则在为他临时组織一帮跳舞的人馬等候。为了他个人的娛乐，多少人深夜不能休息，甚至为了跳舞有时使剧团不能对外演出。这种情况在四清运动以后，虽有减少，但仍未根本停止，有时暗示接待人員"組織舞会运动运动"。

三、看戏

陈毅看戏，爱看旧戏，并且亲自点戏，有时还指示演員唱原本的戏（沒有改过的）。

一九六四年全国已普遍进行京剧改革，大力提倡现代戏，以革命内容去教育观众。身为国务院付总理的陈毅不仅不大力支持，积极拥护，带头看现代戏，反說看戏要看老戏才有味道，"娛乐就是为了休息，何必搞得那么緊张？"云云。

四、下围棋

陈下围棋是头等大事，每次来昆，只要不去游山玩水，定要下围棋，成天是吃了下，下了吃。他一到昆明，輕工厂的厂长林亮、政治学校的陈永和、省供銷社的一个吴处长放下工作，成天陪他下围棋。

五、宣揚資产阶级的思想和生活情趣

1. 一九六三年来昆看了翠湖的花展后，就揮笔写了一首沒有政治内容的《贊杜鵑》投到云南日报发表。

2. 一九六五年秦基伟司令員生病住四十三医院，陈去医院看秦，对秦讲"革命二十多年了，年令大了，身体不好享受享受也应該了。"

3. 他很欣賞云南的气候，但又說，在昆明休养，久住沒有条件，沒有个大院子散步，沒有个平房，沒有个玩的地方，滇池的水不錯，就是沒有个大一点的游船开得进去。他对广州住的条件及玩的地方颇为夸奖，并告訴閻紅彥，广州有个白云山庄不錯，可以派人去看一下。你們这里可以搞一个，还可以在翠湖中心搞个大的宴会厅。这一番話对閻紅彥的"启发"可眞不小。后来，云南就訂购了价值数十万元的游船。一九六六年二、四月份省里还筹备在余家花园兴建一个新的高干招待所。为此，省里下令将一个十多戶人家的小村子全部搬迁，并从广州請来一名付市长林西带上一批工程設計人員来帮助設計。这样一来又不知给国家浪費若干万元。

4. 一九六二年跟刘少奇一起出国訪問时，他在我省大吹特吹外交活动中夫人的作用。为此他和张茜还召开了一次夫人会議，会上他不談如何对外宣传毛泽东思想，社会主义的优越性、不談在外事工作中高举毛泽东思想伟大紅旗，突出政治；却大談外交技术，如怎样应酬呀，要有几件衣服呀，說云南外宾越来越多，可以組織一些夫人到北京、上海等地学习，縫点好衣服，还說做外交工作公家不补助点錢不行，我虽是个二级干部，常出国，公家不补助也穿不起呀。这样一来，省委的于一川、刘明輝就连夜积极筹备，組織了一个七人夫人小组（被称为七仙姑），到省外各地去"学习"。花了国家不少錢，成为云南省无产阶级文化大革命中的一段"佳話"。

5. 有一次陈毅的夫人张茜出国訪問归来，张茜借让云南的领导人和夫人們开开眼界为名，搞了一个小型展覽会，把她从資本主义国家訪問中带回来的花束、花项鏈、照片、礼品等向夫人們展出，幷說这些国家招待得多么热情，服务員多么有礼貌，被子一定要燙，房間布置得多么美观，等等，公开大肆散播資产阶級的腐朽思想和庸俗生活作风。陈毅的生活何等腐化，陈毅的灵魂何等丑恶！

打倒陈毅！

据云南交际处处长　黄风林揭发

1967 年 1 月 23 日

陈　毅　的　黑　关　系

一、陈毅与刘少奇

在陈毅主管的外事口，过去黑"修养"被視作"圣經"，外交部干部几乎人手一册。

刘鬼下南洋时，陈毅是陪到底的。对刘少奇在国外积极贩卖修正主义貨色，疯狂践踏毛主席的无产阶級革命路綫的罪恶活动，陈毅不仅不加阻止，反而大加贊尝，百般吹棒。他肉麻地贊頌刘少奇訪問印尼的所謂"高度的艺术性"，夸奖刘少奇具有"无产阶級外交家风度，是外交工作的典范"等等。眞是乱弹琴，狗嘴里吐不出象牙来！

陈毅一九六六年二月出訪途經新疆时給地委机关干部訓话，胡說什么"黑修养"发挥了"馬列主义、毛泽东思想"，还說："你們要好好学习毛主席思想，也要好好学习刘主席的思想"、"你們要好好学习毛主席著作，也要好好学习刘少奇同志的著作。刘少奇同志的著作发挥了馬列主义毛泽东思想。"

在刘鬼受到批判即将被揪出来时，陈毅还竭力保护，說什么"刘主席的指示，我完全贊成……尊重大多数，同时要保护少数，要尊重大多数，刘少奇同志讲得很正确，在人民大会堂。""……刘少奇同志，……是我的先生。"

陈毅必須老实交待和刘鬼少奇的黑关系。陈毅不向毛主席低头认罪，就让他灭亡！

二、陈毅和章汉夫

大叛徒章汉夫（中央候补委員，外交部付部长）是刘少奇反革命叛徒集团的　員干将。他曾于一九三五年被捕入獄，关在江苏反省院。后来在党內最大的走資本主义道路当权派刘少奇的指使下，变节投降，成了叛徒。

对于这样一个大叛徒，陈毅和外交部党委却关怀备至，脉脉含情。因此，这个敗类直得到重用，近几年飞黄腾达。出国訪問有他，內部决定重大問题有他，眞是风云一时。

陈毅包庇、勾結大叛徒章汉夫决沒有好下场。

三、陈毅与胡乔木

一九六二年　月五日陈毅拜訪反革命修正主义分子胡乔木时有这么　段对話：

胡："我养病一年多了，不晓得作品为什么一定要审查？是不是最近中央决定要审查作品？"

陈："沒有哇！并沒說作品要審查，也沒有說作品要審查才能演出。"

胡："为什么有这样的事？"

陈："中央从来沒有规定出版书籍要审查，都是下面一些人搞的，以后出版书籍都不要审查"，"人家花了几年功夫写了一本书，你看了半小时，就給全部否定，那誰还能写书了。"

胡："我們写政治文章也不一定要审查，总是大家商量好了，打个圈就算了。你如果不同意，加一段或者几点意見，交給原作者，原作者他可以采纳，不采納还是照样发表。"

陈："是呀！"

看，陈毅和反革命修正主义分子胡乔木說得何等投机！他們狠狠为奸給毒草大开綠灯，为牛鬼蛇神反党反社会主义提供方便，何其毒也！

恰恰是这个胡乔木，一九五〇年抗拒毛主席批判反动的卖国主义的影片《清宫秘史》，滥用中宣部常务付部长的"审查"大权，把左派的稿件冠以"措辞"激烈的罪名打入冷宫，扼杀了解放后文艺界第一次大批判。恰恰是这个胡乔木，滥用手中"审查"大权，阻挠"小人物"对俞平伯《关于红楼梦》的批判。那末为什么胡乔木要突然取消对作品的审查而陈毅又积极支持呢？翌日，陈毅在广州创作会議上为右派爭写作自由，大肆攻击毛主席的文艺路綫，彻底暴露了他們的阴险嘴脸。原来他們只許毒草出籠，不准香花开放！

陈毅和胡乔木的私人交往可謂深矣！因此，胡乔木的女儿突然摘下中国科大的校徽而成了外交学院的学生，也就不奇怪了。

陈毅是刘鬼黑"修养"的推銷員

党內头号走資本主义道路的当权派刘少奇被揪出来了，这是毛泽东思想的伟大胜利！我們应该发扬"痛打落水狗"的精神，揪起毛泽东思想的千鈞棒，把刘鬼反毛泽东思想的典型代表作，資本主义复辟的总綱領——黑"修养"彻底批倒，批臭！把其在各领域中的流毒彻底肃清！

陈毅——刘氏的忠实門徒，为兜售其主子的黑"修养"臭貨，四处奔走呼号。在这次无产阶级文化大革命中，陈毅不仅忠实积极地执行了其主子制定的反动路綫，残酷鎮压了外事口的文化大革命，而且还到处演說，大放厥詞，与刘鬼黑"修养"一唱一和，流毒全国，危害非浅，必须予以彻底批判。

刘鬼在黑书中胡說什么党內斗爭是由于"党員看問題的方法不同"，"处理問題的方法不同"而引起的，竭力掩盖党內斗爭是"社会的阶级矛盾和新旧事物的矛盾在党內的反映"这一实质，鼓吹"党內和平"論，从根本上放弃了我党对資产阶级、修正主义以及和形形色色机会主义的斗爭。

陈毅說了些什么呢？

在两种命运、两个阶级、两条路綫的激烈斗争时刻，陈毅跳了出来，摆出一付公允平正的面孔，大肆鼓吹"停战"，"团結"，"和平"，大搞折中，大和稀泥，說什么"多数派也对，少数派也对。""我不能站在那一边，也不能站在这一边""我不傾向任何一方，我只傾向团結""我不完全否定工作组，但也不完全贊成，他們不是完全错的……运动中大家都有错誤的，互相承认，有利团結。""多数派，少数派都稍稍让一一让就行了""你們这样斗来斗去成了仇敌，要团結起来，要有共产主义的胸怀""他們（指工作组）有错，你們也有错，矛盾双方是相互依存的。"并威吓革命造反派說："你們有什么深仇大恨，有什么冤仇啊？……你們要好好检查一下。"……够了！够了！陈毅，你是个貨真价实的刘鬼黑"修养"的推銷員！你的黑話是不折不扣的刘鬼"党內和平"論的翻版！

紅旗杂志66年十四期社論指出："在你死我活的阶级斗争中，搞折中主义，实际上就是站到敌人一边。每当阶级斗争的紧要关头，折中主义者总是出来大喊大叫，或者嘟嘟噻噻，然而历史注定了他們扮演的是一个可悲的角色。"陈毅这些貌似公正的詞句，赤裸裸地暴露了他打击革命造反派，压制革命造反派起来斗争的庐山眞面目。陈毅不投降，决不会有好下場。

披着共产党員外衣，一貫宣传孔孟养身修性之道的中国赫魯晓夫，抹煞阶级斗争，竭力用反动的"馴服工具"論，愚弄广大革命群众，鼓吹"容忍"、"寬大"、"委曲求全"等資产阶级的处世哲学，以达到其篡党篡国的反革命复辟目的。

主管外事系統工作的陈毅和党內最大 走資本主义道 路当权派 确实是 "心有灵犀一点通"。

看！在两个阶级，两条路綫你死我活的搏斗中，陈毅赤膊上陣，亲临指揮，鎭压了敢于起来造反的革命小将，而另一方面，又装出笑脸，重弹"容忍"，"寬容"的滥调。說什么毛主席"如果他十五年不忍耐，搞一些其它活动，遵义会議上不了台。""毛主席之所以伟大，是由于他有最大的忍耐""毛主席的威望和正确性也可能跟他受气最多取得，从受冤枉出来的"……

呸！呸！住口！老陈毅，不許你誣蔑我們**敬爱的領袖毛主席。**毛主席是經受了长期革命战争严峻考驗的当代活的列宁，毛泽东思想是在与帝国主义、修正主义和各种机会主义斗争中发展起来的，是当代最高水平的馬克思列宁主义。

除此以外，陈毅还恶毒攻击革命造反派与資产阶级反动路綫斗争是經受不起冤枉，說什么"你們貼大字报冤枉，还有毛主席的冤枉大吗？你們要顾全大局，要有很好的修养"（看！又是修养，純粹是刘氏的"修养"，越"修养"越修，越"修养"越成修正主义。）陈毅还鼓吹帝王将相的度量，要革命小将向这些封建圣人学习，要能做到"宰相肚里能撑船"，要学会"寬容""不記仇"，要"受得起委曲""寬宏大量"等等。他肆意歪曲不可调和的路綫斗争的实质，說这是革命造反派"泄私憤"，"图报复"，"好斗"，"整人"，"发疯病"……反之，却为坚持資产阶级反动路綫，**受批判的人鸣冤叫屈，**說什么把他們"搞得好苦呵"，"比王明路綫还厉害"，是"残酷斗争无情打击"等等。这和刘少奇在黑"修养"中誣蔑坚持党內斗争的同志是"疯癫的人""故意制造党內斗争"又有什么两样。眞是沆瀣一气，物以类聚。

陈毅自称是"刘少奇的学生"，从以上所例举的一些謬論来看，确实是当之无愧！

陈毅推銷刘氏黑店的臭貨，与毛主席的**无产阶级革命路綫大唱反调，**为刘邓資产阶级反动路綫摇旗吶喊，罪該万死，必須打倒！

陈毅必須向毛主席低头认罪！

陈毅不投降就让他灭亡！

紅旗革命造反团一团

《横扫千軍如卷席》兵团

陈毅反毛泽东思想言論集

（第二集）

公开反对毛主席

公开反对毛泽东思想

为资本主义复辟鳴锣开道

一、公开露骨地反对、污蔑毛主席，千方百计地貶低毛主席威信。

〈1〉"我們靠什么进步？ 单靠贊扬可以进步嗎？'二面紅旗完全正确呀'，我完全拥护'呀，'中国共产党万岁'呀，'毛主席万岁'呀，'新中国万岁'呀，光这样讲有什么好处。"

〈1962〉

〈2〉"……領袖終究是个人，力量是有限的，主要靠集体、靠党、靠大家。"

〈1965 7〉

〈3〉"毛主席也是一颗螺絲釘。"

〈1965 12〉

〈4〉"不要都是毛主席的鏡头，学語录的鏡头不要太多。"

〈审查亚运会記录片时〉

〈5〉"我反对过毛主席，但他上台还重用我。反对过他的人不一定是反革命，拥护他的不一定革命。"

〈1966〉

〈6〉"包括毛主席在內，都是普通工作人員，都可以贴大字报"。"毛主席也是个普通老百姓。"

〈1966〉

〈7〉"我們沒有个人迷信，我們不迷信斯大林，不迷信赫鲁晓夫，也不迷信毛泽东同志。"

〈1966.5.31 〉

〈8〉文化大革命初，陈毅說："毛主席在文化大革命中是乾坤独断。"

〈1966.6〉

〈9〉"毛主席說，我們不要自己騙自己。人們叫毛主席万岁，一个人是不可能活一万岁的，但人民可以活一万岁。"

〈1966.6.7〉

〈10〉"对毛主席的信仰也不是一下子肯定的，过去我也几次反对过毛主席……我还不敢保証将来就不反对毛主席。"

〈1966 6 17〉

〈11〉"……你們不要以为今天拥护毛主席，以后就不反对了！你們永远拥护？这是靠不住的。"

〈1966 6.20〉

〈12〉"物极必反，馬克思出在德国，德国后来就有考茨基、伯恩斯坦把他修了。列宁出在苏联又出了个赫鲁曉夫。毛主席在我們国家也会有人来修他，不信廿年以后看。"

〈1966 7 24〉

〈13〉"所以他(毛主席)成为全中国人民的領袖，成为全世界人民的領袖，更重要的还有一条，就是不記旧仇，不念旧恶。"

"如果他十五年不忍耐，搞一些其他活动，遵义会議上不了台。"

〈1966 8 〉

〈14〉"党中央、毛主席的大字报也可以貼，有意見也可以提。"

〈1966 8 14〉

〈15〉"給党中央、毛主席、外交部、侨委提意見都可以，都欢迎。提过火也不应該斗你……"

〈1966 8 16〉

〈16〉"清华有人提出，'打倒毛主席、拥护党中央'把毛主席和党中央割裂开来。这当然是别有用心的，但也不必去整他。"

〈1966 8 16〉

〈17〉"毛主席不是狭隘的个人报复主义，是伟大的共产主义者，你反对拥护我都行。拥护我，我也不那么欣赏你。"

〈1966 8 17〉

〈18〉"知道我情况最清楚的是党中央，是毛主席。我和他四十多年，我也最清楚他。我也有很多大字报沒有貼，我对那些同志那么滿意？也不可能。"

〈1966 8 17〉

〈19〉"……我們不需要在我們同志間造成对个人的迷信，这个沒有必要，对个人盲目崇拜，这就是一种自由主义。"

〈1966 8 24〉

〈20〉"毛主席是个挨斗最多的人。他受的委屈，受的寃枉，受的不平待遇，数他的最多……他撤职，留党察看，宣布是机会主义，打入冷宫送后方休养，鬼都不上門，根本沒人去拜訪他，什么人都不敢接近他。等他一上台，所有的同志都言归于好，并不让人家道欠。"

〈1966 9 24〉

〈21〉"毛主席的威望和正确性也可能跟他受气最多取得，从受寃枉出来的。"

〈1967.4.8.据外交学院《紅卫战报》〉

〈22〉"他过去在第一师范当一个学生，他有什么？还不是一个普通学生"，"不依靠党，他能胜利呀？""他沒有党，再有天才也沒有用。"

当广大群众从內心里喊出"伟大領袖毛主席万岁"的时候，陈极为不滿地說："光讲伟大、伟大，万岁、万岁，对你們是沒有什么帮助，沒有什么好处的！"

"最主要的要靠自己的經驗来指导行动。"

〈1967.4.9摘自北外六一六大字报〉

（**按**：林彪同志对毛主席給予极高的評价，他說 "毛泽东同志天才地、創造性地、全面地继承、捍卫和发展了馬克思列宁主义，把馬克思列宁主义提高到一个嶄新的阶段。"全国人民和全世界人民对毛主席无限热爱，无限忠誠，无限敬仰，无限崇拜。陈毅如此恶毒地露骨攻击我們心中最紅最紅的紅太阳毛主席，眞是十恶不赦。）

二、肆意攻击、污蔑，反对毛泽东思想。

〈1〉"毛泽东思想在发展，馬列主义在发展，一个在发展中的学說，**总不会达到尽善尽美的地步。**"

〈1965.7〉

〈2〉"毛泽东思想是毛主席的思想，但又不是毛主席的思想。……把毛泽东思想看成是个人的思想是庸俗的。"

〈1965.7〉

〈3〉"有了毛泽东思想，解决了中国革命的主要問題。但也不能解决一切問題。中国人民对毛泽东思想决不是出于盲从，也不是出于感情，而是中国人民在革命斗爭中选择各国学派的结果。"

"……不要以为相信毛泽东思想就能解决一切問題，以为就可以不动脑筋了。"

〈1965.7〉

〈4〉"学毛主席著作，要学习他分析問題和解决問題的方法。不要死背字句。脫离实际。犯敎条主义的錯誤。"

〈1965〉

〈5〉"如果外交人員也象紅卫兵一样，头戴军帽，身穿军衣，脖子上挂毛主席語录牌，手持《毛主席語录》，那岂不是象个牧师嗎？"

〈文化大革命中讲話〉

〈6〉"毛泽东思想的中心內容是造反有理，……国王会欢迎造反？""在外交上能够不溫良恭俭让嗎？""念語录，送紀念章就能搞进步革命？靠不住，还是搞一般支持……。"

〈1966〉

〈7〉"现在有人把洋书也封起来……外国也閙革命，出现了紅卫兵，毛主席著作封起来嗎？"

〈1966.4.2〉

〈8〉"我这个人不是遇事都把毛主席，引用毛主席的話，讲在前头，我这样子只要是思想符合毛主席啊！我讲就行了，这个话实际是毛主席的。"

〈1966〉

〈9〉"我是符合毛泽东思想的，我是眞毛泽东思想。"

〈1966.7.24〉

〈10〉使館領导写汇报，检查中用主席語录，陈看了后說："这是框框，写了沒用，光浪費紙。""我是眞毛泽东思想。"

〈1966.7.23〉

〈11〉"不要什么都怀疑，打破一切框框，毛泽东思想就是一个最大的框框。"

〈1966.8.4〉

〈12〉"我这个人，别的什么本事沒有，《毛选》沒你們讀得好，因为你們有时間讀，我确实沒有时間讀，确实不是撒謊，一天的时間挤得滿滿的，只能抽空看一看。要系統的讀，几乎沒有可能……我这个人跟其他同志一样，經驗倒多，可以給你們讲点經驗，也許对你們有帮助。"

〈1966.8.16〉

〈13〉"毛泽东思想最有意义的是人家斗了他，他受了委曲，不报复，不急于要澄清。"

〈1966.8.17〉

〈14〉"我有經驗，我是符合毛泽东思想的，张彦被斗了，我过去也挨斗，誰都可以挨斗，誰都可以斗人，你們将来参加工作，也要犯错誤，也要挨斗。"

〈1966 8.20〉

〈15〉"现在我們不是要人家热爱毛泽东思想么？这个毛泽东思想是地地道道的中国貨，我們要拿到外国去，人家說.'嗯，不是我們的貨，我們就不要。'怎么办？"

〈1966.9.14〉

〈16〉"苏联大使館的人出去要求带語录，毛选……这样不行，不能强迫别人接受，外国人說我們搞个人迷信，毛泽东思想絕对化，我們慢慢来搞二、 十年就行了。"

〈1966 ,9.30〉

〈17〉"我們要用馬列主义检驗，毛泽东思想检驗来指导我們的行动，最主要的还是要靠我們自己的經驗。馬列主义，毛泽东思想还要通过实践来体会。"

〈1966.11 14〉

〈18〉"框框是要有的，第一是毛泽东思想，离开毛泽东思想，就是无政府状态。第二就是不能脱离地球，现在虽然有人造卫星，但是你飞上去，还是要落下来。"

〈1966.11.29〉

〈19〉"你們就是因为宣传毛泽东思想而被赶回来……我們要念語录，給人家别紀念章……我們这样做是很危险的，是毫无經驗的毛孩子不懂事的人干的事，嘴里讲革命讲得厉害的不一定是眞正革命的，眞正搞革命的要做实际事。"

〈1966.12

〈20〉"刘少奇在八大报告中不提毛泽东思想，也作一百条罪状之一。这报告是毛主席，政治局决定的，我一直在场的。"

〈1967.2.16〉

(按：毛泽东思想是当代最高，最活的馬克思列宁主义，是我們一切工作的指导方針。林彪同志教导我們·"把毛泽东思想眞正学到手，要反复学习毛主席的 許多基本观点，有些醫句最好要背熟，反复学习，反复运用。"陈毅千方百計和林彪同志的指示唱反調，肆意攻击，反对毛泽东思想。是可忍，孰不可忍！）

　　三、对社会主义制度不满，为资本主义复辟鸣锣开道。

　　〈1〉政治要用业务来体现的。如果我們的工业、农业过了关，大家穿上呢子衣服，街上有很多汽車，人家就会更信服我們的馬列主义。"

〈1961.9〉

　　〈2〉"……現在的問題是，一个运动一来，一切都停止，这損失很大，有些人就会用'右傾'，'白专'等乱整人，这种领导人容易当，　問二不知，不学无术拿几条馬列主义去整人。"

〈1961.9〉

　　〈3〉"我們有战斗的經驗，但在事业方面我們沒有經驗，我們办工厂沒有資本家那样精打細算的本領，不讲經济核算，应向資本家学习。要彼此爭論，要主动提意見。"

〈1962 4.17〉

　　〈4〉"現在我們国家有好多工商业企业老賠錢，不如过去的資本家。只要你能为国家賺錢，可以学习資本家的經营管理方法。……"

〈1961或1962年春节〉

　　〈5〉"今天我要发表这个謬論。我們的剧团，电影，在业务管理上就不如資产阶級，要蝕本，要国家的血本来貼你們，拿人民的血汗来貼你們，你們要学資产阶級的成本核算，賺点錢給我們，把我們的負担減輕，我給你瞌一个响头，我喊你万岁！"

〈1962年〉

　　〈6〉"何玉兰从一个老板娘改造成为二級技工，大家都热情地支持她的发言，証明在我們社会中，一个資本家改造成为工人是可能的。"

　　〈7〉"在广州会議上，摘掉了大批高級知識分子、专家、科学家的資产阶級的帽子，还替他們换上'劳动人民的知識分子'的帽子，大家称为'摘帽典礼'和'加冕典礼'。"

〈1962 4.17〉

　　〈8〉"国內資产阶級作为剝削者已經消灭，資产阶級分子正在改造。"

〈1962 11 14〉

　　〈9〉"农民劳动一年，除了吃飯以外，买油盐的錢都沒有，要我去当，我才不干呢！我还是要当我的元帅。"

〈1965年〉

　　〈10〉"中国的革命目的是提高人民的生活水平，但也不要生活得太豪华。"

〈1965.7.22〉

　　〈11〉"只有工农子弟可以升大学，地、富、資本家子弟不能升大学，这不行。对干部子弟，工农子弟要严格要求，但要看表現，論出身，不公道。"

〈1965.8.28〉

　　〈12〉"作为地主阶級，作为一个阶級，我們消灭了。"

〈1966.8.30〉

　　〈13〉"国家有沒有前途看經济。"

〈1966.11 29〉

（按：陈毅在他的講話中經常流露出对社会主义制度的强烈不滿，陈毅打着为国家賺錢的幌子，居然要工商业者学习资本家的經營管理方法。如果照陈的"妙計"去办，少則一、二年，多則四、五年，我国就会变修，社会主义制度就要变为资本主义制度。陈毅这一招可謂毒矣！）

紅旗革命造反团
《迎春到》战斗队

把陈毅的資本主义复辟檄文

拿 出 来 示 众

——評陈毅在一九六二年三月《广州歌剧、話剧創作座談会》（簡称"广州会議"）上的讲話

一九六二年的春天，是一个不平凡的春天。

就在这个春天，一九六二年 月，反革命修正主义文艺路綫头目周揚、林默涵，为了与他們的总后台刘少奇的反革命复辟阴謀紧密配合，进一步制造资本主义复辟的興論，搜罗了文艺界的牛鬼蛇神和所謂"名流"、"学者"、"专家"、"权威"，紧接着"新侨黑会"之后，召开了"广州会議"。在这次会議上，陈毅受反革命修正主义分子阳翰笙、齐燕銘、賀敬之等人的登 門 拜 請，以政治局委員、国务院常务副总理的身份，打着"党内文化人"、"文学家"的旗号，作了一个四万言的长篇报告。

"广州会議"是一次有組織、有計划、有綱領的大黑会，是为了貫彻中宣部閻王殿的反革命修正主义文艺路綫，为资本主义复辟积蓄力量、制造興論准备的大黑会。陈毅的讲话是篇反党反社会主义反毛泽东思想的大黑話，是一篇资本主义复辟的檄文。

"广州会議"在这个时候开场，陈毅在这个时候大放厥詞，都不是偶然的。

"广州会議"是紧接着苏共" 十 大"召开的。一九六一年十月开场的苏共" 十 大"，形成了修正主义路綫的完整体系，宣布了"全民国家"、"全民党"，以资产阶級专政来代替无产阶級专政。

"广州会議"也正是我国党内头号走资本主义道路的当权派，再度抛出他的反革命宣言书《論修养》的前夕。黑《修养》的再版，就是把矛头指向我們的伟大領袖毛主席，为资本主义复辟制造興論的。

为了配合反革命修正主义集团篡党、篡軍、篡政的阴謀活动，文艺黑綫"祖师爷"周揚首当其冲，一九六一年以来，他連續召开許多专业会議，抛出一个接一个的修正主义綱領，疯狂地反对和咒罵毛泽东思想，疯狂地为一切牛鬼蛇神翻案，向革命人民反攻倒算，鼓动和組織过去被打倒的形形色色的反革命和资产阶級反动"权威"向党进攻，并且到处鼓吹资产阶級"自由化"，要把整个文艺界变成裴多菲俱乐部。一九六一年七月，周揚等

人泡制了反革命修正主义的"文艺十条"。苏共"二十二大"之后，周揚又把"全民文艺"这一修正主义口号，变成一篇反党反社会主义的綱領，在他們的总后台的批准下，用党报社論的形式强加給党。"广州会議"快要召开的这段时間里，封建主义、資本主义在文艺界自由泛滥达到高潮。整个文艺界充滿了厚古薄今、崇洋非中、厚死薄生的一片恶浊空气，歌頌叛变投敌，宣揚封建迷信、色情淫秽的剧目紛紛登台。反党反社会主义的大毒草《海瑞罷官》、《李慧娘》、《謝瑤环》就是一九六一年七、八月間同时在剧坛上出現的。

在另一个阴暗的角落里，"三家村"从一九六一年开始，进行了一系列资本主义复辟的輿論准备。

一九六一年二月《燕山夜話》出籠，十月，《三家村扎記》登台。"广州会議"的前几个月，"三家村""兄弟"們的反革命气焰甚嚣尘上，抛出了大批反党反社会主义的毒草。

一九六二年初，"三家村"抛出了两篇估计当时形势的大毒草。一篇是一月　日吳晗的《說浪》，胡說修正主义的逆流即将变成主流。另一篇是二月四日邓拓的《今年的春节》。他露骨地說　"北风带来的严寒季节就要結束了，代之而起的将是和暖的东风，大地很快就要解冻了。"

"广州会議"前夕，"三家村"的疯狂进攻达到高潮。邓拓連續在二月下旬抛出大毒草《智謀是可靠的嗎》和《王道和霸道》，把矛头直接指向我們的伟大領袖毛主席。

毛主席教导我们："帝国主义者和国内反动派决不甘心于他们的失败，他们还要作最后的挣扎。在全国平定以后，他们也还会以各种方式从事破坏和捣乱，他们将每日每时企图在中国复辟。"一九六一年到"广州会議"期間，我国无产阶级专政面临着来自国际和国内资产阶级的严重挑衅。在国际上，苏共"二十二大"之后，帝国主义、修正主义和各国反动派进一步掀起嚣张一时的反华大合唱。在国内，企图复辟的反动阶级和他們在党内的代理人，利用我們連續二年的自然灾害，在政治、經濟、文化領域里发动了更加猖狂的进攻。这是一场复辟和反复辟的斗争，资产阶级复辟和无产阶级反复辟的斗争。

广州会議就是在这个时候文艺界牛鬼蛇神的一次大集会。

从1961年开始，原剧协党組书記处就为这次会議着手筹备。到1962年一月，他們就为黑会印发了十九期材料簡报，搜集了諸如"定主題和赶任务"，"簡单化的批評"，"作者的苦衷"，"从創作到演出存在十二关"等等黑材料，其中还特別介紹了夏衍在六一年十一月"与几个青年剧作家的談話"。在这篇"讲話"中，他一方面把党对电影的領导說成是"几房共一子，爱子过切，所以都要管，因此儿子就不知听誰的好"，說什么"发展最快的是版画，因为版画沒有人管"。另一方面，他还为自己的反动透頂的作品《寒金花》和胡风的"只要誠实地生活就可以走向馬克思主义"的反革命論調辩护。这些黑材料，为这次黑会做了輿論准备。会議前夕，文艺界的一小撮反革命修正主义头目在人大会堂新疆厅开了一个黑会，定下了"出气"的基調。

"出气"，这是陈毅在他的长篇黑話里开門見山的一句話。他說　"我想現在的問題，是大家都有气，今天要来出出气。"这股"气"，就是反动阶级和他們在党内的代理人对无产阶级专政刻骨的仇恨，就是长期以来，特別是一九五九年以来，他们內心憋着的一股对党对社会主义的怨气。陈毅本人也是带着这股怨气来到广州的。他对到会的牛鬼蛇神讲了这样的心里話："刚来广州那几天，天气非常阴暗，这几天天气就很晴朗，但你不能指望这个天气一直这么晴朗下去……气象是这样，我想政治气象也是如此。"面对当时文艺界一派烏烟瘴气，陈毅虽然也和邓拓一样有"大地解冻"的欣慰，但是还感到压抑，感到前景莫测。资本主义复辟的总后台早在1961年七月討論科学工作"十四条"的会上，就提出了要向资产阶级"还賬"。主子下令，閻王殿的凶神請駕，大将陈毅就赤膊上陣了，到广州"出气"来了，給"兄弟"們打气来了，給他們撑腰，鼓励他們向社会主义进攻来了。

到广州去讲黑話，陈毅是从刘少奇那里領旨，被周揚們請上馬的。在当时那陣资本主义复辟黑风中，陈毅既是一員大砍大杀的大将，又是一位显赫的欽差大臣式的人物。

一九六七年一月二十四日陈毅在向革命群众作公开检查的时候，曾經提到了他在"广州会議"上的那篇大黑話。他支吾其詞地說："那次讲話的主要錯誤是对知識分子无原則地捧場，評价过高，而沒有强調政治上思想上的改造，以致被一部分拒絕改造的知識分子所利用。"

这是不老实。这是当众撒謊。这是招搖撞騙，瞞天过海。

当年，衣冠楚楚的副总理陈毅，在"广州黑会"上讒慨陈詞，口若悬河，一口气放了四万言的毒，念念有詞为资本主义招魂，气焰何等囂张！如今，同一个陈毅，却这样惜墨如金，用五十七个不痛不痒的字一带而过，左一个"无原則"，右一个"沒强調"，再一个"被利用"，似乎他是稀里糊涂地讲錯了話。这实在是欲盖弥彰！

现在是把陈毅的这篇大黑話拿来示众的时候了！

※　　　　　　※　　　　　　※

陈毅《广州讲話》的要害是搞资本主义复辟。他打着"执行党的路綫"的旗号，实际上执行的是刘邓资产阶级司令部的修正主义路綫，而把攻击的矛头指向以毛主席为代表的无产阶级革命路綫。　方面，他大量引用党内头号走资本主义道路当权派刘少奇的黑話；另一方面他又大肆歪曲、篡改甚至公开反对毛主席的指示。陈毅在讲話里，反对政治思想战綫上的社会主义革命，反对社会主义建设的_大法宝——二面红旗，反对党領导一切的原則，鼓吹阶级斗爭熄灭論，鼓吹资产阶级自由化，眞是"五毒"俱全，臭气熏天。

跟着赫鲁晓夫修正主义集团的脚印，秉承刘邓黑司令部的旨意，陈毅搞资本主义复辟也是从抓意識形态工作入手，以抓知識分子問題为中心的，其目的就是組織复辟资本主义的社会力量，准备复辟资本主义的輿論。为了揭露这个大阴谋，为了揭露陈毅"广州讲話"的反动实质，我們就抓住这个中心，从以下几个方面进行揭发和批判·

第一，陈毅宣揚阶级斗爭熄灭論，美化资产阶级知識分子、资产阶级反动学术"权威"和反革命修正主义分子以及其它牛鬼蛇神，招降納叛，結党营私，妄图把他們培植成特权阶层，作为复辟资本主义的社会力量。

第二，陈毅攻击政治运动，攻击思想改造，为受批判的人翻案，策动他們进行反攻倒算，反对政治思想战綫上的社会主义革命，为复辟资本主义开辟道路。

第二，陈毅推行反革命修正主义文艺路綫，推行意識形态領域里的修正主义路綫，为复辟资本主义作輿論准备。

招降納叛，为复辟准备力量

资产阶级知識分子是反革命修正主义集团复辟资本主义的重要社会力量。正如《关于赫鲁晓夫的假共产主义及其在世界历史上的教訓》所指出那样：“目前苏联社会上的特权阶层，是由党政机关和企业、农庄的領导干部中的蜕化变质分子和资产阶级知识分子构成的。”“这个特权阶层，是目前苏联资产阶级的主要组成部分，是赫鲁晓夫修正主义集团主要的社会基础。”我国的反革命修正主义集团为了复辟资本主义，也竭力在政治上、經济上、思想上把资产阶级知識分子培植成特权阶层和精神貴族，幷且在組織上招降納叛、結党营私，搜罗形形色色的牛鬼蛇神，組織裴多菲俱乐部式的反动团体。1962年3月的“广州会議”，就是他們这种反革命政策的縮影；陈毅的“广州讲話”，繪声繪色地闡述了这种反革命政策。

参加“广州会議”的是一群文艺界的牛鬼蛇神和所謂“名流”、“学者”、“专家”、“权威”200多人，其中50多人当时就受过批判，連臭名昭著的兰澄、岳野、胡耳沸、郭柯夫、杨兰春、侣朋、金山、海默、郭連庆等人也被邀到会。主持这次黑会的是反革命修正主义分子阳翰笙、田汉、林默涵、齐燕銘等人。会議期間，他們在政治上給到会的牛鬼蛇神摘掉帽子，为他們翻案，給他們提供出气的讲坛，把他們捧上了天。在經济上則給予他們精神貴族的优待，让他們住高級旅館、大吃大喝、游山玩水（每天伙食费2.50元）。如此种种，眞是乌烟瘴气，銅臭熏天，腐化成风，一股资本主义复辟恶浪滚滚。

陈毅在会上的讲話，恰恰从政治上支持了这股资本主义复辟逆流，配合了反革命修正主义集团培植特权阶层的反革命需要。

首先，陈毅为美化资产阶级知識分子，资产阶级反动学术“权威”和反革命修正主义分子提供了一个理論基础：臭名远揚的修正主义的阶级斗争熄灭論。

陈毅掩盖社会主义社会仍然存在激烈的阶级斗争的事实，特别是掩盖当时阶级敌人疯狂反扑的事实，胡説什么·“在我們这个社会里，应該是人人都有积极性，人人都笑逐顏开，人人都是心情舒暢，人人都能够把他的这 点才力、智慧，全部貢献出来。”陈毅左一个“人人”，右一个“人人”，完全抹煞了阶级，抹煞了敌人，同赫鲁晓夫荒誕无稽的“全民国家”“全民党”是一路貨色。試問陈毅，在阶级社会里，人人都能笑逐顏开吗？人人都能心情舒暢吗？资产阶级笑逐顏开，我們无产阶级就不能扬眉吐气，资产阶级心情舒暢，我們无产阶级就不能欢欣鼓舞！

这里应該揭穿的是，陈毅在讲話中一再标榜他是来貫彻1961年1月扩大中央工作会議精神的，实际上，他貫彻的是刘少奇在那个会議上的讲話精神，而公然与毛主席大唱反調。毛主席当时明确指出：“已經被推翻的反动阶级，还企图复辟。在社会主义社会，还会产生新的资产阶级分子。整个社会主义阶段，存在着阶级和阶级斗争，这种阶级斗争是长期的，复杂的，有时甚至是很激烈的”，幷且痛斥了所謂“全民国家”、“全民党”的謬論。而刘少奇在会上則閉口不談阶级斗争尖銳的事实，大肆美化资产阶级、鼓吹阶级合作，說什么：“我国各民族、各阶层人民，在国际，国內的許多巨大事变中已經受了反复的考驗。”陈毅鼓吹什么“人人笑逐顏开”，胡説什么知識分子經过“十二年的改造，十二年的考驗，尤其这几年严重的自然灾害带来的考驗……还是不抱怨，还是愿意跟我們走。”陈毅是“拾人牙慧”，学着刘少奇的腔調。

其次，陈毅为了提高资产阶级知識分子、资产阶级反动学术“权威”和反革命修正主义分子的政治地位，增加他們进行资本主义复辟的政治资本，对他們竭尽美化，吹捧之能事。

陈毅在会上抹煞无产阶级知識分子和资产阶级知識分子的阶级区别，公然把知識分子统统列入劳动人民的行列。他說："工人、农民、知識分子是我們国家劳动人民中間的三个组成部分"，并且大行"脱帽礼"，給这一批人一律戴上"人民的知識分子"、"人民的劳动者"、"无产阶级科学家"的桂冠，甚至肉麻地吹捧田汉、阳翰笙等反革命修正主义分子，把他們奉为"国宝"，"任何人都应该加以尊敬的"，眞是荒唐透頂！历史是无情的，在汹涌澎湃的无产阶级文化大革命中，这些"国宝"，这批牛鬼蛇神被一个个揪出来了，他們的丑恶嘴脸統統暴露在毛泽东思想的光天化日之下，这是給陈毅的一記最响亮的耳光。

还应該着重指出，給包括反革命分子在內的资产阶级知識分子行"脱帽礼"，并不是陈毅的独創。刘少奇早在 1961 年 7 月 1 日的讲話中，就把知識分子統統与工人、农民并列，归入"劳动人民"的行列。毛主席在1961年1月明确指出："**知识分子，例如科学家、工程技术人员、教授、作家、艺术家、演员、医务工作者、新闻工作者，他们不是一个阶级，他们或者附属于资产阶级，或者附属于无产阶级。**"陈毅在"广州会議"上的讲話恰是和刘少奇唱一个調子，而和毛主席唱反調的。

再其次，陈毅为了鼓励和支持资本主义复辟活动，还不遺余力地吹捧《关汉卿》之类的反党反社会主义的大毒草，为《武訓传》之类的反革命电影翻案，甚至干脆統統否定反革命宣传的存在，否定科学界、文艺界极端个人主义者的存在。在这里，陈毅既是一切牛鬼蛇神的狂热捧场者，又是一切牛鬼蛇神的庇护者，"包青天"。为了揭露陈毅这方面的黑話，不妨引 下面几段

"解放以后，**中国文学又是一个高峰**，田汉同志的《关汉卿》写得很好……""田汉同志写的《十_陵水庫畅想曲》，我觉得写得很好。"

"写文章写多了，手写滑了，一时疏忽，可以写很坏的文章。过去批評《武訓传》，那是宣传资产阶级教育思想的。就是那些同志，也不是有意識要这么做，这是认識上的問題，不是有意的搞个电影来跟我們唱对台戏。"

"今天为反革命宣传，为反革命复辟来写作的作家，是沒有的，这 点是有保证的。"

"我不相信一个搞科学的人，一个专門搞文学写作的人，会这样极端自私，还沒有这样的例子，也举不出这样的一个人，哪有这样的一个人？"

够了．够了。反党反社会主义的大毒草，陈毅說"写得很好"，反革命的电影只 是"一时疏忽"写出来的，文艺界的牛鬼蛇神正在疯狂进攻，正在 为资本主义复辟准备輿論，陈毅却举不出一个这样的例子。就这样，在陈毅看来，資本主义复辟好得很，什么社会主义革命，什么文化大革命，都要一笔勾銷。陈毅是資本主义复辟的鼓吹者，不是很清楚了嗎！更有甚者，陈毅还不惜大肆吹捧旧社会的知識分子，他根本抹煞大多数旧社会的知識分子是为当时的統治阶级服务这一基本事实，胡說什么 "文化界、作家，他們中間的大多数，基本上是跟共产党的方向符合的。五四运动以来便是这样。"陈毅竟敢如此篡改历史，是有其不可告人的目的的，那就是配合刘少奇支持的周揚黑帮，为了反对社会主义文艺，反对毛泽东文艺路綫，复辟資本主义；而大肆吹捧" 十年代文艺"这 反动逆流。

第四，为了招降納叛，籠絡人心，陈毅还祭起赫鲁晓夫"物质刺激"的法宝。他无视文艺界一批寄生虫过着腐烂的资产阶级生活的现实，反而宣传资产阶级知識分子"两_年不知肉味"。他搬出刘少奇关于拨給梁思成几千万元錢，让他們发揮"特长"的黑指示，

提出对于这批吸血鬼，"要小米給小米，要猪肉給猪肉，要酱油醋給酱油醋"，"要帮助作家，給他們安排一个幽靜的环境。"鼓吹办戏剧、电影"要学习資产阶級的成本核算，賺点錢給我們……我給你磕二个响头，我喊你'万岁'。"

陈毅的这番話博得了到会的牛鬼蛇神的喝采。由于陈毅撑腰，这批人在会上大肆鼓吹修正主义的"二名三高"（名演員、名导演、名作家，高奖励、高薪金、高稿酬），并且在会上通过了《上演稅条例》，规定上演剧本 3% 的收入归作者，这个条例和"二高"政策使許多"作家"大发横財，走上了腐化堕落、蜕化变质的道路。

話剧《年青的一代》的作者得了　万元还不滿足。《霓虹灯下的哨兵》的作者得到两万多元。《紅日》作者吴强拿了几万元，腐化堕落。有一个农村青年写了一个剧本，在《剧本》月刊上发表了，出乎意料得到一千元的稿费，成了农村里的"小地主"。巴金发的財更大，他得到二十多万元，連写反动历史小說《杜甫还乡》的姚雪垠也得到七、八万元的稿酬。

象这样的一批人，是一批地地道道的寄生虫和吸血鬼，他們唯一的考虑，是如何巩固自己的經济地位和政治地位。这是反革命修正主义集团复辟資本主义的一部分重要的社会力量。

把陈毅的讲話和外交部那个修正主义特权阶层联系起来看，不值得我們深思嗎？把陈毅的讲話和他本人腐化奢侈的生活联系起来看，不值得我們深思嗎？

大开綠灯，为复辟开辟道路

"广州会議"的策划者們为了整顿自己的队伍，統　思想，以全力投入資产阶級复辟这场赌注，他們調兵遣将，从各地搜罗了一批牛鬼蛇神和一些受过批判、对党不滿的分子，組織他們到会上来"出气"。"广州会議"就是文艺界牛鬼蛇神向党进攻的一次大练兵。

为了动員牛鬼蛇神起来"出气"，会議主持者阳翰笙、齐燕铭、田汉、赵寻等人在小組会上煽风点火，再三强調"三不主义"（不打棍子、不抓辫子、不扣帽子），阳翰笙露骨地說　"保证在这儿說的話，不許拿来整他，整了的話，会議兜着。对于专以整人为生的人，那样的霸王，决不能依他。对于明枪暗箭，都要坚决斗争。"政治局委員陈毅光临作报告，是会議策划者們手中的一张王牌。由于陈毅所处的地位，他既是党的路綫、方针的"权威"解释者，又是文艺界的"专家"　"名流"，他的报告給要"出气"的牛鬼蛇神壮了胆子，撑了腰。"广州黑会"原定"出气"两天，由于陈毅动員得力"出气"就延长了十几天。

陈毅打着"出气"这杆黑旗，贩卖了　系列反党反社会主义反毛泽东思想的黑货。陈毅一向宣扬"要学会有很宽闊的胸怀，宰相肚里能撑船。"可是，为什么在"广州会議"上却收起了这套处世哲学，也登台叫嚷"要来出气"呢？究竟是什么原因使他一反常态，大动肝火呢？

陈毅說："政治工作者、党的工作者和作家之间，关系很不正常。""形势很严重"，已經"严重到大家不写文章，严重到大家不讲話，严重到大家只能讲好，这不是好的兆头。"照陈毅的話，这是一个"严重的內部矛盾"。本来，陈毅解决"內部矛盾"　向是以"和稀泥"著称的。可是这一次他却坚定地說："这里有个是非"，不能"各打五十大板"。他明确表示："现在需要扶植科学家，使他們消了这口气，使他們出　口气，松一口气。"很明显，陈毅是站在所謂"科学家"、"作家"一边，把矛头指向"政治工作者和党的工作者"的。陈毅觉得自己太露骨，于是悻悻然地說："我們怕今天在这里动员，保护了这些科学家，保护了你們一些受了錯誤批判的人，結果呢？鼓了这边的气，又泄了那边的气，将来又来一个斗争，內战！力量消耗在內战中間。"陈毅心里有鬼，煽了阴风，点了鬼火，但是又心虚起来，于是虚晃一枪，准备溜了。这是办不到的！

毛主席教导我們："**无产阶级和资产阶级之间的阶级斗争，各派政治力量之间的阶级斗争，无产阶级和资产阶级之间在意识形态方面的阶级斗争，还是长时期的，曲折的，有时甚至是很激烈的。无产阶级要按照自己的世界观改造世界，资产阶级也要按照自己的世界观改造世界。**"陈毅所說的"严重对立"，是两个阶級、两种思想的对立，归根結底是社会主义和资本主义誰战胜誰的問題。我們是遵循毛主席的教导，是用历史唯物主义的观点，用阶級分析的方法，来分析当时所出現的这种严重对立的。而陈毅恰恰从根本上背离了阶級斗争的观点，从根本上否认当时社会上严重的阶級斗争的現实，复辟和反复辟的現实。他这样做，完全是出自于复辟资本主义的政治需要。

在当时文艺界"党的工作者"中間，有一批象周揚这样的反革命修正主义分子，他們是文艺界牛鬼蛇神在党內的代理人，他們与牛鬼蛇神根本不存在什么"严重对立"，他們是一丘之貉。陈毅与这些人打得火热，他們絕对不是陈毅"出气"的鋒芒所向。陈毅攻击的矛头，对准的是坚持毛主席革命路綫的无产阶級革命左派。正是他們，以江青同志为首的革命左派，是文艺界牛鬼蛇神的死对头，眼中釘，肉中刺。

陈毅适应政治气候的需要，为了促使进一步"解冻"，为了給牛鬼蛇神翻案，壮大反革命的阶級队伍，他还提出了关于"出气"的二大論据。

曰"戴了帽子"。

陈毅說·"絕不能拿资产阶级知識分子这个帽子去套一切知識分子，应该认識到：他們是人民的知識分子。这就是我們科学队伍、文艺队伍的实际情况。"他更露骨地說："什么都要打上阶级的烙印"，搞得"人心不服"，"受了委曲"。

按照陈毅的邏輯，既然戴帽子伤人受委屈，而委屈产生怨气，因此"出气"理所当然。这是十足的混蛋邏輯。

社会上的一小撮反革命修正主义分子和一切牛鬼蛇神，包括戴了"帽子"和沒有戴"帽子"的，他們对于无产阶級的仇恨和怨恨，是他們根深蒂固的阶級本性。策划"广州会議"的周揚們，他們当时不但沒有戴"帽子"，而且有着"共产党員"的头衔，然而正是这些人，是牛鬼蛇神"出气"的鼓动者，正是这些人，积极为资本主义复辟准备興論，一旦时机成熟，他們就要在中国的赫鲁晓夫的导演下演出裴多菲俱乐部式的反革命政变，实行资产阶級专政，把"反党分子"、"反革命"、"疯狂者"的帽子扣到无产阶級革命派的头上。

曰"換了棍子"。

陈毅說："宣传反动复辟，这我們不許可……我相信我們的作家，沒有哪个他愿意这样作。有，作者无心之失，无心露出这么个岔子，要諒解，不要辜负人。……但是，目前就是整得有很多同志精神上不痛快，心情不舒暢。"甚至由于"二篇杂文就使党籍发生問題"，或者由于其他什么原因，就"可以把你拿去充军，可以派你去劳动改造。"总之，在陈毅的眼里，社会主义是一片漆黑，无产阶級专政阴森残酷，不堪入目。同时，他又把

34

坚持革命原则，同一切牛鬼蛇神进行坚决斗争的同志罵得狗血噴头。他这样说："有些过去遭过冤枉，挨过过火斗争的，不知为什么他今天在一个单位里掌了行政权，又如法泡制，不能从中取得經驗？奇怪呀！人之所以落后，大概因为人是猴子变的！蛮性遺留得相当的深。"

請看陈毅的爱憎可其鮮明！

陈毅蹲在阴暗的角落里，怨声叹气。他是一个道道地地的剝削阶级的輓歌手。日暮途穷，怨天尤人，拖着悲愤的嗓音，夹着几声凄厉和抽泣，朝着坟墓的尽头走去。

二曰"无网之网，网死人啦！"

陈毅說："有一个网，我可以漏网求生，沒有个网，到处都是网，你哪里能够生呢！是呀，无网之网，大网也。网死人啦，网哉！网哉！这个不好，今天我是出这个气。"

陈毅这回說对了。无产阶級专政的国家，对一切牛鬼蛇神来说，确实是一面"无网之网"，是天罗地网。而革命人民享受着无产阶級专政下的大民主，我們的社会是一个无限广闊的天地。

陈毅的这番話，暴露了他对于无产阶級专政的极端仇視。他的目的无非是制造一种與論，**让一切牛鬼蛇神紛紛出籠，复辟資本主义。**事实正是这样。当年，《燕山夜話》、《二家村扎記》、《青春漫話》紛紛出籠，大小牛鬼蛇神跑遍全国，左一个报告，右一个讲演，四方点火，八面煽风，整个文艺界閙得鳥烟瘴气。无产阶級文化大革命就是撒下我們专政的"无网之网"，将他们一网打尽！

陈毅"出了气"，"为民請命"之后，又强调指出，思想改造，"以后不采取搞运动的方式"，否则，会"使人感到他的人格受侮辱"。关于毛著学习，"以后請同志們免动簿手，不要强迫人家讀。"突出政治么？"你那个政治好多錢一斤？你可以卖給我，我給你称躥！"

够了！无产阶級专政不要，党的領导不要，对牛鬼蛇神的斗争不要，政治运动不要，突出政治不要，毛著学习不要，陈毅为一切牛鬼蛇神大开綠灯，資本主义复辟不是指日可以实现了嗎？

陈毅的一番黑話，在"广州会議"上引起了强烈的反响。牛鬼蛇神笑逐颜开，心花怒放。当时会議的《簡报》上有这样的記载："听了陈总的报告，心里很激动，感到党眞是关心人，了解人"。"我一面听就一面想：太好了！太好了！""在这里，我的心情是舒暢的，就像一块冰化了似的。"会議主持者赵寻、賀敬之也在陈毅讲話之后，打电话給当时在京的右派分子海默，邀請他到广州来"出气"。海默立即坐飞机到了广州，受到了赵、賀等人到机场的亲切会見。

經过陈毅的一番"解冻"，牛鬼蛇神紛紛"出气"。有人說："我們来时是阴天，回去后該天晴了！"反革命两面派陶鑄也說："我們有些同志一脸的'秋风萧瑟'，那怎么能百花齐放，百家爭鳴呢？我看肃杀之气太甚了，……我总希望我們不要刮秋风了，多刮一点溫暖的春风吧！秋风一来，树叶尽脱，还有什么百花齐放呢！"阳翰笙在大会发言时，攻击党对文艺的領导是十八把刀，比胡风的五把刀子还要恶毒几倍。广东的赵寰"出气"时說："党号召鳴放，談了又挨整，这是阴谋，党說是阳謀，我就想，这是毛主席的圈套。我曾想，生在苏联，就不会受这样待遇，我要翻身，只有等毛主席百年之后，中国也来一次反毛主席的时候。"

陈毅唯恐他們在广州出了气，回去頂不住，所以特别强调不能"光是顾慮，明哲保身，不讲話，害怕，对我們的事業也沒有帮助，大家要挺身出来，改变现状，现状可以改变！""齐燕銘学着陈毅的腔調，也在会上說："作家本身也应有积极态度，起来斗争。斗争就可能吃点亏，不要怕受打击。各地的天气早晚是要睛的。阴霾是暫时状态，我們要一起动手，扫除阴霾。"

同志們請看，牛鬼蛇神的反革命气焰是何等囂张！陈毅和他們唱一个調子，坐一条凳子，穿一条褲子，他长资产阶級威风，灭无产阶級志气，何其毒也！我們絕对不能让陈毅的阴謀得逞。否則，就要象毛主席指出的那样："**照此办理，那就不要很多时间，少則几年、十几年，多則几十年，就不可避免地要出现全国性的反革命复辟，马列主义的党就一定会变成修正主义的党，变成法西斯党，整个中国就要改变颜色了。**"那是一种多么危险的情景啊！

推行文艺黑綫，为复辟准备輿論

毛主席說："利用小说进行反党活动，是一大发明。凡是要推翻一个政权，总要先造**成輿論，总要先做意识形态领域方面的工作。革命的阶級是这样，反革命的阶級也是这样。**"陈毅在"广州会議"上的讲話，实质上也就是反革命阶級为推翻无产阶級政权在意識形态里的輿論准备。资产阶級自由化，是这种輿論准备的重要部分，这是陈毅讲話的一条黑綫，也是陈毅鼓吹修正主义文艺路綫的核心部分。

资产阶級自由化，首先就是不要以毛主席为首的党中央对文艺的領导。

在陈毅的讲話里，他无处不把攻击的矛头指向党的领导。他首先把党对文艺的領导痛駡了一通，說什么党的领导是"**共产主义夸大狂**""**青紅帮老头子**"，是"**封建家长式**"的。他教訓党的干部"**沒有把握就不要去領导**，让有經驗的去搞，自己'坐享其成'"，还胡說什么"强調党的领导**就要使創作衰退**。"他提倡"无为而治"，說什么"什么事情都去领导一番，反而领导坏了；有些不去领导，反而好些。"然后他煽动知識分子和牛鬼蛇神抗拒党的领导，他现身說法道："你要領导，我就偏不接受你的領导，""如果他們当时来领导我，我早就跑了。"最后他主张文艺要"通过专家"来领导，也就是让他們吹捧的"国宝"、资产阶級学术"权威"来领导，要党把領导权拱手相让給这些人。

从陈毅一連串对党的领导的咬牙切齿的咒駡声中，**我們清楚地看到他对光荣、伟大、正确的中国共产党有着多么刻骨的仇恨。毛主席教导我們，"领导我們事業的核心力量是中国共产党。**"党必須領导一切，也能领导一切。陈毅妄图取消党对文艺領导，实现资产阶級自由化，我們一千个不答应，万个不答应！

资产阶級自由化的归宿，就是文艺为资产阶級政治服务。

毛主席說："**在现在世界上，一切文化或文化艺术都是屬于一定的阶級、屬于一定的政治路線的。**"毛主席早就規定了我們的文艺为工农兵服务的方針。

陈毅却反其道而行之。他站在资产阶級的反动立场上，疯狂地反对文艺为无产阶級政治服务，抹煞文艺的阶級性，提倡"純艺术"，"純娱乐"的东西，反对"政治名詞"，反对"政治任务"，胡說什么小人书"尽是些生硬的政治概念""把儿童的脑筋搞成简单化"，还說什么"对文化艺术作品，尺碼要宽"，它不过是一个"文化娱乐"，使大家"得到点愉快"，"文学家、艺术家就起这个作用"。

毛主席早就指出："党的工作，在党的整个革命工作中的位置，是确定了的，經好了的；是服从党在一定革命时期內所規定的革命任务的。"陈毅公然和毛主席的这一指示唱反調，他恶毒地把为当时阶級斗争的需要去写作攻击为"毁坏創作"，"是危险的"。他主張作品要表現作者的"个性"和作者的"思想"，主張有意識地让他們去"自由創作"，去"写成熟或比較成熟的东西"，为宣传党的政策而写作只要"简单的一篇通訊"，"搞个小节目"就行了。这样，他就完全把文艺創作和为无产阶級服务的根本任务对立起来，从根本上否定了文艺对于政治的从属关系。陈毅煞有介事地說，他反对"奉命作文"。其实，作为阶級社会的作家，不奉命作文的是沒有的。不是奉无产阶級之命作文，就是奉資产阶級之命作文。陈毅反对奉命作文，骨子里就是反对作家为无产阶級政治服务。

为了推行資产阶級自由化，陈毅大肆鼓吹"創作自由"。

陈毅一再强調作家的"民主权利"，要放手"让他自由去創作"，作品改不改，"这个由作家去决定"。他說，作党的工作的同志"不要去干涉作家的創作"，只要給他們"安排一个幽靜的环境"就行了。

什么是"自由創作"呢？陈毅作了两条解释。

一是写悲剧。陈毅振振有詞地說："我們为什么不可以写悲剧呢？悲剧的效果比喜剧大，比喜剧好……什么东西都要搞个大团圓，搞一个胜利，总不愿意写失败。"这里，陈毅第一反对毛主席的革命現实主义和革命浪漫主义的结合，反对写革命胜利的必要性，写革命人民的理想。第二、陈毅的目的在于暴露"阴暗面"，陈毅說："我們有很多同志天天在那儿造悲剧，天天在那儿演悲剧。"他就是主張写社会主义制度的"阴暗面"，写新社会的"悲剧"。

二是写中間人物。陈毅提倡写英雄人物的缺点。他說："为什么英雄人物不能够有缺点？""現实生活中間，所有的英雄人物，长处很多，缺点也可能很多。"他甚至公然篡改毛主席提到的恩格斯关于写英雄人物，要抓他的主要方面的論述。陈毅不知羞恥地說："我想补充一下恩格斯的意見，写英雄也可以写他們的缺点，写他缺点更可以看出他的长处，为什么不可以写？有时反而更有教育意义。"陈毅的說教，就是反对写用毛泽东思想武装起来的高大的工农兵英雄形象，而写合二而一的"中間人物"。

歌頌誰，暴露誰，这是原則問题。陈毅的"創作自由"就是要作家有歌頌資产阶級的自由，有反党反社会主义的自由，用資产阶級世界观来改造世界的自由，复辟资本主义的自由。这是不折不扣的資产阶級創作自由。在这种自由下，党的領导被取消，毛泽东文艺路綫遭抵制，无产阶級革命的文艺工作者就得不到自由，革命左派就得不到自由。

为了保証資产阶級的創作自由，陈毅狂热地反对无产阶級革命的文艺批評。他避而不談文艺批評的阶級性，不談文艺批評的政治标准和艺术标准，根本不談文艺批評要从无产阶級立场出发，而抽象地談"成績和缺点"，說什么"批評着重讲成績是主要的"，还說"不讲成績，指責缺点，沒有这个权利。"陈毅煽动作者对批評意見可以"不接受"，带点"毛病"也可以"上演"，也可以"出版"，并說"这样創作才能繁荣起来。"陈毅这样說，就是要取消革命人民批判牛鬼蛇神的权利。

毛主席教导我們："有错误就得批判，有毒草就得进行斗争。"我們就是要高举革命的批判旗幟，对反党反社会主义毒草大批特批，对一小撮反革命修正主义分子大批特批，对陈毅在"广州会議"上的大黑話，也必須大批特批。

陈毅关于文艺工作的黑話，給"广州黑会"的策划者們撑了腰。"广州会議"之后，在閻王殿的授意下，他們把陈毅的謬論系統化、理論化、具体化，由大会秘书长赵寻起草向中央写了一个黑报告。这个黑报告大叫大嚷党对文艺工作的領导妨碍了戏剧創作的发展，攻击群众、作家、領导三結合的正确方針，反对領导出題目，把提倡写新人新事，写社会主义題材說成"把題材限制得很窄"，把部队提倡写二忆三查、四好連队、五好战士誣蔑为写二、三、四、五，把文艺密切配合現实斗争誣蔑为所謂新聞报道化，并胡說这些都是"违反艺术生产規律的"。这个黑报告，給正确的戏剧批評安上了許多罪名，把对《三代》《布谷鳥又叫了》《同甘共苦》《还乡記》的正确批評都当作"粗暴"加以反对，而且把宣传毛泽东思想，反对走白专道路、反对洋、名、古的正确思想一律打成"簡单化"、"片面性"。这个黑报告还为被批判的右派、资产阶级反动"权威"如张庚、焦菊隐、熊佛西、石凌鶴、金山、赵寻、李健吾等人翻案，拼命吹捧二十年代的"老头子"，为被批判的毒草如《布谷鳥又叫了》《还乡記》等翻案，叫嚷要搞社会平反。

这个黑报告，是一个典型的资本主义复辟的文艺綱領，是对陈毅黑話的概括和总結。

※　　　　　※　　　　　※

陈毅在"广州黑会"上的长篇讲話，是一篇彻头彻尾、彻里彻外、完完全全的大毒草。他所放的毒以及他的讲話的恶劣影响，真是"罄南山之竹，书罪无穷；决东海之波流恶难尽。"我們在这里所揭发和批判的，仅仅是其中的一部分。

陈毅一再标榜自己是"老革命"，是"老干部"。他放了毒，責任不在他，而是"老干部"被人利用了。这真是无稽之談！

請問：

你大肆宣传你曾經两次反对毛主席，不以为耻，反以为荣，难道这是"老干部"被人利用了嗎？

你公开攻击我們伟大領袖毛主席，恶毒誹謗光焰无际的毛泽东思想，极力贬低毛主席的亲密战友林彪同志，大肆攻击中央文革小组，难道这是"老干部"被人利用了嗎？

你一再攻击社会主义制度，誣蔑二面紅旗和历次重大的政治运动。在二年困难时期，你积极追随刘少奇，大肆販卖阶级斗争熄灭論，鼓吹阶级調和，反对社会主义革命，为资本主义复辟鸣鑼开道。难道这是"老干部"被人利用了嗎？

你一貫同毛主席、林副主席唱反調，宣扬业务挂帅，大搞折衷主义，反对突出无产阶级政治，抵制活学活用毛主席著作，到处兜售资产阶级个人主义人生哲学，鼓吹成名成家，腐蚀毒害青年。难道这是"老干部"被人利用了嗎？

你大肆宣扬反革命修正主义文艺路綫，对抗毛主席的"文艺为工农兵服务"的文艺方針，反对党对文艺的領导，为反动作品翻案，为反动文人鸣冤。难道这是"老干部"被人利用了嗎？

你在外事工作中，干扰毛主席革命的对外政策总路綫，拼命塞进和推銷刘、邓的"一和一少"的修正主义黑貨，并且大肆販卖刘氏叛徒哲学，在对外活动中追求资产阶级庸俗的外交风格。你推行修正主义干部路綫和組織路綫，致使外交部资本主义、修正主义严重泛滥。难道这是"老干部"被人利用了嗎？

在这次文化大革命中，你积极参与刘、邓资产阶级反动路綫的制定，頑固推行这条反动路綫，充当刘、邓鎮压革命派的打手。你在公开检查之后，仍然坚持资产阶级反动立场，变本加厉地抗拒文化大革命，一心复辟資本主义。难道这也是"老干部"被人利用了嗎？

一語道破，你确实是"老干部"，你是刘、邓資产阶級司令部里多年的"老干部"。你根本不是什么"老革命"，而是地地道道的走資本主义道路的当权派，你是外事系统党內头号走資本主义道路的当权派。你根本不是被資产阶級"利用"了，你本来就是資产阶級在党內得心应手的代理人、代言人。如此而已，岂有它哉！

在"广州黑会"上，陈毅对資本主义总后台的旨意那样心领神会，和周扬配合得那么絲絲入扣，我們直到这次无产阶级文化大革命中才知道了其中的奥妙，原来陈毅就是刘邓黑司令部的一員干将。

1961—1962年，当資产阶級向无产阶級发动猖狂进攻的时候，陈毅为虎作倀，是一个发了狂、紅了眼、自己出来打头陣的主将。

1966年，在伟大的文化大革命中，当以毛主席为首的无产阶級革命派起来向資产阶級反击的时候，陈毅又充当了刘邓黑司令部鎭压革命的忠实打手。

1962年3月在"广州会議"上，陈毅充当了資本主义复辟的急先鋒。五年之后，1967年3月，当社会上出现一股資本主义反革命复辟逆流的时候，陈毅再一次跳出来，扮演了一个赤膊上陣的急先鋒角色。

在革命的这两个紧要关头，陈毅都站在毛主席的对立面，抗拒共产主义的历史潮流。这笔帐是一定要算的，一定要彻底清算！

现代历史上出现过不少抗拒共产主义潮流的"人物"，他们曾經张牙舞爪，不可一世。但是他们毕竟是社会上的陈旧力量，表面上气势汹汹，实际上是紙老虎，不堪一击，最后都不免以身败名裂而告終。**骄横跋扈的赫鲁晓夫**是这个結局，"**庞然大物**"刘少奇是这个結局。策划"广州黑会"的那一小撮反革命修正主义分子也是这个結局。在"广州黑会"上煽阴风点邪火，把自己吹嘘成"英雄"的陈毅，早晚也必定以政治舞台上匆匆来去的小丑角色而載入史册。

无产阶級、被压迫的革命人民、共产主义的思想体系和制度，这才是不可战胜的新生力量。他們正以排山倒海之势，雷霆万鈞之力，磅礴于全世界，而葆其美妙之青春。

最后胜利一定属于用毛泽东思想武装起来的无产阶級！

首 都 紅 代 会

北 京 外 国 語 学 院 紅 旗 革 命 造 反

"迎 春 到" 評 論 員

1967.4

照天烧

刘邓陶丑态种种

一、保"四旧"

党内头号走资本主义道路的当权派刘鬼少奇，一貫保剥削阶级的"四旧"。他曾公然鼓动青年向"俠客学习"，无恥地把共产党比作"包文正"，胡說什么：这些"好作风"、"好习慣"都应当"咬紧牙根学习"。

这些黑話他在一九四七年一次青干会上讲过。前后两段，全文如下：

"过去中国农村中有过俠客，这些人虽是少数人，但不脱离群众，今天的共产党共青团是俠客，但进步了，集体主义了，不是个人英雄主义，而是群众的英雄。"

"一切好作风要接受起来。甚至俠客的作风也要接受。如包文正是党，宗主改为民主人士，人民是皇后，間候人民如同見皇帝，青年团就是俠客。咬紧牙根学习好作风，坚持下去形成好习慣。"

二、游椰林

一九五九年，修正主义头目刘少奇和他的臭婆娘双双来到海南島游山玩水，尽欢作乐。

一天，正当这一对活宝手拉手，肩拚肩漫步椰林，欣尝热带风光时，突然前面落下了一顆成熟的椰子。王母娘勃然大怒，厉声斥責县委陪同人員："椰子打在'主席'头上怎么得了？！"圣旨既下，于是县委的一些人立即組織人力，連夜爬树，不管椰子生熟，全部摘掉，以保"主席"安全。

三、买寿桃

刘鬼少奇在海南游逛时，竟公然违反党纪，大搞秘密祝寿活动，为自己歌功颂德。

他和陶鑄狼狽为奸，胡作非为，不惜花费国家大量财力做了直径一公尺的大寿桃。这样巨大的寿桃，榆林港根本沒有，于是派人专车到二百里外的海口市去买，但也沒有买到。最后派人到广州大同酒家訂制，派专机送回榆林。

四、麻将迷

邓小平是个麻将迷。有一次他到东北視察，特地把打牌干将吳晗等人用杨尚昆的私人专机运到哈尔滨陪同打牌。又有一次，某地负责人到车站送邓小平，火车刚开动，欢送的人还在招手，邓却在車廂里推开牌桌，大干起来。

邓矮子視国家大事如儿戏，一大堆文件，十几分钟就批完了。但对打牌他却异乎寻常的认眞。他打麻将有个諾言：即打輸了，从桌下钻过去。每次打牌打輸时，他果眞从桌子下边钻过去，从不违背自己的諾言。

五、奴才相

一九五七年邓小平去清华大学"演讲"，胡說什么："一个陣营总要有个头，誰来作头？我們有資格嗎？不要吹牛，我們只有 400 万噸鋼，連最大和最小的无縫鋼管也造不出来，要中国拿一亿美元，一亿卢布就拿不出来，苏联最近与波兰签訂协定，一次就勾銷了过去的債务××亿卢布，还送給他們××亿。""学生会在一些点上超过先生，但总是先生好。""学习苏联沒有学错了，学错了，也不要怪别人，自己检查。"等等，等等。眞是一付奴才相。

六、怕死鬼

邓小平这个怕死鬼，在原子弹面前双膝发抖怕得要死。他居然恬不知耻地說："苏联有原子弹，它的意义何在呢？就是使帝国主义怕它。帝国主义怕不怕我們呢？我看不怕。……美国駐兵在台湾，当然是因为我們沒有原子弹，沒有导弹。但是苏联有原子弹。如果苏联也沒有原子弹，那它就要打我們。"这短短的一段话充分暴露了邓矮子媚美，恐美的丑恶嘴脸。

七、吹牛家

一九五九年邓小平到贵州遵义会議旧址，恬不知耻地指着一个位置大声叫嚷起来："当年我就坐在这个角落里。"而在场的曾参加过遵义会議的杨尚昆竟抹煞历史事实，瞞天过海，在一旁为邓吹虚拍馬，肉麻地說："邓小平同志当年就是坐在这里的……。"

其实邓小平并沒有参加。当时与会的只有十八人，他不过是个小小的县委书記罢了。

八、笔下留名

陶鑄向来野心勃勃，以"伟大人物"自居。惟恐人家不知道，于是便到处题詞。如《羊城晚報》，《汕头日報》等報紙、暨南大学、中南林学院等学校，珠江电影制片厂，广东粤剧院等单位；还有《广东画报》，《烈士陵园》……。在广州到处可以看到陶铸的手笔，真不愧为一个"题詞专家"！

九、如此"朴素"

陶铸一向宣揚他"艰苦朴素"的生活。他到广州重型机器厂蹲点时，首先装腔作势地声明，要和工人同吃、同住、同劳动，不吃猪肉，不吃营养品……。听說陶书記不吃猪肉，工人們都很惊訝。

陶"书記"真的不吃猪肉嗎？对，真的不吃，但他要吃人参。仅在国家暫时困难时期，陶铸夫妇两人就吃了一万多元人参，相当于一万多斤猪肉，每天平均七、八斤。陶铸的肚皮真是天下第一！

十、蒋贼门生

一九六六年二月杭州会議以后，陶铸便带着他的亲信王任重和他們的老婆、女儿，赶到东海之滨。他不仅游了山玩了水，还特地拜訪了蒋該死的故居和蒋母的坟墓。他們一到宁波，就要两名专员陪同，专程赶到奉化县溪口鎮一个山村，徒步上山拜訪蒋贼之母的坟墓和蒋該死的"避署圣地"（該地完整地保留了蒋介石写的匾額、墓碑和祖宗牌位），还在山上和回庙里共进午餐。陶铸对蒋贼的崇拜之心，于此可見。陶铸常說·"我是蒋委員长的学生"可見蒋陶之流本是一丘之貉。

刘鬼及其臭妖婆吃代食品的故事

六一年冬，刘鬼少奇携其臭婆娘乘专机到广州游山玩水。当时由于遭到严重自然灾害，副食品供应有些困难，有些地方就搞"代食品"。

为了捞取政治资本，扩大个人影响，刘、王也装模作样地表示要吃"代食品"，要"与人民共甘苦。"于是，当酒足飯飽之后，挑选一个风和日丽的良晨，这对活宝率领大批随从爬山采摘野果。經数日"督战"之后，随員們从树上打下百余斤毛栗子（此果味美不亚于板栗），幷按刘王意图磨成細粉，經廚师苦心加工，烹調配料，油煎成香甜可口的高级点心。此之謂"代食品"！

刘、王两人吃了之后，大加贊美，連呼"好吃！好吃！"，"这个方法可以研究推广"，还无耻地說："要从树上解决粮食"，"为六亿人民的口粮操心。"

接着刘、王又别出心栽地要吃山羊肉、野猪肉，同样美其名曰"研究代食品"。后来他們听說广东木薯好吃，就派专人出外购买，加工制作点心，但吃了后听說有毒，于是惊恐万状，連夜开车"急救"———一场虚惊，真是：

山珍海味已吃腻，
毛栗野味来充饥。
美其名曰"代食品"，
装模作样鬼相信。

陈 毅 丑 闻 几 则

一、陈毅论社会主义和马列主义

"社会主义如果仍是穿布衣、住草房、吃蔬菜，大城市尽蹬三轮车，这种社会主义是没人拥护的。社会主义是要电气化、机械化，主要劳动靠机器，輔助劳动靠人工，要人人穿呢子衣、綢子衣，住砖瓦房，玻璃窗，冬暖夏凉"。

"号召多吃細粮，多喝酒，多穿好衣服的时候（社会主义）已經不远了。"

"大家穿上呢子衣服，街上有很多汽車，人家更相信我們的馬列主义了。现在人家来看我們，生活水平那样低，就不相信我們。"

二、陈毅论张茜

陈毅老婆张茜是鎮压外文印刷厂文化大革命的消防队长。就是她，大搞夫人外交和臭妖婆王光美狼狈为奸，勾勾搭搭；就是她，把革命群众打成"反革命" "反党分子"、"野心家"；就是她，頑固坚持资产阶級反动路綫，在向群众检查时大发雷霆，态度极不老实。

对于这样一位宝貝夫人，陈毅却百般吹捧、拚命为其涂脂抹粉。他曾洋洋得意地說：王光美是解放牌的，张茜是抗日牌的。

在一九六一年接见东方歌舞团演员时，陈毅吹捧道："她（张茜）是你們的老前輩呢！在新四軍时，演戏演的好呵！"并表示要让张茜去当該歌舞团的团长。

三、陈毅汽车的来历

陈毅有一部中外聞名的漂亮汽車，頗有来历。

据說，一九五五年美国垄断资本家的喉舌《时代》杂志上刊登了一条重要广告：西德生产的最新型的大轎車訂戶之一是中华人民共和国外交部长陈毅。果然，不久陈毅就享用了这种车，好不威风！不过这也是驴粪蛋——外面光，內里脏而已。漂亮的汽车，包不住陈毅的反骨！

四、陈毅的"修养"功夫

有一次，一个反动的美国佬拿着一本反华杂志《时代》周刊让陈毅签名。这本周刊的封面上印有陈毅穿着西装，戴着墨鏡，样子显得很凶恶的相片，旁边站着一只张牙舞爪的老鷹，下面写道："亚洲危险，赤色的中国的外长陈毅"。

这显然是一种反华辱华行为，但作为堂堂中华人民共和国外交部长的陈毅竟根据刘氏"黑修养"的教导，采取"忍辱負重"，"委屈求全"的妥协态度，居然接过周刊签了名，給中国人民丢脸。

莊 园 行

——从刘公馆看刘澜涛的丑恶灵魂

最 高 指 示

应该使一切政府工作人员明白，贪污和浪费是极大的犯罪

（一）乔装打扮

当我们被允許进入客厅，臥室，餐间等十多间房室"欣賞"一圈后，根据迹象判断室內的陈設在最近已大大更动及变迁而悬挂了几幅毛主席象和毛主席詩詞。但因主人大概在乔装打扮时来不及轉移原有室內的陈設，所以屋內与走廊不太引入注目的地方尙留存下一小部分，如：巨幅山水画，綿綉立鶴，水晶球，精致象牙雕刻，珍貴古玩，高級工艺品等数十件。我们再看悬挂的毛主席象其印刷日期都是九、十月份最新出版的，加上这些书斋陈設珍品"收藏"之不合理，完全断定刘司令如今是为了应付场面不得不来一下暫且乔装打扮，急急忙忙挂起毛主席象，暗暗"收藏"起一批珍貴的摆設。这样做，能說明刘澜涛心中有毛主席了嗎？不！絕不是那样！相反的更說明了刘司令作贼心虚怀鬼胎，乔装打扮想过关。

（二）盗占文物

在刘公馆的地下室，我们无意中在一只床底下发现二十多件来自各地出土的文物及永泰公主墓內刻首次拓印成品48件（上面有写着"永泰公主墓內刻首次拓印成品"字样的中共中央西北局便笺一张）。

这批文物怎么会到了刘澜涛家中呢？刘本人既非考古学家，刘公馆又不是博物馆，为什么这批文物如今会被刘澜涛盗占呢？值得深思！想当年蒋匪統治期間那些官僚军閥吸血虫为了称王称霸，到处搶窃文物，里通外国，变卖国宝。而如今西北局第一书記刘澜涛竟也效仿军閥官僚之一样，盗占文物，这又說明刘澜涛的用意何在呢？想变天！最起碼也是盗占国家文物。刘澜涛必須老老实实向广大革命群众交待这一罪行。

（三）豪华的住宅，奢侈的生活

环视刘公館　周等于給我们上了一堂活生生的阶级斗争的教育课。刘司令的官窝最近虽已大大更动，但就按现有保存下来的东西，就几乎难以用一般平淡的詞句来描述。

刘澜涛全家六口人（四人住在刘公館）占用大房間就有十九間，其他小間不胜統計。房間里全是高級双层花紋打腊地板。幷铺满大、小精美图案的地毯。沙发、躺床配套成龙；**絲絨綾罗的双层窗帘；雕花平頂，高級灯具都与众不同；**厕所、厨房四周皆嵌乳白色的瓷砖馬賽克；其他家俱之别致也无法一一叙說。而在这数十間房中尤以刘司令的臥室最为豪华堂皇。

下面我们提供刘公館中几件小事，供大家一斑窥全貌

（1）下面先看看刘澜涛家茶酒的消耗情况：

仅在刘澜涛的臥室中就放有二十来筒国产名貴茶叶，幷且大小景德、宜兴茶具全套俱

备。这二十来筒名茶（每筒約半斤以上）品种各不相同，有一级龙井、黄山名茶等等。

在刘的餐厅、地下室中放有原封的盒装朝鮮人参酒五瓶（每瓶內有四寸长原根人参一支）进口酒二瓶及大坛的陈年紹酒一坛（50斤装）和其他开瓶的茅台酒、西凤酒、葡萄酒等十余瓶。在刘司令的家里稀有珍貴补葯鹿茸精、人参糖也到处可以見到，在刘瀾涛餐厅的一柜子里我們就見放有酒杯四十个之多，为景德鎮产品及进口料品。

（2）让我們再看看刘司令家中摆设的又是些什么东西吧！

在刘司令臥室中摆的都是些貴族老爷們所欣賞的东西。有×寸长用象牙精雕成的"白菜蝈蝈"；有直径八寸左右的光彩夺目的大水晶球；还有巨幅苏州名綉"白鶴""高山瀑布"；有圓的玻璃雕木的风景山水；有金光闪闪的苏修的人造卫星模型；有紅艳艳的珊瑚枝；有青銅的立馬和紫漆木刻的小放牛；有来自一些修正主义国家的紀念品、雕画；有才子佳人的紅漆茶几等等。还有一些咱們土包子不識的洋貨珍品則不胜枚举。

（3）刘司令用的东西又如何呢？同样也只能把所見的略举一下：进口貨是他家所喜爱的，他家大至电视机、钟表、无綫电小的到肥皂、縫衣針都是进口的。在刘臥室里放有大型精密德国蔡司望远鏡，及袖珍蔡司望远鏡各一架（据估計大的价值在9万元左右）。公館的各种设备也是費了番匠心的，单刘瀾涛臥室一間里就安装大小日光灯十一具，台灯和立灯各一具，高级臥室中暖气片都巧妙地嵌在墙壁里，有銅絲网隔开以免老爷烫手。

（四）腐朽的灵魂

那些挂着共产党員、馬列主义者照牌，干着修正主义勾当，过着资产阶级生活的老爷太太們的灵魂深处究竟藏着哪些卑鄙肮脏的东西呢？請同志們看下面事实。

（1）在刘瀾涛的臥室里有一幅叫"延安頌"的画，可是画家頌的到底是誰？刘瀾涛又为什么珍藏在他的臥室里呢？我們抄录画上的字句，請分析：

延安頌

曾謁革命圣地延安心印殊深

恭制斯图聊当頌歌即奉

瀾涛同志惠存

一九六五年七月錢松嵒并浅 [岩松]

（2）刘瀾涛看的又是些什么呢？在刘司令的会客室里放的是"首都紅卫兵糾察队西城指挥部通令集（1　10）"；另一間房里放的是一个特制的仿紅木的书柜，高达6尺，宽3.5，上刻一排字"中华书局聚珍仿宋版二十四史"內分一二十四个木格，各放綫装木刻版史书若干卷。

（3）又在那个奇怪的地下室里我們又发現了几样奇怪的东西，在刘夫人的梳妆台中我們見到一小包有牙有毛的神奇东西。細細一看，喔！原来紙包外写着什么"青的幼牙""燕儿胎毛"（青、燕是刘司令的少爷）。看后不禁哑然失笑，一个共产党員，西北局的第一书記家里还专門将这个孩子的牙齿掉了包起来，那个孩子的头发换了又要包起来，一个高级领导整天关心的不是国家大事，而是小家庭这个圈圈，岂非咄咄怪事。这只能說明革命意志的衰退，何等的低级，又是何等的庸俗！

（4）在一个不注目的角落里，还有刘瀾涛和刘夫人写的詩，本来該装裱高悬，现可能因情况紧急只能扔在角落，我們为了更好地发揮它們原有的"作用"，因而也抄录于后，供有心者收集。

这是几首刘澜涛給他夫人的祝寿詞：

祝　寿　　为素飞五旬作

五十年飽經风霜　　　为人民脫下紅装

今日共敬一杯酒　　　祝君长寿永青春

圣地結伴侶　　　　　瞬忽廿六年

四儿皆驕键　　　　　共賀君寿辰

烽火易紅装　　　　　革命忘辛劳

今日进五旬　　　　　望汝永青春

澜　涛

一九六四年三月十九日　　　农历二月初六日西安

不难看出刘司令的詩中除了仅有一点为了应市面的革命調子完全給什么"四儿皆驕键"，"共敬一杯酒"及許多的"青春"、"长寿"所淹沒了。这味道和刘澜涛的"名言"、"爱惜光阴就是爱惜生命"根本沒有什么两样，完完全全是修正主义的貨色。

刘夫人在另一首詩中更是狂妄自大，野心勃勃，不可一世，常言道夫唱妇随，那一点儿也不錯的。为了共享目睹之快也公布于后：

人逢喜事精神爽

五旬又一志益刚

_八佳节同日庆

环球姐妹为我頌

今年_八节适并五十一岁生日　随笔弄詩以志念　素飞一九六五年三月八日

于长安

_八节是全世界劳动妇女的节日，和刘夫人的生日在同一天，那生日又算得了什么！可刘夫人竟作詩大叫"环球姐妹为我頌"岂非可笑又可恶！

以上种种事实，不难看出在这样一个充滿修正主义臭味的芷园里，刘澜涛享受的是修正主义的生活，想的是資本主义复辟，执行的必然是資产阶級的反动路綫。　句話，他在修正主义的溫床里搞的是反党反社会主义反人民的修正主义的政治。鉄証如山，不容抵賴。

毛主席說："凡是反动的东西，你不打，他就不倒。这也和扫地一样，扫帚不到，灰尘照例不会自己跑掉。"革命的同志們，跟我們一起揭开刘澜涛等人灵魂深处不可見人的东西，砸烂一切修正主义的乐园，彻底揭发批判西北局陕西省委中一小撮走資本主义道路当权派的修正主义生活方式和他們执行的資产阶級反动路綫，为使我国成为无产阶级的鉄打江山，永不变色而斗爭吧！

最 高 指 示

《清宮秘史》有人说是爱国主义的，我看是卖国主义的，彻底的卖国主义。

有关毒草影片《清宮秘史》的一些历史資料

一 光绪是个什么玩意儿？

被刘少奇頌为爱国英雄的光緒皇帝，是一个彻头彻尾的卖国贼。他梦想从帝国主义那里討些残羹剩饭，企图苟延即将垮台的清朝統治政权。"变法"前如此，"变法"后更是如此。这里选出与反动影片《清宮秘史》有关的三则光緒丑聞，供同志們批判影片时参考。

一、"戊戌变法"后，光緒亲自出馬，大搞卖国勾当。光緒三十年，他把奧国、美国、德国、俄国、比利时的使臣拉到深宫的皇极殿共謀卖国丑事。此外，还先后接见了英国、日本、德国、朝鲜、意大利、荷兰、葡萄牙等使臣。光緒二十二年，又在乾清宫接见奧国、德国使臣，談的都是卖国丧权的丑事。

二、光緒二十六年十月，光緒給內阁下手諭，污蔑义和团："本年夏間。拳匪媾乱，开衅友邦，……"这一年，正是轰轰烈烈的义和团兴起的一年，光緒竟誣蔑义和团为"拳匪"，把他們的革命行动罵为"媾乱"，而把帝国主义强盗捧为友邦。

在《遺事录》里記載两宫"出狩"（按：应是逃窜）中写道："……太后之将奔也，皇上求之日 无需出走，外人皆友邦。其兵討拳匪，对我国非有恶意，臣請自往东交民巷，向各国使臣面談，必无事矣！"光緒的卖国嘴脸不是昭然若揭了嗎？！

三、影片中有一组描写老百姓送鸡蛋、餑餑給光緒吃的鏡头，純属捏造、誣蔑、胡說八道。

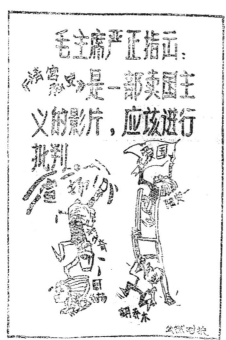

《西巡大事記》里，也有記載。慈禧、光緒在光緒二十六年七月 十日逃出北京后，"是日晡午，太监于村民家覓鸡卵数十枚以进"，这正說明慈禧、光緒所吃的这頓中飯，是搶来的。又《庚子西狩丛談》中說："太后飢食鸡卵，余乃出至市中，入一空肆，覓得五卵。"这又証明是搶来的。又說："途中口渴，令太监取水，有井矣，而无汲器，不得已朶稗稭与皇帝共嚼，略得浆汁，即以解渴。"老百姓連口水都不給这些坏蛋，难道会送鸡蛋、餑餑？

二、姚宠何许人也？

《清宮秘史》的編劇姚克，是一个坚持反革命立场的反动文人，一个十足的洋奴才。

一九二五年秋，姚克曾在上海用姚莘农的原名，伙同另一洋奴才、买办文人林語堂和反动政客吳經熊之流，办了一个英文月刊《天下》。姚克作为該刊編輯部主干之一，特别卖力，写了一些臭文章。还吹捧封建旧剧《王宝钏》，大卖野人头。这本积极为美、英帝国主义和买办资产阶級效劳的东西，得到了帝国主义的青睞，美国反动女文人項美丽就給該刊以很大支持。

敌伪时期，姚克仍在上海，当了汉奸，曾編写过一些鼓吹封建主义、渲染资产阶級生活的舞台剧，如《美人計》、《楚霸王》、《銀海滄桑》、《清宫怨》等。其中《清宫怨》是一个四幕話剧，后来姚克根据这个話剧改編成《清宫秘史》的电影剧本。

在《清宫秘史》出籠前，姚克編过另反动电影剧本《蝴蝶梦》，全国解放前夕，姚克逃往香港，又編了电影剧本《一代妖姬》，都是大卖色情的反动影片，都是由臭名昭彰的反动电影女演员白光主演的。之后，姚克替永华

公司写了另一个黄色电影剧本《玫瑰玫瑰我爱你》，由屠光启导演，严俊、李丽华主演。参加制作的这一伙，全是美帝国主义和蒋匪帮的走狗、电影界的败类。

三、反动的永华影业公司简介

反动影片《清宫秘史》是永华影业公司摄制的。这是一家反动的电影公司。

永华公司的老板，即《清宫秘史》的监制人李祖永，浙江省宁波人，他同国民党反动派，四大家族有密切关系，特别是同宋子文，在美国留学时是同学，关系更不寻常，同财阀孔祥熙也很有来往。抗战之前，李祖永在上海开設的大业印刷公司，专門替国民党反动派印鈔票，李祖永靠印鈔票发了财，在上海拥有大量地产。

抗战时期，李祖永又搞軍火和黄金买卖，进行投机倒把，大发国难财。

抗战胜利后，李祖永于一九四六年从美国旅行回到香港，次年即办了永华影业公司，从美国购进了大量摄影器材設备，由敌伪时期上海电影界的大汉奸张善琨任該公司幕后策划人。

永华公司拍摄的第一部影片《国魂》于一九四八年九月出籠，这是一部极端反动的影片。《国魂》肆意捏造历史，借文天祥来宣扬正统观念，鼓吹对蒋家王朝誓死效忠，因此这部影片大受国民党反动派的吹捧贊好。人民公敌蒋介石曾下令大量加印拷貝，在蒋匪官兵中大量放映"以发挥先賢卫国精神，而振士气"，要蒋匪官兵效忠卖命。同年十一月，又完成了第二部影片，就是《清宫秘史》。真是无独有偶，这部影片受到党内最大的走资本主义道路当权派刘少奇的推崇，把卖国主义的影片說是爱国主义的影片。接着又拍摄了《大凉山恩仇記》等反动影片，这类货色，曾被香港反动报紙贊扬为"都是在艺术方面很有份量的片子。"

一九四九年之后，永华公司曾陆續拍了諸如《巫山盟》、《　　刻春宵》、《玫瑰玫瑰我

爱你》等反动、黄色影片，于一九五四年关門大吉。其最后一部影片，叫《飞虎将军》，是到台湾去拍成的，大肆頌扬美帝国主义战争贩子，內容反动透頂。

李祖永于一九五九年十二月鳴呼。

四、《清宫秘史》解放前映出情况

据解放前上海的一些报刊記載，《清宫秘史》于一九四八年十二月三十一日起在上海公映。一九四九年三月二十三日前后，又在上海各大报上刊登《为重映（清宫秘史）謹告向隅的百万观众》的启事，至四月份尚在重映。国民党《中央日报》曾在一九四八年十一月二十三日发过一条《清宫秘史》于十一月十一日就已在香港上映的消息。

这方面的材料，目前已見到的有：

《清宫秘史》本事（《大公报》一九四八年十二月二十六日）

《清宫秘史》本事（《电影》杂志第二卷第八期，一九四八年十二月一十一日出版）

《清宫秘史》电影故事（《电影风》第四期，一九四九年一月十五日出版）

《清宫秘史》在香港公映（上海《中央日报》一九四八年十一月二十日、十二月一十一日）

看《清宫秘史》后（藤厅残客《新聞报》一九四九年一月十五日）

《清宫秘史》影評（《盆世报》一九四九年一月五日）

謹告向隅的百万观众（《新聞报》、《申报》一九四九年二月二十日）

在这部影片上映期間，国民党反动派出于他們的阶级本能，对这部影片大肆吹捧，例如国民党的《中央日报》就說：

"这部片子是永华公司的又一部輝煌的作品"，"轰动一时，自然是意料中的事"。

"《清宫秘史》的导演朱石麟"，"是一位历史悠久，成就輝煌的导演"，"朱石麟的努力是有代价的，《清宫秘史》的成就，相信观众沒有不贊尝的"，"《清宫秘史》呈現了磅礴的气势"等等。

又：独夫民贼蒋介石在重庆亲自看了《清宫秘史》的演出，欢喜异常，贊不絕口，并設宴招待《清宫秘史》的編剧、导演和演員。自命为"老革命"的刘少奇，竟也竭力宣揚这部影片是什么"爱国主义"的。这說明了什么？蒋介石所喜欢的东西，刘少奇也喜欢，岂非"口之于味有同嗜，耳之于声有同听"，臭味相投，一丘之貉吗？

喜 讯

一九六七年五月十二日清晨一点多，周总理在中南海接見了首都红代会"批判陈毅联絡站"和北京外国語学院紅旗革命造反团、六・一六紅卫兵团、井岡山兵团等革命造反派組織的代表，接受了代表們的革命要求，支持了代表們的革命行动。

外事口最大的党內走资本主义道路的当权派陈毅，即将滚到群众中来，听取我們的揭发、批判和控訴了。这是无产阶级革命派艰苦斗争的結果；这是战无不胜的毛泽东思想的伟大胜利，这是毛主席的无产阶级革命路綫的伟大胜利！

目　录

通訊地址：北京外語学院教学楼 139 号

电話：89·1931--39

首都紅代会

北京外国語学院紅旗革命造反団

文革風雲 編輯部

五

一九六七年

形势和任务

毛主席
关于文艺问题的
几个重要指示

看了《逼上梁山》以后寫給延安平劇院的信

（一九四四年一月九日）

看了你們的戏，你們做了很好的工作，我向你們致謝，并請代向演員同志們致謝！历史是人民創造的，但在旧戏舞台上（在一切离开人民的旧文学旧艺术上）人民却成了渣滓，由老爷太太少爷小姐們統治着舞台，这种历史的顛倒，现在由你們再顛倒过来，恢复了历史的面目，从此旧剧开了新生面，所以值得庆贺。你們这个开端将是旧剧革命的划时期的开端，我想到这一点就十分高兴，希望你們多編多演，蔚成风气，推向全国去！

应当重視电影《武訓傳》的討論

（一九五一年五月二十日）

《武訓传》所提出的問題带有根本的性质。象武訓那样的人，处在清朝末年中国人民反对外国侵略者和反对国內的反动封建統治者的伟大斗爭的时代，根本不去触动封建经济基础及其上层建筑的一根毫毛，反而狂热地宣传封建文化，并为了取得自己所沒有的宣传封建文化的地位，就对反动的封建統治者竭尽奴顏卑膝的能事，这种丑恶的行为，难道是我們所应当歌頌的吗？向着人民群众歌頌这种丑恶的行为，甚至打出"为人民服务"的革命旗号来歌頌，甚至用革命的农民斗爭的失败作为反衬来歌頌，这难道是我們所能够容忍的吗？承认或者容忍这种歌頌，就是承认或者容忍污蔑农民革命斗爭，污蔑中国历史，污蔑中国民族的反动宣传为正当的宣传。

电影《武訓传》的出现，特别是对于武訓和电影《武訓传》的歌頌竟至如此之多，说明了我国文化界的思想混乱达到了何等的程度！

在許多作者看来，历史的发展不是以新事物代替旧事物，而是以种种努力去保持旧事物使它得免于死亡；不是以阶级斗爭去推翻应当推翻的反动的封建統治者，而是象武訓那样否定被压迫人民的阶级斗争，向反动的封建統治者投降。我們的作者們不去研究过去历史中压迫中国人民的敌人是些什么人，向这些敌人投降并为他們服务的人是否有值得称贊的地方。我們的作者們也不去研究自一八四〇年鴉片战争以来的一百多年中，中国发生了一些什么向着旧的社会经济形态及其上层建筑（政治、文化等等）作斗争的新的社会经济形态，新的阶級力量，新的人物和新的思想，而去决定什么东西是应当称贊或歌頌的，什么东西是不应当称贊或歌頌的，什么东西是应当反对的。

特别值得注意的，是一些号称学得了馬克思主义的共产党員。他們学得了社会发展史——历史唯物论，但是一遇到具体的历史事件，具体的历史人物（如象武訓），具体的反历史的思想（如象电影《武訓传》及其他关于武訓的著作），就丧失了批判的能力，有些人則竟至向这种反动思想投降。资产阶級的反动思想侵入了战斗的共产党，这难道不是事实吗？一些共产党員自称已经学得的馬克思主义，究竟跑到什么地方去了呢？

为了上述种种緣故，应当展开关于电影《武訓传》及其他有关武訓的著作和論文的討論，求得彻底地澄清在这个问题上的混乱思想。

（这是毛泽东同志为《人民日报》写的社论的摘录）

关于紅樓夢研究問题的信
（一九五四年十月十六日）

駁俞平伯的两篇文章附上，請一閱。这是三十多年以来向所謂紅楼梦研究权威作家的錯誤观点的第一次认真的开火。作者是两个青年团員。他們起初写信給《文艺报》，請問可不可以批評俞平伯，被置之不理。他們不得已写信給他們的母校——山东大学的老师，获得了支持，并在該校刊物《文史哲》上登出了他們的文章駁《紅楼梦簡論》。問題又回到北京，有人要求将此文在《人民日报》上轉载，以期引起爭論，展开批評，又被某些人以种种理由（主要是"小人物的文章"，"党报不是自由辯論的场所"）給以反对，不能实现；結果成立妥协，被允許在《文艺报》轉载此文。嗣后，《光明日报》的《文学遗产》栏又发表了这两个青年的駁俞平伯《紅楼梦研究》一书的文章。看样子，这个反对在古典文学領域毒害青年三十余年的胡适派资产阶級唯心論的斗争，也許可以开展起来了。事情是两个"小人物"做起来的，而"大人物"往往不注意，并往往加以阻拦，他們同资产阶級作家在唯心論方面讲統一战綫，甘心作资产阶級的俘虏，这同影片《清宫秘史》和《武訓传》放映时候的情形几乎是相同的。被人称为爱国主义影片而实际是卖国主义影片的《清宫秘史》，在全国放映之后，至今没有被批判。《武訓传》虽然批判了，却至今没有引出教訓，又出现了容忍俞平伯唯心論和阻拦"小人物"的很有生气的批判文章的奇怪事情，这是值得我們注意的。

俞平伯这一类资产阶級知識分子，当然是应当对他們采取团結态度的，但应当批判他們的毒害青年的錯誤思想，不应当对他們投降。

（这是毛泽东同志写給中共中央政治局的同志和其他有关同志的一封信）

关于艺术工作的批示
（一九六三年十一月 日）

各种艺术形式——戏剧、曲艺、音乐、美术、舞蹈、电影、詩和文学等等，問題不少，人数很多，社会主义改造在許多部門中，至今收效甚微。許多部門至今还是"死人"統治

53

着。不能低估电影、新詩、民歌、美术、小说的成績，但其中的問題也不少。至于戏剧等部門，問題就更大了。社会经济基础已经改变了，为这个基础服务的上层建筑之一的艺术部門，至今还是大問題。这需要从調查研究着手，认真地抓起来。

許多共产党人热心提倡封建主义和資本主义的艺术，却不热心提倡社会主义的艺术，岂非咄咄怪事。

关于文艺团体問题的批示

（一九六四年六月二十七日）

这些协会和他們所掌握的刊物的大多数（据说有少数几个好的），十五年来，基本上（不是一切人）不执行党的政策，做官当老爷，不去接近工农兵，不去反映社会主义的革命和建設。最近几年，竟然跌到了修正主义的边緣。如不认真改造，势必在将来的某一天，要变成像匈牙利裴多菲俱乐部那样的团体。

通　　　知

中国共产党中央委員会

（一九六六年五月十六日）

各中央局，各省、市、自治区党委，中央各部委，国家机关各部門和各人民团体党組、党委，人民解放军总政治部：

中央决定撤銷一九六六年二月十一日批轉的《文化革命五人小組关于当前学术討論的汇报提綱》，撤銷原来的"文化革命五人小組"及其办事机构，重新設立文化革命小組，隶屬于政治局常委之下。所謂"五人小組"的汇报提綱是根本错誤的，是违反中央和毛泽东同志提出的社会主义文化革命的路綫的，是违反一九六二年党的八届十中全会关于社会主义社会阶级和阶级斗爭問题的指导方針。这个提綱，对毛泽东同志亲自領导和发动的这场文化大革命，对毛泽东同志在一九六五年九月至十月间中央工作会議上（即在一次有各中央局負責同志参加的中央政治局常委会議上）关于批判吴晗的指示，阳奉阴违，竭力抗拒。

所謂"五人小組"的汇报提綱，实际上只是彭真一个人的汇报提綱，是彭真背着"五人小組"成員康生同志和其他同志，按照他自己的意见制造出来的。对待这样一个关系到社会主义革命全局的重大問題的文件，彭真根本沒有在"五人小組"內討論过、商量过，沒有向任何地方党委征求过意见，沒有说明要作为中央正式文件提請中央审查，更沒有得到中央主席毛泽东同志的同意，采取了极不正当的手段，武断专横，滥用职权，盗窃中央的名义，匆匆忙忙发到全党。

这个提綱的主要错誤如下：

（一）这个提纲站在资产阶级的立场上，用资产阶级世界观来看待当前学术批判的形势和性质，根本顛倒了敌我关系。我国正面临着一个伟大的无产阶级文化革命的高潮。这个高潮有力地冲击着资产阶级和封建残余还保存的一切腐朽的思想陣地和文化阵地。这个提纲，不是鼓舞全党放手发动广大的工农兵群众和无产阶级的文化战士继續冲鋒前进，而是力图把这个运动拉向右轉。这个提纲用混乱的、自相矛盾的、虚伪的詞句，模糊了当前文化思想战綫上的尖銳的阶级斗争，特别是模糊了这场大斗争的目的是对吳晗及其他一六批反党反社会主义的资产阶级代表人物（中央和中央各机关，各省、市、自治区，都有这样一批资产阶级代表人物）的批判。这个提纲不提毛主席一再指出的吳晗《海瑞罷官》的要害是罢官問題，掩盖这场斗争的严重的政治性质。

（二）这个提纲违背了一切阶级斗争都是政治斗争这一个馬克思主义的基本論点。当报刊上刚刚涉及吳晗《海瑞罷官》的政治問題的时侯，提綱的作者們竟然提出"在报刊上的討論不要局限于政治問題，要把涉及到各种学术理論的問題，充分地展开討論"。他们又在各种场合宣称，对吳晗的批判，不准談要害問題，不准涉及一九五九年庐山会議对右倾机会主义分子的罢官問題，不准談吳晗等反党反社会主义的問題。毛泽东同志经常告訴我们，同资产阶级在意識形态上的斗争，是长期的阶级斗争，不是匆忙做一个政治結論就可以解决。彭眞有意造謠，对許多人说，主席认为对吳晗的批判可以在两个月后做政治結論。又说，两个月后再談政治問題。他的目的，就是要把文化领域的政治斗争，纳入资产阶级经常宣揚的所謂"純学术討論"。很明显，这是反对突出无产阶级的政治，而要突出资产阶级的政治。

（三）提綱特别强調所謂"放"，但是却用偸天换日的手法，根本歪曲了毛泽东同志一九五七年二月在党的全国宣传工作会議上所讲的放的方針，抹煞放的阶级內容。毛泽东同志正是在讲这个問題的时侯指出，"我們同资产阶级和小资产阶级的思想还要进行長期的斗爭。不了解这种情况，放棄思想斗爭，那就是錯誤的。凡是錯誤的思想，凡是毒草，凡是牛鬼蛇神，都应該进行批判，决不能讓它們自由泛濫。"又说，"放，就是放手讓人家讲意見，使人們敢于說話，敢于批評，敢于爭論。"这个提綱却把"放"同无产阶级对于资产阶级反动立场的揭露对立起来。它的所謂"放"，是资产阶级的自由化，只許资产阶级放，不許无产阶级放，不許无产阶级反击资产阶级，是包庇吳晗这类的反动的资产阶级代表人物。这个提綱的所謂"放"，是反毛泽东思想的，是适应资产阶级需要的。

（四）在我们开始反击资产阶级猖狂进攻的时侯，提綱的作者們却提出，"在眞理面前人人平等"。这个口号是资产阶级的口号。他们用这个口号保护资产阶级，反对无产阶级，反对馬克思列宁主义，反对毛泽东思想，根本否认眞理的阶级性。无产阶级同资产阶级的斗争，馬克思主义的眞理同资产阶级以及一切剝削阶级的謬論的斗爭，不是东风压倒西风，就是西风压倒东风，根本談不上什么平等。无产阶级对资产阶级斗争，无产阶级对资产阶级专政，无产阶级在上層建筑其中包括在各个文化领域的专政，无产阶级继續清除资产阶级鑽在共产党內打着紅旗反紅旗的代表人物等等，在这些基本問題上，难道能够允許有什么平等嗎？几十年以来的老的社会民主党和十几年以来的现代修正主义，从来就不允許无产阶级同资产阶级有什么平等。他們根本否認几千年的人类历史是阶级斗爭史，根本否認无产阶级对资产阶级的阶级斗爭，根本否認无产阶级对资产阶级的革命和对资产阶级的专政。相反，他們是资产阶级、帝国主义的忠实走狗，同资产阶级、帝国主义一道，坚持资产阶级压迫、剥削无产阶级的思想体系和资本主义的社会制度，反对馬克思列宁主义的思想体系和社会主义的社会制度。他们是一群反共、反人民的反革命分子，他們同我們的斗爭是一場你死我活的斗爭，絲毫談不到什么平等。因此，我們对他們的斗爭也只能是一場你死我活的斗爭，我們对他們的关系絕对不是什么平等的关系，而是一个阶级压迫另一个阶级的关系，即無产阶级对资产阶级实行独裁或专攻的关系，而不能是什么别的关系，例如所謂平等关系、被剥削阶级同剝削阶级的和平共处关系、仁义道德关系等等。

（五）提綱说，"不仅要在政治上压倒对方，而且要在学术和业务的水准上真正大大地超过和压倒对方"。这种对学术不分阶级界限的思想，也是很錯誤的。无产阶级在学术上所掌握的真理，馬克思列宁主义的真理，毛泽东思想的真理，早已大大地超过了和压倒了資产阶级。提綱的提法，表現了作者吹捧和抬高资产阶级的所謂"学术权威"，仇視和压制我們在学术界的一批代表无产阶级的、战斗的新生力量。

（六）毛主席經常說，不破不立。破，就是批判，就是革命。破，就要講道理，講道理就是立，破字当头，立也就在其中了。馬克思列宁主义、毛泽东思想，就是在破资产阶级思想体系的斗爭中建立和不断发展起来的。但这个提綱却强調"沒有立，就不可能达到真正、彻底的破"。这实际上是对资产阶级的思想不准破，对无产阶级的思想不准立，是同毛主席的思想針鋒相对的，是同我們在文化战綫上进行大破资产阶级意識形态的革命斗爭背道而馳的，是不准无产阶级革命。

（七）提綱提出"不要象学閥一样武断和以势压人"，又说"警惕左派学术工作者走上资产阶级专家、学閥的道路"。究竟什么是"学閥"？誰是"学閥"？难道无产阶级不要专政，不要压倒资产阶级？难道无产阶级的学术不要压倒和消灭資产阶级的学术？难道无产阶级学术压倒和消灭资产阶级学术，就是"学閥"？提綱反对的鋒芒是指向无产阶级左派，显然是要給馬克思列宁主义者戴上"学閥"这項帽子，倒过来支持真正的資产阶级的学閥，維持他們在学术界的搖搖欲墜的垄断地位。其实，那些支持资产阶级学閥的党內走资本主义道路的当权派，那些鑽进党內保护资产阶级学閥的资产阶级代表人物，才是不讀書、不看报、不接触群众、什么学問也沒有、专靠"武断和以势压人"、窃取党的名义的大党閥。

（八）提綱的作者們别有用心，故意把水攪渾，混淆阶级陣綫，轉移斗爭目标，提出要对"坚定的左派"进行"整风"。他們这样急急忙忙抛出这个提綱的主要目的，就是要整无产阶级左派。他們专門收集左派的材料，寻找各种借口打击左派，还想借"整风"的名义进一步打击左派，妄图瓦解左派的队伍。他們公然抗拒毛主席明确提出要保护左派，支持左派，强調建立和扩大左派队伍的方针。另　方面，他們却把混进党內的资产阶级代表人物、修正主义者、叛徒封成"坚定的左派"，加以包庇。他們用这种手法，企图长资产阶级右派的志气，灭无产阶级左派的威风。他們对无产阶级充滿了恨，对資产阶级充滿了愛。这就是提綱作者們的资产阶级的博爱观。

（九）正当无产阶级在思想战綫上对資产阶级代表人物发动一場新的激烈斗爭剛剛开始，而且許多方面、許多地方还沒有开始参加斗爭，或者虽然已經开始了斗爭，但是絕大多数党委对于这場偉大斗爭的領导还很不理解，很不認真，很不得力的时候，提綱却反复强調斗爭中要所謂"有領導"、要"謹慎"、要"慎重"、要"经过有关領導机构批准"，这些都是要給无产阶级左派划許多框框，提出許多清规戒律，束縛无产阶级左派的手脚，要給无产阶级文化革命設置重重障碍。一句話，迫不及待地要刹車，来一个反攻倒算。提綱的作者們对于无产阶级左派反击资产阶级反动"权威"的文章，已经发表的，他們极端怀恨，还没有发表的，他們加以扣压。他們对于一切牛鬼蛇神却放手讓其出籠，多年来塞滿了我們的的报纸、广播、刊物、書籍、教科書、講演、文艺作品、电影、戏剧、曲艺、美术、音乐、舞蹈等等，从不提倡要受無产阶级的領导，从来也不要批准。这一对比，就可以看出，提綱的作者們究竟处在一种什么地位了。

（十）当前的斗爭，是执行还是抗拒毛泽东同志的文化革命的路綫的問題。但提綱却说，"我們要通过这场斗爭，在毛泽东思想的指引下，开辟解决这个問題（指"彻底清理学术領域內的资产阶级思想"）的道路"。毛泽东同志的《新民主主义論》、《在延安文艺座談会上的讲話》、《看了〈逼上梁山〉以后写給延安平剧院的信》、《关于正确处理人民內部矛盾的問題》、《在中国共产党全国宣传工作会議上的讲話》等著作，早已在文化思想战綫上給我們无产阶级开辟了道路。提綱却认为毛泽东思想还没有給我們开辟道路，而要重新开辟道路。提綱是企图打着"在毛泽东思想的指引下"这个旗帜作为幌子，开辟一条同毛泽东思想相反的道路，即现代修正主义的道路，也就是资产阶级复辟的道路。

总之，这个提綱是反对把社会主义革命进行到底，反对以毛泽东同志为首的党中央的文化革命路綫，打击无产阶级左派，包庇资产阶级右派，为资产阶级复辟作舆論准备。这个提綱是资产阶级思想在党內的反映，是彻头彻尾的修正主义。同这条修正主义路綫作斗爭，絕对不是一件小事，而是关系我們党和国家的命运，关系我們党和国家的前途，关系我們党和国家将来的面貌，也是关系世界革命的一件头等大事。

各级党委要立即停止执行《文化革命五人小組关于当前学术討論的汇报提綱》。全党必须遵照毛泽东同志的指示，高举无产阶級文化革命的大旗，彻底揭露那批反党反社会主义的所謂"学术权威"的资产阶级的反动立場，彻底批判学术界、教育界、新聞界、文艺界、出版界的资产阶级反动思想，夺取在这些文化領域中的領导权，而要做到这一点，必须同时批判混进党里、政府里、軍队里和文化領域的各界里的资产阶级代表人物，清洗这些人，有些则要調动他們的职务，尤其不能信用这些人去做領导文化革命的工作，而过去和现在确有很多人是在做这种工作，这是異常危险的。

混进党里、政府里、軍队里和各种文化界的资产阶級代表人物，是一批反革命的修正主义分子，一旦时机成熟，他們就会要夺取政权，由无产阶级专政变为资产阶级专政，这些人物，有些已被我們識破了，有些则还没有被識破，有些正在受到我們信用，被培养为我們的接班人，例如赫魯晓夫那样的人物，他們现正睡在我們的身旁，各級党委必须充分注意这一点。

这个通知，可以連同中央今年二月十二日发出的錯誤文件，发到县委、文化机关党委和軍队团級党委，請他們展开討論，究竟那一个文件是錯誤的，那一个文件是正确的，他們自己的认識如何，有那些成績，有那些錯誤。

毛主席的革命文艺路綫胜利万岁

——紀念毛主席《在延安文艺座談会上的講話》发表二十五周年

一輪紅日当空照，万里江山一片紅。

无产阶級文化大革命的历史洪流滚滚向前，毛泽东思想的燦烂阳光普照大地。在两个阶級、两种命运、两条路綫最后决战的关鍵时刻，我們的伟大导师、伟大領袖、伟大統帅、伟大舵手毛主席《在延安文艺座談会上的讲話》发表二十五周年了。这是我們无产阶級革命派值得紀念，值得庆賀的日子。

毛主席的这篇《讲話》，是划时代的光輝巨著，是当代馬列主义文艺理論的頂峰。它是我們在文艺战綫上克敌制胜，向一切旧文化旧势力进行斗爭的銳利武器。它是我們文艺工作的最高指示，进行无产阶級文化大革命的行动綱領。

对《讲話》采取什么态度，是拥护还是反对，是执行还是抵制，这是区別馬列主义和修正主义，革命和反革命，眞革命和假革命的重要标志。你是无产阶級革命派吗？你就热爱《讲話》，宣传《讲話》，捍卫《讲話》；反之，你就仇視《讲話》，歪曲《讲話》，攻击《讲話》。因此，《讲話》是一小撮党內走資本主义道路当权派的死对头，是暴露一切牛鬼蛇神的照妖鏡。

长期以来，彭眞反党集团，反革命修正主义分子周揚、夏衍、林默涵、齐燕銘之流，把文艺界当作他們复辟資本主义的前哨陣地，販卖封建主义、資本主义和修正主义毒素的政治走私场所。在这些修正主义分子把持、控制下的文艺界，才子佳人、牛鬼蛇神充塞戏剧舞台，洋溢着一片厚古薄今、崇洋非中、厚死薄生的混浊空气。

这一小撮所进行的反党反社会主义反毛泽东思想的罪恶活动，得到了他們的总后台刘邓一伙的庇护和支持。外事系統最大的党內走資本主义道路的当权派陈毅，则是刘邓的忠实信徒，得力干将，推行修正主义文艺路綫的狂热吹鼓手。

从一九五九年到一九六二年，我国遭到了連續三年的自然灾害。阶級敌人錯誤地估計了形势，国內外反动势力互相勾結，狼狈为奸，掀起了一股股逆流，刮起了一陣陣妖风。"黑云压城城欲摧"。牛鬼蛇神喧嚣一时，反党反社会主义的大毒草《海瑞罢官》、《李慧娘》、《謝瑤环》等紛紛出籠。彭眞反党集团的干将邓拓更是赤膊上陣，反革命气焰甚囂塵上，公然向光熠无际的毛泽东思想，向我们最最敬爱的領袖毛主席，射出一支支毒箭，发起了猖狂进攻。毛主席的革命文艺路綫受到了粗暴的**践踏**，无产阶级和劳动人民在精神上**遭到了专政**，社会主义祖国面临着巨大的威胁。

就在这样的关键时刻，外事系统党內头号走**資本主义道路**的当权派陈毅，迫不及待地破門而出，到处放毒，配合文艺界形形色色的牛鬼蛇神和一小撮反革命修正主义分子，在党內最大的走資本主义道路当权派刘邓一伙的唆使和支持下，向毛主席的革命文艺路綫，向当代的馬列主义的精典文献《讲話》发起了空前规模的大围剿，大反扑。陈毅《在全国歌剧、話剧創作座談会上的讲话》就是一部露骨地反党反社会主义反毛泽东思想的代表作。一九六二年二月，他領了党內最大的走資本主义道路当权派刘少奇的黑指示，以钦差大臣的身份，风尘扑扑专程赶到广州，和周揚一伙反革命修正主义分子，形形色色的牛鬼蛇神一起"出气"，一下子放了洋洋四万余字的毒。同年，他还到东方歌舞团建团典礼大会上信口雌黄，大放其毒。陈毅对党对人民犯下的滔天罪行，真是"罄南山之竹，书罪无穷；决东海之波，流恶难尽"。

毛主席教导我们："**凡是要推翻一个政权，总要先造成舆論，总要先做意識形态方面的工作。革命的阶级是这样，反革命的阶级也是这样。**"党內头号走資本主义道路的当权派及其一伙，之所以要用《修养》代替《讲話》，用资产阶级的文艺黑綫代替毛泽东文艺思想的紅綫，就是为了篡党、篡軍、篡政，为资本主义复辟制造舆論。

保卫《讲話》，保卫毛主席的革命文艺路綫，就是保卫无产阶级专政，保卫我们的紅色政权，保卫我们的社会主义、共产主义事业。这是一场夺权斗爭、复辟与反复辟的斗爭，资产阶级复辟和无产阶级反复辟的斗爭。

"天若有情天**亦老**，人间正道是滄桑。"

毛主席的《讲話》就是迎着妄图阻挡历史潮流的形形色色机会主义思潮冲杀出来的。她在阶级斗爭的惊涛骇浪里，在二十五年的烽火历程中，打出了风格，显出了威力。

十五年来，尤其是建国以来，在《讲話》精神的指引下，我们粉碎了阶级**敌人**一次又一次的猖狂进攻，取得了一个又一个的伟大胜利。从粉碎三十年代王明路綫的急**先锋**，文艺黑綫的头目周揚一伙的猖狂进攻，到发起今天史无前例、震惊世界的无产阶级文化大革命，毛主席的《讲話》指引着我们前进，鼓舞着我们去斗爭，去夺文艺界一小撮反革命修正主义分子的权，把他们所霸占的一切陣地統統占下来，永远占下来！

毛主席的《讲話》給我们指明了无产阶级文化大革命的航向，引导我们破旧立新，革命造反，砸烂《修养》的桎梏，沿着文艺为工农兵服务，知識分子劳动化的康庄大道**凯歌猛进**，奔向远方！

《讲話》是教科书。它明确指出：我们的文艺"首先是为工农兵的，为工农兵而創作，为工农兵所利用的"。它号召文艺工作者"**長期地無条件地全心全意地到工农兵群众中去，到火热的斗爭中去，到唯一的最广大最丰富的源泉中去**"。

《讲話》是指南針。它一針见血地指出："**在現在世界上，一切文化和文学艺术都是屬于一定的阶级，属于一定的政治路綫的。**""**要使文艺很好地成为整个革命机器的一个組成部分，作为团结人民、教育人民、打击敌人、消灭敌人的有力武器，帮助人民同心同德地和敌人作斗爭。**"

《讲话》是照妖鏡。它有力地批駁了形形色色的修正主义文艺理論，給一小撮把持文艺界領导权的資产阶級代表人物，一切牛鬼蛇神以致命的打击。它是我們彻底摧毁反革命修正主义文艺黑綫的最銳利的武器。

《讲話》是进軍号。它号召广大的工农兵群众和文艺界的无产阶級革命派，迎头痛击資产阶級在意識形态領域里的一切挑战，用无产阶級自己的新思想，新文化，新风俗，新习惯，来改变整个社会的精神面貌，斗垮走資本主义道路的当权派，批判資产阶級的反动学术"权威"，改革教育，改革文艺，改革一切不适应社会主义经濟基础的上层建筑，以利于巩固和发展社会主义制度。

"不破不立，不塞不流，不止不行。"

不打倒剝削阶級反动的文化，就不能建立无产阶級的新文化。不把文艺界的反革命修正主义黑綫批臭批倒，彻底挖掉，就不能树立毛泽东思想在文艺界的絕对权威，就不能貫彻毛主席的革命文艺路綫。不把文艺界一小撮走資本主义道路当权派所窃踞的領导权夺过来，我們的无产阶級专政就会**被顛复**，社会主义的新中国就要改变顏色。

一切革命的文化工作者、思想工作者、文艺工作者，都要牢記主席"革命文化，在革命前，是革命的思想准备；在革命中，是革命总战綫中的一条必要和重要的战綫"的教导，高举《讲話》的革命大旗，开展大揭发、大批判、大斗争，彻底砸烂党內最大的一小撮走資本主义道路的当权派所支持的修正主义文艺黑綫，坚决把文艺界的两条路綫斗争进行到底，坚决把无产阶級文化大革命进行到底，坚决把毛泽东思想的伟大紅旗插遍文艺战綫上的一切陣地。

我們外事系统的无产阶級革命派，一定要以毛主席的《讲話》和其他著作为指南，以阶級斗争为綱，坚定地站在以毛主席为代表的无产阶級革命路綫一边，坚定地站在文艺界的无产阶級革命造反派一边，和他們团結在一起，战斗在一起，胜利在一起，誓把无产阶級文化大革命进行到底！

当前，我們要以毛主席的《讲話》为武器，狠批外事口党內头号走資本主义道路当权派陈毅的反革命修正主义文艺綱領，把他泡制的毒草統統拿出来示众，把他在文艺界散布的流毒彻底肃清。这就是我們对《讲話》的最好紀念。这就是我們对文艺界无产阶級革命派的最大支持。

"奔騰急，万馬战犹酣。"

无产阶級文化大革命方兴未艾，无产阶級革命派任重道远。正如我們的伟大領袖毛主席所教导的那样，**"现在的文化大革命，仅仅是第一次，以后还必然要进行多次。全體党員，全国人民，不要以为有一二次，三四次文化大革命，就可以太平无事了。千万注意，决不可丧失警惕。"** 斗争正在进行！斗争将继續进行！

无产阶級革命派的战友們，革命的同志們，让我們高举革命批判的大旗，造反有理的大旗，念念不忘阶級斗争，念念不忘无产阶級专政，念念不忘突出政治，念念不忘高举毛泽东思想伟大紅旗，**"下定决心，不怕牺牲，排除万难，去争取胜利"**，坚决把无产阶級文化大革命进行到底！坚决把社会主义革命进行到底！

外事口文革专輯

一封揭發信

——陈毅在为誰張目？

編者按：下面是江苏省国营崗埠农场徐佳璜同志的一封揭发信。这封信再次证明：陈毅根深蒂固的剥削阶级世界观有其深厚的社会根源，他頑固坚持資产阶级反动路綫决不是偶然的。陈毅憎劳动人民之所爱，爱劳动人民之所憎，完全是剝削阶级的卫道士，劳动人民的死对头。

揭发信的全文如下：

我們的伟大領袖毛主席说："什么人站在革命人民方面，他就是革命派，什么人站在帝国主义封建主义官僚資本主义方面，他就是反革命派。……"根据我所知道的一些事实，就可以看出陈毅是站在封建主义方面的。

我們苏北有一个大地主叫楊子江。这个人阴险毒辣，仗势欺压貧苦农民，血債累累，民憤极大。土改时，翻身农民要求政府鎭压，可是在他被枪决后，地方政府就收到了陈毅和黄克誠的两封信，信上说："楊子江对人民有些貢献，应該保护。"原来在抗日战争时，楊子江曾保护过他們，这就是楊子江"对人民有些貢献，应該保护"的理由所在。

九五五年，楊子江的老婆請我的外祖父（破落地主，无聊文人）分別写了两封信到陈毅和黄克誠那儿訴苦。陈毅和黄克誠馬上回信，要地方政府照顾他們母子，楊的小孩上学都由陈黄二人負担。这下可忙坏了地方政府，这个地主老婆也一跃成了母霸王，大白天吸鸦片无人敢問，碰見她都要喊声"四太太"。在这不久，我的外祖父死了。后来陈黄和楊经常通信，来往密切，并且不断給予接济。

从上面简单的事实可以看出，陈毅和黄克誠穿一条褲子，他們对貧下中农毫无感情，对地主阶级却十分关心，只要誰保过他們的狗命，就都是亲人，就可以破坏党的阶级政策，加以庇护。陈毅到底站在哪个阶级立场上，为誰张目，难道还不清楚吗？

不許陈毅为地主阶级张目！

打倒陈毅！

伟大的无产阶级专政万岁！

伟大的中国共产党万岁！

伟大的領袖毛主席万岁！万岁！万万岁！！

坦桑尼亚一群众来信（摘譯）

亲爱的同志：

由于帝国主义者和白人殖民者的压制，在看到你們的成就和你們的著作以前，我們一些受过教育的非洲人一直是沉睡着。当前正在中国进行的文化大革命是多么了不起，我們当中的一些人很希望跟你們分享創作历史的光荣并在这里同样实行。

我們在这里街上遇见的中国青年看来生活很朴素。他们是当代中国青年的好榜样。他们告訴我們说，他们是在这里学习我們的语文和在其他方面援助坦桑尼亚的。我們是多么高兴地见到了中国年轻一代的优秀代表。

但是，几个星期以前，当我应邀参加中国大使馆的一次招待会时，我确实感到吃惊和沮丧，那里是豪华、浪费、奢侈，充分使人回想起腐朽的资本家的高水平生活。大部分食品是西方的，丰富、花錢的 那些中国菜也不象中国菜，是最花錢的那种，而不是普遍的、卫生的 我們所希望的食品。饮料也是威士忌、白兰地、烈酒或是口的最昂貴的碑酒，甚至香烟也是美国的和其他外国的。最令人反迫的是大使夫人，她穿戴着昂貴的衣服和装飾，她追求文雅。我寄上她的两张照片，它們将給你們一些概念。我們当地的妇女穿着简单得多和便宜得多的衣服，但是很好，也最适合这里的气候。似乎这里的中国代表机构的整个調子是爱炫耀，每到一处都是乘坐崭新的大型西德小轿車，坐滿了人，显示他們豪华和富有。据我看来，这是不符合文化革命的精神的。我們的一些人对这里是这样的不同而感到遗憾。

你的同志約納丹·穆彪

九六六年八月二十九日

試看陈毅何所爱

編者按： 下面是陈毅在一九六五年接待外宾时亲自选点的一份文艺晚会节目单。本来有关方面已经准备了一场革命歌舞演出，但被陈毅用"給外宾安排节目要以轻松愉快的为主"等借口强行取消了。

这份节目单暴露了陈毅沒落阶級的空虚灵魂。陈毅追求的无非是那些低級庸俗、誨淫誨盗的东西。

欢迎×××国家元首×××文艺晚会节目单：

一、民间歌舞：万盏紅灯

二、花灯：游春

　　"游春"是花灯歌舞，它通过祖父和六个孙女到郊外游览，介紹了美丽富饒的云南风光。

二、傣族舞蹈：赶摆

"赶摆"是云南傣族的传统节目之一，在节目里姑娘們，小伙子們成群結队賽歌、賽舞，并彼此表示爱慕之情。

四、花灯：闊渡

花相公摆又搖，搖到江边没有桥，要渡船，話唠叨，縄着两个美人娇，摆渡船家計謀好，两个姑娘胆識高，花相公卖弄聪明反现丑，飞蛾扑火自家招。

五、花灯：隔河看亲

古时候，某地一河两岸住着两家富人，王家有一个丫头名叫梅屏，刘家有一个长工名叫阿勤，两人从小相好，但尚未婚配。好心的媒人张媽媽有心想成全他們。而王家有一哑女，刘家有一蠢子，由于容貌丑陋，年过三十尚未成亲，两家想拆散梅屏和阿勤的爱情来解决自己儿女的亲事。聪明的媒人张媽媽就利用刘、王两家彼此詐騙的机会，将計就計以隔河看亲的办法使刘王两家丑态百出。并成全了梅屏、阿勤的美满姻緣。

六、滇戏：鼓蕊刘封

故事是在我国古代三国的时候，张飞在阆中听得关羽在麦城死时，刘封在上墉按兵不动，憤怒万分，立即兴兵上墉問罪于刘封，但上墉兵力雄厚，无法下手，张飞粗中有細，略施小計，将刘封誘进大鼓，将其擒狄。

陈毅黑話一百例（續登）

宣揚裹着合法外衣的个人主义

党中央、毛主席、林彪同志的指示：	陈毅黑話：
(51) "全心全意地为人民服务，一刻也不脱离群众；一切从人民的利益出发，而不是从个人或小集团的利益出发；向人民負責和同党的領导机关負責的一致性；这些就是我們的出发点。"《语录146頁》	(51) "个人主义是要反对的，个人作用不但不能反对，而且要提倡。"《62年对外院讲話》
(52) "我們一切工作干部，不論职位高低，都是人民的勤务員，我們所做的一切，都是为八民服务，我們有些什么不好的东西舍不得丢掉呢？"《语录148頁》	(52) "个人积极性要提倡，而且要保护，沒有个人用功，你能掌握外语？"《62年对外院讲話》
(53) "共产党員无論何时何地都不应以个人利益放在第一位，而应以个人利益服从于民族的和人民群众的利益。"《语录232頁》	(53) "只要他的个人前途不违背国家的利益，就应該鼓励。"《62年对外院讲話》

(54) "……因此，自私自利……是最可鄙的；而大公无私……克己奉公，埋头苦干的精神，才是可尊敬的。"

"我們应該謙虛，謹慎，戒驕，戒躁，全心全意地为中国人民服务……。"

《语录232、146頁》

(54) "个人的天才，个人的努力是基本，没有个人的天才，个人的努力，再什么集体，喊口号，鼓掌呀，没有用的。……搞科学，搞文学艺术眞正要有天才，废寝忘食，百事不管，就搞两个东西，不要那些空头政治去打擾他……。"

《62年广州会議》

(55) "一个共产党員，应該是襟怀坦白，忠实，积极，以革命利益为第一生命，以个人利益服从革命利益；……关心党和群众比关心个人为重，关心他人比关心自己为重。"

《语录231頁》

(55) "离开了个人，离开了个性，就没有党性，党性以个性为基础，个性在党性的籠罩之下，才能够得到更大的发揮，怎么能把个性和党性看成是矛盾的东西？"

《62年广州会議》

(56) "我們的共产党和共产党所領导的八路軍、新四軍，是革命的队伍。我們这个队伍完全是为着解放人民的，是彻底地为人民的利益工作的。" 《语录148頁》

(56) "为什么强調集体，就反对个性存在，强調个性就反对集体？这完全是反馬克思主义的嘛！"

《60年广州会議》

为反革命鳴冤叫屈，宣揚叛徒活命哲学

党中央、毛主席、林彪同志的指示：

(57) "庐山出現的这場斗爭，是一場阶級斗爭，是过去十七年社会主义革命过程中，資产阶級与无产阶級两个对抗阶級的生死斗爭的繼續。"

《1959·庐山讲話》

(58) "站在反动的資产阶級立場上，执行資产阶級专政，将无产阶級轟轟烈烈的文化大革命运动打下去。顚倒是非，混淆黑白，围剿革命派，……实行白色恐怖。自以为得意，長資产阶級威风，灭无产阶級志气，又何其毒也！"

《主席大字报》

陈毅黑話：

(57) 去年八月份有人说刘少奇是彭、陆、罗、楊的后台时，陈毅大发雷霆说："说彭、陆、罗、楊的后台是刘少奇，这不能容忍。"

《摘自紅卫战报12期》

(58) "打倒刘、邓、陶、朱、賀……，'打倒大軍閥朱德'，千了几十年，这不是給我們党脸上抹黑？一揪就祖宗一代……。'打倒大土匪賀龙'，……賀龙是政治局委員，元帅，现在要砸烂狗头……这样伟大的党，就有这么几个人干涉？……成千上万的老干部被糟踏了！我不能看着下去，我宁愿冒杀身之祸！"

《67·2·16日讲》

(59) "这个軍队具有一往无前的精神，它
要压倒一切敌人，而决不被敌人所屈服。
不論在任何艰难困苦的場合，只要还有
一个人，这个人就要繼續战斗下去。"

《语录156頁》

(59) "如果你們被敌人就架，不要紧，那怕
敌人叫你們履行手續也可以，只要設法
回来，我們給你們举行記者招待会。"

《1961年日內瓦会議
和代表团团員讲》

大肆吹捧帝、修、反，麻痺革命人民斗志

党中央、毛主席、林彪同志的指示：

陈毅黑話：

(60) "在拿枪的敌人被消灭以后，不拿枪的
敌人依然存在，他們必然地要和我們作
挣死的斗争，我們决不可以輕視这些敌
人。如果我們现在不是这样地提出問題
和認識問題，我們就要犯极大的錯誤。"

《语录15頁》

(60) "用枪杆子解决中国問題的时期已过
去了，用和平、民主解决中国問題的时
期已经开始。"

《1956年八次党代会》

(61) 社会主义国家对外政策的最根本原則
是什么呢？这就是无产阶級国际主义的
原則。　　　　　　《六評》

(61) "为了实现这个伟大的任务，就必须
争取一个相当长时期的和平环境，这正
是解决我們对外政策的基础。"

《1956年八次党代会》

(62) 列宁多次指出，由于帝国主义的侵略
本性，这种社会主义同資本主义相处的
局面，能不能長久保持下去，是无法担
保的。

《六評》

(62) "我們需要一个和平的国际环境来进
行这种和平的劳动。这个根本的事实，
就决定了我国在外交上的和平政策。"

《同上》

(63) "被压迫人民和被压迫民族，决不能
把自己的解放寄託在帝国主义及其走狗
的'明智'上面，而只有通过加强团結、
堅持斗争，才能取得胜利。"

《语录78頁》

(63) "美国統治集团中一部分头脑比較清
醒的人也开始認識到，继继执行扩軍备
战的政策，不仅使美国越来越孤立，而
且就是对于美国的本身的经济也将带来
严重的后果。"

《同上》

(64) 各国間的和平共处并不象修正主义者
所断言的那样，意味着放棄阶級斗争。
不同社会制度国家的共处是社会主义和
資本主义之間的阶級斗争的一种形式。

《1960年莫斯科声明》

(64) "我們的和平共处政策并不排斥任何
国家，就是对于美国我們也并不除外。"

《同上》

(65) 赫魯晓夫修正主义集团正把苏联引上资本主义复辟的道路，苏联人民面临着丧失社会主义成果的严重危险，在这种情况下，哪里还談得上什么建設共产主义呢？　《九評》

(65) 一九五八年在外国人参加的大·会上（有許多苏联专家），陈毅高喊"赫鲁晓夫万岁！"（多　当时翻譯没有翻出来）

(66) 中国共产党一貫認为要維护世界和平，要实现和平共处，要緩和国际紧张局势，首先必须坚决反对美帝国主义的侵略和战爭政策，必须发动人民群众同美帝国主义进行針鋒相对的斗爭。

1962·12·15《人民日报》社論《全世界无产者联合起来，反对我们的共同敌人》

(66) "苏为和緩国际紧张局势，所采取的一系列步驟，特别是赫鲁晓夫訪美，苏联政府最近提出的关于全面裁军的建議，得到社会主义国家和一切爱好和平的国家和人民的热烈拥护和支持。"

1959·10·3陈为苏联消息报而作《为世界和平和人类进步事业奋斗的十年》

(67) 苏共新領导集团，継承赫魯晓夫的衣鉢，实行没有赫魯晓夫的赫魯晓夫修正主义。

《党的八届十一中全会公报》

(67) "赫鲁晓夫下台是换汤又换葯。"

《1964》

在兩条路綫斗爭中打擊革命派，大搞折衷

党中央、毛主席、林彪同志的指示：

(68) "党內不同思想的对立和斗爭是經常发生的，这是社会的阶級矛盾和新旧事物的矛盾在党內的反映。党內如果没有矛盾和解决矛盾的思想斗爭，党的生命也就停止了。"

《语录224》

(69) "我們共产党員应該經风雨，見世面；这个风雨，就是群众斗爭的大风雨，这个世面，就是群众斗爭的大世面。"

《语录236頁》

(70) "我們主张积級的思想斗爭，因为它是达到党內和革命团体內的团結使之利于战斗的武器。每个共产党員和革命分

陈毅黑話：

(68) "总之要成为一个革命者，就要随时准备挨斗或斗人家。这次文化大革命中不是有同学挨斗了吗？后来，原来斗别人的人又挨斗了。"

《66年在二外讲話》

(69) "被斗的人体会到痛苦，也要諒解斗人的人……，誰有这个高姿态，誰就是大革命的領导力量，……我們要有这样的高姿态，你不是領袖也是領袖。"

《66年在二外讲話》

(70) "我在被斗时，就想到我在斗别人时候的情景，这样斗的方式也慎重些了。也神若泰然，寬容人家，不記仇了。"

子，应该拿起这个武器。"

《语录225頁》

(71) "世上決沒有无緣无故的愛，也沒有
无緣无故的恨。至于所謂'人类之愛'，
自从人类分化成为阶级以后，就沒有过
这种統一的爱。"

《二卷872頁》

(72) "一个共产党员，应该是襟怀坦白，
忠实，积极，以革命利益为第一生命，
以个人利益服从革命利益；无論何时何
地，坚持正确的原則，同一切不正确的
思想和行为作不疲倦的斗爭，……"

《语录231》

(73) "他們所主张的，在实际上并不是社
会主义路綫，而是资本主义路綫。在現
在的情況下，修正主义是比敎条主义更
有害的东西。我們現在思想战綫上的一
个重要任务，就是要开展对于修正主义
的批判。"

《语录19頁》

(74) "我們同資产阶級和小資产阶級的思
想还要进行長期的斗爭。不了解这种情
況，放棄思想斗爭，那就是錯誤的。"

《语录18頁》

《66年在二外讲话》

(71) "己所不欲，勿施于人，恐怕要提倡
这个东西。"

《62年广州会議》

"中国古人有句話'不念旧惡'，孔夫
子讲的这句話，很有道理。"

《67年2月在二外講話》

(72) "为了小小一点事情不能忍耐，一触
即跳，眼睛里卡不下点点小灰尘，这
个人不能成大器……什么事一触即跳，
什么事就冲动，轰轰隆隆，洋油桶，这
个人，不能成大器。"

《外文局筹委会大会》

(73) "我在这里提倡一种哲学——忍耐，
沉得住气，不要怕打击，要受得起委
屈。"

《广州讲话》

"外语学院出现了多数派和少数派，我
就是合稀泥。"

《解散外交部紅卫兵
会議上的讲話》

(74) "有时候合稀泥也很有成績，合稀泥
对革命有过很大貢献。"

"我偏少数派讲话很危险，偏多数派讲
話也很危险，偏工作組也不对。"

《解散外交部紅卫兵
会議上的讲話》

反对毛主席領导的无产阶級文化大革命

党中央、毛主席、林彪同志的指示：

(75) 毛主席在六六年六月九日杭州会議上
就提出不派或少派工作組。"娃娃們要

陈毅黑話：

(75) 陈毅在外事口大派工作組，他说：
"我是支持工作組的……，我说工作組

造反，要支持他們，讓他們自己闖出一
條路，不要怕犯錯誤。"

不撤退，我要工作組頂住。我就包庇工
作組。"

《66·8·4讲》

(76) "要信任群众，依靠群众，尊重群众
的首創精神。要去掉'怕'字。不要怕出
乱子。"　　　《十六条》

(76) 陈毅忠实执行刘邓黑指示，他说"我
是最坚决反对大字报上街的，这也是执
行资产阶级反动路綫的一条罪状…。"

(77) "顛倒是非，混淆黑白，围剿革命
派，……实行白色恐怖，……長资产阶
級威风，灭无产阶级志气，又何其毒
也！"

《毛主席第一张大字报》

(77) 陈毅对工作队说："开始几天要表示
出軟弱无能，要引蛇出洞。""要坚持
'放'的方針，""1957年反右抓了四十
多万，我看今年要抓八十多万。"

《刘新权揭发》

(78) "极少数頑固坚持资产阶级反动路綫
的人，…不給被他们打成'反革命'、
'反党分子'、'假左派、眞右派'…等
革命群众平反，…反而大肆宣揚'秋
后算脹論'……这种論調 就是要反攻倒
算。"　　　《六七字元旦社論》

(78) "刘主席的指示，我完全贊成，……
保护少数，要尊重大多数，少奇同志讲
得很正确，在人民大会堂。…少奇同
志是我的老师。"

《在二外讲話》

(79) "从我国进入社会主义革命阶段 以
来，就存在着以毛主席为代表的无产阶
级革命路綫同资产阶级反动路綫的斗
爭…。"

《六七年元旦社論》

(79) "毛主席说，不应該派工作組，六月
初很困难 …沒人敢指揮，派工作組的
錯誤是当时的局面引 起的。"

《66·8·14》

極端仇視，瘋狂反对革命的大字报

党中央、毛主席、林彪同志的指示:

陈毅黑話:

(80) 革命的大字报，大長无产阶級的志
气，大長工农兵群众的志气；大灭反党
反社会主义的一切反动派的威风，大滅
资产阶级"权威"老爷們的威风。

66·62·9《人民日报》社論

(80) "这些大字报水平不高，写大字报的
人对他朝夕相处的领导人动 不动 就 用
'黑話''毒草 之类的词句，这就是缺
乏阶级感情的表现。"

《66·11·17·》

(81) 毛主席說："大字报是一种极其有用
的新式武器。"革命的大字报好得很！

《同上》

(81) "有的大字报写什么'罪魁祸首 '，
'刽子手 ''滔天罪行 '等，这不是解
决问题，是紙老虎，是在追求惊心动

魄。"

(82) 革命的大字报，是暴露一切牛鬼蛇神的照妖鏡。你一张，我一张，从各个方面，一下子就讓那些反党反社会主义的黑帮露出了真面貌。

《同上》

(82) "你們青年人要讲道理。大字报不可靠。……现在的大字报越来越多，越来越吓人，字越来越大，水平越来越低，'兔羔子''狗崽子'。……"

《摘自归国生"革联"大字报》

誣蔑起來造反的革命小將是圖報复

党中央、毛主席、林彪同志的指示：　　　　　　　　　**陈毅黑話：**

(83) 犯錯誤的干部，絕不能因为党对他們实行"懲前毖后，治病救人"的政策，而……拒絕接受群众对自己的批評，甚至掉轉头来打击革命群众。如果这样，他們同党和群众的矛盾的性質就会……从非对抗性的矛盾轉化为对抗性的矛盾。　67年《紅旗》第四期社論

(83) "你們用得着我了，向我請示工作，你們背后不是連我的祖宗都罵了吗？你們是两面派。"

《接見毛里塔尼亚外宾时对一位請示工作的处长干部（造反派）讲話》

(84) 任何人，不管他的职位多高，資格多老，"声望"多大，只要他不按照毛泽东思想办事，反对毛泽东思想，…就要对他进行斗爭，一直到奪他的管，撤他的职。

66年《紅旗》第11期社論

(84) "他們把你們打成'反革命'，抓住就没完，非要实行报复，拉出去就回不来。……"

《摘自归国生"革联"大字报》

(85) 掌握了毛泽东思想的广大人民群众，最善于进行斗爭，最善于用摆事实講道理的方法，把資产阶級代表人物駁斥得体无完肤。…对于牛鬼蛇神战斗得最好，他們瞄得最准，打得最狠。

66年,,紅旗"第9期社論

(85) "动不动就下跪，发泄感情，发泄私憤，没有什么好处。"

《67·2·9·对外交部革命造反派的讲話》

(86) 馬克思主义的道理千条万緒，归根結底，就是一句話："造反有理"。

《1939年 毛主席》

(86) "怀疑外交部可以，拿出証据来嘛！……你們挨了整，讲起来痛哭流涕，那你现在为什么平白无故地整人呢？"

百般打擊、諷刺、挖苦革命小將

党中央、毛主席、林彪同志的指示：　　　　　　　　　**陈毅黑話：**

(88) "…所有一切所謂'过分'的举动，

(87) "我要当左派，也很容易，領头冲法

在第二时期都有革命的意义。……非如此决不能鎮压农村反革命派的活动，决不能打倒紳权。矫枉必须过正，不过正不能矫枉。"

　　　　　　　　毛选第一卷19頁

(88) 紅卫兵和其他青少年的革命組織，象雨后春笋一样地发展起来。……群众的革命洪流，正在蕩滌着旧社会遺留下来的一切污泥浊水，改变着我國整个社会面貌。　　66·8·31林彪讲话

(89) 用資产阶級世界观来观察問題，就会对无产阶級文化大革命采取否定的态度。……对新起的革命小将……只看見他們的某些缺点錯誤，而看不見他們的革命大方向是正确的。

　　　　67年《紅旗》第4期社論

(90) 危害革命的錯誤領导，不应当無条件接受，而应当坚决抵制。

　　　　　　　1966年毛主席指示

(91) 沒有阶級观点，那么对于每个問題的評价，每个問題的看法，就会不同。例如，对老干部的看法，就可能觉得老干部都好得很，其实老干部有很多是保持了原来的革命老傳統，可是进到社会主义革命时期，有些沒有跟得上，就是沒变成社会主义革命战士……有些就蜕化变質，变成资本主义分子……我們只有用阶級观点来看他是好，是坏。

　　　　　　林彪1967·3·20讲話

(92) 是不是能夠最后保持晚节，实在是一个問題。很多人就在最后几年沒有搞好，滑下去了，不能保持晚节。……如果不相信毛主席，不相信群众，过分相

国大使館就行了，过火的行动，过分的行动，終究有一天要向大家道歉的。"

　　　　　　　67年2月在国务院外办
　　　　　　　　的讲話

(83) "你們每月拿人民的錢不干工作，跑到大街上瞎逛逛，这也是革命吗？"

　　　　　　在解散外交部紅卫兵会上讲话

(89) "天天讲人家犯錯誤，犯方向性錯誤，自己却在那里犯悲剧。"

　　　　　　在外文局筹委会上讲話

(90) "参加部党委会議就把机密泄密出去，这是不妥当的，这说明你政治上不可靠。"

　　　　　　解散外交部紅卫兵会上的讲話

(91) "在座的有好多干部子弟，如果你們爸爸媽媽也給这样斗，你們会怎样想呢？在座的也有工农子弟，他們为工农打天下，落得这样一个下场，你們也无动于衷啊！"

　　　　　　摘自归国生"革联"大字报

(92) "那末多老干部自杀，他們都是为什么？这样叫我們交权，我們很寒心，我們不放心哪！……"

　　　　　　　同上

信自己，那么就不能保持晚节。

《林彪1966·12讲話》

(93) 革命的小將們，毛主席和党中央热烈
贊揚你們敢想、敢說、敢干、敢闖、敢
革命的無产阶級革命精神。……你們的
革命行动好得很！

66年8日31林彪讲話

(93) "現在中央允許学生发'神经病'"
1967·1·10

包庇工作組，阻止、反对批判反动路綫

党中央、毛主席、林彪同志的指示：

(94) 对资产阶級反动路綫，必須彻底批
判，只有彻底批判它，肃清它的影响，
才能貫彻无产阶級的十六条，才能在正
确的路綫指导下进行……斗批改，……

66年《紅旗》第13期社論

(95) 在无产阶級文化大革命中，两条路綫
的斗爭是阶級斗爭在党內的反映。我們
必須用唯物辯証法的观点，而不能用形
而上学的观点、屑人的观点来看待这个
問題。　　　　　　同上

(96) 必須向这些同志大喝一声：无論是什
人，无論过去有多么大的功績，如果坚
持錯誤路綫，他們同党同群众的矛盾的
性質就会起变化，就会从非对抗性的矛
盾变为对抗性的矛盾，他們就会滑到反
党反社会主义的道路上去。

66年《紅旗》第14期社論

陈毅黑話：

(94) "工作組的問題很簡单，頂多回去戴
高帽子，挨斗回来，我請你們吃飯……
沒什么了不起，这说明你是好共产党
員，回来我給你記功。……"

66·8·16

(95) "把我老婆拉到街上戴高帽子，她有
什么罪？还不是当了工作队长吗？"
"你們給刘新权戴高帽子，我亲自出来
迎接他，就請他吃飯。"

66·8·4

(96) "前儿天我到了外交部，开大会，就
是要低头认罪，我有什么罪？我要有罪
还当什么外交部长？不要太猖狂了，太
猖狂了沒有好下场。"

67·2·12

頑固坚持反动立場，瘋狂进行反攻倒算

党中央、毛主席、林彪同志的指示：

(97) 自己有錯誤，不要害怕群众。害怕群
众揪住自己的辮子不放，是不相信群众
的表现。广大群众是遇情达理的。只要
自己老老实实地誠恳地檢討錯誤……

67年《紅旗》第5期社論

陈毅黑話：

(97) "我已作好准备，因为讲话多而受到
批判，犯錯誤或惨遭不幸；被打成黑帮，
坐班房，被罢官撤职。"

66·11·14

(98) 极少数頑固坚持资产阶级反动路綫的人，并不甘心自己的失败。……利用这条反动路綫的社会基础和它在党內的影响，兴风作浪。……对抗无产阶级革命路綫，破坏广大革命群众对资产阶级反动路綫的批判。

67年《紅旗》第1期社論

(99) 在前一阶段犯过路綫錯誤的同志，必須認眞改正錯誤，彻底同錯誤路綫划淸界綫，回到以毛主席为代表的无产阶级革命路綫上来。……如果不是这样，而是繼續沿着錯誤路綫走下去，那就非垮台不可。

(100) "秋后算賬論"是吓不倒革命群众的，散布这种論調的人，又对党、对革命群众欠下了一笔新賬。革命群众对于他们的这一笔賬，是一定要算的。

67年《紅旗》元旦社論

(98) 逼着我做检查，我还不认为我全錯了。我革命四十年，沒想到落到这种地步。我死了也不甘心，也不服气。我拼了老命也要斗爭，也要造反。……

《67·2·12》

(99) 我很坚定，我这样，我要这样，准备慘遭不測，准备人家把我整死。我不怕！你們现在就可以把我拉出去！

《67·2·16》

(100) 过去給我貼了那么多大字报，现在該我发言了。

《最近陈毅在外交部
干部座談会上的讲話》

紅一团《紅旗乱》战斗队

彻底批判文藝黑綫術道士吹鼓手──陈毅

编者按：刘邓黑司令部里的得力干将，资产阶级反动路綫的吹鼓手陈毅，有着相当"悠久"的"二反"历史。他长期以来反党反社会主义反毛泽东思想，这次史无前例的无产阶级文化大革命中又公开对抗毛主席的革命路綫，屢次和中央文革唱对台戏，眞是罪恶滔天，不可饒恕。

陈毅是典型的"秋后算賬"派，但是他向革命造反派反攻倒算，妄图实现资本主义复辟的迷梦是永远不会变成现实的。账总是要算的。陈毅对党和革命人民欠下的旧债新账，一定要一桩桩清算，一笔笔偿还。

下面是陈毅一九六二年三月在广州歌剧話剧創作座談会（簡称"广州会議"）上的讲话摘引。为了把陈毅的"羊城黑話"批深批透，我们特选用了主席、党中央和林彪同志的有关指示，加以对照。

"羊城黑話"是陈毅大量"三反"言行中最恶毒的一部分，是陈毅資产阶级反动立场的一次大暴露。现在是我们无产阶级革命派把这株恶毒攻击毛泽东思想的大毒草拿出来示众的时候了。我们一定要高举革命的批判大旗，坚决肃清"羊城黑話"的流毒，树立起毛泽东思想在文艺界的絕对权威。

一、肆无忌惮地攻击我们心中最红最红的紅太阳毛主席，疯狂反对毛泽东思想，反对党的領导，攻击三面紅旗。

毛主席、党中央和林副統帅的指示：

（1）毛主席是我們党的締造者，是我国革命的締造者，是我們党的和国家的偉大領袖，是当代最偉大的馬克思列宁主义者。

　　林彪：《1966年在中央政治局扩大会議上的讲話》

（2）毛主席是当代最偉大的馬克思列宁主义者，‥ 是我們心中的紅太阳。

　　《解放軍报》1967年元旦社論

（3）領导我们事业的核心力量是中国共产党。指导我們思想的理論基础是馬克思列宁主义。

　　《毛主席语录　第1頁》

近四年来，我国人民在以毛泽东同志为首的中国共产党的領导下，在党的 ‥建設社会主义的总路綫的指引下，　‥取得了偉大胜利。

　　《八届十一中全会公报》

（4）1958年以来，国民經济大跃进和人民公社高潮，显示了党的社会主义建設总路綫的无限光芒。

　　林彪：《高举党的总路綫和毛泽东思想的紅旗闊步前进》

羊城黑話：

（1）毛主席也依靠党，毛主席不依靠党他能够胜利呀？他过去在第一师范当一个学生，他有什么？还不过是一个普通学生。他没有党，再有天才，也没有用。

（2）不能够希望太阳里面没有黑班。

（3）我們靠什么来进步？单靠頌揚可以进步吗？"哎呀，党委书記呀，你这領导正确呀！""哎呀，你是英雄人物呀，　点缺点都沒有呀！""三面紅旗完全正确呀，我完全拥护呀！""共产党万岁！毛主席万岁！新中国万岁呀！"光这样有什么好处？

（4）今天的三面紅旗，我們肯定它們正确的，但我們要来作結論，说它完全正确，　点毛病也沒有，也不能讲这个话。

（5）我們必須打破常規，尽量采取先进技术，在一个不太长的时期内，把我國建設成为一个社会主义的現代化的強國。我們所說的大跃进，就是这个意思。难道这是做不到的嗎？是吹牛皮、放大炮嗎？不，这是做得到的。

　　毛主席：《在第三屆全国人民代表大会第一次会議上的政府工作报告》

（6）害怕群众运动，是右傾机会主义分子、資产阶级革命家的本性，他們在运动面前专門挑剔缺点、夸大缺点，目的是散布松劲、泄气、埋怨、悲观情緒，否定成績，否定党的总路綫。

　　　　林彪：1959

（7）广大工农兵群众、广大革命干部和广大知識分子，都必須把毛泽东思想真正学到手，做到人人讀毛主席的書，听毛主席的話，照毛主席的指示办事，做毛主席的好战士。

　　　　林彪：《再版前言》

（8）中国共产党是全中国人民的領导核心。沒有这样一个核心，社会主义事业就不能胜利。

　　《毛主席语录》　第2頁

（9）我們的原則是党指揮枪，而决不容許枪指揮党。

　　《毛主席语录》　第92頁

（10）領导我們事业的核心力量是中国共产党。指导我們思想的理論基础是馬克思列宁主义。

　　《毛主席语录》　第1頁

（5）浮夸、謊报，以及把不可能的事情認为可能，它給我們的教訓是非常深刻的。現在逼得我們工业指标压低，农业指标也压低，从头做起。

（6）特别是大炼鋼鉄，大办水利中间，有很多是违反科学的。……你只写大办鋼鉄，今天我們要重新估計大办鋼鉄的問題。你写大办水利，今天要重新估計大办水利的問題。那你怎么办？

（7）毛主席的思想本身是真理，真理是可以吸引人的，毛泽东选集自然会有人讀的，……完全用不着强迫，但是我們有的同志却用强迫的办法叫人家讀。以后请人家免动尊手，不要去强迫人家讀。

（8）至于专业問題，最好不要干涉，一干涉，就会把那个行业取消，我們不懂，就不是領导，就把它取消掉。

（9）怎么曹禺这样大的作家，向一些不懂得写戏的人去請示？顛之倒之，我很奇怪。

（10）我們一些作家：郭老、沈雁冰同志、田汉同志、老舍同志、阳翰笙同志、曹禺同志、熊佛西……，这是我們国家之宝，我們任何人都应該加以尊敬，怎么随便就讲我要"領导"你？毛头孩子，乳臭未干，你懂得什么东西？

二、反对突出政治，反对思想改造，提倡大寫悲刻，大寫"死、洋、古"，鼓吹資产阶級自由化。

毛主席、党中央、林副統帥的指示：

（11）沒有正确的政治觀点，就等于沒有灵魂。

《关于正确处理人民內部矛盾的問題》

政治工作是一切經济工作的生命綫。在社会主义經济制度发生根本变革的時期，尤其是这样。

毛泽东 《严重的教訓》一文按语

（12）我們一定要抓住政治不放，抓住活学活用毛主席著作不放，这是革命的需要，……

《林彪：1966》

（13）沒有正确的政治觀点，就等于沒有灵魂。

《毛主席语录》第124頁

（14）知識分子也要改造，不仅那些基本立場还没有轉变过来的人要改造，而且所有的人都应該学习，都应該改造。

毛泽东 《在中国共产党全国宣传工作会議上的讲話》

（15）因此，如果認为敎人者不需要再受敎育了，不需要再学习了，如果認为社会主义改造只是要改造別人，改造地主、資本家，改造个体生产者，不要改造知識分子，那就錯誤了。

毛泽东 《在中国共产党全国宣传工作会議上的讲話》

（16）世界上只有具体的自由，具体的民主，沒有抽象的民主。在阶級斗爭的社会里，有了剝削阶級剝削人民的自由，就沒有

羊城黑話：

（11）单凭政治口号不行，光靠集体没用，你去比賽围棋，还不是两个人？

毛头小孩子，乳臭未干，你懂得什么东西？就是以这个資格——"我到过解放区！我懂政治！"我要問你：你那个政治好多錢一斤？你可以卖給我，我給你称嘛。

（12）政治学习，讀毛泽东著作……完全用不着强迫。……思想改造是长期的、細致的工作，以后不要采取搞运动的方式。

（13）现在儿童看小人书，这是可以的，但是小人书，有个很坏的付作用，净是些生硬的政治概念，把儿童的脑筋搞得簡单化。将来我們的儿童——下一代，恐怕也难免犯粗暴之病。这都是小人书危害无穷。

（14）我就是知識分子，我就最不理你这一套。你要改造我，我就偏不接受你的改造。你要領导，我就偏不接受你的領导。当年一些同志来吸收我参加共产党，我不干。……如果他們当时要来"領导"我，要来"改造"我，我早就跑了。

（15）反动統治阶級还高明一点。科学家、知識分子吃飯問題他不管，工作他不管，什么都不管。他也不一定强迫人家思想改造，他跟科学家、知識分子和平共处。而我們有些同志的搞法打击面太大，得罪人太多，伤了人家的心。

（16）在我們这个社会里，应該是人人都有积极性，人人都笑逐顏开，人人都是心情舒暢，人人都能够知无不言，言无不尽，

劳动人民不受剥制的自由。有了资产阶级的民主，就没有无产阶级和劳动人民的民主。

《关于正确处理人民内部矛盾的問題》

（17）反动的文化是应該打倒的东西。不把这种东西打倒，什么新文化都是建立不起来的。不破不立，不塞不流，不止不行，它們之間的斗爭是生死斗爭。

毛泽东 《新民主主义論》

（18）清理古代文化的发展过程，剔除其封建性的糟粕，吸收其民主性的精华，是发展民族新文化提高民族自信心的必要条件；但是决不能無批判地兼收并蓄。

毛泽东 《新民主主义論》

（19）全国解放以来，毛主席又提出了"百花齐放，推陈出新"，"古为今用，洋为中用"等重要方针。

《紅旗》杂志六七年第六期社論：《欢呼京剧革命的伟大胜利》

（20）毛主席还說：很多共产党人热心提倡封建主义和资本主义的艺术，却不热心提倡社会主义的艺术，岂非咄咄怪事。

解放軍报：《关于文化大革命教育要点》

（21）作品中一定要表現我們的艰苦奋斗、英勇牺牲，但是，也一定要表現革命的英雄主义和革命的乐观主义。不要在描寫战爭的残酷性的时候，去渲染战爭的恐怖。不要在描寫斗爭的艰苦性的时候，去渲染苦难。

解放軍报：《高举毛泽东思想伟大紅旗积极参加社会主义文化大革命》

（22）有些作品，歪曲历史事实，不表現正确路綫，专寫错誤路綫。有些作品，寫了英雄人物，但都是犯纪律的，或者塑造起

人人都能够把他的这一点才力、智慧，全部貢献出来。

（17）苏联的一套和美国的一套，两者可以并存，让它們在实际工作中去竞赛。

现在儿童看小人书，这是可以的，神仙的故事，很多童話故事——好象《天方夜潭》那样的故事。……不能尽是一些政治名詞，斗爭故事，还要一些有趣的。

（18）毛主席的精神是一种兼收并蓄的精神，……古代的、现代的、中国的、外国的、西洋的、东洋的，所有长处，我們加以吸收，吸其营养，没有偏到一面。

（19）毛主席的思想，不是复古派，不是中国的民族的东西都是好的，外国的都是坏的，现代的资产阶级的文化中間就沒有可学的了，他不是这样。

（20）要写的东西很多，中国近百年的历史，几千年的历史都可以写，近四十年的革命实践也可以写，十二年已经很成熟的东西也可以写，为什么要逼迫我們的作家，忙于去写一些不成熟的东西？

（21）总是不愿意写悲剧，说是我們这个新社会，没有悲剧。我看那，我們有很多同志天天在那儿造悲剧。我們为什么不可以写悲剧呢？‥什么东西都要搞 个大团圖，搞一个胜利，总不愿意写失败。

（22）为什么我們的剧作家不能够写悲剧呢？为什么英雄人物不能够有缺点？‥我想补充一下恩格斯的意见，写英雄也可以

一个英雄形象却讓他死掉，人为地制造一个悲劇的結局，有些作品不寫英雄人物，专寫中間人物，实际上是落后人物，丑化工农兵形象。……

《同上》

写他們的缺点，写他的缺点更可以看出他的長处，为什么不可以写？

（23）長征是宣言書，長征是宣傳队，長征是播种机，……总而言之，長征是以我們胜利，敌人失败的結果而告結束。‥

毛泽东　《論反对日本帝国主义的策略》

（23）万里长征也是一个最悲慘的失敗嘛。……万里长征把失敗气氛搞掉了，就不是万里长征啦！根本歪曲了万里长征，那还有什么敎育意义？总是把人民的眼睛蒙起来，不是把人民的眼睛搞得很亮，看清楚我們有缺点，看清楚我們有毛病。

三、鼓吹阶級斗爭熄灭論，攻击无产阶級专政，为文艺界的牛鬼蛇神鳴寃叫屈，大搞資本主义复辟活动。

毛主席、党中央和林副統帅的指示：

（24）这些协会和他們所掌握的刊物的大多数（据說有少数几个好的），十五年来，基本上（不是一切人）不执行党的政策，做官当老爷，不去接近工农兵，不去反映社会主义的革命和建設。最近几年，竟然跌到了修正主义的边緣。如不認真改造，势必在将来的某一天，要变成象匈牙利裴多菲俱乐部那样的团体。

解放軍报：1966.6 6

羊城黑話：

（24）今天为反革命宣传，为反革命复辟来写作的作家是沒有的，这一点是有保证的。所以要大胆地写作。它（指作品）带点毛病沒有关系。我們的政权不至于給他搞垮嚛，不要看得那么严重。

（25）《武訓傳》这是一部狂热地歌頌地主阶級及其走狗，狂热的宣揚最無耻的奴才主义、投降主义，狂热地诬蔑农民革命斗爭的極端丑恶的反革命电影。

《姚文元：評反革命两面派周揚》

（25）写文章写多了，手写滑了，一时疏忽，可以写出很坏的文章，过去批評《武訓传》，那是宣传资产阶级敎育思想的。就是那些同志，也不是有意識要这么做，是个认識上的问题，不是有意識的搞个电影来跟我們唱对台戏。

（26）在阶級社会中，每一个人都在一定的阶級地位中生活，各种思想無不打上阶級的烙印。

《毛主席语录》第8頁

（26）自然科学跟阶級斗爭有时是可以脱离的，可以不直接发生关系。他跑回研究所，在大学里敎一門课，他独善其身，这情况是有的。所以，什么都要打上阶級烙印，也不是那么簡单的。

（27）知識分子，例如科學家、工程技術人員、教授、作家、艺术家、演員、医務工作者、新聞工作者，他們不是一个阶級，他們或者附屬于資产阶級，或者附屬于無产阶級。

（28）知識分子，就大多数來說，可以为旧中国服务，也可以为新中国服务，可以为资产阶級服务，也可以为無产阶級服务。……

《在中国共产党全国宣传
工作会議上的讲話》

（29）毫無疑問，我們应当批評各种各样的錯誤思想。不加批評，看着錯誤思想到处泛滥，任憑他們去占領市場，当然不行。有錯誤就得批判，有毒草就得进行斗争。

《关于正确处理
人民內部矛盾的問題》

（30）……必須鎮压一切反革命阶級、集团和个人对于革命的反抗，制止他們的复辟活动，禁止一切反革命分子利用言論自由去达到他們的反革命目的。

《关于胡风反革命集团的
第二批材料》的按语

（31）在解放以后，胡风更加施展了他的两面派手法：公开的是"不要去碰"，"可能的地方还是要順着"党和人民，而暗中却更加紧地"磨我的剑，窺測方向"，"用孙行者钻进肚皮去的战术"，来进行反革命的活动。……我們必須加倍警惕，决不可中了他們假投降的詭計。

《关于胡风反革命集团的
材料》的按语

（32）要把反革命修正主义分子，把资产阶级右派分子，把资产阶级反动权威，彻底打倒、打垮，使他們威风扫地，永世不得

（27）不能够经过了十二年的改造、考驗，还把资产阶级知識分子这頂帽子戴在所有知識分子的头上，因为那样做不符合实际情况。

（28）我不相信一个搞科学的人，一个专門搞文学写作的人，会这样极端自私自利，还没有这样的例子，也举不出这样的一个人，哪有这样的一个人？都是要依靠共产党的，都是希望我們国家好的，都是想来貢献一点力量的。

（29）目前就是整得有很多同志精神上不痛快，心情不舒暢，不敢写，写的时候也是奉命作文，这怎么办？我說，现在我們有意識的让他們自由去創作，搞这么两年三年，看看怎么样？

（30）形势很严重，严重到大家不写文章，严重到大家不讲話，严重到大家只能讲好，这不是好兆头。将来只能养成一片賛揚之声，这对于我們有什么好处？危险得很哪！

（31）我們从旧社会跑来投奔共产党，在共产党受到委屈，有苦說不出，如果想不通，那唯一的办法只好走絕路——自杀。那有什么办法？……因此，我們要对受委屈的同志提这些意見：要沉得住气，你們受表揚要沉得住气，受压抑、受委屈也要沉得住气。

（32）有些应該翻案的翻案，有些结論应該改作的改作，有些不必談的也可以談……在五大运动中我們有一些同志受了委

翻身！

（林彪《在庆祝无产阶级文化大革命群
　　众大会上的讲話》1966 8 18）

（33）革命的专政和反革命的专政，性
質是相反的，而前者是从后者學来的。这个
學習很要緊。革命的人民如果不学会这一項
对待反革命階級的統治方法，　…內外反动
派就会在中国复辟，革命的人民就会遭殃。

《論人民民主专政》

（34）对于反动派，必須"实行独裁，
压迫这些人，只許他們規規矩矩，不許他們
乱說乱动，如果乱說乱动，立即取締，予以
制裁。"

《論人民民主专政》

屈，挨了棍子，戴了帽子，作了不正确的結
論，是不是要翻案？

（33）遠資产阶级也还有点民主，只有
封建家长制，那才不許有民主，所以我們同
志里头，不仅有資产阶级的东西，还有封建
的东西。

（34）有一个网子，就可以漏网求生，
沒有这个网到处都是网，你哪里能够生啦？
是呀，无网之网，大网也，网死人啦！网
哉！网哉！这个不好，今天我是出这个气。

四、反对毛主席的革命文艺路綫，反对文艺为工农兵和无产阶级政治服务，反对文艺批
評，极力推行反革命修正主义路綫。

党中央、毛主席和林副統帅的指示：

（35）一切革命的文学家艺术家只有联
系群众，表現群众，把自己当作群众的忠实
代言人，他們的工作才有意义。只有代表群
众才能教育群众，只有做群众的学生才能做
群众的先生。如果把自己看作群众的主人，
看作高踞于"下等人"头上的貴族，那么，
不管他們有多大才能，也是群众所不需要
的，他們的工作是沒有前途的。

《在延安文艺座談会上的讲話》

（36）我們知識分子出身的文艺工作
者，要使自己的作品为群众所欢迎，就得把
自己的思想感情来一个变化，来一番改造。
沒有这个变化，沒有这个改造，什么事情都
是做不好的，都是格格不入的。

《在延安文艺座談会上的讲話》

（37）人民生活中本来存在着文学艺术

羊城黑話：

（35）群众怎么来构思呢？工人应該作
工，农民应該耕田，商业部門的就应該去搞
商业，他跟这个作家去构思有个屁关系。莫
明其妙，各搞各的嘛！这对群众是个迷信，
以为群众是最好的。群众里边也有資产阶
级，也有流氓意識，也有落后意識，有吊儿
郎当。过去轻視群众，踏在群众头上，现在
又掉过来盲目崇拜群众，都不是馬克思主
义。

（36）今天广州的农民，北京的农民文
化很低，他懂得的只是一些农业生产經驗
（这当然是很重要的），也只懂得那么多，
他怎么能够来解决一个作家的問題呢？作家
的問題应該作家来解决。

（37）特别最滑稽的是："領导出思

颜料的矿藏，这是自然形态的东西，是粗糙的东西，但也是最生动、最丰富、最基本的东西；……它们是一切文学艺术的取之不尽、用之不竭的唯一的源泉。这是唯一的源泉，……此外不能有第二个源泉。

《在延安文艺座谈会上的讲話》

（38）我们的要求则是政治和艺术的统一，内容和形式的统一，革命的政治内容和尽可能完美的艺术形式的統一。…因此，我们既反对政治观点错误的艺术品，也反对只有正确的政治观点而没有艺术力量的所謂"标语口号式"的傾向。

（39）利用小說进行反党活动，是一大发明。凡是要推翻一个政权，总要先造成舆論，总要先做意識形态方面的工作。革命的阶級是这样，反革命的阶級也是这样。

毛主席：《在八届十中全会上的讲話》

（40）凡是錯誤的思想，凡是毒草，凡是牛鬼蛇神，都应該进行批判，决不能讓它們自由泛滥。

《毛主席语录第18頁》

（41）"你是资产阶級文艺家，你就不歌頌无产阶級而歌頌资产阶級；你是无产阶級文艺家，你就不歌頌资产阶級而歌頌无产阶級和劳动人民：二者必居其一。"因此，歌頌哪一个阶級，塑造哪一个阶級的英雄人物，哪一个阶級的人物在文艺作品中居于统治地位，是文艺战綫上无产阶級同资产阶級之間阶級斗爭的焦点，是区分不同阶級文艺的界綫。

《解放軍报社論：高举毛泽东思想
伟大紅旗积极参加社会主义文
化大革命》

想，群众出生活，作家出技巧。"我就請問：作家就没有思想啦？領导就可以包思想啦？群众出生活，作家就没有生活？領导就没有生活？領导就死掉了啦？作家出技巧，这个作家就仅仅是一个技巧問題呀！不曉得从哪里吹来这么一股妖风！

（38）我们对文学艺术作品，尺码要寬，寓教育于娱乐之中，不是一本政治教科书，更不是一本政治論文，整风文件，經典著作。它就是一个文化娱乐嘛！看看电影，看看戏，大家很高兴，得到一点启发，得到一点娱乐，得到一点愉快，不是板起面孔在那儿说教。

（39）創作还是要經过作家自己严密的构思，作家对它完全負責，作为一个精神产品把它写出来，可以找些人提提意见，作家有权力不接受，也有权力接受。就是它上演也不要去搞审查，能够出版的就出版，它带点毛病没有关系，我们的政权不至于被它搞垮罗，不要看得那么严重。

（40）批評家要贊揚鼓励，提意见不可用审判官的方式，一棍子打死，判决人家的死刑。这是錯誤的，这不是同志的态度。

那天少奇同志跟我聊天，　　他说："为什么总是这样'紙上談兵'？批評人家这样不对，那样不对，搞得人家不舒服。"我看少奇同志这个話很有道理。

（41）你这个《白毛女》很不错，《白毛女》搞出了一个新框框，都是那么　个格：收租，发现农民的女儿很漂亮，就把她拿回去成亲，結果演成个悲剧，最后八路軍解决問題。

…解放以后，中国文学又是　个高峰，田汉同志的《关汉卿》就写得很好…。
我想《洞簫橫吹》这个电影，就没有什么毛病，这个电影是可以放映的，这个电影不应該受处分。　　　　　紅四团九支队

陈毅詩詞批判

一、貶低毛主席的威望，詆毀偉大的毛澤东思想

　　毛主席是当代最伟大的馬克思列宁主义者，是我們最伟大的导师，最英明的領袖。毛泽东思想是当代馬克思列宁主义的頂峰，是我国人民战无不胜的强大思想武器，也是世界革命人民的战无不胜的强大思想武器。对毛泽东思想采取什么态度，是承认还是抵制，是拥护还是反对，是热爱还是仇視，这是馬克思列宁主义和修正主义的分水岭。陈毅，这个自称革命几十年的"老干部"，**不但在他的长篇累牘的报告中极力貶低毛主席，肆意詆毀毛泽东思想**，就是在他的一些寥寥数行的詩詞中也往往少不了这个内容。这里試举两个例子。

　　　　（　）《十年》　　（发表于1959年10月）

　　　　　　十年喜上天安門，雄伟广场瑞气存。

　　　　　　世界面临大改革，中苏团結玉无痕。

　　　　　　亚非常庆新开国，欧美雖招失业魂。

　　　　　　紅遍东方眞理在，莫忘列宁早細論。

　　这是一首庆祝建国十周年的詩。陈毅在总結祖国十年胜利的原因时硬说，"紅遍东方"的"眞理"，列宁早已詳細地論述过了，他提醒人們千万不要忘记这一点。这完全是歪曲历史事实。

　　众所周知，伟大的革命导师列宁曾对世界的东方作过英明的論断，这些論断对东方各国，特别是对中国革命具有伟大的指导意义。但是由于历史条件的限制，列宁不可能对东方各国革命的許多理論和政策問題作出詳細具体的論述。事实证明，当代的东方的革命的一系列理論和实践問題，是我們伟大的領袖毛主席解决的，"东方紅遍"的"眞理"是毛主席詳細闡明的，中国革命和建設的每一个胜利都是毛泽东思想的胜利。这才是历史的眞实。

　　那么，陈毅为什么要歪曲历史呢？为什么在欢庆祖国十周年，总結建国十年胜利的时候，閉口不談毛主席和毛泽东思想的伟大作用却一味强調要人們"莫忘列宁早細論"呢？答案只有一个：那就是陈毅打着歌頌列宁的旗号，阴謀貶低毛主席，蓄意詆毀战无不胜的毛泽东思想。

　　值得注意的是陈毅这首詩写于1959年9月全軍高級干部会議之后。在那次会議上，林彪同志明确指出："毛泽东同志全面地、創造性地发展了馬克思列宁主义，綜合了前人的成果，加上了新的内容"。作为軍委副主席的陈毅，对林彪同志的这一英明論断，**不可能**　无所知。可是事不过一个月，陈毅却公然借用詩歌与林彪同志唱反調，说什么"紅遍东方眞理在，莫忘列宁早細論。"尽管写得隐晦曲折，含而**不露**，但是陈毅反对林彪同志对毛泽东思想所作的高度評价的险恶用心却是掩盖不住的。

　　　　（二）《冬夜杂咏》中的一首《長江》（发表于1962年1月）詩文如下：

　　　　　　有人善游泳，数次渡长江。

　　　　　　云此得寬余，宇宙莽蒼蒼。

　　很明显，这首詩写的是毛主席橫渡长江。毛主席一次次橫渡长江的喜訊，大大鼓舞了国

內外的革命人民，他們莫不为我們敬爱的毛主席身体如此健康，气魄如此豪迈而感到幸福和自豪！有多少人提笔道出了对領袖的热爱，有多少发自肺腑的詩篇歌頌了这伟大 豪 迈 的 創 举。然而这个口口声声说跟随了毛主席几十年的"老革命"陈毅，对毛主席数次横渡长江这样震惊世界的大事，不仅沒有贊揚，反而袁现得如此冷漠，如此轻蔑，是可忍，孰不可忍！明明说的是毛主席，他偏要说什么"有人善游泳"，仅此一句，就可看出陈毅对毛主席是何等不尊重。毛主席在1959年6月写的«水調歌头·游泳»一词中有如下几句："不管风吹浪打，胜似閒庭信步，今日得寬余。"虽只寥寥数语，却充分表現了一个无产阶级革命家高瞻远瞩的寬广胸怀和豪迈无畏的英雄气概，而陈毅竟然对此表示了嘲讽、轻蔑的感情，说什么"云此得寬余"，真是狂妄至极。还必须着重指出的是，这首诗写于60年却在62年发表，这也是絕非偶然。联系到他在62年3月广州黑会上的讲話来看，«长江»一詩的发表不是沒有緣由的，它配合了当时牛鬼蛇神向党向毛主席的猖狂进攻，真实地暴露了陈毅一貫反对毛主席的丑恶嘴脸。

警告你，陈毅，毛主席是我们心中最紅最紅的紅太阳，毛主席在全世界革命人民心中享有最最崇高的威望，你胆敢反对毛主席,诋毁光焰无际的毛泽东思想，我們就坚决和你斗争，坚决把你打倒。

二、抹煞阶级斗争、取消社会主义革命。

毛主席教导我们：在整个过渡时期存在着无产阶级和资产阶级的阶级斗争，存在着社会主义和資本主义的两条道路的斗争。真正的馬克思列宁主义者应该遵照毛主席的教导，念念不忘阶级斗争，念念不忘无产阶级专政，把无产阶级文化大革命进行到底。但是身为国务院副总理的陈毅却违反毛泽东思想，极力抹煞阶级斗争，大肆宣揚阶级調和，单純热衷于生产建設，闭口不談社会主义革命，实际上是为资本主义复辟开辟道路。

（ ）«儿童篇» （发表于1958年6月）

这首詩有如下一段：

老师！老师！

同学！同志！

什么是右派？

右派是干什么的？

我爸爸媽媽是不是右派？

假如他俩是右派，

我回家去劝他們不当右派，

要掉头亲学左派，

他們不悔改，我不爱，

不走社会主义的路，真太坏！

毛主席教导我们："凡是反动的东西，你不打，他就不倒。"反右斗争是一场你死我活的阶级斗争。陈毅对反党反社会主义的右派分子不主张斗争，而宣揚人性论，提倡用儿女之情去劝说右派不当右派，进而向左派学习。如果达不到劝说的目的，即右派不悔改，那就可以"不愛"了之，不需要作針鋒相对的斗爭。这是十分反动的阶级調和主义。陈毅特別注明这首詩"寫于1957年8月 反右斗爭之时"，由此可見陈毅对党中央和毛主席領导的反右斗爭是非常抵触、反感的。

（二）《民族座談会記录》（发表于1964年1月）

这首詩完全混淆了阶级界限，不管是統治者还是劳苦农民，陈毅都写成是在旧社会一样的受迫害，解放后都得到了翻身，对党和毛主席都有深厚的感情。

先看陈毅笔下的統治者：

> 我是一个大头人， （注：大头人是統治阶级的头目）
> 在解放前我常常是換茅棚过夜。
> 常常藏身在深山密林，
> 怕别人害我，
> 也要逃避軍队的逮捕，
> 吃飯、睡觉得不到安宁，
> 解放后才真正得到和平。
> 我見到你有話说不完，
> 总一句我感謝毛主席和党的恩情。

再看陈毅笔下的农民：

> 我是一个农民，
> 解放前替土司看守花园，
> 无偿供应水果，
> 供应不如意，
> 便罰款，便坐监牢，
> 除死亡和逃跑外，
> 无别法可想。
> 现在解放了，
> 我是合作社的社长，
> 别的不说，
> 全村八十五戶人家有五十三戶修了瓦房。
> …………
> 我感謝毛主席感謝党。

最后看陈毅怎样評論：

> 这是民族座談会上的讲話，
> 他們讲得十分真切，十分动人。
> 我作为一个記录員，
> 我擅自公布这本記录，
> 让它去反映新中国的內情。

大头人是残酷压迫、剝削劳动人民的反动头子，他是劳苦农民的不共戴天的仇敌。而陈毅却歪曲现实，美化剝削阶级，把大头人写得同劳苦农民一样对党和毛主席有深厚感情。这还不够，陈毅还要亲自证实这种談話是"十分眞切"、"十分动人"的，是可以"反映新中国的內情"的，这完全是混淆阶级阵綫，掩盖了尖銳的阶级矛盾。

必须着重指出，1962年毛主席在八届十中全会上重新号召全国人民**千万不要忘記阶級斗爭**，而陈毅在1964年仍然写詩如此露骨地为奴隶主涂脂抹粉，大力宣揚阶级調和，这不是明目张胆地同毛主席对抗吗？

（三）　《長城》中的第二首　　　（发表于1962年2月）

此地屢見血殷紅，

登临似見鬼影瞳，

且喜战爭不再逢。

靑山到处有牧童，

羊群卷地白蒙蒙，

听他歌唱东方红。

陈毅笔下的万里长城，血迹殷紅，鬼影瞳瞳，这是多麽阴森可怕的景象！在描写了战爭恐怖之后，作为大元帅的陈毅，面对国內外的阶级敌人，竟喊出"且喜战爭不再逢"的和平主义烂調，眞是反动透頂。毛主席说："**在阶级社会中，革命和革命战爭是不可避免的。**"毛主席又说．"**我們是战爭消灭論者，我們是不要战爭的；但是只能經过战爭去消灭战爭，不要抢桿子必须拿起枪桿子。**"陈毅在这首詩中表现出来的观点，完全违反马克思列宁主义、毛泽东思想，而和赫鲁晓夫所极力散布的战爭恐怖与"沒有武器，沒有軍队，沒有战爭的世界"的論調却毫无二致。这首词发表的时间，正是赫鲁晓夫现代修正主义空前疯狂地鼓吹和平共处、和平过渡、和平竞赛的时候，因而这首词起到了同现代修正主义遥相呼应的作用。

（四）　《四游厰口》　（发表于1958年10月）

詩中有如下一段：

百年来，

国势弱，

誰之过？

民族自卑，

仰人鼻息，

錯中錯。

而今人民作主，

放手改造自然，

由我不由它，

全国大跃进，

总由迷信破。

毛主席说："中国人从来就是一个偉大的勤劳的勇敢的民族，只是在近代是落伍了。这种落伍，完全是被外国帝国主义和本国反动政府所压迫和剝削的结果。"陈毅竟然歪曲历史，和毛主席唱反調，把百年来国势弱的过错毫无阶级分析地归于"民族自卑，仰人鼻息"，把国内外反动派的滔天罪行开脱得一干二净。

（五）《欢迎中国人民志愿军归国》 （发表于1958年7月）

詩中有如下一段：

> 志愿军的同志們，
> 你們正分批回国，
> 我們热烈地来欢迎。
> 祖国建設正在大跃进，
> 它张臂欢迎你們。
> 我們要克服大自然，
> 你看，这是一个多么强大的敌人！
> 快参加这一新的战斗，
> 把我們的革命指向地球的表皮！
> 把我們的革命指向天空的外层！

在这里陈毅完全抹煞了社会主义建設时期的尖銳复杂的阶级斗争。欢迎战士的只是祖国的建設，战士面临的只是大自然，革命的矛头只需指向地球的表皮和天空的外层。在陈毅看来，志愿军战士已经到了"刀枪入庫，馬放南山"的时候了。

（六）《長安》 （发表于1959年10月）

全詩如下：

> 长安大道放光华，东是朝暾西月霞。
> 巨厦摩天惊突兀，工艺遍地斗奇葩。
> 神州跃进新生力，万国衣冠友誼花。
> 革命长征第二步，会向宇宙泛仙槎。

毛主席说："夺取全国胜利，**这只是万里长征走完了第一步。**"毛主席提出了长征的第一步，而陈毅却在詩中大言不惭地指出了第二步 摆出一付和毛主席平起平坐的架势，简直不知天高地厚。更严重的是陈毅还擅自规定了第二步的任务，那就是"会向宇宙泛仙槎"。

毛主席指出："阶级斗争、生产斗争、科学实验是建設社会主义强**大国家的三項偉大革命運动。**"而陈毅却置尖銳复杂的阶级斗争于不顾， 心向往乘坐神化的飞船在宇宙间自由漂浮。陈毅到底要把我們的国家引向何方，不是昭然若揭吗？

二、贩卖刘鬼\令尹《黑修养》的黑貨

陈毅在这次文化大革命中充当了刘邓黑司令部的得力打手，这絕不是偶然的。从陈毅的一些詩中，可以看出他的思想观点同党内最大的走資本主义道路的当权派的修正主义体系是一脉相通的。他的确是刘氏黑修养的得力推銷员。

（ ） 《冬夜杂詠》中的一首：《群性》 （发表于1962年1月）

> 群性与个性，两者相結合。
> 无个不成群，无群其奈何。

在社会主义时期,仍然存在着尖銳复杂的两个阶级和两条道路的斗爭,陈毅却用籠統的所謂"群性"代替阶級性,抹煞阶級和阶級斗爭的存在。同时必須指出,陈毅表面上讲什么"个性与群性相結合",他的真正目的是鼓吹个性第一,要求"突出个人"、"尊重个体"。毛主席教导我們:"群众是真正的英雄,而我們自己則往往是幼稚可笑的。"而陈毅在六二年广州黑会上就反复宣揚什么"离开了个人,离开了个性,就没有党性,党性以个性为基础",什么"离开了个人,就没有什么集体",竭力鼓吹突出个人作用,他说:"任何一个专門行业,都需要天才,个人的努力是基本,没有个人的天才,个人的努力,再什么集体,喊口号哇,鼓掌呀,没有用的!"等等。这些話是陈毅这首詩最好的注脚。很明显,他完全和黑《修养》一样轉弯抹角地鼓励个人奋斗来提倡极端个人主义。

(二)《儿童篇》中有这样一段:(发表于1957年8月)

你打鑼,

我敲鼓,

大家来唱歌,

大家来跳舞。

你爱看三国,

我爱讀水滸。

你爱耍獅子,

我爱画老虎。

你学拉胡琴,

我就加入航空模型組,

大家庆祝我們国家的好建設,

大家要享福,

就得不怕耐劳和吃苦。

对少年儿童的教育,不是突出政治,突出毛泽东思想,而是用資产阶級教育学的一套方法,鼓励个人兴趣的所謂"全面发展"和个人才能的全面发揮。其結果必然不是培养无产阶級革命事业的接班人,而是培养修正主义苗子。詩的最后,鼓励儿童不要怕"耐劳"和"吃苦",但目的却是为了将来能够"享福"。骨子里是鼓励人們为了获得私利而劳碌奔波,慘淡经营,表面上却用一些好听的字眼装潢門面,这和黑《修养》所宣揚的先"苦其心志,劳其筋骨"然后賺取大名大利的极端庸俗的市儈哲学难道不是同样的貨色吗?

(三)《游卢梭島》　　(发表于1961年6月)

陈毅赴瑞士,专程到卢梭島凭吊古迹,并写詩記其事曰:

日内瓦市留一島,瑞士籍貫法国人。

我来吊汝无多语,雪岭明湖万古情。

自我暴露最勇敢,民主思想启后人。

强加于人应反对,不寬容者給絞刑。

君家著作曾名世,汝是弱者代言人。

一部忏悔我細讀,总为世界鳴不平。

86

卢梭是十八世紀欧洲的資产阶级启蒙思想家 卢梭主张"自我暴露"，刘氏黑《修养》宣揚"自我修养"；卢梭主张对人寬恕忍让，黑《修养》也宣揚"委曲求全"、"以德报怨"。卢梭的哲学可以说是黑《修养》中一整套資产阶级的"人性"、"博爱"虚伪論調的老祖宗。陈毅来到卢梭岛上，正是找到了他所推销的黑货的祖传老店，找到了"真正老王麻子"，难怪他要不由自主地"发思古之幽情"，对卢梭頂礼膜拜，对他歌頌之，詠叹之了。

还值得我們注意的是，当时在党內最大的走资本主义道路当权派的策划下，社会上出现了一股猖狂的資本主义复辟的逆流。曾经受过批判的资产阶级分子以及牛鬼蛇神大刮翻案风，到处鳴怨叫屈，陈毅也起劲地为这股逆流的出现鳴鑼开道，鼓励这些傢伙"出气"。他在一些会議上还公然叫嚣："不能够强加于人"。他在这样一个时候发表了这首诗，来纪念这个因宣揚资产阶級民主思想而受到专制势力打击的卢梭，这首诗的言外之意不值得我們进一步深思吗？

四、在外交战綫上只談和平友好，不談革命斗爭，散布"三和一少"的修正主义毒素

长期以来，在外交路綫上存在着以毛主席为代表的革命外交路綫和以刘邓为代表的修正主义外交路綫的激烈斗爭。事实证明陈毅秉承了刘邓的意旨，贩卖了大量的"三和一少"的修正主义貨色。他在国际阶級斗爭中大談特談"和平"与"友誼"，却很少談到反帝反修的斗爭；他不惜丧失革命原则，为苏修大唱頌歌，替印尼反动派涂脂抹粉；他竟然抛弃阶級斗爭观点，同資产阶級政客称兄道弟，爱如一家，对王公貴族，达官显宦，一味吹捧，赞扬备致。凡此种种，都反映到陈毅所写的涉外方面的詩词中来。这些詩词散布了大量的修正主义毒素，也暴露了陈毅的丑恶灵魂。

（一）《儿童篇》

外国朋友，外国叔叔，
請你带上这条红領巾，
把我們的和平友誼，
带給你們那边的小朋友們，
欢迎你們來中国参观，
請你們在中国多住儿天。

大家向外国朋友献花，
我們希望世界成为一家。

············

列宁说："和平主義抽象地宣傳和平，是愚弄二人阶級的形式之一。在資本主义下特别是在其帝国主义阶段，战争是不可避免的。"而作为軍委副主席的陈毅，在帝国主义疯狂侵略的今天，高唱"和平友誼"，这不是抹煞阶級斗爭，散布对資产阶級的幻想，麻痹工人阶级的斗志又是什么？

（二）《一九五七年逐岁》 （发表于1958年2月）

87

請看莫斯科会議的宣言，

伟大的号召，

伟大的斗争綱領，

它是爭取和平的动員，

获得亿万人心。

…………

《苏共領导同我们的分歧的由来和发展》一文中说："莫斯科会議通过的著名的一九五七年宣言，总結了国际共产主义运动的经驗，提出了各国共产党共同的斗爭任务，肯定了十月革命道路的普遍意义，概括了社会主义革命和社会主义建設的共同规律，规定了兄弟党、兄弟国家的共同准則。"陈毅不但不大力宣传宣言所规定的革命斗爭任务，反而片面强調"和平"，说什么"和平的动員，获得亿万人心"，这完全是对"宣言"的歪曲，同赫鲁晓夫修正主义违反"宣言"的革命原則，大肆鼓吹"和平共处"、"和平竞賽"、"和平过渡"的烂言，如出一轍。

（三）《冬夜杂詠》　　《火箭》　　　　1960年

近頃有火箭，　　　命中及月球。

技术大进步，　　　剝削有哀愁。

你也有火箭，　　　他也有火箭。

我也有火箭，　　　火箭不垄断。

你有原子弹，　　　他有原子弹。

我有原子弹，　　　协議不放弹。

毛主席说："**决定战爭胜败的是人，而不是一两件新式武器。**""我們说'帝国主义是**很凶惡'的，就是説它的本性是不能改变的，帝国主义分子决不肯放下屠刀，他們也决不能成佛，直至他們的灭亡。**"

陈毅却认为只要有了新式武器就可以改变帝国主义的本性，技术可以吓得剝削者发抖，就会使它乖乖地坐下来談判，达成互不使用核武器的协議。这完全是一派胡言，陈毅在散布"火箭万能論"，与赫鲁晓夫核武器的出现使帝国主义变得"明智"起来的謬論不謀而合。

这首詩发表于1960年，当时帝、修、反联合反华已经甚嚣尘上，陈毅对苏修的火箭百般贊美，长修正主义的志气，灭无产阶级革命派的威风，何其毒也！

（四）《一九五八年元旦試笔》

我昨夜仰观人造卫星，

我今早迎接初升的太阳，

我庆祝人类可以脱离地球，

不久就开始星际的运航。

…………

现在的問題是：

怎样开辟星际运航？

如果让剥削者占先,

岂不要来一个星际扩张?

天幸是苏联带头,

自由的星际通航就有了保障。

．．．．．．．．．．．．．

《十年》　　　　　　　发表于1959年10月

十年喜上天安門,

雄伟广场瑞空存。

世界面临大改革,

中苏团結玉无痕。

．．．．．．．．．．．．．

"冰冻三尺,非一日之寒",我們与苏修的分歧由来已久,早在1956年苏共第二十次代表大会就开始了,以后矛盾不断加剧,到了1959年9月,苏联发表了塔斯社关于中印边境冲突的声明,使中苏分歧公开化。作为政治局委員,国务院副总理兼外交部长的陈毅对中苏分歧的由来和发展应该是一清二楚的,如果说碍于当时的形势对苏修还不便于公开发表意见的話,可以避而不談。然而陈毅却为什么一再赋詩大加吹捧呢?在詩中陈毅对苏修的人造卫星赞美到无以复加的地步,簡直成了人类的先导,可以和初升的太阳媲美了。請看陈毅对苏修諂媚到何种程度!特别令人憤慨的是,在我国庆十周年的宴会上,赫鲁晓夫以太上皇自居,教訓我們"不要用武力去試試資本主义制度的稳固性",阻止我們去解放我們的神圣領土台湾,是可忍,孰不可忍!可是堂堂外交部长陈毅,对此竟毫不憤慨,反而揮笔赋詩,高喊"中苏团結玉无痕",来討好赫鲁晓夫,充分暴露了陈毅的奴颜媚骨。

（五）《贈印度友人》

——欢送印度尼赫鲁大使和夫人归国　（发表于1958年1月）

《贈别第一章》

投桃报李,	种瓜得瓜,
友誼典范,	可敬可嘉,
更幸友誼,	今日大加,
各反殖民,	各脱锁枷,
各干建設,	各开奇花,
五項原則,	奉行不差,
友誼日固,	印度中华,
和平支柱,	印度中华,
大哉印度,	大哉中华,
巴依巴依,	印度中华。

《前章憲有未尽再作第二章》

| 君归何处, | 亚洲之南, |

举杯祝健，	再会有緣，
送君归国，	去去不留，
我将南訪，	君再东游，
中印接壤，	山联水通，
追思往日，	共苦西风，
西风殖民，	东风和平，
五項原則，	举世歌吟，
北地春至，	南国花开，
中印友誼，	堅不可擢。

印度大地主大資产阶级的政治代表——印度国大党和他的政府，代表了印度最腐朽最反动的势力。对內残酷地剝削和鎮压印度人民，对外依附于美帝国主义和苏联现代修正主义，疯狂的反华，不断地挑起中印边境爭端。就是这样一个印度反动派，陈毅却吹捧得令人肉麻，佩服得五体投地，鍾情的簡直要发疯，眞是給中国人民丢脸！試問陈毅的立场跑到哪儿去了呢？

在陈毅眼里，印度反动派是反对殖民主义的"英雄"，是建設的好手，是和平的支柱，是友誼的典范，因此就和中华人民共和国一样伟大，这是有意往中国人民脸上抹黑。

尽管陈毅如此吹捧，印度扩张主义者却毫不領情，对我国西藏早已垂涎三尺。就在陈毅写这首頌歌，播种"友誼"的种子的时候，印度反动派正在西藏挖我们的墙脚，也就在这首诗发表后一年零两个月即1959年3月19日，印度勾结西藏地方政府和上层反动集团，发动了武装叛乱。陈毅种的瓜，得到的是西藏叛乱，陈毅投的桃，却报之以疯狂的反华。印度反动派的所作所为对陈毅这两首诗是絕妙的諷刺，也是最好的評論。

除此以外，陈毅与其他一些国家首脑人物交往中也写了不少詩，同样是美化上层人物，討好資产阶级，滿篇友誼和平，閉口不談革命，不談反帝反修，此处就不一一列举了。

五、單純描寫吃喝玩乐，竭力散布感伤超脫情調

陈毅的詩，有不少是单純描写游山玩水的，这些詩，言不及义，絲毫沒有什么政治內容，純粹是封建文人的閑情逸致的表露。1963年写的《西行三首》中的最后一首，和《記秋行》中的《北戴河》（1962年写）等均是这类貨色。

《西行三首》（发表于1962年7月）其中最后一首是这样写的：

> 湖光晴最好，轻鷗款款飞。
>
> 白峰眞如玉山堆，看她素装淡雅让人猜。
>
> 此游感滿意，算得平生魁。
>
> 登高比賽前后追，
>
> 道我腰脚頭健不可擢。

《記秋行》中的《北戴河》写道：

> 林樾日光淡，晚来潮不停。

秋凉真似水，远海万灯明。

上面两首詩中不是"湖光"、"轻鷗"、"臼峰"、"登高"，便是"林樾"、"晚潮""秋凉"、"远海"，哪里有半点政治内容！

陈毅有的詩，竟津津乐道吃喝玩乐，不厌其煩地描述飲食宴乐，趣味极其庸俗低級。

《欢度春节》（1959年2月18日）是描写吃喝玩乐最突出的一首。现摘抄几段，以供大家"欣賞"：

我們在农历除夕吃年飯，
亲友們团团坐娓娓清談。
我們浅斟低酌的喝酒，
家乡的大麯酒，
依旧带辛辣又回甜，
……
我們边談边喝，
大家都有些酒意，
看灯更紅，看酒斟得更滿，
似乎夜已深，席要散。
突然院內响起了爆竹，
大家跑去围观。
儿童們真高兴，他們的笑声与鞭炮声，
合奏起来，响彻云霄。

够了，够了，不必再写了。下面写的还是这些东西：他写了春节第一天游了颐和园，春节第二天到朋友家里聚餐，春节第三天参观电視台。

陈毅不仅宣揚游山玩水、吃喝玩乐的腐朽的封建士大夫的闲情逸致，而且还散布封建文人的超阶級伤感情調，他在《莫干山記游词》中写道：

莫干好，夜景最深沉。
凭欄默想逸山海，
静寂时有虫哀鳴。
心境平更平。

莫干好，雨后看堆云。
片片白云如鋪絮，
有天无地膽空灵。
数峰长短亭。

把莫干山描写成脱离尘世脱离阶級斗争的"空灵"世界。而他自己，这个戎裝威严的"元帅"，这时也就成了一个多愁善感、凭欄默想、心境平平、万虑俱空的陶渊明式的封建文人了！

以后，陈毅在1959年、1962年写的《花溪杂咏》《西行三首》中又流露了这种超脱感伤的消极情調，他在《花溪杂咏》中写道：

> 蛇岭龟山相对峙，
>
> 矗閣矗立似玉屏。
>
> 壩上桥头听风雨，
>
> 溪边还看夜钓人。

他在《西行三首》中这样写道：

> 直飞二万里，瑞士获幽居。
>
> 枕水卧龙河，对山法兰西。
>
> 古松列侍卫，丛菊上阶梯。
>
> 凉月多情甚，照人忘驰驱。

好一个"壩上桥头听风雨，溪边还看夜钓人。"好一个"凉月多情甚，照人忘驰驱。"这里，陈毅又进入了超脱尘世，飘然欲仙的精神状态去了，那里还象一个共产党人！值得指出的是，陈毅1962年写的《西行三首》是記他赴日內瓦参加日內瓦会議情况的。大家知道，日内瓦会議是一场严肃的紧张的国际阶级斗争，作为中国代表团团长的陈毅，理应政治情緒饱满的全力贯注于这场斗争，而陈毅却不是这样，而是陶醉于"瑞士"的"幽居"，写出了"凉月多情甚，照人忘驰驱"的詩句，可見陈毅的闲情逸致是何等之浓，伤感超脱之情是何等之深了！在这里，陈毅"完全"暴露了他的丑恶灵魂。

六　結　語

以上列举的只是陈毅詩词中的一小部分。但，仅仅这一部分已经足够说明在充斥于陈毅詩词中的是封建主义、资本主义、修正主义的貨色，眞是五毒俱备，害莫大焉！这些詩词被国內外反动派，一切牛鬼蛇神，捧为至宝，爱不释手。叛徒、黑帮分子臧克家就曾为陈毅的詩词拍手叫絕，赞不絕口。说什么"胸中有万丈正气，笔下有千钧之力"；什么"从革命人物（按：指陈毅）笔下写出来的东西，都带着革命的色彩和气味，不論他写的是什么"；什么"他的詩词舒卷自如，意到情到而佳句自然脱手而出"等等，眞是赞頌备至，无以复加。由此看来，陈毅的詩道出了什么人的心曲，迎合了什么人的情趣，适应了什么人的政治需要，岂不是非常清楚了吗？

陈毅在历史上曾经多次反对过毛主席，反对过毛泽东思想；在这次文化大革命中又积极地創造性地执行了資产阶級反动路綫。联系过去和现在的一些言行，特别是1962年在广州会議上以及其他会議上的一些讲话来看，陈毅写出这样反动的詩词是毫不足怪的。吟詩作賦，抒感詠怀，是陈毅活动的一个小小的侧面，但却是一个相当重要的侧面，因为它可以帮助我們进一步看清陈毅的反党反社会主义反毛泽东思想的反动面目和浸透了資产阶級世界观的丑恶灵魂。

紅四团《山花烂漫》

一九六七年五月二十日

侨务界的败类廖承志一班

廖承志这个大官僚地主的孝子贤孙，是中侨委最大的党內走資本主义道路的当权派。他长期坚持反动的資产阶级立场，三反罪行累累。

这个侨务界的败类生活极端腐朽糜烂，生活方式洋气古怪。

什么古玩字画、新奇摆設，什么裸体画象、黄色书刊，什么帝王将相、才子佳人，什么山珍海味、土特名产，还有外国进口的衣料鞋袜、烟嘴、打火机、鋼笔、手表、收音机、大电視机、半导体电視机、照像机、小型电影摄影机等等，中外东西，无所不有。这些东西不是他在外事接待工作中私自收下的"礼品"，就是他破坏制度，用外汇从香港进口的；不是他出游时抢购来的，就是海外寄来的。怪不得他厚顏无耻地说："我进北京时才有几个包袱，现在皮箱也有十几个了。"亏他说得出口！

他奇珍佳肴吃不够，还要从国外运进来榴莲、芒果等等，从广州空运荔枝、活蛇、生蟒，并特送大同酒家（广东酒楼）精心庖制。

他黄书裸象看不够，还要在家里放映香港影片，以至他女儿竟能列出一大批香港电影"明星"名单，向他家的香港"貴客"討取"明星"亲笔签字照片。

他出游杭州，太太陪伴还不够，还带着公子小姐外加大小姐的男朋友，还有勤务员，一行十人，一架包机，前呼后拥，好不气派！不仅如此，他还学习赫秃子在森林里打狗熊，捉着特备的猎枪，打野鸭为戏，而这事就出现在我国暫时困难时期！

他古玩摆設玩不够，还养狗、养猫、养猴、养鸟、养鱼。他与哈巴狗同眠，与小毛猴几拥抱，简直人兽不分。他家的狗吃的是猪肝、牛奶、水果等，依偎的是"中央委員"、"夫人"、"小姐"。病了請医生，还要勤务员为狗洗澡、梳毛，照顾何等周到！侍候何等殷勤！可是他家的勤务員小王同志却因"千金鳥死"，被赶出廖門，"发配"去北大荒劳动三年。廖承志爱憎何等鲜明！眞他媽的混帐透頂！

廖承志吃喝玩乐、奢侈挥霍，生活腐化几乎与资产阶级花花公子没有区别。怪不得他公开叫嚷："对香港的黄色东西，不必深恶痛絕。不要公开反对。××是殖民地，特点就是生活糜烂，小资产阶级、资产阶级陶醉于这种糜烂生活，要反也反不了。"

这句话充分暴露了廖承志的丑恶灵魂，点出了他反党反社会主义反毛泽东思想的阶级立场和思想根源。廖承志就是中侨委最大的党内走資本主义道路的当权派。打倒廖承志！

"秘密"会議

一九六六年十一月三日深夜一点钟左右，重庆市峨嵋机械厂負責人突然下令要有关单位为召开一个"万分紧急"的会議做好准备，并一再揚言这个"重要"会議是什么"秘密的、秘密的"。

翌日星期天，二十多人加班，一部分人布置一一五幢三楼房间，一部分人布置招待所，連軍方代表也加班赶写毛主席语录。为了开这个"秘密"会議，原来的客人都被赶走。在布置一一五幢时，变化无常，朝令夕改。一会儿从这间房搬到那间屋，一会儿又从那间屋搬到这间屋；一会儿把蚊帐取下来，一会儿又挂上；一会儿叫把床向东安，一会儿又叫向西安。二楼有几个套间，都只安一张高级弹簧床，海綿垫子，緞子被盖，地毯铺滿，外面还有沙发，专用电话（通北京），一间专用餐厅，一间"秘密"会議室。

十一月十日起，又换成了新的花样。几十个人把原来的被子换成嶄新的綢緞被面，床单，枕巾也都换成新的。原来給苏修专家用的东西都拿出来供这些老爷們享用了。地板上铺了价值1000元的民族地毯。又在晚上进城拉回了60张藤椅。

开"秘密"会議的过程中，不准点灯，路灯也不准点，門前設两名精干的崗哨，白天昼夜都不能离开，上厕所也得找人頂班。行人在招待所前过路，就立刻詢問："你是什么单位的？干什么的？"这些开会的人半夜来，一会儿又走了，神密异常。

这究竟是些什么人呢？他们在这里到底开什么"秘密"会議呢？

原来是西南地区党内头号走資本主义道路的当权派李井泉之流，害怕文化大革命的熊熊烈火烧到自己身上，害怕革命群众和紅卫兵小将对他们进行批判和斗争，于是便以开会为名，行"避难"之实。李井泉为了不让紅卫兵发现，还经常調换自己坐的小汽车，由伏尔加牌换成长沙、长江、紅旗牌，有的車子干脆把牌照都取了。停车的地点也经常变换，今天停在这儿，明天停在哪儿。車子开到招待所門口，一下车就有很多人护拥着他们上楼，如果过路的人看了一下他们的小汽车，便立即会遭到跟踪监視。

李井泉的生活腐化透頂。就是在"避难"期间，也没有忘记大肆挥霍，仅服侍他的秘书、司机、厨师、警卫員和漂亮的医生、护士就有40多人，其中有高级厨师六人，专門为他做飯。李井泉吃飯每餐要吃五个小鍋葷菜，三、四个素菜。而且每只鸡只燉一小碗湯，要厨師做到吃鸡不見鸡，吃鱼不見鱼，吃肉不見肉，吃豆芽去两头，吃靑皮豆要去皮，吃白菜只吃一点嫩心心，吃鸭子只吃抽了筋的舌头。另外还要吃鴿子蛋、干貝、海参、竹笋、斑鳩、泥鰍、靑蛙、团鱼等难买的高级营养菜，忙得采购員昏头轉向，全国各地四处奔跑。他为了吃泥鳅，就派人連夜拿着手电筒到水沟里去摸；为了吃活斑鸠，就把动物园里仅有的一只也捉来了；为了吃各种新鲜蔬菜，就派飞机到广州等地去购买。眞是一人享乐，万人遭殃。

但是好景不长，成都市红卫兵到峨嵋机械厂串連来了。李井泉听说后，丧魂落魄，恐慌万状，于是在15日深夜偸偸溜走了。但是他是溜不走，也逃不掉的。红卫兵小将已经設下了天罗地网，李井泉的末日来临了。

伪君子刘白羽

一貫为篡党篡軍篡政的野心家朱德、彭眞之流大唱頌歌的旧作协副主席兼党組书記刘白羽，是个十足的伪君子，典型的反革命两面派。这个傢伙经常在一些散文中慷慨陈詞，把自己装扮成一个与人民生活密切联系的"无产阶级革命作家"，仿佛身上沾滿了战斗的风霜。

騙局必須揭穿，画皮必須撕下。刘白羽究竟是什么貨色呢？

刘白羽从他的阶级本能出发，对史无前例的无产阶级文化大革命极端敌视，刻骨仇恨。当毛主席批发了全国第一张馬列主义大字报后，刘白羽为了扑灭作协机关群众运动的熊熊烈火，立即做了一个鎭压无产阶级文化大革命的报告，并在报告中影射伟大的革命导师列宁。他别有用心地問別人："列宁是什么时候死的？"当有人回答说列宁是54岁逝世时，他竟狂妄地把自己和列宁相提并論，说："那我还有三年！"从这里不难看出刘白羽的猖子野心。

刘白羽利欲熏心，是一个爭名夺利的好手。他在作协的一次工作会議上赤裸裸地说："稿費要提高，快点！解决这个問題，不仅是錢的問題，也包括对作家著作的尊重。"接着又恶毒地说："据说，最高的稿酬是給魯迅，活人不給，这沒有道理。"他为了騙取名誉和稿費，还把自己写的极其有限的几篇小说和散文，象炒冷飯似的一炒再炒，出了将近二十本书，安上花样翻新的书名，以广招俠。这眞是行騙有术，名利双收。

刘白羽一貫骑在劳动人民头上作威作福。有一年，他去逛云南石林，住在招待所，晚上看见月色很美，忽然来了兴致，要在月光下欣赏撒尼族姑娘的歌舞。于是便叫县委立即打电話通知全县能歌善舞的姑娘連夜赶来。到了半夜，刘白羽见人还沒来，大发脾气。县委的同志说："撒尼族姑娘都在百里之外，现在正連夜赶路呢！"刘白羽不耐煩地吩咐："我先去睡觉，等她們来了再叫我。"说完就走了。快天亮时，姑娘們打着火把陆續来齐了。她們沒顾得上休息，就为刘白羽表演歌舞。但刘白羽一面看，一面还埋怨蚊子太多。看完后冷冷地鼓了几下掌，就坐上汽車溜走了。象这样的事是举不胜举的。又如：在国家困难时期，他为了多喝一磅牛奶，可以叫机关一个年老体弱的工人往返一百一、二十里路，替他取牛奶。为了预防感冒，他可以花費公家七十多元車費，派公务员往返五千里专程取一支"胎盘球蛋白"。……在机关里，刘白羽也是一个活閻王，把公务员、司机和一般干部当作工具一样使喚，动不劲就厉声訓斥。

长期以来，刘白羽抗拒毛主席指示，根本不到工农兵中间去，不到火热的斗爭中去，而是养尊处优，做官当老爷，大肆贩卖修正主义黑貨。可是他却玩弄两面派的伪君子手法，經常在一些散文里慷慨陈詞，把自己装扮成一个与人民生活密切联系的"无产阶级革命作家"。1964年他在一篇题为《怒海》的散文中写道：

"我最近从防海前綫一个城市回来。

在那儿，我天天和海在一道，也許由于这个緣故，使我对海上的巉岩峭壁上的战士，辽闊的大海、海岸上的灯光有一种特殊的深情吧！

我在那儿体驗了过去沒曾体驗过的海上生活，我经常学习那些乘风破浪、英勇智慧的渔民，乘着木船到大海上去。……"

不知底細的讀者或許会以为刘白羽是在斗爭的前綫深入生活，和战士、渔民同呼吸共命运。实际上这完全是撒謊。事情的眞相是：刘白羽不过是从大連休养回来，根本没有深入下去，而是象当年的資本家一样，独自住在一幢与世隔絕的豪华的小楼里，整天吃喝玩乐，要三个专人来侍候他。他经常到海边去釣鱼、散步，消磨时间。有一天天气很冷，他怕在外面釣鱼会引起感冒，竟然叫人把活鱼捉到院里的大池子里让他釣着玩。这样一个貴族老爷和海防前綫的战士、勤劳勇敢的渔民相差何止十万八千里！

反动学术"权威"翦伯赞其人

反共老手翦伯贊的反动政治立场和他的资产阶级世界观，沒落阶级的腐朽生活密切相关。他反党反社会主义反毛泽东思想決非偶然，完全出自他反动的阶级本性。

翦伯贊很早就混进党内，但沒有一点共产党人的气味。当他在60年公开党员身份时，很多人大为吃惊，沒想到象他这样的人也是党员。但是他自己却以"特殊党员"自居，从不参加组织生活，甚至連党費也懶得交。

翦伯贊妄自尊大，"官气"十足。六一年，他到政协看周信芳演唱的京戏，因服务员沒让他坐前六排中央首长坐的座位，竟勃然大怒，轉身就退出会场，出场后还憤憤不平地立下了誓言："我这一輩子再也不看周信芳的戏了！"又有一次他到中央民委去，因传达员不认識他，詢問了一下，竟遭到他一頓臭罵。

翦伯贊一貫喜欢自吹自播，夜郎自大，听不得一点批評意見，在五八年"双反"运动中，历史系师生贴了他許多大字报批評他驕傲自大。他看后暴跳如雷，玩弄了"阿Q"的精神胜利法，以流氓无賴的口吻拒絕了大家的批評。他说："当我看到許多批評我的大字报时，我就想，还有許多贴我优点的大字报还沒贴出来，就算说我缺点的大字报有一千张，一万张，还有九千张或九万张说我优点的，只是沒有贴出来就是了。"他又说："旣然大家都感到我有驕气，大概驕气是有的。我又想大家总以为我在驕傲自己馬列主义理論和专业知識，那么我就承认我什么都沒有，馬列主义理論我沒有，专业知識我也沒有，我把自己说成这样了，你們該不会说我驕傲了吧！"

他为了掩盖他反共老手的眞面目，还经常捏造事实，吹噓自己过去如何与党的領导同志接近，如何受蔣介石的迫害并与他斗爭等等。他为了抬高炫耀自己，还在屋里挂满了馮玉祥、邓拓、田汉等人的字画，叫人一看就知道他与这些人有亲密关系，身价不同寻常。另外他还经常向别人透漏一些内部消息，故意在各种场合接近領导同志，以示与众不同。五六年高教部开会，他特地与郭沫若同坐一桌，眉开眼笑，左一声郭老，右一声郭老，极尽巴結奉承之能事，与会者都很反感。

他还想让自己的"身名""永垂后世"。当北大历史系同学和上海吴譯等編写史学史的時侯，他竟狂妄地要編者少写毛主席对史学发展的影响，多写他自己的作用。他说："写馬列主义史学发展史，不能光写毛主席著作的影响，正如打仗一样，不能光有帅，没有将。我和郭沫若等都是史学界里的将，发起《中国社会史論战》的第一个是郭沫若，第二个就是我！"为了"留芳百世"，他还不知羞耻地叫刘开渠给他塑了一个半身像，叫徐悲鴻给他画了一张头像，又叫人为他編写年譜，并把他的手稿表糊成册，预备死后送北京图书舘作为革命文物珍藏。

翦伯贊欺世盗名，利欲熏心。他在北大十几年，不务正业，专搞"副业"，大捞稿费。他对待稿费总是斤斤計較，得寸进尺。他的《历史問題論丛》，出版社按每千字十二元計酬，但他还嫌价錢太低，大发雷霆，写信威胁说："請你給我一本按十三元計酬的样本看看，我好学习学习！"无奈，出版社只得給他每千字十四元的最高稿酬。不仅如此，他还剥削成性，经常侵吞瓜分别人的劳动果实。如民族学院以他的名义主編的《历史各族传記汇編》（第一册），他根本没参加工作，但却瓜分了一大笔稿費。

翦伯贊不仅图利，还要图名。为了出人头地，揚名显身，在他和别人編写史书的時候，总是把自己的名字写在前面，独占"主編"头衔，而实际上他却很少自己执笔。如《中外历史年表》、《中国历史概要》、《論十八世纪上半期中国社会经济的性质》等书就是这样。后来这些书有的譯成英、法、德等国文字，流行国外，他也就因此把自己看作"国际学者"，到处招搖撞騙，图名图利。

翦伯贊多年来养尊处优，生活糜烂透頂。他每月固定收入有500元（一级教授350元，学部委员100元，人大代表50元）再加上稿費收入和国家的优待照顾，收入总数超过普通工人农民的好几十倍。

他夫妻两人霸占了燕东园的一整座楼房，面积为299平方公尺，在全系甚至在全校都是最大的。楼房上下共15间，有汽車庫、厨房、餐厅、厕所、浴室、寝室、书房、会客厅、室內花园等。室內設备齐全，花样百出。楼外还有八、九百平方公尺的大园地，滿栽着奇花異草。

翦伯贊懶得要命，出外从不走路，哪怕一百米远的路程也不能走。于是硬把国务院的一輛小汽車霸为己有，看作私有财产。

对于吃喝，他是"食不厌精，膾不厌細"。六一年他在苏州的時侯，一月的餐費就达六、七十元。遇到过年过节，更是摆酒設宴，大肆揮霍。六〇年到六一年困难时期，他与吴晗等黑帮分子经常搞"聚餐会"，吃遍了北京各大飯店，每頓花錢少则百多元、多则二百元。一顿的花费就可供一般农民家庭生活半年到一年之需。而翦等人却恶毒地说："吃吧，把錢吃光了，我們这些資产阶级就都改造成无产阶级了！"

翦伯贊外表一本正经，道貌岸然，滿口的馬恩列斯，而內心却极端丑恶，滿肚子"男盗女娼"。他高价买了一个裸体女銅像，放在书房；又买了一部影印的足本《金瓶梅》珍藏在家，经常翻看。他还大肆宣揚他喜欢女人。他特别喜欢汉代宫女王昭君、唐代贵妇文成公主以及残暴荒淫的武则天等人，并对她們大肆吹捧。他对革命戏剧恨之入骨，而对《尼姑思凡》等黄色旧戏却倍加欣賞，百看不厌。另外，他还特别爱好曾经为那些荒淫无耻的封建官傲和頹废放荡的骚人墨客寻欢作乐过的园林古寺，他在苏州修改大毒草《中国历史纲要》时，把城內所有园林古寺都游遍了，有的地方不惜一游、再游、三游、四游。

翦伯贊还非常信奉修正主义所提出的活命哲学，害怕战争，貪生怕死。抗美援朝时，他以为美国很快就会打到北京，于是慌忙清理东西，准备逃往內地避难。平时也总是三天两头往医院跑，生怕病死。翦伯贊就是这样一个胆小鬼、寄生虫。但是，今天他已经成一个了人人喊打的过街老鼠，让我們奋起毛泽东思想的千钧棒，把这个反共老手、漏网大右派、資产阶级反动学术"权威"彻底打倒，斗臭、斗垮。

首 都 紅 代 会

北京外国語学院紅旗革命造反团

号　　外

五月二十四日下午两点到六点，周总理接见外交部革命造反联絡站的代表商談批判陈毅以及其他問題。当联絡站的代表把外院紅旗大队整理的五月十五日总理讲話紀录給总理看时，問总理是否属实。总理看完之后很生气地说："他（指紅旗大队）歪曲了我的讲話，我怎么能这么讲呢！你們不相信我的讲話，偏要相信紅旗大队的，我有什么办法呢？"总理还说："我本来不接见他們的，是謝副总理为了給他們台阶下，才叫我接见他們的。"总理强調指出："十二号的讲話精神不变，我说的話怎么能变呢？"

联絡站同志問："外院的批陈工作怎么进行？"周总理说："还是由他們两家发起。"（指北外紅旗革命造反团、六·一六紅卫兵团）联絡站同志说："三家。还有井岡山。"总理说："噢！还有井岡山，由他們三家发起，让紅旗大队参加。"

紅旗大队篡改总理指示罪責难逃！

打倒陈毅，解放外事口！

毛主席万岁！万岁！万万岁！

1967·5·25

簡　　訊

[本刊訊]　目前全市已有六十五个革命造反派組織参加首都紅代会批判陈毅联絡站
的工作。这些組织是：

紅代会北外紅旗革命造反团　　　　　　紅代会外交学院革命造反兵团
紅代会清华井岡山　　　　　　　　　　紅代会北航紅旗
紅代会师大井岡山　　　　　　　　　　紅代会地质东方红
紅代会工农兵体院毛泽东　　　　　　　紅代会矿院东方红
　　　　思想兵团　　　　　　　　　　紅代会农大东方红
紅代会邮电东方紅　　　　　　　　　　紅代会林院东方红
紅代会农机东方红　　　　　　　　　　紅代会科大东方红
紅代会北二医东方红　　　　　　　　　紅代会北医八·一八
紅代会轻工紅鷹　　　　　　　　　　　紅代会化工紅旗
紅代会化纤紅旗　　　　　　　　　　　紅代会师院井岡山
紅代会商院红反軍　　　　　　　　　　紅代会机院东方红
紅代会建工八一战斗团　　　　　　　　紅代会京工东方红
紅代会广播学院北京公社　　　　　　　紅代会体院运动系造反大队
紅代会外文局外訓班紅旗　　　　　　　紅代会人大三红
紅代会工大东方红　　　　　　　　　　紅代会河北北京师院东方紅
紅代会民院东方红　　　　　　　　　　紅代会石油学院北京公社
紅代会轻工七二九　　　　　　　　　　紅代会新人大公社
二外首都紅卫兵团　　　　　　　　　　紅代会外语专科学校革命造反軍
鋼鉄学院延安公社　　　　　　　　　　归国留学生遵义兵团
归侨东方紅　　　　　　　　　　　　　归侨井岡山
外交部革命造反联絡站　　　　　　　　外貿学院新东方红
外文局前哨造反兵团　　　　　　　　　对外文委革命造反联队
外专局毛泽东思想造反团　　　　　　　外文局紅旗战斗兵团
外交人員服务局临指　　　　　　　　　外专局红色造反尖兵
駐外使館九·九战斗兵团　　　　　　　外办革命造反总部
交通部革命造反联絡站　　　　　　　　中侨委紅旗兵团
北京语言学院紅旗兵团　　　　　　　　国家体委东方红
教育部延安公社　　　　　　　　　　　中国科学院对外联絡局
外貿部井岡山　　　　　　　　　　　　全国妇联红色造反总团
全总造反联委会　　　　　　　　　　　七机部九一六
和大革命造反团　　　　　　　　　　　中共北京市委党校抗大兵团
新华社新华公社　　　　　　　　　　　七九六部队
空軍体工队战鷹　　　　　　　　　　　二四九部队

目　录

通訊地址：　北京外国语学院教学楼139号

电話：　　89·1931轉39

文革风云

图文並茂

……来一个革命化，否则很危险。

首 都 紅 代 会

北京外国語学院紅旗革命造反团

文革风云 編輯部

12

一九六七年

看，"老革命"的尊容，"无产阶级外交家"的风度！

形勢和任務

掌握斗爭大方向，加强无产阶級专政

上海市革命委員会的決議《为加强无产阶级专政而斗争》，是一个紧紧抓住主要矛盾，牢牢掌握斗爭大方向的好文件。

这个決議正确地指出："无产阶级革命派在夺权斗争取得基本胜利以后，最中心的問題仍然是政权問題，巩固和加强无产阶级专政的問題。"在革命委員会成立以后，"主要的矛盾，仍然是无产阶级和資产阶级两个阶级、社会主义和資本主义两条道路的斗争，是广大革命人民同党內一小撮走資本主义道路当权派的斗争。复辟和反复辟的斗争依然存在。"

无产阶级革命派要巩固和加强无产阶级专政，要粉碎阶级敌人反革命复辟的阴謀，就必須紧紧抓住主要矛盾，牢牢掌握斗爭大方向，把斗爭的矛头指向党內一小撮走資本主义道路当权派。

被推翻的党內一小撮走資本主义道路当权派，决不会自动退出历史舞台。在无产阶级革命派夺权斗爭取得基本胜利之后，阶级敌人进行反夺权的一个特别阴险的手段，就是象上海市革命委員会决議中指出的，"千方百計地寻找我們革命队伍中的弱点，煽动分裂，挑动武斗，毁坏国家財产，破坏革命新秩序，极力轉移斗爭的大方向，妄想用各个击破的方法，瓦解无产阶级专政的基础。"而形形色色的資产阶级、小資产阶级思想在革命队伍中发生的影响，各种旧的社会习慣势力，就是阶级敌人进行这种反革命复辟的条件。掌了权的无产阶级革命派，如果不清醒地看到这一点，看不到敌人了，看不到阶级斗爭了，看不到阶级斗爭的新的表現形态，就要犯絕大的錯誤，就会迷失方向，就会看不清斗爭大方向。

无产阶级革命派的同志，从过去受压制的地位，变成为掌权的地位。地位变化了，如果不注意改造自己的資产阶级世界观，不把夺自己头脑中"私"字的权的任务摆到更重要的位置上来，就不能正确地执行毛主席的无产阶级革命路綫，就不能掌握斗爭大方向，就有可能重犯方向和路綫的錯誤，就有可能被阶级敌人所利用，从右的方面，或者从极"左"的方面，来削弱甚至破坏我們的无产阶级专政。

　　无产阶级革命派在掌权以后，面临的是更加严峻的考驗。要经得起这个考驗，首先就要认眞学习、深刻領会、坚决貫彻中共中央一九六六年五月十六日《通知》和最近发表的毛主席一系列的重要指示，坚持毛主席的无产阶级革命路綫，牢牢掌握斗爭的大方向；就要正确地对待无产阶级司令部、正确地对待自己、正确地对待群众、正确地对待自己的战友和同盟者；就要在阶级斗爭的大风大浪中，逐步使自己在政治上成熟起来，掌握批評与自我批評的武器，不断地克服自己的缺点和錯誤，使自己鍛炼成为坚强可靠的无产阶级革命事业的接班人。我們坚信，在无产阶级文化大革命中英勇冲杀出来的絕大多数无产阶级革命派战士，都能经受住这个严峻的考驗。

“来 一 个 革 命 化”

——紀念毛主席“九·九”批示九周月

　　毛主席的“九·九”批示，“值得一切驻外机关注意，来一个革命化，否则很危险”发表九周月了。这是外事系统无产阶级革命派值得庆賀的日子；这是外事系统无产阶级革命派值得纪念的日子

　　毛主席的批示，是对以陈毅为首的执行資产阶级反动路綫的外交部党委的严重警告；毛主席的批示，是对外事系统无产阶级革命派的战斗动员；毛主席的批示，是对一切外事工作者的巨大鞭策。

　　但是，刘邓黑司令部里的干将，資产阶级反动路綫的忠实执行者陈毅，却頑固地一再对抗主席的“九·九”批示，为外事系统的革命化設置层层障碍，公开与毛主席的无产阶级革命路綫分庭抗礼

　　事实证明：陈毅是外事系统阶级斗爭的一个盖子，必須揭开；陈毅是阻挠外事系统实现革命化的一块絆脚石，必須搬掉。

　　长期以来，混入外事系统的一小撮反革命修正主义分子，公开反对伟大的毛泽东思想，拼命抵制毛主席的无产阶级外交政策，疯狂推行刘邓一伙的“三降一灭”路綫。他们出卖无产阶级国际主义的原則，背叛世界革命人民的最高利益，投降帝国主义、投降现代修正主义、投降各国反动派，妄图扑灭被压迫人民革命斗爭的熊熊烈火，眞是何其毒也！

　　这些傢伙是披着共产党人外衣的資产阶级政客，是企图篡党、篡国的野心家、阴謀家。他们大搞資产阶级外交，大放修正主义毒素，拼命和无产阶级争夺接班人，妄图有朝一日在中国实现“和平演变”，顚复我們的红色政权，变无产阶级专政为資产阶级专政，变馬列主义的党为修正主义的党、法西斯党，又是何等危险！

　　这些傢伙“对敌慈悲对友刁”，在帝修反面前奴颜卑骨，低声下气，毫无民族气节，执行投降政策，信奉活命哲学；对被压迫人民却又冷若冰霜，漠不关心，搞大国沙文主义、民族利己主义，妄图“吃小亏，占大便宜”，又是何等卑鄙。

这些家伙是修正主义的社会基础，是特权阶层的代表，高踞于劳动人民的新貴族。他们随意揮霍劳动人民的血汗，过着驕奢淫逸，养尊处优的生活，追求誨淫誨盗，低级下流的东西，他们的灵魂腐朽庸俗，他們的生活靡烂不堪，又是何等下賤！

"来一个革命化"，首先就要革这些反革命修正主义分子的命，把已经被他們篡夺的一切权力夺回来。而陈毅则是外事系統資产阶级反动路綫的总根子，是这一小撮反革命修正主义分子的大紅伞，是刘邓伸向外事口的一只黑手。不打倒陈毅，外事口的文化大革命就不能进行到底；不打倒陈毅，外事口資产阶级反动路綫必定得不到彻底批判；不打倒陈毅，混入外事口的一小撮反革命修正主义分子就无法揪出来斗垮、斗臭；不打倒陈毅，毛主席的"九·九"批示就不能得到实现，无产阶级革命路綫就无法得到貫彻；不打倒陈毅，毛主席在外事口的絕对权威就不能树立，外事系統来一个革命化也就不可能实现。

当前，摆在外事口无产阶级革命派面前的任务，就是高举革命批判的大旗，以阶级斗争为綱，毛泽东思想为武器，彻底肃清刘氏黑《修养》在外事工作中的恶劣影响，坚决把刘邓在外事口的代理人，三反分子陈毅斗垮、斗臭！这就是我們必須牢牢把握的大方向。这就是我們应该全力以赴的主攻目标。非如此外事系統的阶级斗争盖子就无法全面揭开；非如此外事系統的无产阶级文化大革命就不能进行到底；非如此外事系統的革命化就将成为泡影。

外事系統是我国反对帝国主义、反对现代修正主义、反对各国反动派的前哨陣地，进行世界革命，传播毛泽东思想的重要战场。在外事系統能否实现革命化，在外事系統能否树立毛泽东思想的絕对权威，将直接关系到世界革命，直接关系到历史的进程，直接关系到能否打倒帝修反，解放全人类。

社会主义的新中国是全世界受压迫人民的希望所在。战无不胜的毛泽东思想是全世界劳动人民强大的精神武器。自从苏联"和平演变"以来，紅色首都北京成了世界革命的中心。我們应尽的国际义务更多了。我們肩上历史賦于的担子更重了。"已換九州新日月，还教四海风雷激"。外事系統无产阶级革命派的战友們，让我們遵循主席"来一个革命化，否则很危险"的指示，胸怀"以天下为已任"的凌云壮志，坚决把外事系統的无产阶级文化大革命进行到底，坚决把外事系統办成学习毛泽东思想的大学校，进行世界革命的紅色陣地！

　　　　我們的目的一定要达到！
　　　　我們的目的一定能够达到！
　　　　战无不胜的毛泽东思想万岁！
　　　　我們的伟大領袖毛主席万岁！万万岁！

外事口文革专辑

一个老紅軍的控訴

我生在河南的一个貧农家庭里，三岁上死了母亲，六岁那年，父亲也去世了。这样，我就只得出去要飯，成了无家可归的乞儿。有个卖油条的老头看我可怜，就叫我帮他卖油条，管吃不管穿；我就这样跟着他混碗飯糊糊口，有时也帮他扛活。記得我都二十来岁了，还从来未穿过一件棉衣和一条棉褲，有机会拣到破衣破鞋就算穿的。大雪天也睡在蓆棚里，垫的是高粱杆，过着牛馬一样的日子。直到一九三三年，我們那里有了紅軍，打土豪分田地，我才得到解放，参加了四方面軍，从此走上了革命的道路。

我随紅軍到过湖北、湖南、四川，接着就开始二万五千里长征。在延安的时候，我見到了我們心中最紅最紅的紅太阳，我們最最伟大的領袖毛主席。从那时起，我的决心更大啦，我坚决要跟着毛主席干一輩子革命，永远做毛主席的忠实的战士。

以陈毅为首的部党委，多年来搞了不少修正主义的东西。他们看不起工农，认为没有文化，总是千方百計地排挤我們。一九五八年，我才五十四岁，总务司政治处的領导就来劝我退休，说我"老了"，"該休息了"；还说只要我同意退休就可以給我三四千人民币，还給房子住。我听了，心中难过的半天说不出話，眼淚掉了下来。我想：我听毛主席的話，干了这么多年的革命，今天革命胜利了，怎么着，不要我們大老粗了？我老周就这样完了吗？我断然回答他們说："老了不要紧，我还能工作，我还要革命。我革命不是为了錢！"在我的坚决斗争下，他們才又把我留下，調到东郊农场去喂猪，后来又去涿县农场劳动了三年。从涿县回来，他們又劝我退休退职，我还是坚持要工作，坚持能干多少就干多少。要我白吃人民的飯不干活，这种日子，我一天也活不下去！

我来外交部后，就覚得和过去在部队截然不一样。那时有一块餅，上下級分着吃，領导都是同志，上級爱下級，下級爱上級，充满阶级感情。可是外交部的阶级感情那里去了？我給姬鹏飞他們看門时，姬鹏飞看不起我們，到他家去传个話或送个东西，他根本不搭理，連問个好让个坐的話都从不说一句。出進門时更是不理人。他老婆許寒冰是个十足的官太太，看見我們时的那副碓样，就象我們欠了她錢！有时給她开門开晚了一会儿，她就大发脾气，说她在門外等了半个钟头啦！其实她最多等了两分钟。这些都是什么作风？毛主席領导的土地战争和抗日战争时，哪有这些作风？

我这个人打了半輩子仗。长征以后，我在山东打了八年的日本鬼子，又到东北参加解放战争。直到一九五〇年来外交部才不打仗，可是现在又打啦！现在是同党內最大的一小撮走資本主義道路的当权派打仗。在这场斗争中，我一定紧跟毛主席，紧跟革命小将，誓把刘、邓伸向外交部的魔爪狠狠斩断！打倒陈毅！打倒姬鹏飞！打倒乔冠华！誓把外交部办成一所红彤彤的毛泽东思想的大学校！

外交部管理科 周潮海

外交部老爷們的"特权"点滴

一、許多外交部副部长独占一幢楼房，各自配备秘书、专車司机、厨师、看守等等工作人員，有的还雇佣人服侍。由公家供給地毯、沙发、衣柜、鋼絲床、写字台及其他大批家具。

二、据揭露，×××大使从国外回来时带回四十多只箱子，大发横财；××副部长从香港购回一只电冰箱，但因嫌进口税高，就利用职权轉让給公家，而后来又占为己有，这样既不出购价，又不出税款，白白弄到了一只电冰箱。××大使爱好字画，就以陈設美化使舘为名，不惜巨資购买大量高貴名画，供其欣賞。同时还利用困难时期大使不检查行李的机会，从香港买回面粉若干袋。×××副部长甚至不惜违反中央政策套用法朗外汇，购买洋貨。

三、外交部的老爷們长期养尊处优，四体不勤，一出門就要坐小汽車，而且車子还要新式的、西方的才行。××大使出国时，为了排場，不惜损失国家尊严，千方百計购买苏修出品的"海鸥"牌小轎車。还有，国务院规定司局长下班不坐小轎車，而这些老爷們也拒不执行。例如，非洲司副司长××每次下班都要坐小轎車，而且还经常发牢騷，問司机为什么老是开这輛破車。有一次他乘小汽車去育才小学接孩子，竟不惜耽誤去机場迎接外宾这样重大的任务。

四、这些老爷們的生活十分腐化，每个副部长、大使、司长一年的薪水好几千元，而且各自都有成千上万的存款。在国家困难时期，人民生活都受到了一定的影响，可他們却可以照样大肆揮霍，他們每月除按规定供給肉、蛋、油、糖、香烟之外，还经常多分机关的生产品，如打来的黄羊，捕来的魚等等，有时还到釣魚台、友誼宾舘、国际俱乐部去吃喝玩乐。此外，他們还收到許多外国回来人員贈送的礼品。

五、这些老爷們不仅自己官气十足，享受特权，而且破坏制度，让其家属子女也都跟着享受特权。真是一人当官，全家享福。例如，有时举行招待外宾的晚会，很多工作同志都没有机会参加，可是我們的部长、司长們却能携带家眷坐在貴宾席上，甚至把媬姆也带去。有时还违反规定，把他們的家眷带去参观保密的项目。这些老爷們还以私人关系代替組织关系，滥用职权。反革命修正主义分子、大叛徒薄一波的狗夫人曾"指示"干部司要把他的女儿分配到外交部，而干部司也就照办了。后来她又想要女儿到国外"鍛炼、鍛炼"，结果又如愿以偿。×××大使的女儿不愿在公安学校随班下乡劳动鍛炼，他就通过非法途径，把女儿硬塞进外交学院，并指使专人为她单独一人开课。外交部豫王坟幼儿园甚至专門安排高级干部子女坐飞机游览北京，让他們去开"眼界"。有的少爷小姐还经常充当代表团的成員随同他們的父母到国內外去游山玩水。又如：××大使的儿子为了显示自己，竟带着他父亲的手枪到学校里去炫耀。此类事情，不胜枚举。无产阶级革命派的同志們，让我們奋起毛泽东思想的千鈞棒，把外交部的这个"特权阶层"砸个稀巴烂！

"徹底砸爛以陈毅为首的外交部修正主义特权阶層誓師大会"

給毛主席的決心書

最最敬爱的偉大領袖毛主席：

我們，首都大专院校紅代会批判陈毅联絡站"彻底砸烂以陈毅为首的外交部修正主义特权阶层誓師大会，向您——我們心中最紅最紅的紅太阳，世界人民的伟大导师，致以最崇高的无产阶级文化大革命的战斗敬礼！

毛主席呀，毛主席！千言万语傾訴不尽我們对您的无限忠誠，千歌万曲表达不出我們对您的热情歌頌，千句万句并为一句：衷心敬祝您老人家万寿无疆！万寿无疆！

敬爱的毛主席，在您亲自主持制定的伟大历史文件中共中央《5.16"通知"》的光輝照耀下，在外事口无产阶级文化大革命一片大好形势下，今天，我們隆重召开"彻底砸烂以陈毅为首的外交部修正主义特权阶层誓師大会"，决心把外事系統的文化大革命推向更深入的阶段，推向更新的高潮。

敬爱的毛主席，您敎导我們："革命的誰胜誰負，要在一个很長的历史时期內才能解决。如果弄得不好，資本主义复辟将是随时可能的。"联系外交部两个阶级、两条道路、两条路綫的斗争，我們再一次深深地感到您的論断是多么英明、伟大和正确。文化大革命中揭发出来的触目惊心的事实证明，到目前为止，在外事口党內最大的走资本主义道路的当权派陈毅控制下的外交部和驻外使領舘，一个修正主义特权阶层已经形成，陈毅就是他們的政治代表，刘邓就是他們的总后台。

这个特权阶层，猖狂地反对您和您的光輝思想，特别是反对您的革命外交路綫。他們奉行了一整套为他們本阶级利益服务的"三降一灭"的修正主义外交路綫，他們向帝国主义投降，向修正主义投降，向各国反动派投降，妄图扑灭世界革命斗争的熊熊烈火。

这个特权阶层，把为人民服务的职責变为統治人民的特权，他們大搞等级制度，对广大革命干部和革命群众实行資产阶级专政，对广大工勤人員实行残酷的阶级压迫和疯狂的阶级报复。

这个特权阶层，大搞独立王国。在他們所控制的范围內，不是大树特树您和您光輝思想的絕对权威，而是大立特立党內最大的走資本主义道路的当权派刘少奇和他在外交部的代理人陈毅的个人威信。他們利用职权，招降纳叛，結党营私，到处安播自已的党羽和亲信，打击和迫害那些勇敢捍卫您革命路綫的革命群众和革命干部，为資本主义复辟作輿論准备和組織准备。

这个特权阶层，在生活上腐化堕落，貪生怕死。他們享有高額的工資和花样繁多的額外收入。他們利用职权，营私舞弊，侵吞和揮霍劳动人民血汗，过着資产阶级腐烂的寄生虫式的生活。

这个特权阶层，把他們所把持的单位变成了帝、修、反在中国复辟的桥头堡。

針对这种十分严重而危险的状况，在1966年9月9日，在邢无产阶级文化大革命刚刚兴起的高潮中，您就及时地指出，"来一个革命化，否则很危险。"这是您对我們的最大关怀和鞭策，是对我們发出的最伟大的战斗号召，是外事口无产阶级文化大革命的最高綱領。但以陈毅为首的外交部修正主义特权阶层，对您这一伟大指示恨得要死，怕得要命，他們耍阴謀玩詭計，疯狂地抵制和反对您的这一伟大指示，是可忍，孰不可忍！

敬爱的毛主席，我們是您忠实的紅卫兵。我們不能听任以陈毅为首的外交部修正主义特权阶层这样疯狂地反对您的革命路綫。我們絕对不允許这样的修正主义特权阶层继續存在下去，不砸烂这个特权阶层，您的伟大"九·九"指示就不能彻底地貫彻，您的革命路綫就不能眞正确立，战无不胜的毛泽东思想就不能很好地向全世界传播。不砸烂这个特权阶层，产生的修正主义溫床就不能彻底清除，資本主义复辟的危险就随时存在。不砸烂这个特权阶层，外事系統的广大革命群众和革命干部，特别是广大的工勤人員就不能获得彻底的解放，外事口的无产阶级文化大革命就不能进行到底！

"金猴奋起千鈞棒，玉宇澄清万里埃。"造这个修正主义特权阶层的反就是有理。我們就是要按照您的教导，革命造反，一反到底，直到胜利。我們要坚决打倒外事口党內最大的走資本主义道路的当权派陈毅，把外交部以陈毅为首的修正主义特权阶层砸个稀巴烂，把"三和一少"、"三降一灭"的修正主义外交路綫彻底批倒批臭，把外事口的无产阶级文化大革命进行到底！我們誓把外事系統办成红彤彤的毛泽东思想的大学校，让毛泽东思想的伟大红旗在全世界高高飘扬，永远飘扬！不达目的，我們誓不罢休，死不暝目！

敬爱的毛主席，您給我們撑腰，我們給您爭气！我們刀山敢上，火海敢下，一定要按照您的教导"下定决心，不怕牺牲，排除万难，去爭取胜利"！

我們的目的一定要达到！

我們的目的一定能够达到！

最后，让我們一千遍一万遍地高呼：我們的伟大导师、伟大領袖、伟大統师、伟大舵手毛主席万岁！万岁！万万岁！

首都大专院校紅代会批判陈毅联絡站《彻底砸烂

以陈毅为首的外交部修正主义特权阶层誓师大会》

一九六七年六月十日

"特权阶层"在某使舘里的种种表現

——駐外使館"九·九"战斗兵团代表在会上的發言

我是大使館的一个普通工勤人員。我要揭发"特权阶层"在使舘里的种种表現。

首先揭发大使夫人。她是地主出身，剥削阶级思想十分严重。出国后，她被資产阶级腐朽生活迷住了，经常坐高级小轎車上街买衣服和化装品，有时甚至利用工作时间，叫翻譯陪她一起去。她和丈夫在使舘三年多，从来没有疊过被子，更别提参加打扫房間等杂务劳动了。她所有的衣服，甚至卫生带都要工勤人員替她洗。

这位貴夫人每天要换一条短褲，一个星期要洗几次澡。在她每次对外活动前，工勤人員

109

必須將她的綢緞旗袍熨好，把她的高跟鞋擦好。她提前二、三小时下班，由大使司机用专车送她到館里梳装打扮。首先洗上一个小时的澡，然后穿上浴衣，美美地吃上一頓专門为她准备好的佳餚。接着，她又梳装打扮，涂脂抹粉……忙个没完。下面的同志怕参加外事活动迟到了影响不好，急得直瞪眼。催了好久，她才慢条斯理地刁着烟从楼上走下来。

这些达官显人頗懂养身之道，信奉活命哲学。有个商务参赞的老婆长得又白又胖，根本没有毛病，又不做什么工作，却一有小毛病就上医院。她老是说嗓子有什么堵着，一次又一次地上医院检查，却又检查不出个所以然。这下可給外国大夫增加了煩恼，因为她根本没什么毛病，怎么能检查出来呢。

使舘里有个武官是个典型的怕死鬼。他被人称为"卫生冠軍"。每次吃飯前洗手后，他的手就成了"圣手"，别人和他握手都不行了。他怕沾染了細菌，洗了手后連毛巾都不敢擦。有时洗了手怕关水龙头时再弄脏，武官大人灵机一动，看到别的同志来洗手，就假惺惺地说："哎！洗手，洗手！"就这样借别人洗手的机会替他关水龙头。更令人气憤的是：使舘里的厕所大便后都是用手按按紐冲洗的，这个怕死鬼为了不沾染上細菌，就用脚去蹬。人家用手，他却用脚。結果别人只得用手去按他脚蹬过的按紐，真是损人利己，自私至极！

（本刊有删改—編者。）

血淚控诉外交部"特权阶层"
对工勤人員的殘酷迫害

摘自归国生遵义兵团在大会上的揭发

以陈毅为首的外交部反革命修正主义"特权阶层"，长期以来高高在上，作官当老爷。他們滥施淫威，胡作非为，百般歧視和殘酷迫害工勤人員，把劳动人民当牛作馬，甚至折磨至死，真是罪恶滔天！

仅以我驻×使領舘为例。几年以来，在該使領舘党内走資本主义道路当权派的殘酷迫害下，竟接連发生了四起人命案，无辜夺去了我們四个阶级弟兄的宝貴生命。

該驻在国天气炎热，人們犹如生活在蒸炉里一样。当然，这对大使参赞們并无半点威胁。他們屋宇寬敞，几个人就占有一整幢楼房。楼里又有冷气設备，可以随时調节温度。他們还可以停止工作，悠哉游哉地整天休息……但是广大的工勤人員则是另一番遭遇了。他們住在走廊、小閣楼、地下室，甚至山洞里。他們不得不在悶热的坏境里，灼人的阳光下从事繁忙的劳动。該使舘里有两个炊事員同志，由于长期在高温炉火旁工作，积劳成疾，身体越来越坏，而使舘老爷却不聞不問，还对伙食百般挑剔，对炊事員同志横加指責，結果这两个炊事員又气又病終于被活活折磨死了。

另有一位司机同志，国庆前夕办事出車刚回来，还未喘过气，立刻被总領事的老婆叫去按彩灯、搞布置，忙个不停。干了許久，这个司机同志刚坐下来想喝口水，休息一下，不幸又被总領事的老婆看見了，于是不管三七二十一，破口大駡，硬誣司机貪懶。在这妖婆的淫威和逼迫下，司机同志只得咬牙繼續干活。由于这个司机同志患高血压，加之劳累过度就觉得头晕眼花，检修綫路时，一不小心手触了电，从二楼高处摔下来，惨死了。

又有一位公务員，大病初癒，身体还极虚弱，就强被叫去陪同外交部一位官老爷一起游泳。（这位老爷当时率領一代表团路过該国）为了貪图游得痛快，这位团长老爷拼命往深处游去，根本不顾陪同他的公务員当时体质情況。为了保护这位老爷的安全，公务員不得不硬着头皮跟着游去。

回来时逆风、涨潮，公务員游到河心，就再也坚持不住了，开始往下沉。可这位团长老爷竟眼睁睁地看着这位公务員沉下水底，故意見死不救。三个多小时后，这位公务員的遺体才被附近居民打捞起来。这时团长老爷竟恬不知耻地说："当时我自己也累了。"说得好不轻松r 視人命如草芥，是可忍，孰不可忍！

以上是外交部"特权阶层"残酷迫害工勤人員的部分例子。这些血淋淋的事实，深刻揭露了外交部"特权阶层"对党和人民犯下的滔天罪行，有力地说明了主席的"九·九"指示是何等的英明和正确。"来一个革命化，否则很危险"。无产阶级革命派的战友們，让我們遵循主席的教导，为彻底砸烂以陈毅为首的外交部反革命修正主义"特权阶层"，为坚决实现外事系統的无产阶级革命化而英勇奋斗吧！

彻底砸烂等级制度和特权阶层

——歸国生遵义兵团只爭朝夕战斗队在大会上的發言

以刘邓为首的党內最大的一小撮走資本主义道路的当权派，他們对抗毛主席的英明指示，十七年来在一些部門和单位里培植了一批新型的資产阶级分子和精神貴族，成为他們在中国复辟資本主义的社会基础。外事口最大的走資本主义道路的当权派陈毅所把持的外交部就是他們的一个重要基地，在外交部和駐外使舘以陈毅为首的一个修正主义特权阶层已经开始形成。

这个特权阶层是由一小撮走資本主义道路的当权派、阶级異己分子和蜕化变质分子組成的。陈毅是他們的政治代表，刘邓就是这个特权阶层的总后台。

下面以駐×使舘为主要例子，来剖析一下这个特权阶层在生活上腐化堕落的种种表现。

一、不合理的工資制度

1）该大使每月工資人民币800余元，大使夫人450——500元。他們在国外乘車、請客等根本不用花錢，甚至参观的門票也要公家报銷。他們一半工資留在国外大量购买洋貨，一半寄回国內根本用不了。

而工勤人員每月工資只有一百余元。由于国外物价高，他們一般活动费用，甚至連回国或到其他国家治病的飞机票錢都要自己出，所以根本不够用。他們一半工資在国外除去伙食费，剩下的比留学生生活费还低。一半寄回国內也根本不够用。

2）享受各种各样经济特权，额外收入名目繁多。如：

制装费：大使出国时制装费5000——6000元，大使夫人享有同等待遇。三秘出国时服装费1000元，夫人也同样多。而工勤人員则只有500——650元。（大使经常回国，每年都有服装費。）

补助费：根本不是从实际、从需要出发，而是根据工资而定。多么荒唐的制度！例如：一工勤人員每月工資43元，七口人，又有一个父亲年老多病，在外交部工作了十三年，总共才补助了100多元。而一个干部（双职工），4口人，月薪140元，但只因小孩生病，就补助150元。

3）利用职权，营私舞弊，貪污受贿，化公为私。

請客：他们办外交就是办酒肉外交，一星期請上几次客。請客要做到两滿意，主人滿意和客人滿意，但最主要的是主人滿意。許多宴会是不必要的，是为了他们自己解饞。每次宴会都是由大使自己来訂菜单，不管客人是否爱吃。但如果他们自己爱吃的沒送上，就大发雷霆。剩下的还要留給他下頓吃。

除了請外国人外，还有內宴。中央已有规定，一般不請內宴，但他们为了討好上级，不惜对抗中央指示。

他们崇洋崇得很厉害，为了滿足自己吃洋飯的需要，专門叫翻譯开車滿城跑，給大使买美国的餅干，×国的面包，匈牙利的腸子，使这些中层干部不能干自己的工作，整天为这些老爷们能过侈奢腐化的生活而东奔西跑。

使馆买房子时，中間人要十万元外汇，而我们这些老爷也就出了这笔錢。这个举动轰动了該国，这个中間人一跃成了富翁，成了当地的一个暴发戶。

他们还以調研为名，行滿足个人資产阶级欲望之实。如看尖端的黄色电影，甚至到当地最肮脏的夜总会去玩。还到各处游览名胜古迹。

他们还貪污受贿。如，大使参贊不让别人买洋货，訂了許多制度，但是这些制度对下不对上。他们利用特权买的洋货最多，价格最高。甚至在六二年往国內运大米、面。并且经常多带手錶等高级品回国，偸漏关税。如他们不顾国际法，到瑞士买了40多块錶。如果被查出来，将給国家荣誉带来极坏的影响。

展览会出售的料子，别人只能买一套，而大使一人就买了三套，因为这种料子在国外买要便宜得多。

他们天天請客吃飯，花了国家不少錢财。有的使馆的大使和夫人平日花自己的錢吃飯时，就吃得很少，而請客时就狼吞虎咽，沒有一次不胀得够嗆。

他们还对抗毛主席关于送礼問題的指示，我们送人的礼品和接受别人的礼品都是代表国家的。因此接受的东西都应該交給公家，然后统一处理。但是这些大使老爷们受礼时，却往往化公为私，据为己有，当作个人私有财产。有一次，工务員把别人送的紙簍上交了，大使回来后大发雷霆，非要追回不可。連个紙簍都这样，其他貴重物品就更不用说了。

但是工勤人員接到礼品，哪怕是小打火机也要上交。有时他们甚至采取卑鄙手段，把坏的换給工勤人員，自己拿好的。

这样的例子举不胜举。对于这些不合理的修正主义制度，只有一点，就是要造反，就是要彻底砸烂。只有这样，广大的工勤人員才能真正解放，中国才能真正防止修正主义，胜利到达共产主义。

二、以陈毅为首的外交部特权阶层把驻外使领馆变成独立王国

在那里，他们过着资产阶级生活，大使有专门为他服务的厨师，理发员，公务员，司机等等。有的大使竟有服务员十一人之多。他们狂热地追求西方资产阶级生活，下面举些随手可得的例子，以作比较；

穿：他们穿的有大衣（大使夫人光一件大衣就花了1600元，参赞夫人一件皮大衣就花了2000元）、西装、中山装、风衣、睡衣、浴衣、晨衣……等等。还有令人作呕的旗袍，有一大使夫人光旗袍就有100多件，颜色有深有浅，按季节不同而变换。有的夫人的高跟鞋，从矮到高能排一大串，有好几箱。

而当地的贫苦劳动人民及其子女却过着衣不遮体的生活，他们时时遭受严寒、饥饿的威胁。

必须指出的是：主席亲自批发"九·九"指示后，他们在思想上根本不重视，相反还抵制、对抗、穿着上仍恋恋不舍资产阶级那一套，还穿着西装，打领带，穿尖头火箭鞋。当群众向他们提出严厉批评后，他们还恼羞成怒地说："要顶住！"如此明目张胆地对抗主席"九·九"指示。是可忍，孰不可忍！

吃：他们当官作老爷，平时根本不参加劳动，甚至连饭也要人端到他手里。做菜做得不合意时，就训斥炊事员，直到他满意为止。他们吃蛋白，不吃蛋黄；吃花生油、豆油、玉米油；有的大使好吃王八、乌龟，还要吃活的，有的还吃狗肉。

他们有时外出，明明可以回使馆吃饭，却偏偏要到高级酒吧间里吃洋饭，一个鱼汤就花20元。驻×国大使，出去一个星期就要花1400元，相当于一个工勤人员三年的工资。有的大使还养狗，两只狗每天伙食费就五元，而工勤人员每天只1·5元。

外出时，工勤人员只能吃剩下的东西，有的饭量大，稍吃的多一点就要挨骂。

当地劳苦大众连0·17元一条的面包棍都买不起。我们到处可以看到一些人在街头，地下铁道里靠乞讨求生，有些小孩靠拣破烂度生。每天，有多少劳苦人民在饥寒交迫的生命线上挣扎啊！两相对比，真是天差地别！

住：×大使住的房子是300万元买下的，被人称为小宫殿。这座房屋是一个美国高级妓女住的，买这座房子因它的昂贵而轰动了该国首都。这幢房子只住大使、参赞以及为他们服务的几个人。平时他们外出住旅馆时，都非常昂贵，每天房租有时高达100元。大使住的房子温度高了不行，低了也不行，要保持常温。大使房子里还要装氧气灯，怕见不到太阳，影响寿命。

刚去所在国时，大使参赞住在豪华的公邸里，而工勤人员却没有地方住，只好睡在楼道上，走廊里，潮湿的地下室，甚至山洞里。睡在地下室，夏天热得要命，闷得要死，连年青的小伙子睡了一个多小时，也要出来换空气才行。在某一使馆里，有两个人因闷热而死。冬天又冷得要死，抱上两个暖水袋才能入睡。

睡：大使一个人除双人床外（价值5000元外汇），还有单人床，而一个大个子医生只睡一个小床，连脚都没地方放，只好悬在空中。沙发、地毯不让人睡，怕弄坏，有人就一直睡在桌子上，有的在建馆前只好睡在澡盆里。再看看当地劳动人民，他们住在破烂不堪的贫民窟里，都是用铁皮、石块垒成的，有的还住在破汽车里，睡在河边，睡在地下铁道里，有些

地方夏天蛇虫四出，冬天寒风习习，这哪里是人住的地方

看看这些大使参赞，在他们心目中还有世界上三分之二受苦的劳苦大众没有？他们完全沉没在资产阶级生活方式中，他们哪里有半点共产党员的样子！他們地地道道地修了。

行：大使一人就有三輛小汽車：一輛紅旗牌的，一輛法国奔馳300号，一輛苏修吉尔牌的，平时给他开车快了不行，慢了也不行早到一分钟也不行。

为了他乘车舒服、方便，平时下车，連车門都不愿开，要叫司机为他开门，有一次到某一外国使舘去，因车进不去，大使連这五十步也不想走，后来只好租了輛小汽车，把他送进去。有个驻×国大使，为了看《不落的太阳》，叫司机行駛从北京——上海的路程，只顾自己玩乐，不管他人死活，眞是修到家了！"九·九"指示后，有人提議大使参赞不要坐小汽车，要跟群众一起坐大車，可是这些老爷们极力反对，仍然小车出小车进。更可恶的是，×国政务参赞到×国，是坐着美国小汽车，插着中华人民共和国的国旗去上任的。这些资产阶级老爷们为了显示閻气，为了讲排场，为了图享受，貪舒服，竟然隋落到损害国家尊严的地步！他们还有一点中华民族的气节吗？没有了，一点也没有了！

駐外使領舘里有形无形地立着各种各样莫明其妙而又等级分明的制度。有的使舘門、楼道、厕所都有大使、夫人专用的，别人不能用。駐×使館的办公桌分五、六种，大使用的、参赞用的、秘书用的、一般干部用的全不一样。×使館大使夫人因翻譯穿的衣服和她的一样，便要这位女翻譯把衣服换掉，穿上差一点的。一个司机戴了一块黄色的表，因它和参赞夫人的一样而遭指責。以上种种，中国的赫鲁晓夫的臭妖婆王光美不也是这样做的吗？此外，他们还利用出国的机会，大量购买洋货，狂热地追求西方资产阶级生活，十足的狗奴才相！这里仅举二例。据不完全统计，×大使家至少有十一块手表，两架照相机，两架录音机，一个电冰箱，外加电视机等等。他每月工資1000多元，现已有存款××万元。駐×国参贊家，六口人就占了两套高级房间，除厨房、浴室、洗脸间、庫房外，光卧室、客厅就有六间。室內陳設奢侈得要命，全是资产阶级那一套，地毯、沙发多得不用说，仅举几件高级样品就够了。比如：电視机一架，收音机四架，录音机一架，打字机一架，电唱机一架，德国照相机三架，电影放映机一架，电影摄影机一架，照相放大机一架，电动縫糼机一架，切面机一架，望远鏡三架，手风琴一架。这次回家，他们还念念不忘地带回来日本高级自动园珠笔38支，衣服多得更是没法说，仅点了他们二个庫房中的一个，就有大皮箱17个，这还仅仅是他們财产中的一小部分，甚至連二十分之一还不到。

看了这些触目惊心的例子，我们不禁要问：这些老爷在国外到底干什么去了？他们根本不是去工作的，而是去享乐去了，他们成天想的不是革命，不是国家大事，不是世界革命大事，而是吃穿玩乐，梳粧打扮。有一个大使夫人为了用美国电影明星用的香粉，竟叫人坐车跑遍三、四个国家去找。一大使的染发油就有四瓶。在文化大革命开始后，大家提意见要求把放在院里的一个裸体象搬掉，但大使却把它搬到自己房间里去了。这些人还利用自己的特权去看黄色电影。他們所追求的是资产阶级老爷太太的生活，他们对资产阶级腐朽的东西永远不会满足，他们在修正主义的泥坑里越陷越深，他们的灵魂肮脏得很，见不得人。他们的生活比过去資本家的生活有过之而无不及。我使館一参贊（出身于大資本家）就公开说他现在的生活比过去还好。正如九評中指出的那样，"他們在生活上完全脱离了苏联劳动人民，过

着寄生腐烂的資产阶级生活。"

这些人的资产阶级世界观在国外优越条件下得到了充分的暴露！他們生活上腐化、堕落，必然导致在政治上怕死，对外斗爭上的投降外交路綫。

看看他們怕死怕到什么程度吧：

×大使为了延长狗命，不惜从欧洲专程赶到香港去打"长生"针，平时喝"长生"湯。

×大使认为当地太阳少，怕見不到太阳影响寿命，叫人专門到許多地方为他买一盏高空氧气灯，而广大工勤人員整天在潮湿的地下室劳动，沒人过問。

許多大使夫人怕影响寿命，光吃蛋白不吃蛋黃。更有甚者，×大使怕死，坐飞机怕摔死，坐火車怕出軌。有的怕坐飞机让人害死，而不惜浪費大量外汇訂五条航綫的飞机票。

他們怕死，必然表現在对外斗爭的"三降一灭"投降外交路綫上，試想这样怕死的人，怎么能在白色政权的包围之中，坚决地执行毛主席的无产阶级外交路綫、頑强不屈地同国际阶级敌人作毫不調和的斗爭呢？这些人連自己的狗命尚且要千方百計地想延长再延长，又怎么能設想，一旦出現象印尼反动政变事件时，能象赵小寿那样，为維护祖国的尊严，为保卫五星紅旗而挺身而出呢？这样的人，又怎么能担当起世界革命的重任呢？因此，对他們的罪行，我們必須清算！对这个特权阶层，我們必須砸烂！

（本刊有删改——編者。）

彻底批判文藝黑綫的衛道士
吹鼓手——陈毅

从文艺剖析陈毅的灵魂

无产阶级文化大革命，是一场触及人們灵魂的大革命。

灵魂，就是世界观，无产阶级世界观或者資产阶级世界观。无产阶级世界观同资产阶级世界观的斗爭，实质上是社会主义制度同一切剥削制度的斗爭，是无产阶级同资产阶级争夺領导权的斗爭，是一方面要巩固无产阶级专政，而另一方面要变无产阶级专政为資产阶级专政的斗爭。

这场史无前例的文化大革命，触动了每个人的灵魂深处。长期以"老革命"自吹自擂的陈毅，也在这场大革命中得到了彻底的暴露。必須指出，陈毅在文化大革命中扮演的可耻角色，是他的根深蒂固的資产阶级世界观的作用。为了彻底揭示陈毅的本来面目，我們有必要从文艺来剖析一下他的灵魂。其原因有两方面：

首先，文艺这一社会意识形态，是阶级斗争非常敏感、非常尖锐的部分，阶级斗争，政治斗争，总是要以这样或那样的形式反映到文艺上来。一个人的文艺观，一个人的审美观，一个人喜爱或厌恶什么文艺作品，必然反映出他灵魂最深处的东西。

其次，众所周知，陈毅是个大"杂家"。天文地理，古今中外，谈猫说狗，吃喝玩乐，他都是内行。这几年来，他迈开脚步走进了那个裴多菲俱乐部式的文艺界，文学、音乐、舞蹈、戏曲无所不谈，而且还经常吟诗作赋，用他自己的话说，作一种"不新不旧，又新又旧的诗"，在诗坛上独树一家"风格"。近年来，他还俨然以理论家的姿态出现，在许多次文艺座谈会上，大谈文学遗产、历史剧、局限性、文艺批评。大肆鼓吹修正主义文艺路线，为资本主义复辟鸣锣开道，博得了文艺界牛鬼蛇神的喝采。在许多人的眼里，陈毅是"老革命"，又是"诗人"、"理论家"，因此他的讲话颇能拉拢一批意志薄弱的分子，迷惑一些糊涂人。但是，也正是他的这些言行，深刻地揭示了这位"老革命"的肮脏灵魂，暴露了他的反革命真面目，为他的彻底垮台准备了条件。这就是历史的辩证法。

"劳心者治人"论

文艺为工农兵服务的方针，是毛主席制定的革命的文艺方针。坚持为工农兵服务的方向，文艺工作者必须遵循毛主席的教导，"到群众中去"，"长期地无条件地全心全意地到工农兵群众中去，到火热的斗争中去"，和工农兵相结合，彻底改造自己的世界观。

文艺要不要为工农兵服务的问题，文艺工作者要不要与工农兵相结合的问题，这是毛泽东革命文艺路线同反革命修正主义文艺路线的分水岭，是在文艺领域里无产阶级和资产阶级斗争的焦点。

陈毅正是首先在这个关键问题上，暴露了他的资产阶级丑恶灵魂，暴露了他的资产阶级代理人的本来面目。

一九五九年六月陈毅在外办一次讨论《中国文学》杂志的会议上说："《诗刊》搞那么多工农兵的作品，我不赞成，长此下去，《诗刊》就没有人买了"。他又说："现在有些人把文艺为工农兵服务，理解为工农兵文艺，这是很大的误解。毛主席的二十多首诗，工农兵谁能读得懂？"

一九六二年三月在广州歌剧、话剧创作座谈会上，陈毅在资产阶级反动"权威"面前卑躬屈膝，大声疾呼"要帮助作家，给他们安排一个幽静的环境"，让他们在这样一个幽静的环境里去"构思"。另一方面他对工农兵破口大骂："群众怎么来构思呢？工人应该做工，农民应该耕田……他跟这个作家去构思有个屁关系！"他号召人们不要"盲目崇拜群众"，他说："最好的群众里也有资产阶级思想，也有流氓意识，也有落后意识，也有吊儿朗当。"在陈毅的眼里，工农兵群众是乌七八糟的"群盲"，他们与作家创作是风马牛不相及的。他说："今天广州的农民，北京的农民文化很低，他懂得的只是一些农业生产知识……他怎么能解决一个作家的问题呢？作家的问题应该由作家解决。"

陈毅的理论是典型的"劳心者治人，劳力者治于人"的封建士大夫的理论。按照陈毅的逻辑，创作只是知识分子的事，是脑力劳动者的事，是精神贵族的事，按照陈毅的逻辑，工人、农民就是作工种田，老老实实为资产阶级服务。在这位养尊处优、西装革履的贵族老爷陈毅眼里，工农兵群众愚昧无知，他們不能"构思"，不能創作，不懂主席詩词，不能搞文艺，应該向資产阶級文艺頂礼膜拜，应該向資产阶級"权威"屈膝投降，"劳力者治于人"。

应該明白地告訴陈毅，我們工农兵是历史的主人，也是舞台的主人。我們要創作工农兵的文艺，占領文艺舞台。舞台是我們的，我們当仁不让。看吧，我們上来了！站定了！不走了！永远不走！对于那些鄙視我們工农兵的"作家"，我們一个也不要，半个也不要！他們的"构思"，分明不是构我們所思，而是构資产阶級所思，我們与他們确无关系，陈毅这回你说对了。关于毛主席的詩词，我們工农兵心領神会，因为毛主席詩词是毛泽东思想重要的組成部分，它是我們斗爭的武器。在工农兵中间，毛主席詩词不但家喻戶晓，脍炙人口，而且还要千代万代传頌下去！

陈毅极力反对文艺工作者同工农兵相結合，还因为他从根本上否定文艺工作者进行思想改造的必要性。

文艺工作者世界观的改造，这是正确解决为什么人服务的关鍵。毛主席在《在延安文艺座談会上的讲話》中指出："一定要把立足点移过来，一定要在深入工农兵群众、深入实际斗爭的过程中，在学习馬克思主义和学习社会的过程中，逐漸地移过来，移到工农兵这方面来，移到无产阶級这方面来。"这就是说，文艺工作者必须在火热的群众斗爭中，进行思想改造，"經过長期的甚至是痛苦的磨練"。

長期以来，文艺界的反革命修正主义分子，疯狂地反对毛主席的革命文艺路綫。在他們控制下的全国文联和各个协会，十五年来，不执行党的政策，做官当老爷，不去接近工农兵，不去反映社会主义的革命和建設。最近几年，竟然跌到了修正主义的边緣。

陈毅故意抹煞文艺界尖銳复杂的阶級斗爭，他在一九六二年二月十七日的一次会議上说："今天解放已十二年了，大多数作家经过鍛炼，总的方面是热爱党，热爱毛主席的，不要'深文周納'，不要找到一点岔子就整得人家从头到尾毫无是处。"他还装出一付"为民請命"的样子，为没有改造好的資产阶級知識分子以及一切牛鬼蛇神鳴冤叫屈，说什么"有人说杀头还好一点，死了就什么也不知道了，坐班房也好办，坐过了就完事了，最怕的是精神苦役！"在同年二月七日的一次会议上，他讲的更露骨，全盘否定历次重大的政治运动，他说："过去几个大运动，搞得左了，带来了副作用……那时搞下乡劳动，劳动改造，都搞得过火，这就是純粹的打击，无情的斗爭。"在一九六一年八月二十一日一次座談会上，陈毅与文艺界的牛鬼蛇神一呼一应，把这些人对于党和社会主义不滿的发泄夸奖了一番，说什么"会开得很好"，"把心里話都讲出来了"，他还咬牙切齿地攻击思想改造运动，说什么"伤了人的感情，伤害了作家的心灵，""精神上的創伤是受不了的，世界上最大的罪恶是精神上强奸人。"

同志們請看，陈毅极力反对文艺工作者的思想改造到了何等猖狂的地步！

陈毅反对思想改造是由来已久的。他曾经有过这样一段自白："当年，一些同志吸收我进共产党，我不干，我说我要搞文学……受不惯紀律的约束，我愿做个党的同情者……最后我还是加入共产党了，当一个党员。如果当时他們要来'領导'我，要来'改造'我，我早就跑了。"

陈毅在党內混了几十年，开口一个"老干部"，闭口一个"老革命"，然而，几十年来，他的資产阶级世界观却秋毫无犯，他的资产阶级反动立场也原封未动。一九六一年六月，陈毅在日內瓦会議期間，作过一首題为《游卢梭島》的黑詩。陈毅在这首詩中一方面百般推崇卢梭的《忏悔录》，表达他对资产阶级民主自由的向往，另一方面又借古諷今，发泄他对我們党領导的思想改造运动的对抗情緒。詩里有这样的話：

> ……强加于人应反对，不寬容者处絞刑。
>
> 君家著作曾名世，汝是弱者代言人；
>
> 一部忏悔我細讀，总为世界鳴不平。

十八世紀的法国资产阶级思想家卢梭受到二十世紀的"老革命"陈毅的如此垂青，就是因为陈毅从卢梭的资产阶级《忏悔录》里，找到了共同语言，找到了精神的寄托。陈毅所要讲的，就是目前的思想改造运动是"强加于人"的，党是"不寬容者"，应該处以絞刑。陈毅对思想改造咬牙切齿，对党刻骨仇恨，由此可見一斑。

"劳心者治人"論者陈毅反对文艺为工农兵服务的正确方針，是从反对文艺工作者与工农兵相結合，特别是反对文艺工作者参加体力劳动这一点开始的。陈毅企图用他的资产阶级世界观来改造文艺队伍，其要害也就在这里。

在一九六二年三月的广州会議上，陈毅打着"解释党的政策"的旗号，对文艺工作者深入工农兵和参加体力劳动的方針，进行了别有用心的歪曲和恶毒的攻击，他说："对参加劳动不要机械理解，音乐家、舞蹈家搞了劳动，结果不能拉了，不能跳了，这是不科学的，是蠢事。"又说："舞蹈本身就是体力劳动，不能再下放劳动。"在同年八月的一次会議上，陈毅就干脆搬出了他自己的一套方案。他主张"鋼琴，提琴家劳动問題……下去了解一下人民需要就行了，不一定要搞劳动。搞坏了手脚，往往是蠢事，不科学，叫音乐家挖土挑粪没有什么好处，訪問参观也可以改变认識，盲目下放劳动没有好处。"

陈毅的这个主张，完全是从中国的赫鲁晓夫那里批发来的。刘少奇主张"文艺工作者可以坐汽車下乡，吃飯、睡覚都可以在汽車上"；陈毅则主张文艺工作者下乡"参观、訪問"，不要参加体力劳动。陈毅与刘少奇唱的是同一个調子，演的是同一个角色，出于同一种用心，属于同一类貨色。他們的目的只有一个：就是使文艺脱离工农兵，脱离无产阶级政治，从而为资本主义复辟服务。

在談到知識分子、文艺工作者与工农兵群众相結合的問題时，我們千万不要忘記苏联修正主义特权阶层的产生的历史敎訓。赫鲁晓夫修正主义集団利用所謂"物质刺激"作为主要手段，仅仅几年时間，就扶植了一个由党的領导干部中的蛻化变质分子和资产阶级知識分子所构成的特权阶层，并且控制了党政和其他重要部門，实现了全面的资本主义复辟。为了防止资本主义复辟，毛主席根据馬克思列宁主义的基本原理，也研究了国际的主要是苏联的正面和反面的经驗，提出了系统的理論和政策，在这些政策中，有一条就是絕对不要实行对**少数人的高薪制度，防止一切工作人員利用职权享受任何特权。**

陈毅对毛主席制定的这項政策置若罔聞，他除了在外交部培养修正主义苗子和扶植特权阶层外，在文艺界也公然鼓吹"物质刺激"，鼓吹资产阶级名利思想，为在文艺界培植特权阶层广造舆論。他在六一年八月的一次讲话中主张"象花匠养花一样培养专家"，又说"我个人主张搞博士、院士，不搞不好。资产阶级为什么能动員人們那样做呢？我們为什么个能搞荣誉呢？名誉地位搞搞沒有什么坏处……否則，干不干，二斤半，沒有償罰紀律，鼓励落后懶惰。"他在六三年对《中国文学》編輯部的讲話中又说，"如果有真懂莎士比亚的人，可以用高薪水把他养活起来，拿到外国，吹起来，也让人家佩服佩服。"陈毅本人也是一个追求名誉地位的赫鲁晓夫式的个人野心家。他说，"我干革命几十年，不給我一点好处，不让我有这个地位，我也不干。"披了几十年"老干部"外衣的陈毅，原来是一个政治投机商！

陈毅在文艺界如此热衷于资产阶级的学衔制度，如此慷慨地用高薪收买资产阶级"权威"，如此狂热地鼓吹"劳心者治人，劳力者治于人"的謬論，反对文艺工作者和工农兵相結合，其目的就是要在文艺界培养一批精神貴族，一批高高在上的"劳心者"，用他們来"治人"，来統治"劳力者"，劳动人民，用这批人来創造资产阶级的精神財富，通过上层建筑的演变来动搖和瓦解社会主义的经济基础，实现资本主义复辟。

"純娱乐"論

陈毅为了进一步抵制毛主席的文艺为工农兵服务的革命文艺路綫，为了閹割无产阶级文艺的革命內容，篡改无产阶级文艺的革命方向，他大肆鼓吹文艺"娱乐論"和文艺为工农兵"间接服务"論。

1961年3月，他在戏剧編导工作座談会上说道："戏剧要給我們愉快，給我們艺术上的滿足，不是作为政治课来上。工作八小时以后看出戏，从中得到一点'逸'，使劳逸结合,滿堂欢喜。"

1962年3月，在广州会議上他又说，文学艺术作品"它就是一个文化娱乐嘛，看看电影看看戏，大家很高兴，得到一点启发，得到一点愉快。"

1965年1月，他接見东方歌舞团人員时更进一步指出："旧戏里也有好戏……可以间接为工农兵服务。"

把文艺作品的作用归结为一种"文化娱乐"，这是彻头彻尾的资产阶级的、修正主义的謬論，是十足虛偽的騙人的鬼話。文艺作为上层建筑的重要組成部分，在阶级社会里，从来就是有特定的阶级內容的，从来就是为一定阶级的政治服务的，沒有阶级性和政治内容的所謂"純娱乐"文艺是根本不存在的。正如毛主席所指出的那样："在现在世界上，一切文化或文学艺术都是属于一定的阶级，屬于一定的政治路綫的。"毛主席又指出："我們的文学艺术都是为人民大众的，首先是为工农兵的，为工农兵而創作，为工农兵所利用的。"陈毅所鼓吹的"純娱乐"論是和毛主席的革命文艺理論針鋒相对的，本身就是一种彻头彻尾的资产阶级政治。

陈毅说："看看电影，看看戏，大家很高兴。"試問，"大家"指的是什么人？是无产阶级和资产阶级的皆大欢喜吗？試問，对于《白毛女》中的大团圆，资产阶级、封建地主看了会

"很高兴"吗？而从卖国主义的《清宫秘史》影片中，我们无产阶级能够得到"娱乐"吗？陈毅的这种所謂"大家"的"娱乐"，完全是资产阶级"全民文艺"的翻版，毛主席的伟大战友鲁迅早在三十年代就痛加駁斥过。当时他在批駁蒋介石的御用文人梁实秋时，对于"喜怒哀乐，人之情也"的欺人之談作了淋漓尽致的揭露，他指出："劳人决无开交易所折本的懊恼，煤油大王那会知道北京检煤渣婆子身受的酸辛，飢区的灾民，大約总不去种兰花，象闊人的老太爷一样，賈府上的焦大也不爱林妹妹的。"我们今天从一个以"老革命"自居的陈毅身上，却看到了梁实秋之流的幽灵，这不是咄咄怪事吗？然而三十年代的资产阶级御用文人和六十年代的新资产阶级分子用的语言不同，实质却是一样，他们的资产阶级灵魂本来就是一路货色。这就叫做资产阶级就是资产阶级，披着"馬列主义"外衣也还是资产阶级！

必須指出：无产阶级的文化生活只能是革命的、战斗的，它是无产阶级整个政治斗争的一个组成部分。无产阶级文艺只能是"作为团結人民、教育人民、打击敌人、消灭敌人的有力武器"，它与资产阶级腐朽靡烂的"娱乐"没有一分一厘一絲一毫的共同之处。我们鄙視资产阶级的闲情逸致、风花雪月，也鄙視资产阶级化了的陈毅。这个陈毅，有一整套的资产阶级生活方式，他从山珍海味里寻求口福，从跳舞场上求得刺激，从黄色坏戏里得到娱乐，他根本就不是什么"无产阶级革命家"，而是一个地地道道的资产阶级分子，从世界观到生活方式，散发着资产阶级的酸臭味。

陈毅鼓吹"純娱乐"論是同販卖"超阶级艺术"的反动謬論密切联系的。

这一点，陈毅是供认不諱的。請看他在一九五九年在外办討論《中国文学》会上的自供状：

"如尼赫魯所说，我们和他們之间，可以找到一个汇合点，这就是艺术性浓。"

"大家很喜欢毛主席的詩，因为他的詩有詩味，詩句美丽，艺术性高，左、中、右都能通过。"

"我們的戏要演的讓那些反对我們的人看完。"

按照陈毅的逻辑，艺术是超阶级的。在艺术这一点上，无产阶级和资产阶级、左派和右派、革命者和叛徒，都可以"汇合"在一起，大家握手言欢；什么阶级仇恨、什么政治观点，什么剥削与被剥削，都在艺术的魅力面前，統統烟消云散了。陈毅販卖这一套黑货，其险恶用心，无非是抹煞文艺的阶级性，解除无产阶级的思想武器，使无产阶级文艺变质。一九六三年八月在《中国文学》編輯部，陈毅毫不掩飾地叫嚷，"不要什么事情都用阶级斗爭来解释"，"讲阶级斗爭，还要分场合，那么机械，怎么行？"陈毅明目张胆地鼓吹"作品带一点资产阶级思想不要怕，对作品的资本主义思想可以指出来，但不要制决，不要禁止。"这正是他販卖"超阶级艺术"謬論的反动政治目的赤裸裸的大暴露。我们要用最明确的语言告诉陈毅，"只許州官放火，不許百姓点灯"，这办不到！我们是阶级斗爭論者，为了維护毛泽东革命文艺路綫，我們要对陈毅的反动文艺思想大批特批，对一切反动文艺作品大批特批，决不能让謬种流传，毒害人民！

为了揭露陈毅販卖的"純娱乐論"的反动本质，还必須揭穿他所玩弄的另一个手法，这就是利用文艺反映现实的特点，反对文艺的政治內容。他喋喋不休地叫嚷说，文艺作品"不是作为政治課来上"的，"不是一本政治教科书"，又说"戏者，戏也，不是政治讲义"，还说什么把文艺"完全附属于政治，这个不对。"陈毅的这个手法也不过是黔驴之技，用毛主席

《在延安文艺座談会上的讲話》这个照妖鏡一照，陈毅就原形毕露，无处藏身了。

作为社会意識形态之一的艺术，它是用艺术形象、艺术典型化的方法来反映现实的。所以，政治并不等于艺术，缺乏艺术性的艺术品，无論政治上怎样进步，也是没有力量的。但是决不能因此否定艺术的政治內容和政治作用。正如毛主席所强調指出的：**"为艺术的艺术，超阶级的艺术，和政治并行或互相独立的艺术，实际上是不存在的。" "文艺是从屬于政治的，但又反轉来給予偉大的影响于政治。"** 高举毛泽东思想伟大紅旗的林彪同志指出：**"教一个好歌子，实际上也是一堂重要的政治課。"**

陈毅反对把文艺作为政治課来上，我們就要反其道而行之，使每一出戏，每一首歌，每一部作品，每一场舞蹈，都成为一堂生动的政治課，都成为歌頌无产阶级，揭露资产阶级，歌頌无产阶级专政，揭露資本主义反革命复辟阴謀的政治課。

陈毅不但是一个反动的理論家，而且是一个反革命的实干家。他是竭力把他的反动的"純娱乐"論見之于行动的。

他在东方歌舞团倡导"純娱乐"的东西，就使这个歌舞团把緬甸的宫廷舞，阿拉伯的西坡舞，由美国爵士音乐伴奏的搖摆舞式的"喳喳喳"都搬上了舞台。曾经有一段时间，在东方歌舞团的舞台上，亚非拉是一片和平景象，是一个民主、自由、友誼、爱情之花盛开的乐园。在这里，我們看不到帝国主义、新老殖民主义的劣凶极恶，也看不到亚非拉人民英勇的民族解放斗爭。

陈毅对他的"純娱乐"論也是身体力行的。一九六五年十月，×国家元首路经昆明回国，地方上本来安排演出一场革命歌舞送行。陈毅却说"安排节目要以轻松愉快为主"，一笔勾銷了这张节目单，他亲自点戏，拼凑了一套完全是帝王将相，才子佳人的黄色淫誨的节目，把《關渡》、《隔河看亲》、《鼓滚刘封》等等封建黄色戏搬上了舞台。一九六〇年陈毅出国访問，路经昆明，他亲自点戏，叫川剧团为他演出解放后早已列入禁剧的荒淫腐烂透頂的《百花公主》，并且先后看了两次。一九六三年在昆明又点了解放后禁演的旧戏《北汉王》和大毒草《謝瑶环》。一九六四年他曾经这样表白自己的爱好："我这个人，只喜欢看旧戏，对新戏不感兴趣，不看就不看，要看只看旧戏。"

陈毅不但反对革命现代剧，而且也反对改編旧剧。篇幅有限，这里仅举一例：山西梆子《蝴蝶盃》是一出宣揚封建礼教、鼓吹阶级調和的大坏戏。戏中"洞房花烛"一段，写的是閻小姐得知她的未婚夫田玉川杀死了她的封建恶少哥哥之后，拒絕与其结婚，这是典型的封建糟粕。一九五九年陈毅在《中国文学》編輯部说到这出戏，他对有些剧团删去"洞房花烛"这一段很反感，他说："这一段是全戏的高潮，是矛盾的集中点，政治和艺术结合也最好。不演这一段，艺术性就大大减弱。这次太原看的完全没有改，艺术的完整性没有受到破坏，我称贊他們有勇气 左派批評家，也許你左我右了，但我说他們不懂艺术。"他还说："我国封建社会已经瓦解，我們怕什么？这出戏对青年还有教育作用。"

到这里，陈毅的灵魂已经暴露无遺了。他的所謂"純娱乐"論，不过是他的资产阶级反革命阴暗心灵的写照。因为要"娱乐"，陈毅要的是靡靡之音，要的是帝王将相、才子佳人，而不要革命，不要斗爭，不要无产阶级政治，一句話，他要資本主义，不要社会主义，他要资产阶级专政，不要无产阶级专政。

然而历史并没有象他安排的那样倒退，而是沿着我们的伟大统帅毛主席所指引的方向同前发展。在声势浩大的无产阶级文化大革命面前，陈毅看到了什么呢？

他看到了，毛主席语录编成了歌，革命人民天天唱，人人唱，唱着语录歌抓革命，促生产；

他看到了，统治旧剧舞台的帝王将相，才子佳人被赶了下去，被红卫兵用铁扫帚扫进了历史的垃圾堆。

他看到了，历史的主人——工农兵英雄人物登上了舞台。江青同志高举毛泽东革命文艺路线大旗，领导了轰轰烈烈的京剧革命。《红灯记》、《沙家浜》、《奇袭白虎团》、《智取威虎山》等革命现代剧一出现，死人统治的舞台焕然一新。毛泽东时代的英雄人物取代了地主头子，地主婆子；革命英雄主义取代了才子佳人们的生离死别，闲情逸致；革命战士的艰苦奋斗取代了宫廷的灯红酒绿，醉生梦死；火药味，战斗气氛取代了有闲阶级的卿卿我我，绵缠悱恻。

他看到了，无产阶级文化大革命的风暴冲决了反革命修正主义的文艺黑线，艺术舞台上升起了光芒万丈、光焰无际的毛泽东思想的红太阳！

毛主席说："历史是人民创造的，但在旧戏舞台上（在一切离开人民的旧文学旧艺术上）人民却成了渣滓，由老爷太太少爷小姐们统治着舞台，这种历史的颠倒，现在由你们再颠倒过来，恢复了历史的面目，从此旧剧开了新生面，所以值得庆贺。"毛主席说出了亿万革命人民的心里话。

陈毅连同他的腐朽的文艺观、资产阶级世界观、反动的"纯娱乐论"统统去见鬼吧！

"反对奉命作文"论

毛主席说："无产阶级的文学艺术是无产阶级整个革命事业的一部分，"因此，它必须在党的绝对领导之下，从而成为**"团结人民、教育人民、打击敌人、消灭敌人的有力的武器，帮助人民同心同德地和敌人作斗争。"**

列宁早就指出："文学应当成为党的文学"。"打倒非党的文学家！打倒超人的文学家！"

文艺领导权究竟掌握在什么人手里，文艺要不要党的绝对领导，这是关系到文艺究竟为谁服务、建立一支什么样的文艺队伍的问题，这是关系到毛主席的革命文艺路线能否得到贯彻执行，关系到我国无产阶级专政能否得到巩固的头等重大的问题。文艺要不要党的领导的问题，实际上是无产阶级和资产阶级在文艺领域争夺领导权的斗争，也是无产阶级世界观和资产阶级世界观的针锋相对的斗争。这个问题是触及人们灵魂深处的大问题。作为资产阶级在党内的代理人陈毅，他的世界观也不能不在这个问题上顽强地表现出来。

一九六二年三月，陈毅在"广州会议"上提出了"反对奉命作文"的论调，其矛头就是指向党对文艺的领导。他认为作家"奉命作文"是对作家创作的最大干涉，捆住了作家的手足，妨碍了创作的繁荣。他说："完全由领导上弄一个任务，一定要作家几个礼拜、几个月赶出什么东西，这个办法无论如何要不得。"

陈毅反对作家奉命作文，这实在是欺人之谈。在阶级社会里，依附于一定阶级的作家，不是奉这个阶级之命作文，就是奉那个阶级之命作文，陈毅标榜的那种"自由去创作"的超人文艺家其实是沒有的。鲁迅就欣然地把自己的作品叫作"遵命文学"，他说："我所遵奉的，是那时革命的前驅者的命令，也是我們自己所願意遵奉的命令，决不是皇帝的圣旨，也不是金元和真的指揮刀。"鲁迅正是遵无产阶级之命作文的。而与鲁迅同时代的胡适、梁实秋之流則是奉封建地主阶级、官僚买办阶级和帝国主义之命作文。解放以后，我国也还仍然有一批吃人民的飯、穿人民的衣，而奉资产阶级之命的"作家"，正是这些人，写了数不清的歌颂资产阶级、鼓吹资本主义复辟的小说、电影、戏剧，把文艺界闹得乌烟瘴气。说到陈毅，他的許多"不新不旧"的詩，包括那些抒发閑情逸致的田园詩以及那首在日內瓦大吹大擂、在国內报纸上大登特登的《游卢梭島》，也完全不是他个人的"自由創作"，而是他的资产阶级世界观的大暴露，陈毅正是奉资产阶级之命写出这些东西的。

陈毅反对党对文艺工作的領导，还由他具体化成四根大棒，矛头所向就是革命的文艺，革命的文艺批評，革命的群众文艺运动。

其一，領导不要"干涉"。

陈毅说："讲党領导一切，主要是把几万个行业納入国家計划，……至于专业問題，最好不要去干涉，一干涉，就会把那个行业取消。"陈毅的这个规划原来是从刘少奇那里搬来的，他说："刘主席建議，給梁思成几千万块錢，让他在那个名胜地区，山巔水涯，去发揮他的創造，建立他的学派……让他得意。"慷国家之慨，大笔一揮，几千万元，多少劳动人民的血汗，交給那些资产阶级"学者"、"名流"，一切由他們作主，让他們为自己树碑立传，让他們"得意"，难道这就是党的領导嗎？！不！这是地地道道的资产阶级自由化，这是修正主义的領导！中国的赫鲁晓夫正是运用这种"領导"，大搞"和平演变"，大搞资本主义复辟，在文艺界培植了一批吸血鬼和寄生虫，成为他們复辟资本主义的力量。对于这种资本主义复辟活动，我們党必须干涉之，反击之，粉碎之！

其二，"外行不能領导內行"。

陈毅说："我們不懂，就不要領导。"又说："看来是可以无为而治的。"否则，陈毅就駡你是爱管闲事的"法海"和尚，是"終有一天被迫要别姬"的"霸王"，是封建家长式的"青紅帮老头子"，是"共产主义夸大狂"。陈毅的这一套只不过是老右派所宣揚的，早已破产的"外行不能領导內行"的翻版，不值一駁。毛主席早就指出："外行領导內行，是一般规律。"陈毅和毛主席唱反調，只能说明他是一个漏网大右派。

其三，"三結合"行不通。

林彪同志曾经明确指示："搞好創作，要做到三結合。"实践证明，領导、专业人员和群众三結合是行之有效的最好的創作方法。革命样板戏《紅灯記》、《沙家浜》等都是"三結合"的輝煌成果。

陈毅却对"三結合"恨之入骨，他恶毒地说："特别最滑稽的是：'領导出思想，群众出生活，作家出技巧'……不晓得从哪里吹来这么一股歪风！"歪风不是来自别处，恰恰是来自陈毅那里。陈毅对"三結合"肆意歪曲、大加丑化，妄图将它一棍子打死，其險恶用心就是取消党的領导，取消革命的群众文艺运动，为推銷修正主义的文艺黑貨大开綠灯，让《李秀成》、《北国江南》、《逆风千里》之类的大毒草一起出籠，用以腐蚀群众、征服人心，何其毒也！

其四，批評、審查是"判刑"。

文艺批評和审查，是在文艺領域中实行无产阶级专政的重要环节。毛主席早就指出："**文艺界的主要斗争方法之一，是文艺批評。**"无产阶级为了彻底战胜资产阶级，必須牢牢掌握革命的批判武器，横扫一切牛鬼蛇神，剷除一切毒草。

陈毅站在反动的资产阶级立场上，抹煞文艺界尖銳复杂的阶级斗争，一方面他放出烟幕弹，麻痹革命人民的斗志，一九六二年三月陈毅在广州说："今天为反革命宣传，为反革命复辟来写作的作家**是没有的**，这点是有保证的，所以要大胆地写作。批評家要贊扬、鼓励，提意见不要审判官的方式。一棍子打死，判决人家死刑，这是錯誤的。"另一方面，他又恶毒地咒骂无产阶级专政，全盘否定革命的文艺批評，同年二月在紫光閣一次文艺座談会上，陈毅把革命的文艺批評说成"**今天整这个，明天整那个，不斗争几个人就不能吃早飯。**"他抽掉文艺批評的阶级內容，一概以"利刃割体創猶合，恶语伤人恨不消"这个没有是非界限的封建格言加以否定。他在会上大談"打抱不平"，公开宣称"你們哪个要翻案，来找我好了。"他多次叫嚷对作品"不要去搞审查"，"带点毛病，没有关系，我们的政权不至于給他們搞垮嘛，不要看得那么严重。"至于要审查的話，則要规定出一些框框，否則，"没有尺度的审查比无期徒刑更难受。"

我們呢？我們不受陈毅的欺騙，也不怕陈毅的咒骂，我們就是要揮舞毛泽东思想的千鈞棒，把一切反党反社会主义的毒草統統一棍子打死，宣判它們的死刑；对于一切反革命修正主义分子，必須全党共討之，全国共誅之，必須将他們打翻在地，再踏上一只脚，叫他們永世不得翻身！毋不諱言，我們这样作，是奉我們无产阶级之命，是奉无产阶级专政之命；我們所写的批判文章，是百分之一百的"奉命作文"，这是好得很！

結 論

人文艺剖析陈毅的灵魂，我们发现，陈毅的灵魂是丑恶的，肮脏的。这位文艺黑綫的吹鼓手的灵魂，和反革命修正主义文艺路綫的总后台刘少奇的一样，和文艺界反革命修正主义集团的总头目周扬的一样，是彻里彻外的资产阶级灵魂。陈毅这几年在文艺界所販卖的黑貨，是从刘少奇那里批发而来，而和周扬经营同一家黑店。

刘少奇推行资产阶级自由化，反对党对文艺工作的領导、胡说什么"以后中央負責同志对文艺作品发表的意见，可以听也可以不听"。周揚叫嚷："行政領导干涉艺术創作的现象应該設法制止"。陈毅也揮舞"反对干涉"的大棒，叫嚷"不要去干涉創作"。

刘少奇反对文艺为工农兵服务，说什么"看了戏，能得到休息，使人高兴，就很好。"周揚鼓吹文艺要搞"娱乐人們精神世界的东西"。陈毅也大肆鼓吹"文艺娱乐論"，叫嚷文艺"就是一个文化娱乐嘛！"

刘少奇反对文艺工作者同工农兵相结合，荒謬地提出"可以弄几輛汽车，上边有厨房，你們（作家）坐在汽车上看看也好。"周揚之流反对艺术院校的学生参加劳动，明文规定"有些专业的学生可以免除劳动"，甚至胡说什么"搞舞蹈的跳一身汗就是劳动"陈毅也叫嚷"不要干涉創作"，只要給作家"安排一个幽靜的环境"就可以了，假如去农村，工厂也只要"考察""考察"，去参加劳动是"不科学的"。

請看他們的腔調多么一致，他們的嘴臉多么一样，他們配合得多么緊密！

这几年来陈毅在文艺界投下了不少赌注，**他本来希望捞得一笔资本，等到有朝一日刘邓黑司令部論功行赏的时侯，給自己記一大功。但是适得其反，他用自己的言行暴露了他的庐山真面目。**

陈毅恶毒的攻击党的領导是"青紅帮老头子"，无产阶级专政是"无网之网"，思想改造是"精神强奸"，他是不折不扣的地富反坏右、牛鬼蛇神的忠实代言人；

陈毅鼓吹资产阶级自由化，文艺"娱乐論"，"各阶级在艺术性上汇合"，他是地地道道的反革命修正主义文艺路綫的吹鼓手；

陈毅反对文艺反映現实斗爭，竭力贬低革命文艺作品，百般美化、吹捧封建旧戏，叫喊"搶救"封建"遗产"，他是名符其实的封建主义资产阶级文艺的反动卫道士、辯护士。

陈毅竭力丑化工农兵群众，说他們与作家构思"沒有屁关系"，叫嚷"不要盲目崇拜群众"，他是彻头彻尾的高踞于群众之上的资产阶级貴族老爷！

金玉其外，败絮其中。撕开陈毅"老革命"、馬列主义的外衣，人們看到了他的腐朽的灵魂。他的世界观，是一个封建主义、资本主义、修正主义的大杂烩。

毛主席在一九五九年批判右傾机会主义时英明指出："**党內右傾机会主义分子，从来不是无产阶级革命家，只不过是混到无产阶级队伍里来的资产阶级、小资产阶级的民主派；他們从来不是馬克思列宁主义者，只不过是党的同路人。**"

陈毅也不过是这样的人物。在多年的革命过程中，他的资产阶级、小资产阶级民主派的阶级本性沒有改变，他的封建阶级、资产阶级世界观不但沒有得到改造，而且增添了修正主义的黑货。因为如此，他在民主革命时期几次反对毛主席；因为如此，他过不了社会主义革命关；也正因为如此，他疯狂地抗拒社会主义革命新阶段中的无产阶级文化大革命。资产阶级要按照他們的世界观来改造世界，这是不以人們意志为轉移的，也是不以陈毅的主观意志为轉移的。无产阶级要按照自己的世界观改造世界，这是任何人也抗拒不了的！无产阶级必将获得整个世界！

在毛主席的无产阶级文艺路綫的光輝照耀下，我国文艺战綫必将出現一个极其灿烂輝煌的景象。

天若有情天亦老，人間正道是滄桑。

打倒廖承志！解放侨务界！打倒陈毅！解放外事口！

十三日下午，首都"批判廖承志、方方联絡站"和首都紅代会"批判陈毅联絡站"在北京外国语学院召开了"揭发批判廖承志在国外华侨工作中的三降一灭反革命修正主义路綫"大会。中侨委紅旗兵团等五十几个造反派组织参加了大会。大会以铁的事实愤怒控訴了陈毅、廖承志在华侨工作中犯下的滔天罪行。在印尼英勇抗暴的华侨黄木禾也在会上讲了話。

陈毅反毛泽东文艺路线言論集

一、反对党对文艺的領导

最 高 指 示

要使文艺很好地成为整个革命机器的一个組成部分，作为团結人民、教育人民、打击敌人、消灭敌人的有力的武器，帮助人民同心同德地和敌人作斗爭。

無产阶級的文学艺术是无产阶級整个革命事业的一部分，如同列宁所說，是整个革命机器中的"齿輪和螺絲釘"。

一九四二年五月　　《在延安文艺座談会上的講話》

瞎指揮風，……在文艺界，你不懂音乐，就少开点口，少管点。党派你去是为了保证作用，使創作者更舒暢，有意見可提，改好了也不要爭功，改不好也不要不負責任，何必强迫人家按你的意見改呢？……要体会作者的甘苦，尊重他們的权力。

1961. 8. 21　　《在首都文艺界座談会上的讲話》

你伤害了人的感情，伤害了作家的心灵。……要人人心情愉快地工作，可是却伤了那些人的心，这是个悲剧。……以为簡单粗暴才能把文艺工作領导起来，这也是悲剧。这样搞下去对党的文艺事业是不利的，会敗坏党的事业，因而要退賠、賠礼、道歉。……不能总給人扣帽子，右傾、人性論等。

同　上

一个人生活享受物质条件差一些没有什么关系，但是精神上的創伤那是受不了的。世界上最大的罪恶是精神上强奸人。（指无产阶级对資产阶级知識分子的改造）

同　上

我們党，革命政党派一部分人做艺术工作，起文艺应有的作用，而不是叫他絞杀、打击艺术，不是組织那些光是政治标语口号的低级品，而是要組织高级品，超出现代水平的产品。

……要尊重有艺术修养的人，虛心向他們求敎。否则为什么叫你去当牛呢？……和他們研究、挖掘。不叫你去搞概念、框框，不合你的框框不要。……領导要学学艺术、历史，不要拿政治做挡箭牌。

政治不高明也要統治一切，唯我独尊，一切服从我，怎么不搞坏事情呢！

强調政治，否认工作的特殊性是不行的。在部队三分政治，七分軍事，艺术部門大胆地说，也应该三、七开或二、八开。

同　上

我不能强加于人（指无产阶级革命文艺改造资产阶级反动文艺），你們都按我們的，你們不按我們的，我們就跟你进行斗爭。

1962.1.13　《在东方歌舞团建团典礼上的讲話》

有人说杀头还好一点，死了就什么也不知道了。坐班房也好办，坐过了就没事了。最怕的是"精神苦役"。今天斗，明天斗，三天犹可，斗爭你几个月，长期斗，就受不了了。我們的党委书記、評論家，請你們笔下留情一点，不要横扫五千人。

1962.2.17　《对在京話剧、儿童剧作家的讲話》

党的負責同志、批評家，对作家要充分同情支持，要充分合作，要平等待人，采取商討的态度，互相帮助，不要追查。

党委书記、批評家，不要横加干涉，不要抓辫子，特别不要把人家历史也联系起来，整得人家更加吃不消。

其次責任在党委，党委的作风不民主。和别人合作得不够，对别人的同情体諒不够。要体諒作者、編导。要有同情心，問題不在作家紧张、怕批評，問題在領导。过去几个运动，搞得"左"了，带来了付作用。……那时搞下乡劳动，劳动改造都搞得过火，这就是純粹的打击、无情的斗爭。我这个人就是喜欢打抱不平，我要为人呼吁，在人民大会堂我公开说："你們哪个要翻案的，来找我好了。"

同　上

有很多事情，看来是可以无为而治的。什么事情都去領导一番，反而会領导坏了，有些不去領导，反而好一些。要懂得，領导有領导成功，領导有領导失败，有把握成功的就去領导。没有把握就不去領导。就让有经驗的去搞，自己"坐享其成"。而我們有很多人就是不懂这个道理。

我劝有些做党的工作的同志，做行政工作的同志，你的任务是做党的工作，你不要去干涉科学家的內部事务，不要去干涉作家的創作，你可以提意见。

作者不是你的馬弁，你又不是軍閥，可以对人家唤之即来，揮之便去。因此胡乔木跟我说，最好不要搞什么审查。

剧院的党委书記，院长，副院长，各有专責，他可以对作品提意见，但不要去干涉創作，应帮助作家，給他安排一个幽靜的环境，使他有时间可以創作，使他有机会可以到农村、工厂去考察。

《在广州歌剧、話剧創作座談会上的报告》

二、否定文艺的阶級性

最　高　指　示

在现在世界上；一切文化或文学艺术都是屬于一定的阶級，屬于一定的政治路綫的。为艺术的艺术，超阶級的艺术，和政治并行或互相独立的艺术，实际上是不存在的。

一九四二年五月　　　《在延安文艺座談会上的講話》

革命文化，对于人民大众，是革命的有力武器。革命文化，在革命前，是
革命的思想准备；在革命中，是革命总战緩中的一条必要和重要的战緩。

一九四〇年一月　　　《新民主主义論》

艺术单位要劝大家多搞艺术。通过政治斗爭水平相当高了，不容易往反革命道路走了，
要給同志們以信任，反革命也鎮压得差不多了。

1962.8.21　　《在首都文艺界談会上的讲話》

体裁风格多样化，现在把大是大非划清，其余都要寬容，不要以审判者的姿态……不要
在每一篇作品里都找馬克思主义和毛泽东思想。

如果作品中有資产阶级思想可以指出，但不要判决，不要禁演。

艺术家本人带有些資产阶级思想，也可以和平共处。……法海就是爱管閑事，管許仙恋
爱。现在法海太多了。

同　上

一个人不可能又是馬列主义者，又是专家，只要有一技之长，就能很好地为社会主义服
务。梅兰芳、齐白石，不是馬列主义者，但他們有一技之长，就能很好地为社会主义服务。

1961·9·20　　《在北京外国语学院讲話》

对帝国主义呢？我們不拒絕，彼此有益的条件下，我們可以与他們談判，表现在文学艺
术上就是百花齐放。

1962·1·13　　《在东方歌舞团建团典礼大会上的讲話》

但是怎样才能使我們这花开得更好？这花取得的权力就是要跟这个毒草比赛。

美国的艺术我們不能完全否定，苏联的艺术当然就更不要完全否定。……苏联这个芭蕾
舞，是现代这个芭蕾舞成就最高的。

今天世界人类眞正能够成为独立、自由、和平的大家庭；只有通过互相尊重的道路。資产
阶级的成见，帝国主义的阴謀詭计的成见全部抛棄，这只有新中国的艺术家能够办得到。

我們应该说，是西方国家与資本主义强国和苏联演出，他們的水平比我們高。

同　上

我认为这片子（洞簫横吹）没有基本性质的毛病，不仅如此，还批評了一个县委书记把持
不准别人参加合作社。《洞簫横吹》作者，主要是思想问题，那么不必处分。

齐燕銘同志告訴我说："海默因为这一部电影开除出党，劳动改造，现已平反，恢复党
籍，但因为写了两篇杂文，还留了个尾巴，留党察看两年。两篇杂文就留党察看两年，那我
写了那么多詩，我的党籍早就完蛋了。　　　　　　　同　上

罗总长（罗瑞卿）要我亲自主持个座談会来談談《紅纓歌》。我认为《紅纓歌》就是拿
《毛泽东选集》上的几个結論編成戏，加以表演。把政治概念生吞活剥地編成戏，这就是概
念化。戏要有生动的情节。要打破框框。

决不能限制作家、艺术家天才的发揮，并不限制个人活动余地。可以創造个人的风格。
我的詩是有我的风格的，搞旧詩的看我的旧詩象新詩，搞新詩的一看我的新詩象旧詩，这就
是我的风格。

同　上

我們有些党的領導机关和科学家之间，也和剧作家、导演、演員之间产生了矛盾，伤了感情，伤了和气。这是严重的內部矛盾。现在我们一定要解决这个矛盾。

1962.3　《在广州歌剧話剧創作座談会上的讲話》

我要发表这个"謬論"。你們搞戏剧、电影，在事業管理上就不如资产阶级！要蝕本，要国家的血本来貼你們。拿人民的血汗来貼你們。你們学习資产阶级的成本核算，賺点錢給我們。把我們的負担减轻，我跟你磕三个响头，我喊你"万岁"。

我們必须改善这个严重的形势。形势很严重。也許这是我过分估計，严重到大家不写文章，严重到大家不讲話，严重到大家只能讲好，这不是好的兆头。将来只能养成一片頌揚之声，这对我們有什么好处？危险得很呵！在我們这个社会里，应该是人人都有积极性，人人都笑逐颜开，人人都是心情舒暢，人人都能够知无不言，言无不尽，人人都能够把他的一点才力，智慧全部貢献出来。

我們对文学艺术作品，尺碼要寬，寓教育于娛乐之中，不是一本政治教科书，更不是一本政治論文，整风文件，经典著作，它就是一个文化娛乐嘛，看看电影、看看戏，大家很高兴，得到一点启发，得到一点启示，得到一点愉快，不是板起面孔在那儿说教，文学家、艺术家他就起这个作用。他跟政治家起不同的作用嘛。

宣传反动复辟，这我們不許可，这个权我們不能給人家。我相信我們的作家，沒有哪个他愿意这样做。有，作者无心之失，无心露出这个岔子，要諒解，不要辜負人，要准許人家改过。写文章写多了，手写滑了，一时疏忽，可以写出很坏的文章。过去批評《武訓传》，

那是宣传资产阶级教育思想的。就是那些同志，也不是有意識要这么做，是个认識上的问题，不是有意識的搞个电影来跟我們唱对台戏。我們各级党的領导同志，行政領导同志，对文学創作搞了12年了，我們領导、扶植、批判，有不少成績，也出了不少好的作品，这个我們不能否认。但是，目前是整得有很多同志精神上不痛快，心情不舒暢，不敢写，写的时候也只能奉命作文，这怎么办？我说，现在我們有意識的让他們自由去創作，搞这么两年三年，看看怎么样？是不是也許比我們的现状可以提高一步？

那天少奇同志跟我談天，他讲这个问题，

他说："我看梁思成，他是个老的建筑家，他有那么一套建筑的道理，他一輩子沒有得意过，是不是我們可以考虑，拿一笔錢，就由他去建，去修一群房子来看看。修得不好，大家去批評，他自己也满意；他修好了，我們大家就贊成嘛。"他说："为什么总是这样紙上談兵？批評人家这样不对，那样不对，搞得人家不舒服。"我看少奇同志这个話很有道理，我們能够大胆地信任文学家，信任科学家，中国的文

学科学事业，一定可以提高一步。就是不放手，光怕他們犯錯誤，他犯了錯誤，再来整他嘛！他还没有犯錯誤你就整他，这真是，人的思想不通到了这个地步，也是烏呼哀哉(笑声)！我是贊成这个办法，我是主張这个办法的。

作者，他要有风格，他要表現他的个性，表現他的思想，他打击哪一面，他拥护哪一面，充分表現他认为尖銳的东西，这只能够一个人負責，其他人可以提意見。但不可能以合作为主要方式，这是个次要的方式。特别滑稽的是；"領导出思想，群众出生活，作家出技巧"，我就請問：作家就没有思想啦？！領导就可以包思想啦？！群众出生活，作家就没有生活？領导就没有生活？領导就死掉啦？作家出技巧，这个作家就仅仅是一个技巧問題呀？不晓得从哪里吹来这么一股歪风！

今天为反革命宣传，为反革命复辟来写作的作家是没有的，这一点是有保证的。所以要大胆地写作。批評家要贊揚、鼓励，提意見不要用审判官的方式。一棍子打死，判决人家的死刑。这是錯誤的，这不是对同志的态度。文章可以救人救世，文章也可以杀人，也可以败坏我們的事业。

毛头小孩，乳臭未干，你懂得什么东西，就是这个資格——"我到过解放区！我懂政治！"我要問你，你那个政治好多錢一斤？你可以卖給我，我給你称嘛。 (笑声) 这太狂妄了。

同上

艺术一是起教育作用，一是为了娱乐。完全为了政治，演了几天就没有人看了。

1965·1·8　《对东方歌舞团人員讲話》

还是要点娱乐，我的資产阶级思想不是一个电影能改变的。我革命了那么多年，也不是一个戏能放弃得了的。总的方向是革命的健康的就行了，但老是政治就不行了。××舞多演了我就要退席，受不了，要愉快些，老是悲悲惨惨的不好。××舞打鼓我受不了，为什么不加以区别呢？老年，青年是有不同的，旧戏里也有好戏，也可以演，可以占十分之一的比例。这是彭真同志代表中央宣布的。可以間接为工农兵服务。

同上

三、反对"文艺为工农兵服务"

最 高 指 示

我們的文学艺术都是为人民大众的，首先是为工农兵的，为工农兵而創作，为工农兵所利用的。

1942·5 《在延安文艺座談会上的讲話》

一九五三年，上海国画展览中大部分是描繪山水、花草、飞鸟走兽、才子佳人的。如"猫捕鼠"、"孔雀"、"白居易錢塘筑湖"等等。整个展览，不反映工农兵，不反映当时轰轰烈烈的阶级斗争，不歌頌伟大領袖毛主席，完全和毛主席革命文艺方針唱反調。

陈毅八月三日参观了这个国画展览后发表了下列感想：

一、一百八十三位画家，提供三百余件新作品，其創作方向为新中国建設服务，这是很正確的。虽然剛剛开始，当須以极大的努力克服轉变中"夹生飯"现象，但是，这个开始是很好的，值得讚佩，继續努力，定有更大成績。

二、画家从老年到青年，均表現謙虛的、学习的、团結的精神，截长补短，集体創作是极可喜的现象。

三、几百件画其艺术水平，一般说来是很有根底的。……

四、新中国的建設和发展，使广大劳动人民在生产劳动与工作之余，要求文化补給。我希望我們的文学家、音乐家、戏剧家能对人民在极高和最大的限度上承担这个文化补給的任务。

1953·9·《解放日报》

"詩刊"搞那么多工农兵作品，我不贊成，长此下去，"詩刊"就沒有人买了。去年出现两亿首民歌很有意义，不要摆老資格批評，劳动人民写詩是好事，但"詩刊"是高級刊物。百花中缺少一花，也就缺少了一格。

1959在外办討論《中国文学》会議上讲話

现在有人把文艺为工农兵服务理解为工农兵文艺，这是很大的誤解。

同上

詩歌不要追求大众化。

《中国文学》是高級刊物，要发表高級文学艺术作品，用作品吸引人，打动高級知識分子的心，总不可能大众化，不要追求发行数量。

普及是为了提高，不是为了普及而普及。洋土結合，是为了把土搞成现代化，而不是把洋的搞垮。

要使我們的国家成为高级艺术的中国，高級水平的中国。

同上

人民说你們太"右"是你們的成功，说你們太"左"是你們的失敗，要宁右勿"左"，要記住你們的讀者是西方高級知識分子。

同上、

我們学外国的艺术要学得好，学得象，学得到，不要随便改人家的。

1961.2.19.《陈毅、张茜接見东方歌舞班全体师生在紫光閣飯前的讲話》

东方舞蹈訓练班（就先这样叫吧）要学外国的、西洋的、古典的、地方戏、电影，要老老实实地去学些丰富的材料。

同上

办鋼鉄就写个反映鋼鉄一戏，我历来反对这个作法。有人说这是資产阶級思想，嗅！这点"資产阶級思想"，我就不放棄。你那小資产阶級思想我不贊成，这沒有道理，完全是"奉命作文"嘛。

1962.3《在广州歌剧話剧創作座談会上的报告》

要写的东西很多，中国近百年的历史，几千年的历史都可以写，近四十年的革命实践可以写，十二年来已经很成熟的东西也可以写，为什么要逼迫我們的作家，忙于写一些不成熟的东西？糟踏精力，糟踏劳力，这不好。

同上

现在儿童看小人书，这是可以的，但小人书有个副作用，净是些生硬的政治概念，把儿童的脑筋搞得簡单化，将来我們的儿童——下一代，恐怕也难免犯粗暴之病（笑声），这都是小人书危害无穷（笑声）。儿童应該有很多幻想，很多美丽的故事，神仙的故事，很多童話故事——好象《天方夜譚》那样的故事。

同上

"写任务"，我是不大同意的，一个临时任务，就写个剧本，一个临时任务就要写篇詩，一个临时任务就要写部比較大的小说，这是很危险的。我希望我們作家不要冒这个险，我也希望我們的同志，不要强迫作家去冒这个险。

同上

农民种地，工人作工，同文艺搞創作有个屁关系，舞蹈本身就是体力劳动，不能再下放劳动。

同上

簡单地了解革命，革命是革命了，意識形态也沒有問題，但是却沒有戏了。看戏是天天受訓，看一次还可以，第二次我就不行了。

今天跳×××国的舞还不算資产阶级的，完全是封建的，尽是仙女、公主，我們可以演，要演得好，皇后高兴了，×××高兴了，有什么不好？

×××××国和×××地区的国家舞蹈，女的都是肚皮舞，难道跳肚皮舞就冲淡了革命化？这是人家的习慣……，看看就习慣了，×××今年要来，一定要演給他看这个节目。

今天有二十个节目，不錯，洋洋大观，有封建的，資产阶级民族主义的，群众的，大众的，雅致的，这有什么不好？

这次北非学回来的音乐、歌曲都不能把它丢了，就是中国的荷花仙子舞也不要丢掉，在一定场合下可以演。

要有庫存、有古典的、外国的、亚非拉的，唐朝的也要有，丰富得象个图书館。管它是古今中外，各种节目要把它整理保存好。……

1965·1·8·　　　《看完东方歌舞团汇报节目后的讲話》

陈毅六四年中旬在給外事口第一批去四清同志讲話中談到文艺問題，他说："文艺界有个根本問題沒解决。我們是革命家、共产党員，但爱好是資产阶级的，投資产阶级、小資产阶级的趣味，这个問題好几年沒有解决，最近解决了，讀古书是为无产阶级服务，而不是为了別的。"

摘自礼宾司宋军1967·4·16·大字报

应該有几百个、上千个节目，古今中外都要有，叫化子打狗，只有一手本領是不行的，这怎么能算国家剧团？！

1965·1·8《对东方歌舞团人員讲話》

舞台上不能让才子佳人、帝王将相占領，但是，并不是除了工农兵外，就沒有第四个人了，我們演这些为人民服务，有的直接，也可以間接为工农兵服务，为工农兵服务怎么能那么簡单理解？

同上

四、反对文艺工作者到工农兵中去

最 高 指 示

中国的革命的文学家艺术家，有出息的文学家艺术家，必須到群众中去，必須長期地无条件地全心全意地到工农兵群众中去，到火热的斗爭中去，到唯一的最广大最丰富的源泉中去……

1942·5　　《在延安文艺座談会上的讲話》

对参加体力劳动不能机械理解。音乐舞蹈家搞重体力劳动結果不能拉了，不能跳了，这是反科学的蠢事。　1961·7·31　　《对东方歌舞团的讲話》

舞蹈本身就是体力劳动，不能再下放劳动。　　（张茜说，陈毅欣然同意）

《张茜約东方歌舞团的海燕等人到陈毅家作客时的讲話》

鋼琴、提琴家劳动問題。我有些"人微言轻"有些意见，下去了解一下人民的需要就行了，不一定要搞劳动，搞坏了手脚、嗓子是蠢事，是不科学的。叫音乐家挑粪沒有什么好处，訪問参观也可以改变认識的，盲目下放劳动沒有什么好处。

1961·8·21　　《在首都文艺代表座談会上讲話》

农民种地，工人做工，同文艺搞創作有个屁关系，舞蹈本身就是体力劳动，不能再下放劳动。　1962·3　　《在广州歌剧話剧創作座談会上讲話》

五、宣揚艺术第一，吹捧反动学术权威

最 高 指 示

任何阶級社会中的任何阶級，总是以政治标准放在第一位，以艺术标准放在第二位的。…我們的要求則是政治和艺术的統一，內容和形式的統一，革命的政治內容和尽可能完美的艺术形式的統一。

最干凈的还是工人农民，尽管他們手是黑的，脚上有牛屎，还是比资产阶級和小资产阶級知識分子都干凈。

1942·5·　　《在延安文艺座談会上的讲話》

中国文学方針不变，但要增强艺术。可以有小资产阶級的，也可以有恋爱的，也可以有战斗的，也可以有小花园，也可以有盆景。

1959·　　在外办討論《中国文学》会議上讲話

如果真正懂得沙士比亚的人，可以用高薪把他养起来，介紹外国也叫人佩服，我們应爱才。　　　　　同上

我不支持封建制度，我反对封建制度。《蝴蝶杯》这个戏完全为封建制度。但是又完全暴露了封建的矛盾。所以维护封建制度的人有意见，反对封建制度的人看了也有意义。这出戏对青年还是有教育作用的。

我贊成为曹操翻案，但現在戏中要把曹操粉脸搞掉，結果把我头脑中的艺术形象也搞掉了，艺术真实和历史真实不完全一致。　　　　　　　　　　　同上

过去有些报刊不登旧詩。我说登旧詩是提倡国货，新诗不是国货。　　　　同上

艺术以兴趣为主，但兴趣不叫艺术，兴趣越大，作为政治工具越有力，兴趣越小，作为政治工具越无力，甚至可能取消这个工具。　　　　　　　　同上

做詩就是做詩，做詩要有詩味，标语口号有什么意思，大家喜欢毛主席的詩并不是因为他是領导，拍他的馬屁，大家喜欢毛主席的詩，因为他有詩味，詩句美丽，艺术性高，左、中、右都能通过。……我們的作品要让中间讀者能够讀下去。

艺术性愈浓，愈能达到政治目的，艺术性愈低，愈不能达到政治目的。　　同上

艺术多一点，还是政治多一点，这个问题长期爭論没有得到解决，**我看应該以艺术为主。**

《中国文学》是文学杂志，《中国文学》不是政治繪画，摄影或軍事杂志，因此要注意趣味，否則何必办这个杂志呢？

如尼赫魯所说，我們和他們之间，可以找到一个汇合点，这就是艺术性浓。艺术是高明的政治，是最强的意識形态，它用感人的艺术形象叫你落在我的政治圈套中。　　同上

政治与艺术关系问题。

这个問題爭論多年了，会后仍会有爭論，万年后仍有爭論，如轻視和贬低艺术作用，政治上一定会失败。蒋介石就是如此。

　　　　　　　　1961.8.21　　《在首都文艺界座談会上的讲话》

我个人主张搞博士，院士的。不搞不好。资产阶级为什么能动员人們那样作呢，我們为什么不能搞荣誉呢。为人民服务。过去稿费搞掉了，要适当恢复，……名誉地位搞搞，沒什么坏处。　　　　　　　　　　　　　　　　　　　　　　同上

我們（指东方歌舞团）主要的就是叫花子打狗，专练这一行。

我們说政治和艺术是两回事，艺术就是艺术，政治，但是呢，它发生一定关系。但我們也反对把这个艺术的独立呀，把这个独立的东西把它去掉，完全附属于政治，这个不对。

　　1962.1.13.　　《在东方歌舞团建团典礼大会上的讲话》

我对北京艺术界讲話，我说你們主要是搞艺术不是搞政治，梅兰芳的成就不是因为政治而是因为他的艺术。

　　1961.9.　　《对国际关系研究所問題所作的結論》

现在要多搞点艺术，因为政治情况和解放时大不相同了，反革命鎮压得差不多了。

《接見東方歌舞团人員讲话》

我們一些作家：郭老、沈雁冰同志、田汉同志、老舍同志、阳翰笙同志、曹禺同志、熊佛西……，这是我們国家之宝，我們任何人都应該加以尊敬，怎么随便就讲我要領导你？毛头小孩子，乳臭未干，你懂什么东西？就是以这个資格——"我到过解放区！我懂政治！"我要問你：你那个政治好多錢一斤？你可以卖給我，我給你称嘛。（笑声）这太狂妄了。我們国家这种科学家太少了。刘主席建議，給梁思成同志几千万块錢，让他在哪个名胜地区，山巅水涯，去发揮他的創造，建立他的学派，去搞一个什么宫。让他得意。我們现在就拿一个剧院，让他們这些作家去搞，一切由他作主，我們不要去干涉，我們去給他服务，要小米給他小米，要猪肉給他猪肉，要酱油醋給他酱油醋！　　（笑声）

怎么曹禺这样的大作家，向一些不懂得写戏的人去請示？顛之倒之，我很奇怪。我刚才讲的这一批作家，这一些科学家，就是世界水平。鲁迅是世界水平，大家公认。当然，对在座的今天不給你"世界水平"，因为你們没有死，你一死了，馬上就讲你世界水平（大笑）。今天我要趁你們在世，給你們打气。我不是故意说好，是这个样子，怎么不是世界水平？

《在广州歌剧、話剧創作座談会上的报告》

六，提倡資产阶級創作自由

最　高　指　示

他們的所謂人性实質上不过是資产阶級的个人主义，因此在他們眼中，无产阶級的人性就不合于人性。现在延安有些人們所主張的作为所謂文艺理論基础的"人性論"，就是这样講，这是完全錯誤的。

——1942·5·《在延安文艺座談会上的讲話》

人家不反对社会主义，就是做做旧詩，写写文言文，为什么不給他們发表呢？格要广，尺度要广，当然新詩还是时代标志。

1959·在外办討論《中国文学》会議上的讲話

作品里带有一些資产阶級思想，不要怕，对作品中的資产阶級思想可以指出，但不要判决，不要禁止，……对作品中带有一些資产阶級思想的作家也不要斗爭，在文学中间也要作些和平工作……我們要自由創作，創作自由。……

1961·7·31《对东方歌舞团的讲話》

夏衍同志说有人不准写英雄人物的苦恼、寂寞、缺点、恋爱，夏衍同志认为可以写，我同意夏衍同志的意見。为什么不准写这些呢？英雄也是有寂寞的，但不能说英雄是寂寞的。不准写恋爱，说是在紧张的时候不談恋爱。人家的恋爱就是在紧张的时候搞成功的。

要放开手来写，要大胆地写。在我們这个社会不会因为写了什么就杀头，坐班房的。

　　　　　　　　1962.2.17 《对京剧話剧、歌剧、儿童剧作家的讲話》

　　总是不愿意写悲剧，说是我們这个新社会，没有悲剧。我看啊，我們有很多同志天天在那儿造悲剧，天天在那儿演悲剧。我們为什么不可以写悲剧呢？悲剧的效果比喜剧大，比喜剧的好，看悲剧最沉痛。沉痛的喜悅，是比一般的喜悅更高的喜悅。

　　为什么我們的剧作家不能够写悲剧呢？为什么英雄人物不能够有缺点？为什么不可以写？我希望作家給我們一些悲剧看。悲剧我首先看，至于有的人不同意，我就这样讲：你不同意，你反对我；我們支持，我們存而不論，求同存異，放在这里，以后再来作結論，不要忙于把这一方面断絕了。

　　　　　　　　1962.3. 《在广州歌剧、話剧、創作座談会上的报告》
　　　　　　　　北京外国語学院紅二团 《２０２》兵团

諷 刺 小 品 二 則

刘 修 卖 破 烂

　　故事发生在莫斯科街头的黑市上。

　　蕭瑟的西风，吹来了莫斯科的黑夜。一个脑袋长滿白毛的家伙，正摆开貨摊扯着嗓子叫卖。

　　做"土豆烧牛肉"的生意发了大财的赫禿儿老板，听得这陣熟悉的叫卖声，赶紧跑了过来：

　　"啊啊，原来是刘老弟！"

　　"嘻嘻，原来是赫老兄！"

　　于是，一顆禿脑袋和一顆白毛头

碰在一起，二人又是拥抱，又是接吻。

　　行过見面礼，赫禿忽然問："哎，老弟，你怎么跑到这里卖貨来了！"

　　刘修叹了一口气说："唉，在中国没有市场了，店鋪也叫紅卫兵砸了。"

　　赫禿惊慌地说："哎呀！老弟的貨是上等的美国貨呀！昨天我与約翰逊先生还談到你，他夸奖老弟是中国最好的老板，又讲信用又卖力气。"

　　"赫兄，别提了！"刘修伤心地说，"他們搞我酷斗爭，说我是黑店大老板，統統是他妈的左傾机会主义！不过我想重打鑼鼓另开张。"

赫秃说："事到如今，也没有办法，咱家的货在中国可眞不吃香，"停了一会儿，赫秃指了指地上的破包袱問道："里面有些什么貨色？洒家还有些旧货，勃列日湼夫老板和柯西金老板他們替我卖着，老弟是否把你的货点一点，与洒家的一块卖完了事？"

刘修感动得掉了几滴眼淚，忙说：眞占老兄的大便宜了！"

赫秃与刘修一块点起貨来。

"这是'三自一包'、'三和一少'，与老兄的'三和主义'是一路貨色……"刘修一边清点一边说。

"'人死了原則还有什么用'？——这是我的人生哲学，你有沒有这方面的貨？"赫秃問。

"有有有，"刘修慌忙把一大迭"反共启事"递到赫秃的面前，说："这就是，叛徒哲学，活命哲学，投降哲学，多得很！"

赫秃满意地点了点秃头。

刘修又翻出了"桃园经驗"，津津有味地说道："这是我內人出的貨，有些地方都超过了我，这东西破坏社教运动作用可大咧！"

最后，刘修三下两下又翻出了一本破书《修养》说："这是我的老本，我就是靠它发了财的，这东西集古今黑货之精华，而且还有发展……。"

"知道，知道，"赫秃搶着说，"我头一次到紐約做买卖的时候，肯尼迪先生对这本书作了很高的評价，说他是旺（亡）国旺（亡）党的根本，他也整天在白宫里修养呢！洒家个人亦受益不浅，这本书好就好在那个'修'字上，老弟眞不愧是后起之修哇！"

清点完毕，赫秃拍了一下刘修的肩膀说："走！找勃列日湼夫老板去。"说罷，忙都着刘修把黑货塞进破包袱里揹到自己身上，拉着刘修就走。刘修紧紧跟上，凑近赫秃的耳朵悄悄说道："老兄，趁莫斯科天还沒亮，把你那点貨一块拿来，咱們揹到市上赶快大减价拍卖了吧，虽然吃点小亏，可眞占大便宜呢！"

摘自小报《卫东》

刘 修 与 赫 秃

一天黃昏，日薄西山，西风萧瑟，在向資路旁的一个臭水池边，赫秃正在釣王八，刘修从向資路上走来，一见如故。刘修与赫秃聊起家常，轉抄如下：

赫秃：老刘，你也来了，这样快就赶到了？
刘修：我是走小道来的，当然比你快啦！
赫秃：（忽然想起）上次开会时，我忘了問你，你是什么出身呀？
刘修：我是"革命"地主，我爱人是"紅色"资本家。　　（说完胸有成竹一笑）
赫秃：（高傲地）我是血統工人阶級。

刘修：（忙说）紅色資本家和工人階级全是一家人嘛！嘿，嘿！

赫秃摸着光头想了一会才轉过弯来，暗自后悔，当初我怎么沒有想起这一着呢？可是赫秃并不甘拜下风，又問：你凭什么起家？

刘修：当初安源煤矿大罢工，出头露面的是李立三，埋头苦干的就是我了。

赫秃：（忙说）原來咱們还是同行，我也是矿工，当初在蹲拉屎（也可譯頓巴斯）也干过一阵。

赫秃这两着沒有問倒刘修，于是搬出了近几年的"功业"说："六二年我的三和一少还是当代'共产主义'的創举吧！"

刘修：（不甘落后）老兄，我的"三自一包"比起你的国营农庄变个体农庄"前进"速度还快得多吧！

赫秃：我的言論集有八斤半。

刘修：（不以为然地）我的修养周游西方世界，誰不贊叹？！（洋洋自得）我是当代的刘茨基，（忙改）不，不，我是当代的刘克思。

赫秃经过这几着大感吃惊，原來"强中自有强中手，能人背后有能人"，看來这小子有两手，我要是独占鳌头看來恐怕不行了，干脆心一横，忍痛割爱，平分秋色吧！于是对刘修说，前面还有一乌龟池，你去釣吧！

刘修得此肥缺，欣喜若狂，向乌龟池揚长而去。

过不了几天，我們就会看到刘修在乌龟池边釣龟了。

选自期刊《井岡山》

簡　　訊

六月二十一日晚，首都紅代会《批判陈毅联絡站》在北京展览馆剧场举行大会，隆重紀念毛主席《关于正确处理人民內部矛盾的問題》这一光辉著作公开发表十周年。

外交部造反联絡站代表、中国人民解放軍后字249部队代表、新疆革命派赴京代表团和新疆紅卫兵革命造反司令部（紅二司）先后在大会上发言，他們表示：要好好学习毛主席《关于正确处理人民內部矛盾的問題》这一伟大著作，牢牢掌握斗爭大方向，分清两类不同性质的矛盾，为早日实现无产阶级革命派大联合、完成斗、批、改伟大任务而努力，把无产阶级文化大革命进行到底。新疆代表在大会上用大量的事实控訴了新疆党內走資本主义道路当权派王恩茂在新疆文化大革命中所犯下的滔天罪行，激起广大革命群众的无比憤怒，大家高呼：打倒刘少奇！打倒邓小平！打倒王恩茂！

会上，中国人民解放軍空政紅旗和新疆紅卫兵革命造反司令部（紅二司），演出了精彩的、富于战斗性的文艺节目。

紅画兵

HONGHUABING

批判陈毅漫画专辑(二)

归国留学生遵义兵团

把陈毅反毛泽东思想的真面目揪出来示众

陈毅 反毛泽东思想 de "三部一曲"

文革史料叢刊

目 录

通訊地址：北京外国语学院敎学楼139号

电　話：89.1931轉39

文华风云

毛主席是世界革命人民心中的红太阳

首都紅代会

北京外国語学院紅旗革命造反团

文华风云 編輯部

一九六七年

我们伟大的导师，伟大的领袖，伟大的统帅，伟大的舵手
毛主席万岁！万岁！万万岁！

毛主席是世界革命人民心中的紅太阳

毛主席著作是世界人民革命的宝书

編著按：下面材料由广播电台提供；为确保外国听众人身安全，特将这些同志的姓名以"××
××"符号代替。

我认为，毛主席的著作是很好的教科书，是本宝书。它向我们指出了一个充满希望的未来，
它帮助我们克服困难，使我们懂得真理。

柬埔寨 ×××

我买了一本毛主席著作，越读越爱读，越看越觉得毛主席伟大。我一定要把毛泽东思想传出
去。毛泽东思想光辉照到那里那里亮，照到那里，帝国主义、反动派和修正主义者就烂到那里。

柬埔寨华侨 ×××

毛泽东的话，很明朗、清楚、简单、使人信服，对人类的未来起着鼓舞、希望的作用。

美国 ×××

希望尽可能多播毛主席语录。如果可以，在每个节目播出之前都播送。在播语录时，希望播
音员播得慢些，以便能记下笔记来。记笔记以后再深入咀嚼体会就会加深理解。另外，希望将来
发行收集毛主席语录的日文版语录本。

日本 ×××

你们在每次广播的开始，播送一条毛主席语录，这是多么好的想法啊！虽然这些话是在很久
以前讲的，但它现在仍含有伟大的意义，特别是"帝国主义和一切反动派都是纸老虎"这段话。
希望你们继续朝这个方向走下去，长时期地播送毛主席的语录。

比利时 ×××

毛泽东——中国人民有才能的领袖，是被世界公认的领袖。他的鼓舞人心的学说不仅在中国
建设社会主义和共产主义时被采纳，而且在亚洲、非洲和拉丁美洲各地也被采纳。

尼日利亚 ×××

世界革命人民心目中的紅太阳——毛主席

我最大的希望是有一天能紧握当代最伟大的共产主义者的手。
毛泽东同志是真正马列主义者的火炬，它照亮了通往建设共产主义社会的大道。

意大利 ×××

毛泽东同志作为世界革命的领袖，站在世界革命的最前哨，树立了光辉的榜样。我们正在学
习毛主席的著作。

朝鲜 ×××

过去，列宁善于揭露和战胜当时的修正主义者。现在这个繁重的任务落在毛泽东的身上。毫无疑问，伟大的毛泽东象列宁一样，也将善于清除一切垃圾。

毛泽东对现代修正主义者的打击就象是汽锤的锤打，是对苏联修正主义集团的巨大的摧毁性的打击。

阿根廷　×××

我骄傲地戴着毛主席像纪念章

谢谢你们给我寄来了我一直盼望的毛主席像纪念章，我骄傲地戴着它。

亲爱的朋友们，同志们，我祝贺你们胜利前进的社会主义文化革命。在党和中国人民、世界无产阶级伟大领袖毛泽东的领导下肃清资本主义、封建主义和修正主义思想残余，是一件大好事。让资产阶级咒骂者，他们的仆从和走狗去叫嚣吧！真是狂犬吠日枉费心机。青少年受到党的马列主义精神的教育就成为纯粹的革命烈火。

英国　×××

我每天上班都要看毛主席的象

亲爱的朋友们——中国人民：

我请求你们代我向我们时代最伟大的领袖——毛主席致以最崇高的敬礼。我有毛主席的照片。每天早上我去上班前，总要看他一次，我祝愿毛主席身体健康、长寿。

毛主席万岁！

上沃尔特　×××

震动世界的一天

我简直无法向你们描述，当我们看到毛主席站在游艇甲板上的照片时，是多么深受感动！眼里充满了激动的泪花。毛主席象在亲自对我们讲话。我在中国访问时，曾得到一枚毛主席像纪念章。这个纪念章成了所有同志热爱的纪念品，它是神圣的。在这张雄伟的、令人兴奋鼓舞的照片上，毛主席畅游长江六十五分钟以后，站在游艇甲板上，这一切更具有无限亲切的光和热。假使这张照片能在照像纸上放大印出来的话，那么我将非常高兴。一九六六年七月十六日，在武汉长江的这一天是史无前例的大事情。这件事恰恰被乘船游览的亚非作家在场所证实。帝国主义者、现代修正主义者和马达加斯加的走狗记者们在事实面前狼狈不堪。

成为巨大物质力量的毛主席的创造性的思想所促成的伟大革命，使社会主义的疯狂敌人到处溃不成军，陷于绝境。

马达加斯加　×××

战无不胜的毛澤东思想震撼全世界

人民战争思想是毛泽东思想的不可分割的一部分。哪里有人民拿起武器，哪里就有毛泽东的教导。毛泽东思想对资产阶级说来是断头台，是汽锤，把资产阶级砸得粉碎。亿万群众只接受推翻、粉碎资产阶级的国家机器的人为领袖，而不接受象骯脏的苏联领导集团那样为资产阶级修修补补，为资产阶级寻找暂时止痛药方的那样人。

阿根廷 ×××

毛泽东是亚洲、非洲和拉丁美洲的灯塔。毛泽东思想是被压迫人民和无产阶级的光辉的未来。今天全世界都欢呼中国的文化大革命，很多人都学习毛泽东思想和购买他的著作。

尼泊尔 ×××

毛澤东思想震撼全世界

今天毛泽东思想震撼了全世界。

毛泽东思想照亮了通往共产主义的大道。只有毛泽东思想，才是使中国革命走向胜利，在世界上实现第一个共产主义社会的最正确的理论。

日本 ×××

兄弟的阿尔巴尼亚人民无限热爱毛主席

我们在英雄的山鹰之国——阿尔巴尼亚学习了二年多，耳闻目睹，深深感到不畏强敌的、英勇的阿尔巴尼亚人民无限热爱世界革命人民最最伟大的领袖，我们心中最红最红的红太阳毛主席，无限信仰当代最高最活的马克思列宁主义——毛泽东思想。中阿两国人民之间真正的、革命的战斗友谊比山高，比海深。英雄的人民的阿尔巴尼亚，的的确确不愧为"欧洲的一盏伟大的社会主义的明灯"。

在阿尔巴尼亚，在许多充满了革命友情的集会活动中，只要中国同志一出现，"毛泽东—恩维尔"，"恩维尔—毛泽东"的欢呼声便随之而起，震耳欲聋，经久不息。许多阿尔巴尼亚战友以无限崇敬的心情对我们说："毛主席不仅是你们的伟大领袖，也是我们的伟大领袖，也是全世界人民的伟大领袖！毛主席是当代的列宁！"许多阿尔巴尼亚同志的家里，都在最显眼的地方悬挂着毛主席和霍查同志的肖像。许多阿尔巴尼亚战友的胸前都佩带着一枚金光闪闪的毛主席像纪念章。就连两三岁的小孩儿都认识毛主席的像片，叫得出"毛泽东"这个轰动世界的名字。在公共场合，经常有小孩子从四面跑来，伸出小手和我们握手，并且用中文对我们说："你好！你好！"有些小孩子还仰起头，认真的说："我爱毛主席。"

去年，北京歌舞团在阿尔巴尼亚访问期间下厂下乡，以"国际乌兰牧骑"的姿态，为工农兵演出，宣传伟大的毛泽东思想，增进中阿友谊。一次，演出后阿尔巴尼亚人民军战士们纷纷向演员们要毛主席像章。一转眼便把像章抢完了。得到纪念章的战士小心翼翼地将纪念章别在胸前，两眼无限深情的看着毛主席像章，激动地叫一声："毛主席！"；没有得到纪念章的迟迟不肯散

145

去。我们只好对他们说："对不起，同志们，下次再来一定多带些。"这时一位没有得到纪念章的战士感到非常惋惜，可是他却无限深情地对我们说："不要紧，虽然我没有得到毛主席像纪念章，但是毛主席永远在我们的心中！"同志们，这就是阿尔巴尼亚人民的心声！另一位边防战士幸运地得到了一张毛主席接见红卫兵的照片，他把照片抱在胸前，自豪而激动地对我们说："回到连队，我要把照片挂到墙上，让全连所有的同志天天都能看到毛主席。每次迁移营房时，我们都要把它带上，我们要永远和毛主席在一起！"

一位阿尔巴尼亚同学老早就渴望得到一枚金光闪闪的毛主席像章。当我们满足了他的要求把一枚纪念章送给他时，他非常激动，他请求我们亲手把这枚像章给他别在最里面的衣服上，别在贴近心窝的地方。然后他非常满意地对我们说："我无限热爱毛主席，我把毛主席像纪念章紧紧的贴在我的心上，因为毛主席永远在我们的心坎里。"

在我们宿舍里，有一个和我们同屋的阿尔巴尼亚同学。一个月内就向我们要了七、八次毛主席像纪念章，每次都是四、五个。她把这些纪念章当成最珍贵的礼物，转送给她的家里人、亲戚和同学，不管送给谁，她都对他们讲："这是我替中国同志送给你的。"很快，好多人就都知道了她有办法得到纪念章。于是经常把她围上跟她要。有时急了就翻她的口袋，再没有干脆就把她戴的那个抢走了。因此她经常带五、六个出去，回来时却连自己的那个也被要走了。一次她很激动的对我们讲："告诉你们一个好消息，我们班四十几个人中，只有四个人没有毛主席像章了。他们急的每天和我嚷。"然后她恳切而又骄傲地说："请你们再送我们几枚吧，那我们班就成为全校独一无二的毛主席像纪念章班了！"

地拉那大学的一位女同学得到一张毛主席的彩色照片后，高兴极了，为了让家里人早点看到毛主席像，想把像片立即送回家。她的家在远离地拉那的另外一个城市，那天她又要去参加军事训练，就托一位同学把像给她带回家。她千叮咛，万嘱咐，千万别把像片弄坏。这样她还不放心，就又给她在工厂工作的父亲（一个曾经与德、意法西斯英勇作过战的老游击队员）挂了个长途电话，要她父亲专程到车站去接毛主席像，千万别让人家中途抢走了。她的父亲接到电话后，准时到达车站，把毛主席像平安的接到了家里。但是还没等挂起来，被几个工人发现了，工人们一见是毛主席像就都争着要，理由都是一个："我们热爱毛主席！"。相持不下，争了好长时间，才达成了一个协议：把像片挂到工厂里，使全厂工人都能天天看到毛主席。但是父亲还怕女儿回来后无法交待，再说他自己也实在舍不得，于是又打了个长途电话给女儿。女儿的回答是斩钉截铁的："不行，一定要把毛主席像挂在咱们家里！"我们热泪盈眶的听完这段故事，又送了一张毛主席像给他们，才解决了这场风波。阿尔巴尼亚人民就是这样的热爱我们伟大的领袖毛主席！

一天，阿尔巴尼亚费里城氮肥厂的一位老工人回到家里，读了当天"人民之声"报上刊登的"毛主席给阿尔巴尼亚劳动党第五次代表大会的贺电"后，激动的一夜没有睡着。深夜二点，他穿上衣服，骑上自行车就要走。他老伴吓了一跳，急忙问："怎么啦？深更半夜的你到哪儿去？"他说："毛主席教导我们要对工作极端的负责任，我读了贺电，就象听到了毛主席他老人家的声音，我对工厂放心不下，不去看看，我对不起毛主席呀！"

在阿尔巴尼亚一个偏僻的山区，有一位七十六岁的老农民无限深情地称毛主席为毛伯伯。有一次他说："毛主席是个了不起的人物，我虽然年近八十，但非常想读毛主席的书。毛主席的话已为实践证明是千真万确的真理，今后的实践还将继续要证明这一点。"

在我们的宿舍里，有一个房间四位阿尔巴尼亚大学生，她们除了在房间里挂上毛主席和霍查同志的肖象外，每个人又在自己的床头端端正正的贴上了从"人民画报"上剪下来的主席身穿绿军装的彩色照片。对此她们感到非常骄傲，并对我们讲："全宿舍，就数我们这个房间最美最好了，大家都非常羡慕我们呢！"

去年国庆，我们在大学里举行了一次电影招待会。会上我们摆了许多各种文版的主席著作，有全套的，也有单行本的。不到五分钟就被抢完了。晚到的同学后悔地连连顿脚，责备我们说："你们为什么不早通知我们会上有毛主席的书？否则，我们两个钟头前就来了。"那次会上，主席像片不太多，阿尔巴尼亚同学们渴望得到毛主席像，不得到就不肯离去。有一个眼尖的同学发现我们带的"红旗"杂志封面上有主席向红卫兵招手的像，就要我们剪下来送给他。其他同学一看马上提出了同样的要求。由于我们带的"红旗"杂志也不多，还不能满足他们的要求。一些同学干脆就把宿舍号码抄给了我们，要我们以后给他们送去。

阿尔巴尼亚农学院的一位教师得到了一本毛主席语录后，亲了又亲，吻了又吻，激动的说："为了保卫毛主席和毛泽东思想，我可以献出自己的生命！"

阿尔巴尼亚青年们对毛主席无限热爱。他们到处寻找主席的大幅像片。很多人得到主席的大幅照片后，就用特制的镜框精心的镶起来，并且在下面恭恭正正的写上："当代的列宁——毛主席万岁！"有些同学也学习我们的作法，在主席像下面恭恭正正的写上："我们伟大的导师，伟大的领袖，伟大的统帅，伟大的舵手毛主席万岁！万岁！！万万岁！！！"

归国前，我们全体留阿学生决定给我们心中最红最红的红太阳毛主席绣一面锦旗，敬祝我们最最敬爱的伟大领袖毛主席万寿无疆！一位阿尔巴尼亚手工业合作社的女工得知后，放弃了星期日的休息，跑到我们宿舍来，和我们一起绣旗。当我们感谢她的帮助时，她回答说："我不是来帮忙的，而是想把我们阿尔巴尼亚人民对毛主席的无限热爱绣在锦旗上托你们带给毛主席！"还有不少大学生不顾学习的紧张，参加了绣旗。有个女同学绣旗特别精心、细致，绣得有一点不好就拆掉，绣了又绣，精益求精。我们的同学问她为什么这样细心时，她说："这是因为我要一针一线地把我们阿尔巴尼亚人民对毛主席的热爱绣在锦旗上。"一个男同学绣完旗后兴奋地说："今天，是我最幸福的一天，因为我给毛主席绣旗。"另一位男同学在绣旗时，我们告诉他："你绣的是'祝您万寿无疆'您这个字的'心'字。"他听后，兴奋得满面通红，说："我们就是打心眼里热爱毛主席！

去年，毛主席畅游长江的消息传到阿尔巴尼亚后，阿尔巴尼亚举国上下，象过节一样欢欣鼓舞，很多阿尔巴尼亚同志拿着报纸跑来向我们报喜，他们含着热泪对我们说："毛主席身体这么健康，是中国人的最大幸福，是我们阿尔巴尼亚人的最大幸福，也是全世界人民的最大幸福，我们衷心的祝愿他老人家万寿无疆！"

中阿两国远隔千山万水，阿尔巴尼亚人民日夜想念毛主席，渴望能见到毛主席。在英雄的阿尔巴尼亚，常常可以听到："毛主席要来了"的传说，这些说法是沒有根据的，但在阿尔巴尼亚人民群众中间却广泛流传。阿尔巴尼亚人民用想象来享受着见到毛主席的幸福。在阿尔巴尼亚，许多人对我们说："我一生最大的愿望就是亲眼见到毛主席。"。

阿尔巴尼亚人民无限热爱毛主席，还突出的表现在他们刻苦地学习毛主席著作，大力宣传毛泽东思想。特别是中国震撼世界的无产阶级文化大革命运动轰轰烈烈开展以来，阿尔巴尼亚在学习主席著作的人越来越多了，许多人都迫切地想得到一套毛泽东选集。我们回国时，在地拉那，已经买不到成套的毛选了，单行本就更难买到了。阿尔巴尼亚人民对毛选无限热爱，最近又把毛主席给阿五大的贺电的电文谱写成语录歌，到处歌唱。阿尔巴尼亚劳动党的机关报《人民之声》报不仅每天以大量的篇幅，有时甚至整版整版的篇幅全文转载我《人民日报》、《红旗》杂志的社论和有关文化大革命的报导，而且经常选载主席语录。阿尔巴尼亚人民的伟大领袖霍查同志，经常号召广大的干部，特别是高级干部努力学习毛主席著作，认真理解主席思想。因此主席的许多著名论断在阿尔巴尼亚是家喻户晓。例如，主席关于"帝国主义和一切反动派都是纸老虎"的这一英明论断，在阿尔巴尼亚，从小学生到白发苍苍的山区牧民，几乎没有一个人不知道的，并且正在鼓舞着他们去与敌人进行坚决斗争。

一次，我们下乡进行语言实习。在农村和阿尔巴尼亚社员们举行一次关于《中阿两党联合公报》的专题讨论会。大家畅谈了国际大好形势；无产阶级文化大革命的伟大而深远的意义；社会主义社会中两类不同性质的矛盾；社会主义社会里的阶级和阶级斗争以及无产阶级革命接班人等问题。阿尔巴尼亚同志们对社会主义社会里的阶级、阶级斗争和无产阶级革命事业接班人这两个问题尤其感兴趣。他们为主席对这些问题的精辟论述而欢呼！讨论会结束时，一个响应党中央上山下乡，改天换地的革命号召，解甲归农的高级军官说："今天我们讨论得很好，今后我们要做两件事：一、是要重温《中阿两党联合公报》，进一步领会精神；二、要在全社掀起一个活学活用毛主席著作的运动，不仅青年人要学，干部要学，老年人也要学。"参加讨论会的二位农村青年教师，立即把我们随身带的几本《关于正确处理人民内部矛盾的问题》和《九评》要了去，极其恳切地说："这两本书写的太好了，论述的问题太重要了，你们一定要把它借给我，我要好好读读，如果明天你们还要用的话，请今天晚上借给我，我就是一夜不睡觉，也要读完它。"

一次我们参加社里的劳动，掰玉米棒子。掰完后，社员们出自中阿两国的深厚友情，非要我们带回一些去煮着吃。我们不收，推来让去，社员们不理解我们的心情，有的生气了，这时，一个和我们一起劳动的青年教师说："他们最听毛主席的话了。学习解放军，不拿群众一针一线，你们说，他们能收下这些玉米吗？"社员们听了之后都非常感动说："毛主席教导出来的学生真好！"

阿尔巴尼亚同学们经常搞军事训练，搞战备，一次军训时，一个同学没有认真作好动作，负责军训的军官就说："你戴着毛主席的纪念章，还这么不认真，不问心有愧吗？"那位同学马上羞得低下了头，以后就认真了，非常卖劲，还得到了表扬。

一次，我们在农村进行语言实习时，为了宣传毛泽东思想，用外文排练节目，第一次没排好，第二次排好了。这件事有个阿尔巴尼亚老师看在眼里，就说："你们知道第一次排练不好的原因吗？就是因为你们不认真。第二次你们认真了，就排好了。毛主席说："世界上怕就怕'认真'二字，共产党就最讲认真。"所以，你们还得好好学学这段语录"。你们看，他们运用的多么准确呀！

在阿尔巴尼亚，我们没有阿文版的语录，为了学习和宣传毛泽东思想，我们就把语录抄在卡片上，利用空闲时间学习，背诵。阿尔巴尼亚同学经常和我们一起学习，比如吃饭排队时，他们就和我们要几张学习、背诵。还有的阿尔巴尼亚同学自己从四卷上摘抄语录学习。我们在宿舍里的每个门上都装了活动语录板，一半用中文写，一半用阿文写，既学习又宣传，阿尔巴尼亚同学总是积极的和我们一起学。我们在自己的桌上放一个小语录牌，有的阿尔巴尼亚同学也这样做，并经常根据他自己遇到的问题，自己选择，更换语录。阿尔巴尼亚同学们这样认真的学习语录，学了就用，遇到疑难问题，就到语录中、毛选中去找答案。例如有一次在课堂讨论时，对如何估价青年这个问题争论不休，怎么也解决不了。这时有一个同学站起来背了一段毛主席语录："世界是你们的，也是我们的，但是归根结底是你们的，你们青年人朝气蓬勃，正在兴旺时期，好象早晨八、九点钟的太阳，希望寄托在你们身上。"博得了全体同学的热烈掌声，争论也就结束了。

有一次，我们的一位同学学习上遇到了困难，有些气馁给同房的阿尔巴尼亚同学发现了，这位阿尔巴尼亚同学就不声不响的在一个小卡片上抄上一段毛主席语录："下定决心，不怕牺牲，排除万难，去争取胜利。"送给了我们这位同学。这位同学非常感动，增加了克服困难的信心。正如我们伟大的领袖毛主席说的那样：我们和阿尔巴尼亚战友们的心是连在一起的。我们有共同的思想，共同的语言，那就是伟大的战无不胜的毛泽东思想。

毛主席给阿五大的贺电把中阿两国人民的革命的战斗友谊推向了一个新的高峰，阿尔巴尼亚全党全民最最热烈的欢呼贺电，他们称毛主席的贺电是具有极其伟大而深远意义的历史性文件。阿尔巴尼亚《人民之声》报社论说："毛主席的贺电将永远鼓舞我们去斗争，去争取胜利。"阿尔巴尼亚人民都无限感动的说："毛主席的贺电是对我们最巨大、最珍贵的援助。"康生同志在阿五大会上宣读主席贺电时，把大会推到了最高潮。康老在读贺电时，一次又一次的被经久不息的暴风雨般的掌声、欢呼声打断，有的一句话就被打断几次。短短的电文和讲话从开始到结束，代表们三十几次全场起立，长时间欢呼，鼓掌"毛泽东——恩维尔"，"恩维尔——毛泽东"，"毛泽东——毛泽东……"的欢呼声一浪高过一浪，有几次长达十几分钟之久。有的代表干脆就不坐下了。许多党代表都激动得热泪盈眶，很多人把嗓子都喊哑了。两星期后，一个代表对我们说："那天，我真是太激动了，把手掌都拍红了，当时根本不觉得痛。"说实话，用语言是根本无法形容出贺电在阿尔巴尼亚人民群众中，特别是在工农兵群众中所引起的极其热烈的反响。贺电诗一般的火热的语言，早就为许多阿尔巴尼亚战友们倒背如流！在一个偏僻的农业社里，社员们还把贺电中的警句写成语录牌，放在村边，插在地头，以促进社员思想革命化，把生产搞得更好！

（归国生遵义兵团供稿）

毛主席革命故事几则

一、枪杆子里出政权

一九二一年一月毛主席创建的"新民学会"在长沙开会，会上讨论如何改造中国的问题。当时在国外的会员，写信回来介绍了几种主义，供大家讨论。何叔衡同志发言，他主张过激主义，认为一次扰乱，抵得上二十年教育。紧接着就是我们伟大领袖毛主席发言，说他的主张大体上与何叔衡相同。接着，他深刻地批判了社会政策、社会民主主义、无政府主义、温和的共产主义等各种改良主义、机会主义的反动谬论，指出他们这些"理论"是为有产者利益服务的，是永世做不到的。毛主席说："急烈方法的共产主义，即所谓劳农主义，用阶级专政的方法，是可以予计效果的。故最宜采用。"可见"枪杆子里面出政权"，这一光辉思想，毛主席早在中国共产党创建前就有了。这就保证了中国共产党是个按照马列主义风格建立起来的战斗的工人阶级政党，这就保证了中国革命的胜利。

马克思说过："阶级斗争必然要引导到无产阶级专政。"列宁也说过："只有承认阶级斗争，同时也承认无产阶级专政的人，才是马克思主义者。"我们伟大领袖毛主席早在他缔造中国共产党以前就掌握了马克思列宁主义的精髓。

二、造反有理

我们伟大的领袖毛主席，从小就胆识过人，具有大无畏的革命造反精神。

一九一七年六月，毛主席在长沙第一师范学习的时候，该校有四百多名学生参加了"人物互选"、"评选优秀生"，在当选的三十四人中间，得票最多的就是毛主席。在参加评选的六个项目中，毛主席都得了高分，其中"胆识"一项，是毛主席所独有的。毛主席的胆识真是出类拔萃的，直到现在，一师还流传着许多这样的故事。

当时一师有个反动校长张干，这个家伙一贯勾结封建军阀，镇压进步师生，无恶不作，许多人敢怒不敢言。而我们伟大领袖毛主席不但敢怒，而且敢言，不但敢言，而且敢做。真是"敢"字当头，无所畏惧。他率领一些进步学生，坚决与反动校长做斗争，亲自起草了驱逐反动校长的宣言。于是反动校长恼羞成怒，出通告要开除以毛主席为首的十七名进步学生，毛主席不但没有被吓倒，反而更顽强地进行了斗争。在广大群众的压力下，反动政府被迫把校长张干降为一般教师，斗争取得了最后胜利。那个反动校长哀叹说："我当了十多年的校长，第一次碰上这个"调皮"的学生。

"舍得一身剐，敢把皇帝拉下马"，毛主席这种敢于斗争，敢于造反的大无畏精神，正是我们青年学习的典范。

三、为革命而锻炼

身体是革命的本钱，一个革命者必须要有强健的体魄，这样才能精力充沛地干革命。

我们伟大的领袖毛主席早在四十多年以前，即一九一四年他在长沙第一师范学习的时候，就以"二十八画生"（毛主席的名字共为二十八画）为笔名，在当时《新青年》发表了《体育之研究》一文，精辟地阐明了德育、智育、体育三者的辩证关系，他说：

"体育一道，配德育与智育。而德智皆寄于体，无体是无德智也。顾知之者或鲜矣，或以为重在智育，或曰道德也，夫知识则诚可贵矣。"这里毛主席很早就指出，应该在德智体各方面都得到发展。

不但指出了体育的重要性，指出了德育和体育的依赖关系，而且批评了那种只重智育，不重体育的错误。唯一正确的道路就是毛主席指出的那样，应该在德、智、体几方面都得到发展。只有这样才能把青少年培养成为有社会主义觉悟有文化的劳动者。

为了锻炼身体，磨炼顽强的革命意志，毛主席经常注意锻炼身体。主席最喜欢游泳，早在童年时代就开始了游泳活动，现在韶山主席旧居前面还有个池塘，这就是当代天才毛主席当年游泳的地方。在长沙第一师范学习的时候，他经常和朋友到橘子洲去游泳，他在《沁园春·长沙》这首词中回忆当时的情景时写道："到中流击水，浪遏飞舟。"他冬天坚持洗冷水澡，每逢大雨滂沱的时候，主席就跑到旷野中去淋雨，主席风趣地把这叫做"天浴"。在太阳暴烈的时候，主席也常常跑到室外去晒太阳，主席把这叫做"日光浴"。大风雪的寒天，主席和蔡和森等朋友上岳麓山上去，迎风高喊，主席又把这叫做"风浴"。经过持久的磨炼，主席身体非常健康。他领导中国人民，经受了革命战争的重重苦难，率领工农红军，胜利完成了举世闻名的二万五千里长征。从一九五六年到一九六六年，主席曾经八次横渡长江，在七十三岁高龄的今年六月间还在浩瀚的长江中游了一个多小时，游程达三十里，这真是世界的奇迹。毛主席的健康，是我国人民的最大幸福，也是全世界人民的最大幸福！

我们青年人一定要牢记毛主席的教导，到三大革命运动中去，与工农相结合，刻苦锻炼自己，做一个又红又专，能文能武的无产阶级革命事业的接班人。

四、天才的发现

一九二八年冬天，在革命圣地井岗山的一个小村庄里，某团的全体指战员正在开会讨论毛泽东同志提出的关于分兵以发动群众，集中以歼灭敌人的战略方针问题。到会的同志就这个问题大胆发表了自己的意见。有同意毛主席这一主张的，有反对这个主张的，双方展开了激烈的争论，会议气氛十分活跃。

毛主席这一天也正好参加了这个团的会议。他仔细地倾听着各方面的意见。

忽然一个二十多岁的青年军官霍地站起来，他斩钉截铁的说："我们的军队叫做中国工农红军，是彻底为人民服务的军队。我们不但要打仗，还要做群众工作，进行生产；我们既是战斗队，又是工作队，也是生产队。我们要到处宣传群众，武装群众，帮助群众建立革命政权，所以我们认为，毛泽东同志提出的战略方针是完全正确的，这是中国革命走向最后胜利的唯一正确的道路……"这青年的话音是那么宏亮有力，顿时全场鸦雀无声，大家都在认真地听取他的意见。

主席一面不断地点头，一面用赞许的眼光打量着这位英姿勃勃的青年军官。他小声地问旁边的一个战士："发言的是谁?""我们连长林彪同志。"

毛主席微笑着点了点头。后来，主席与其他领导同志说："这个人（指林彪同志）将来就是这个团的领导人。"

过了不久，由于"左"倾盲动主义的错误，部队冒险攻打了湖南郴州失败了，毛主席听到这个消息，立即带了部队来接应，但又被敌人包围了。这时林彪同志已提升为营长，他主动向毛主席请求带一营去阻击敌兵，掩护主力部队撤退，主席同意了。经过林彪部队的英勇奋战主力部队全部撤退了。毛主席当时激动地说："这个人能顾全大局，是个将才，将来我们的武装部队就需要这样的人来领导。"

这些都是三十多年前的事情了。历史证明了我们伟大的领袖毛主席的予见，林彪同志不愧为毛主席最亲密的战友、最好的学生。三十多年来，他勤勤恳恳地向毛主席学习政治，学习军事。他一贯最忠实，最坚决，最彻底地贯彻毛泽东思想，执行毛主席的正确路线。在中国革命的重大历史关头，林彪同志总是最坚决地站在毛主席的一边，同各种"左"的和右的错误思想进行不调和的斗争，英勇地捍卫了毛泽东思想。今天党中央确立林彪同志作为我们伟大统帅毛主席的接班人，这不但对中国革命具有伟大而深远的意义，而且对世界革命也具有伟大而深远的意义。

五、身在树下　眼望全世界

在井岗山黄洋界哨口的路旁，有一棵刚劲挺拔，枝叶茂盛的向树。

一九二八年，为了击败敌人对井岗山革命根据地严密的经济封锁，毛泽东同志亲自率领井岗山军民到山下去挑粮，大家常在这棵树下休息。

一天，毛主席和几个红军战士挑粮来到向树下休息。他问一个战士说："你站在这棵向树下看见了什么?"战士回答说："看见了井岗山周围几个县的人民群众。"毛主席意味深长地对在座的士兵微笑着说："应该把眼光再看得远一些，我们不但要看到井岗山的人民群众，而且要看到全中国的人民群众，我们的革命一定会取得胜利。"

身在向树下，眼望全中国。我们英明伟大的领袖毛主席早在三十多年前就予见了中国革命必将取得最后胜利。我们应该学习他老人家这种高瞻远瞩、胸怀祖国、放眼世界的博大的无产阶级革命家的胸怀，为解放全人类，实现共产主义的伟大理想而奋斗。

外事口文革专辑

試看陈毅何所求

外事口党內头号走资本主义道路的当权派陈毅，是个趣味低级，灵魂极其肮髒的家伙。下面仅仅从一九六四年一年，试看陈毅追求了些什么：

一九六四年三月，××国外长来访，根据陈毅指示，对外文委安排了专场文艺晚会，观看芭蕾舞剧"巴黎圣母院"。外宾因故退场未看，陈毅却津津有味地一看到底。

一九六四年在南宁，陈毅亲自动手点演旧戏，大演才子佳人，牛鬼蛇神，连看三个晚上，兴趣十足，简直入了迷。

同年，××外宾访华，刚到上海十分疲劳，陈毅却安排外宾当晚看昆戏，内容低级下流。外宾不感兴趣，打瞌睡，后来中途退场，陈毅却舍不得离座，坚持看到剧终。

同年，陈毅去印尼访问，七天之内竟看了五个西方电影，内有"美国女郎""日本采珠女"等，内容是裸体、武侠、黄色、反动俱全。对这些毒草影片，陈毅不仅毫无反感，反而大加吹捧，津津乐道，真是个逐臭之夫。

一九六一年五月，外事口党內头号走资本主义道路的当权派陈毅，率领特大号代表团出席了日內瓦会议。当时正是帝、修、反联合大反华，我们又遭到了连续三年自然灾害，国內外阶级斗争极其尖锐、复杂的严重时期。

在历经数月的会议期间，陈毅非但不高举毛泽东思想伟大红旗，认真贯彻毛主席的革命外交路线，和帝、修、反作坚决的针锋相对的斗争，反而大吃海喝，尽情游乐，和阶级敌人鬼混，沉浸在资产阶级的糜烂生活中，严重丧失了共产党人的基本立场。

下面，我们避开日內瓦会议本身，从其它几个角度看看陈毅日內瓦之行究竟干了些什么。

特 大 号 代 表 团

陈毅这次率领的代表团由三百余人组成，为各国代表团中最大者。代表团下设礼宾、接待、翻译、保卫、总务等十大组织，单单总务组又分设司机、(中、洋司机共四十余名) 炊事、(包括从北

京饭店抽调的四川、浙江名厨师七名）招待服务等小组（男、女招待员共十多名）。此外还有理发师、洗衣员等等，真是应有尽有，可称"日内瓦的中国小外交部"。

級別分明，两种待遇

陈毅率领数百人马，浩浩荡荡来到了日内瓦，这下可忙坏了使馆工作人员，他们到处奔跑，为这班官老爷寻找住房。使馆为陈毅等租了二处别墅，一座公寓，另在"大都会"旅馆里也租了两套房间。陈毅夫妇及其它"高级官员"住在占地二万多平方米的"×山别墅"，室内的布置从整套沙发，高级地毯到丝绒窗帘，从大型熊猫牌花地式收音机到才子佳人的挂画，鱼虫花木的象牙玉石雕刻，都是用飞机从国内千里迢迢运来的。但陈毅等还嫌不够，又大肆挥霍外汇购买大批的浴衣、睡衣、拖鞋等洋货。

陈毅这班老爷们舒舒服服住下来了，而一般工作人员却象沙丁鱼一样地一群群挤在一起。他们住在陈毅房间顶上的阁楼里，睡的是行军床。尽管这样，仍然没安安稳稳呆上几天，不久他们又被赶到库房里去住了。因为楼下的陈毅发了脾气，说他们的走动声妨碍了他的休息。

大吃海喝，游山玩水

陈毅专机往返日内瓦途中，所经我驻外各使馆无不排席设宴，美餐一顿。途经匈牙利时，机场专门备有"古拉其"即赫鲁晓夫的"共产主义"——土豆烧牛肉迎候。这些老爷们在日内瓦逗留期间，一日三餐鱼肉荤腥、山珍海味，厨师稍有怠慢就要遭到训斥。有一次，付部长×××来迟了，厨师没有准备好饭荣，他便大发雷霆，威胁道："不吃了！"

陈毅等置会议期间紧张的阶级斗争于不顾，游山玩水倒兴趣十足。他大逛风景区，有时十几辆汽

排车，成一字长蛇阵，前有瑞士警察摩托车开道，好不威风！于是，陈毅诗兴大发，便挥笔大作黑诗，吹捧资产阶级政治代表为"弱者代言人"。以王光美式的陈毅老婆张茜为首的夫人们，除了参加宴会外，就是逛商店，游山玩水。她们闲得无聊，于是大使×××献计，专门组织她们游览瑞士、意大利风景区卢加诺等地。该地区距日内瓦约三百公里，一去就是几天。

陈毅等对西方电影极感兴趣，以"作为休息"等为借口，大肆欣赏西方"尖端"黄色片，如"拿破仑传记"、"基督山恩仇记"以及修正主义反动影片"静静的顿河"、"明朗的天"等等。看后，他们还大有感慨地说"有新技术"。

大搞特殊，偷漏关税

在陈毅等主要成员的带头下，代表团刮起一股爭买洋货的歪风。当时国内正值困难时期，有人买了许多肉类罐头、奶粉、花生油、干酪等带回国内，造成极其恶劣的政治影响。陈毅还"下令"，不论有否手表，每人都可以买一块。回国时，海关免验，偷漏国家关税。……

外事系統夺权斗爭簡介

在上海"一月革命"的鼓舞下，外事系统无产阶级革命派热烈响应伟大领袖毛主席的号召，向以陈毅为首的党内一小撮走资本主义道路的当权派展开了英勇顽强的夺权斗争。在这场你死我活的大决战中，党内一小撮走资本主义道路的当权派不甘心于即将灭亡的命运，拚死地抵抗，千方百计地进行反夺权。二、三月间，他们在外事口掀起了一股自上而下的资本主义复辟的反革命逆流，扶植保守势力，对革命派大动干戈猖狂围剿，把外事系统的一些坚定的革命造反派组织重新打成"反革命"，实行白色恐怖；他们大搞官复原职，"恢复建制"，取消监督等反夺权活动，一些走资本主义道路的当权派也纷纷跳出来反攻倒算，大刮翻案风，使外事口的文化大革命运动变得冷冷清清，面临夭折的危险。

从我们对外交部、对外文委、外文局、国际书店、中侨委、对外经委、外交人员服务局、北京外国语学院……等十三个单位夺权斗争的调查来看，大量的事实充分说明，外事口的夺权斗争是十分尖锐、激烈、复杂的，斗争是有反复的，阻力是很大的。这种阻力主要来自以陈毅为首的党内一小撮走资本主义道路的当权派。他们的罪恶活动主要有以下几个方面。

一、一些单位无产阶级革命派进行了自下而上的夺党内一小撮走资本主义道路当权派的权，例如外交部革命造反联络站的1·18夺权、对外经委红色造反联络站的1·20夺权、外专局毛泽东思想革命造反团的2·7夺权……等等。以陈毅为首的党内一小撮走资本主义道路的当权派对此怕得要死，恨得要命。他们表面上假惺惺地表示"支持"、"承认"、"祝贺"、"接受监督"，甚至甜言蜜语，企图拉拢，搞什么"合作"。而当他们的阴谋破产之后，就大力扶植保守势力，对革命派大肆围攻，企图把革命派"整垮"，逐步实现反夺权。例如在陈毅及部党委内一小撮走资本主义道路当权派的支持和操纵下，保守势力在二月初就发起了对外交部革命造反联络站的疯狂攻击。他们公然违抗总理对联络站1·18夺权的肯定和支持，叫嚣这次夺权是"机会主义"、"改良主义"的，咒骂联络站是外交部文化大革命的"绊脚石"、"障碍"，公开煽动"再来一次夺权"，叫嚷联络站"必须解散"，"外交部必须大乱"，企图进行反夺权。二、三月间，党内一小撮走资本主义道路的当权派勾结保守势力，利用联络站整风之机，抓住革命派的个别缺点、错误，任意夸大，无限上纲，逼"联络站'低头认罪'"，攻击联络站夺权是"方向错误"，"为了一官半职"，是"个人野心家"，企图一举整垮联络站。对外经委主任方毅在陈毅的支持之下，也勾结保守势力，向红联站猖狂反攻倒算，攻击红联站夺权"方向错了"，是"绊脚石"、"非法组织"、"逆流"，压红联站"解散"、"交权"，方毅甚至猖狂地要红联站就批判陈毅2.12机场讲话一事向陈毅"赔礼道欠"、"承认错误"，交出批判方毅反动路线的"黑"材料。外专局毛泽东思想革命造反团在整风中也同样遭到保守势力的围攻，被打成"牛鬼蛇神的避风港"、"大方向错了"。在这种形势下，党内一小撮走资本主义道路的当权派和问题严重的当权派以为时机已到，公开跳出来向革命群众反攻倒算，他们叫嚷："给我平反"、"在大会上给我赔礼道欠"、"夺权是方向错误"、"你们（指造反派）执行资产阶级反动路线比我还厉害"、"新当权派不如老当权派"。其中最为猖狂的就是陈毅。他一方面鼓动保守势力再接再厉，施加压力，甚至当面封保守组织为"左派"，给他们撑腰打气；另一方面赤膊上阵，破口大骂造反派"夺权夺过了头"、"太猖狂了"、"没有好下场"、"比王明路线还厉害"、"要走向自己的反面"，骂造反派是"典型的两面派"、"赫鲁晓夫式人物"，叫嚷"权要收回"，气焰十分嚣张。

二、某些单位造反派组织之间对夺权问题，存在着分歧，以陈毅为首的党内一小撮走资本主义道路的当权派就施拉一派打一派的毒计，拉拢、怂恿、利用夺了权的某些组织的头头，使之成为打击、瓦解、压制革命派的工具，为资本主义复辟开辟道路。例如北京外国语学院红旗大队某些头头背着红旗革命造反团、六一六红卫兵团、32111红色造反团等革命组织，在1.19独家抢权之后，在陈毅和部党委内一小撮走资本主义道路的当这派的支持、怂恿下，矛头一直向下，大整干部，大扫群众。他们把大批站出来支持造反派、揭发以陈毅为首的党内一小撮走资本主义道路的当权派的干部打成"反革命逆流"、"反攻倒算的代表"、"三反分子"，压制干部起来革命；他们把过去受蒙蔽，现在要起来革命的广大群众打成"老保翻天"、"极左派"，会上声讨，会下围攻，大扫特扫，扬言要"扫死为止"，"扫到共产主义"，压制广大群众起来革命；他们集中力量，围剿红旗革命造反团等革命组织，公然为陈毅、刘新权之流反攻倒算，说什么红旗革命造反团前一阶段坚决批判陈、刘的资产阶级反动路线的革命行动是"无政府主义的典型表现"，"炮打无产阶级司令部"、"方向错误"，把红旗革命造反团打成"极左派"、"反革命"、"逆流"、"还乡团"、"叛徒"，甚至大肆打、砸、抢，不断制造武斗流血事件，对革命造反派实行白色恐怖。类似情况在外事口所属其它单位也发生了。有的单位把站出来支持造反派的干部打成"三反分子"、"政治大扒手"、"跳梁小丑"、"反革命两面派"。某些组织夺权后把大批一般干部扫地出门，组成劳改队劳改，甚至把党支书以上干部一律游街示众，而对党内一小撮走资本主义道路的当权派眉来眼去，包庇怂恿。某些单位把最坚定的革命造反派组织打成"要把陈毅拉下马的反革命组织"、"反革命逆流"，对这些组织实行盯梢、跟踪、监视，强令"解散"，同时，压制过去受蒙蔽的广大群众起来革命，大抓所谓"顽固蛋"，大扫所谓"老保"。在陈毅的指挥下，资本主义复辟的反革命逆流大肆泛滥。

三、以陈毅为首的党内一小撮走资本主义道路的当权派为了控制夺权斗争，调和走资本主义道路当权派和广大革命群众之间的对抗性矛盾，为搞假三结合准备条件，在外事口某些单位导演了自上而下假夺权的丑剧。红旗杂志1967年第三期社论中指出："这一次向党内一小撮走资本主义道路当权派的夺权，不是自上而下的撤职和改组，而是毛主席亲自号召和支持的自下而上的群众运动。"陈毅之流却公然反其道而行之。1月19日下午陈毅亲自打电话给外办付主任李一氓，叫他通知外办所属各单位"布置"夺权，李一氓当即通知各单位当权派召集群众组织"动员"夺权，大搞和平让权的丑剧。有的单位由于造反派组织的坚决抵制未能得逞（如外专局），有的单位保字号组织慌慌张张抢权之后，遭到广大革命群众的严正斥责而宣告破产（如对外文委的1.19夺权）。

四、以陈毅为首的党内一小撮走资本主义道路的当权派在二月份掀起了一股资本主义复辟的反革命逆流之后，大肆围剿造反派。三月份，他们以为时机成熟，大搞官复原职，假三结合，逐步实行反夺权。例如陈毅在外交部指示"恢复司、处长业务"，气势汹汹地叫嚷："恢复行政系统，由造反派一概控制是不好的"，"部、司、处、科一整套的恢复"。有些人马上唱和，叫嚷："司、局长各就各位"、"监督就是干涉，干涉太多，就没法工作了"。于是一些走资本主义道路的当权派和问题严重的当权派官复原职，被指定出来领导业务。陈毅还亲自打电话叫外办付主任王屏（被革命群众宣布"靠边站"）官复原职，派人到武汉把对外文委主任宋一平（原武汉市委文教书记，被武汉革命造反派揪回去斗争的）保送回来。陈毅更明目张胆地破坏革命的三结合，在对外文委、对外经委等单位指名圈定三结合对象。为了排斥革命造反派，扶持保守势力，陈毅肆意歪曲无产阶级革命派大联合的方针，大放厥词胡说什么："都是左派容易偏左，都是缓和派容易偏右。"在外事口大力推销所谓"左、中、右选派代表组成最高权力机构"的黑货，企图破坏革命派的大联合，使权力落到保守势力手中，篡夺无产阶级革命派夺权斗争的果实。

以陈毅为首的党内走资本主义道路的当权派的大量罪恶活动使外事口夺权斗争屡次遭挫折，革命造反派受到残酷的压制和打击，文化大革命出现了冷冷清清的局面。外事系统的无产阶级革命派忍无可忍，三月底再次爆发出了"万炮齐轰部党委，烈火猛烧老陈毅"的怒吼。这一革命行动立即得到了地质东方红、师大井岗山、北航红旗、清华井岗山等许多大专院校革命造反派组织的坚决支持。外事系统的革命造反派高举毛泽东思想伟大红旗，正进一步团结来起，下定决心，不怕牺牲，冲破重重阻力，向以陈毅为首的党内一小撮走资本主义道路的当权派猛烈攻击，誓把外事口的无产阶级文化大革命进行到底。

红一团社会调查组

最 高 指 示

《世界上一切革命斗争都是为着夺取政权，巩固政权。而反革命的拚死同革命势力斗争，也完全是为着維持他們的政权。》

陈毅指揮外事口資本主义反革命复辟大事記

（一九六七年一月～四月）

红一团社会调查组

1月18日

外交部革命造反联络站根据17日周总理、江青同志关于夺权问题的指示，进行了自下而上的夺权，取得了外交部夺权斗争的初步胜利。

当晚10点20分至11点，陈毅在人民大会堂小山东厅接见了革命造反联络站的工作人员，代表总理和他自己表示支持和同意这次夺权。他说："这（指1.18夺权）完全符合毛泽东思想，符合中央精神，我们完全站在你们一边"、"祝贺你们的胜利"、"你们接管了外交部的大权，希望你们很好地掌握这个权"、"我们依靠你们，跟你们站在一起，这个你们可以在实践中来考验，在监督中来考查。"

可是，三个月来的事实充分说明，陈毅是一个典型的**两面派**，阴一套，阳一套，口蜜腹剑，先拉后打。夺权后不久，陈毅就公然违背总理指示，不仅不支持革命造反联络站，反而百般压制、刁难，逐步实现反夺权。他和部党委竭力扶植保守势力，向联络站大举进攻，利用联络站的一些缺点、错误，企图把联络站整垮。以至最后陈毅乘联络站整风之机，赤膊上阵，公开谩骂、攻击联络站，进行猖狂反扑。

1月19日

陈毅为了控制外事系统的夺权，于19日下午亲自打电话给外办付主任李一氓，布置外事系统自上而下的假夺权。陈毅在电话中对李说："外交部已经夺权了，你们可以通知对外文委、外专局、外贸促进会、旅游局、外文局等单位，把他们的几个单位的造反派组织负责人找来（指找到外办），和他们商量""现在无论那一派来夺权都要表示欢迎，赶快把权交出去……。"李一氓当即通知外办付主任郝德青，叫郝通知对外文委。李又通知外 事 政 治 部付主任王屏，由王屏通知外文局；李通知了外专局、外贸促进会、旅游局，布置夺权。由于陈毅暗中捣鬼，由当权派出面"动员"群众组织夺权，使外事系统的夺权斗争遭到了严重的挫折。

在陈毅的指挥棒下，1.19在很多外事单位同时发生了"夺权"。

假夺权的典型例子是对外文委的1.19"夺权"。郝德青从李一氓处得到了陈毅的指示后，下午四次打电话给对外文委党组书记宋一平（有严重问题）商议，要他出面叫群众组织夺权，宋通过主任秘书×××向文委保字号组织红色造反团的负责人通风报信。当晚七点半，红色造反团七、八个人背着其他革命组织夺了权，当即引起了广大革命群众的反对，和他们辩论到深夜三点多。群众感到事情可疑，揪来了郝德青、宋一平，他们不得已交代了陈毅指使假夺权的密谋，这次假夺权就此宣告破产。

1月19日晚9时，外语学院红旗大队某些头头出于小团体的私利，排斥了从白色恐怖中杀出来的造反派组织红旗革命造反团、六一六红卫兵、最高指示红卫兵、32111红色造反团、毛泽东思想红旗红卫兵、毛泽东思想红卫汽车兵等，慌慌张张，偷偷摸摸演出了一场抢公章、夺钥匙的抢权丑剧。此后，红旗大队的头头非但不承认自己的错误，反而狂妄地叫嚣："苍茫大地，我主沉浮"，"一切权力归红旗"，利用权力排斥、压制一切持有不同意见的革命干部、革命组织和革命群众，实行资产阶级专政。

1月20日

对外经委革命造反派组织"红联站"自下而上夺了权，对外经委主任方毅曾表示支持，并签了字。但是方毅是心怀不满的，二、三月份在陈毅的直接包庇和指挥下，方毅跳了出来，向革命造反派大搞反攻倒算。

1月21日

外语学院红旗大队的头头刚上台两天，就利用"六一六红卫兵团"刘令凯同志的错误，把他打成"现行反革命"。1.21凌晨市公安局来逮捕刘令凯，早上周总理三点指示到校，命令缓捕。但红旗大队头目扣压和违抗总理指示，协助公安人员把刘令凯同志捕走（第二天，由于周总理、中央文革亲自干预，刘令凯同志获释）。此后，红旗大队头头更大张旗鼓造谣攻击红旗革命造反团和六一六红卫兵团是"一丘之貉"，"炮打无产阶级司令部"等等，横加罪名，妄图一举搞垮造反团和六一六红卫兵团。

身为外事口最高负责人陈毅对这样重大的事件默不作声，置若罔闻，联系到陈毅说过的："外语学院有个刘司令（指刘令凯同志），他要打倒陈毅，看是你打倒我，还是我打倒你。"岂不令人深思吗？

1月24日

下午，陈毅在人民大会堂向外事系统革命群众作了18分钟的"检查"。周总理、陈伯达同志都讲了话。周总理讲话中提出："今后我就转到别的口子去了，外事口以后他（指陈毅）就多出面了，你们大家看好不好？"群众一致支持周总理的意见，同意给陈毅以改正错误的机会。

可是陈毅在检查之后，拒不改正错误，悍然推翻了自己的检讨，说什么："是逼出来的"，"事实证明，我去年说的许多话没有错（接着补充一句：没全错）。现在看来还得按我说的话做。如果早按我说的做，不会搞成这个样子"。陈毅的检讨是彻头彻尾的假检讨，他完全辜负了毛主席、林付主席、周总理和中央文革对他的耐心帮助和教育，在外事口利用职权，续继包庇一小撮，打击革命派，掀起了一股资本主义反革命复辟的逆流，使外事口的文化大革命面临夭折的危险。

1月25日

下午两点，二外红卫兵数十人（其领导核心中有调到二外学习的原文委干部二人）突然跑到对外文委去夺了权。事先，他们根本未与文委革命组织和革命群众商量，完全违背了应由本单位革命左派自己夺权的精神，而陈毅却在夺权后两小时（下午四点）立即打电话表示支持二外红卫兵的夺权，以后还多次予以肯定。

在陈毅的大力支持下，二外红卫兵夺权后没有斗过一次文委走资本主义道路的当权派，矛头一直向下，对准了文委的革命造反派组织——革命造反联队。1月27日晚，二外红卫兵夺权委员会在文委原值班室秘密召集文委保字号组织开会，会上决定压造反联队解散，如果压不垮，就把她"彻底搞臭、抹黑"。1月28日，二外红卫兵就以对外文委最高权力机构的身份"勒令"联队解散，围攻联队的大字报纷纷贴出，形成了一个围剿革命派的高潮。夺委会大叫什么："文委必须大乱，目前还看不出哪一个是革命的，哪一个是真造反的"，"联队是大杂烩"，攻击联队："把陈毅看成自己的死敌，你们对陈总都下得了手，这能说大方向是正确的吗？""你们是从阴暗角落刮出来的阴风"，压联队"解散"，妄图一举压垮造反派，在这种情况下，联队曾多次要求陈毅接见，表明态度。一向热中于"和稀泥"的陈毅，这次却丝毫不打算"和稀泥"。1月28日陈毅在接见文委双方代表时，联队代表当场驳斥种种谬论，说明联队是造反派组织，大方向始终是正确的，决不能解散。但陈毅根本不予理睬，不表态，实际是怂恿保守派围剿革命造反派。

2月2日

外交部革命造反联络站决定进一步全面夺部党委的权，这时陈毅假惺惺地表示"支持"。他说："完全支持、赞成、理解你们的行动，同意你们成立革命造反委员会"，"监督是二月革命，不是十月革命"，（意思是说，只是监督不够，应当进一步夺权）。部党委成员"何必占这个位子"等等。

但是，事隔不久，陈毅就跳出来大喊大叫："联络站夺权过了头，这过头的部分实际上是夺了中央的权，夺了我的权"，攻击联络站"夺权后脱离群众，以势压人，对联络站以外的组织拉一派，打一派"，宣扬什么"不参加联络站，不等于就不是造反派，参加联络站的不一定都是造反派"，煽动群众反对联络站。于是陈毅的应声虫们也纷纷攻击起外交部革命造反联络站来。外语学院红旗大队某些人在2月4日的声明中也大声叫喊："外交部……真正的左派队伍尚未形成，夺了权就是'左派'，这是错误的。""造成外交部严重的一言堂……甚至有拉一派，打一派，把矛头指向群众的现象。""外交部革命造反联络站的夺权，实际上是不彻底的改良主义的'二月革命'。"煽动"来一次'十月革命'"，"重新夺权"，攻击联络站"实际上起到了破坏全外事系统革命造反派大联合的作用"。"外交部必须大乱！""外交部联络站根本无权，也根本不能代表外交部一切真正革命造反派的同志的意见。"要联络站向保守派组织"公开承认错误"，"赔礼道欠"。外交部的保守势力也趁机大肆攻击外交部造反联络站，大有摧垮之意，企图进行反夺权。

2月4日

陈毅和外办造反派谈话中，大肆攻击造反派"左得厉害"，并恶毒地攻击左派说："我要当左派也很容易，领头冲××国大使馆就行，我也曾设想，运动初期支持群众或许好些，牺牲一些干部，换得个左派的称号"。

2月6日

归国留学生革联提出要求召开"控诉驻外使馆资产阶级反动路线大会"，陈毅办公室打来电话阻止说："不能开"。

2月7日

陈毅看到刘少奇的末日已经来到了，不禁心疼地出来为这个党内最大的走资本主义道路当权派、中国的赫鲁晓夫鸣冤叫屈，大声疾呼："现在与刘少奇的矛盾是人民内部矛盾。"妄图挽救刘少奇的灭亡的命运。他还故作镇静地说："（给刘少奇）贴一些大字报没关系，大民主嘛！"

2月9日

陈毅在国务院小礼堂接见外交部革命造反联络站部分工作人员和各战斗队队长，驻外使馆各战斗队队长，主要内容是：

1）对革命造反派横加指责，诬蔑他们与资产阶级反动路线作斗争是"发泄私愤"、"发泄感情"，并大肆贩卖黑《修养》的黑货，说什么："不要伤害同志的感情"、"不要冲动"、"将来你们当了权，他拿这一套来对付你们，你们作何感想？"威胁革命造反派"这样下去要犯方向、路线错误"、"伤了感情，合不到一起，怒目而视，吹胡子瞪眼睛，这没有好处，人家记你一辈子，一遇到机会就报复。"指责造反派"搞左了，伤了很多人，这怎么给你掌权？将来你掌了还了得？"向造反派大泼冷水，施加压力，这与刘少奇黑《修养》中叫嚷的不要"任意伤害党员"、"己所不欲，勿施于人"、"能爱人，能恶人"等等完全是一付腔调。

2）为自己反攻倒算作舆论准备：陈毅说："7、8月份我讲了许多错话，今天我还是要讲。在中央我是挨斗出名的，现在看到同志被斗，我的血管就紧张了，以前是斗完马上提出枪毙，不容你说一句话，我是刀下偷生"。"我讲这些话可能触犯一些人，我要惨遭牺牲。我愿意，我也不怕"，"把我这个桥拆掉不行"，"我不知道我晚年为什么犯这么大的错误"。"我经过十一月，十二月考虑才真正承认了错误，没有办法不能不承认……什么都承认，讲我是三反分子，反革命修正主义分子都承认，这靠不住，是假承认。这根本不是共产党员。"

3）为一小撮大鸣不平：陈毅："对同志不能说他是反革命，有证据是反革命可以报告公安局逮捕法办劳改嘛！""要让别人答辩，不然要定案时还要翻案，压服是不行的。"并说："要批判谁和党委打个招呼"等等。

2月12日

陈毅在机场外宾休息室当着姬鹏飞等当权派的面，对外交部革命造反派的同志大发雷霆，他说："你们都是造反派？造我的反？我是反革命？造反派见报我坚决不同意。"这时一位同志插话说："你误解了，现在就是来请示你。"陈毅说："请示？不敢当，不斗就感谢你了，当面请示，背后还不是骂我祖宗，典型的两面派！""你们不造帝国主义，苏修的反，专造我们的反！"又说："我有什么罪？我要有罪还当外交部长？不要太猖狂了，太狂了，没有好下场！"陈毅还厚颜无耻地推翻自己的检讨说："逼着我作检查，我还不认为我全错了，革命革了四十九年，没想到落到这种地步，我死了也不服气，我拼了老命也要斗争，也要造反。"并骂造反派是"赫鲁晓夫"、"无组织，无纪律"、"弄得人心惶惶，人人自危，早上还不知道晚上怎么样。"他还说："对外经委斗方毅斗了七天了，还没完，工作不能做。方毅同志在国民党时期坐了七年半牢，受过电刑，是个好同志，解放后工作兢兢业业，没有什么可指责的，对这样的老同志应该尊敬。你们造反派有这种气节？我表示怀疑。"大保方毅，压制对外经委革命造反派。陈毅这番讲话充分暴露他对革命群众的极端仇视，把一些恶毒的罪名强加在造反派头上，把无产阶级文化大革命说成一团漆黑，并狂妄叫嚣拼了老命也要"造反"，煽动一小撮党内走资本主义道路的当权派反攻倒算，长资产阶级威风，灭无产阶级志气，为外事口资本主义反革命复辟鸣锣开道。

　　2月14日

　　总理接见外交部司长以上干部时，陈毅利用这个机会，胡乱插话，大肆攻击造反派，他说："他们（指革命造反派）是少年得志，放肆狂妄，以势压人，这种人我才不信能成什么事！"攻击外交部联络站说："外交部造反联络站对外语学院等革命组织有大部主义，外语学院的革命组织（指红旗大队）在向我告状。"陈毅竭力包庇一小撮，他说："他们（指联络站）现在要拉我整你们（指付部长），我同造反派说，斗付部长必须得到我的批准。"企图相互包庇，共同对付造反派。

　　2月14号

　　一月份在外交部成立了一个与革命造反联络站相对立的组织——"外事系统革命造反联络委员会"。外语学院的红旗大队在这个"委员会"中十分活跃，其主要工作就是对联络站进行攻击诬蔑。红旗大队散发了大量"声明"、"宣言"否定联络站的夺权，叫嚣要搬掉联络站这块"绊脚石"、"联络站必须彻底解散"等等。早在去年12月20日联络站刚刚成立的时候，外交部党委就公开敌视他，12月24日部党委召集司长，保字号文革筹委会常委和文革小组长开会，布置他们"说服革命造反联络站自行解散"。×××付部长亲自出马，两次找联络站负责人谈话，动员联络站"解散"，在部党委指挥之下，一些坚持资产阶级反动路线的当权派也群起而攻之。例如办公厅专员张××攻击联络站"实行阶级报复"，政治部王×，宣传部徐××暗中调查联络站成员情况，准备秋后算账。红旗大队头头不顾周总理对联络站夺权的支持，顽固地攻击联络站，千方百计整垮联络站，他们的所作所为是为谁效劳，不是十分清楚了么？

　　陈毅在口头上竭力表示"支持"联络站，而在实际上则另是一样。

　　2月14日晚10点半至11点半，陈毅在人大会堂某小厅单方面接见了外事系统革命造反联络委员会部分代表，大耍拉一派，打一派的卑劣手腕。他说："他们（指联络站）要想搞我，他们的权要被收回，也就造成他们垮台的条件"。"有些人想权越大越好，越多越好……受监督的人不满意，于是想把权收回"。"你们说得有道理，如果他们（指联络站）是那样的，就是错误的"。"联络站的问题，你们谈了，我了解一些，我也反映给总理了，总理在考虑，他也了解一些，我准备把这些意见直接交给外交部联络站，要他们回答。"陈毅还说："外交部联络站代表一派，代表一种思潮，代表一种感情，代表一种要求，你们十几个单位代表一派，一种看法，一种思潮，一种感情，你们有革命要求，你们团结得比较好，比较一致。"（请问陈毅，联络站有没有革命要求？是不是革命组织？你转弯抹角地捧一方，贬一方，居心何在？）陈毅还说："监督的权要有一定的限度，不能太大，什么人都去监督，历史怎么样？有没有经过革命考验？需要调查清楚，不能什么人都来监督。"（难怪部党委中某些人暗中调查联络站成员的材料。）

　　2月16日

　　陈毅接见"控诉驻外使馆反动路线罪行大会"筹备处代表在长达七小时的谈话中，陈毅大放厥词，疯狂地攻击以毛主席为代表的无产阶级革命路线，攻击无产阶级文化大革命，否定革命造反派，为党内一小撮走资本主义道路的当权派鸣冤叫屈，公然为刘少奇，朱德，贺龙等翻案。

陈毅大叫："刘少奇八大报告中不提毛泽东思想也作为一百条罪状之一，这报告是毛主席、政治局决定的，我一直在场，外面有刘少奇罪状一百条，有的是捏造，有的是泄密，完全为党、毛主席脸上抹黑。""去年我反对大字报上街，现在还要反对……刘少奇的大字报在王府井贴了一百多张，把密都泄出去了，给我们伟大的党脸上抹黑。"公然为党内最大的走资本主义道路的当权派翻案。

陈毅恶毒地叫嚷："打倒刘、邓、陶、朱、贺，为什么要放在一起？各有各的账，L打倒大军阀朱德J，干了几十年，这不是给我们党脸上抹黑？一揪就要祖宗三代，人家会说，你们共产党怎么连八十一岁的老人都容不下。L打倒大土匪贺龙J，这中央根本不能同意的"。

"贺龙是政治局委员、元帅，现在要砸烂狗头，这能服人吗？人家不会说你们共产党究竟是什么人？人家骂共产党是过河拆桥。"这段话充分暴露了陈毅顽固站在刘、邓黑司令部一边，死不回头的反动面目。

陈毅打着"老干部"的招牌，处心积虑地攻击毛主席的无产阶级司令部，含沙射影地攻击中央文革，他说："现在毛主席身边的人是否可以相信呢？我们相信谁？相信毛主席、林彪、江青、总理、陈伯达、康生，就只有这六个人？承蒙你们的宽大，把五个付总理放进去，这样一个伟大的党，只有这么几个人干净？我不愿意要这样的L干净J，把我拉出去示众！使人伤心啊！成千成万的老干部被糟踏了！光工作组就有四十万，搞得好苦！我不能看着这样下去，我宁愿冒杀身之祸"。"去年七月讲是资产阶级反动路线，现在我还要讲，新反扑也行，惨遭灭顶还要讲，准备人家把我整死。""那么多老干部自杀，他们这都是为什么？（用力狂叫）这样要我们交权，我们很寒心，我们不敢交，我们不放心哪！"

陈毅对革命小将、革命群众横加指责，全盘否定，大骂："你们太猖狂，不知天高地厚。""非常左"，"水平越来越低""我犯了方向路线错误，执行了刘、邓路线，今天轮到你们来犯这个错误了。"妄图把执行资产阶级反动路线的罪名强加在革命小将头上。

2月17日

对外经委《红联站》的同志向总理和中央文革小组写了一份报告，主要说明方毅在运动中犯了方向、路线错误，必须批判，陈毅2月12日在机场指责造反派毫无道理，必须承认错误。但有人把报告偷走，送给方毅。于是2月20日方毅大发雷霆，大骂"红联站"负责人："你们的报告是给陈总扣上了一大堆帽子，客观上是针对总理的。"压迫革命派立即向陈总"请罪"，并赤膊上阵地威胁说："你们执行资产阶级反动路线比我还厉害！""这次你们没有抄我的家，如果抄了，公安部就要抓人。""幸亏你们没有把我整死，我要死了，对外经委就要大乱了！"对这样疯狂倒算的方毅，陈毅公开保他过关，三月中旬，陈毅对红联站代表说："方毅明后天检查，要过关，我有时间要出席。""把方毅同志解放出来，对外经委就走向了一个新的阶段。""方毅同志是个好干部。"于是方毅在经委更是肆无忌惮地向造反派反攻倒算。请看这主仆二人配合得多么好，互保过关的"攻守同盟"订得多么巧妙！

2月21日

陈毅在中南海接见对外文委的二外红卫兵夺权委员会、革命造反联队、井岗山革命造反联络站的代表，讲话主要内容是：

1. 点名圈定"三结合"对象。陈毅说："二外红卫兵夺权（指在文委夺权）是革命行动，但还未完成，可以与陈中经，周一萍，楚图南（三人均为文委付主任）结合，"楚图南这个人比较好，老党员，没有民主人士的自由主义，是比较正派的，可以用。""他（指楚）是个很好的同志，至少是个二类干部。"

2. **对群众运动划框框，定调调，保王屏、罗贵波等人过关。** 陈毅说："王屏、郝德青要与张彦有区别，开一次会，作一个报告，大家批评批评就行了。""先斗张彦可以，要同外办结合着斗，也不要无休止地斗下去，要给他一个改过的机会。罗贵波（外交部付部长、对外文委第二工作组长）是否就算了，不要揪他了，他在你们那儿时间也不长，也没作什么事情，就不要再批判他了。"（罗贵波压制群众揭发批判黑帮分子张彦，迫害监视被第一个工作组打成"反革命"的同志，整群众的黑材料，建立由党组操纵的保字号革委会，这是"没有作什么事"吗？）

2月22日

陈毅在国务院小礼堂接见外专局革命造反派组织毛泽东思想革命造反团的几名代表和陈毅指定的两名外专局领导干部陈旭东、董玉昌。讲话中：

1. 陈毅重申中央、国务院、外办批准毛泽东思想革命造反团二月七日的夺权。

2. 动员陈、董二人公开站到革命造反派一边。

3. 要毛泽东思想革命造反团整风，并说："不要怕搞垮自己"、"不行的可以撤换，不要自己保自己。"后来，在整风期间，保守势力重新抬头，对造反团进行围攻。

2月24日

归国留学生坚持要求召开"控诉驻外使馆资产阶级反动路线大会"，一再受到陈毅的阻拦和压制，原定二月二十五日召开，二月二十四日下午四时，陈毅办公室打电话通知说：

1. 这样的大会没有得到总理和陈毅的同意不能开。

2. 如果他们（指大会筹备处）一定要开，那就由他们负责，党委、大使、参赞一律不参加。

3. 今晚十点筹备组派十名代表，陈毅接见。

当晚陈毅接见时，竭力劝阻召开大会。理由是：1）怕失密。2）怕搞武斗。3）不了解情况，不能表态。由于陈毅的阻挠，大会再次延期。

3月1日

上午约11点，陈毅办公室打电话通知外文局，说陈毅批准三反分子罗俊（外文局局长）休息十天。

3月5日

陈毅办公室打电话给归国留学生"控诉驻外使馆资产阶级反动路线大会"筹备处，再次阻挠召开大会，说："这个会最好不开，这样的会现在已经不开了，如果一定要开，只限于小范围内开，不请外单位，如红代会。中央首长不参加。"

3月7日

中侨委两派革命组织于1月19日至1月25日期间，进行了四次夺权，第四次是由中侨委革命造反总指挥部排斥其他革命组织夺了权。得到了陈毅和廖承志的支持。3月7日零时，陈毅给中侨委革命造反总指挥部四点指示：

1. 首都归侨东方红公社和中侨委革命造反公社的大方向始终是正确的。首都归侨东方红公社带头撤出中侨委是革命左派的革命行动。

2. 首都归侨东方红公社撤离以后，要很好地进行整风，打倒"私"字。

3. 今后不许冲和砸，要暂停有关尖锐批判对方（中侨委"联夺"）的文章和广播，而以正面宣传为主。"总指挥部"广播站应广播毛主席语录及报纸上报导的有关全国各地的夺权经验。

4. 各地归侨组织的联络站要撤出中侨委。

陈毅、廖承志拉一派、打一派，使得两派组织之间产生了严重的分歧和对立。

3月7日

陈毅在和外交部革命造反联络站代表谈话时，联络站核心小组同志问陈毅："最近 传说刘少奇顽抗，要和毛主席辩论，并撤回了他的检查，是否有此事?"陈毅答："沒有 这 回事。"他还故意给这些党內最大的一小撮走资本主义道路当权派的反动本性涂脂抹粉："有谁敢跟毛主席对抗?毛主席威信这样高，谁也对抗不了! 刘、邓已被彻底打垮，低头认罪了"。公然 和 主席的"凡是反动的东西，你不打，它就不倒。"的教导唱反调。

3月8日

晚七点四十五分至三月九日晨两点陈毅接见外交部"部分群众组织"（即与 联络站 对立的组织）。

自二月二十六日外交部革命造反联络站开始整风，党內一小撮走资本主义道路的当权派勾结保字号组织，利用整风提意见的时机，对联络站发起了总攻击，攻其一点，不及其余，甚至要联络站"低头认罪"，保字号组织叫嚣要联络站解散，要封联络站的门，气焰十分 嚣张。陈毅除了多次谩骂，攻击联络站，为这股逆流推波助澜之外，专门接见了攻击联络站的组织，为他们撑腰打气，陈毅说："上次开会你们批评的意见是正确的，我支持你们"，"他们(指联络站)不接受当耳边风，甚至说成是自己的优点，这是无政府主义、宗派主义、个人主义、小团体主义、唯我革命。"、"保字号到处乱用，容易伤你们的感情"、"所谓保字号只是 5％"、"他们（指联络站）的错误是把自己当成造反派，把别人当成保皇派，固步自封，你们说得对，不改进，就要走向他们的反面。"、"他们如不改，我想总理会有第二步。"陈毅认为联络站还压得不够，还煽动说："整风不开门，就靠外力，内因通过外因一压就起作用了"、"叫他们做检查，听了以后再提意见"。"提意见后作检查，检查后还可以提意见，再检查，直到群众满意为止。"

陈毅在讲话中提出了旨在实现资本主义复辟的措施，他说："把行政系统恢复，……我们要解决这个乱"、"部、司、处、科单位一整套的恢复，这不是复辟"（原封不动地恢复旧秩序，不是复辟又是什么?）、"我们的司长、付司长可以站出来了，可以承认他们是司长、付司长"、"现在我有许多同志要保，除了黑帮。"、"现在我们正在恢复行政系统，由造反派来一概 控制 是不好 的"（原来所谓恢复行政系统是为了向造反派反夺权），并叫这些组织酝酿"行政系统怎样恢复"。

在陈毅明目张胆的指挥下，果然外交部內各个司同时刮起了资本主义反革命复辟的黑风，部党委取消了对司一级的监督权，大搞恢复建制、官复原职，指定一些有严重问题的当权派出来领导业务工作，一些走资本主义道路的当权派和有严重问题的当权派伙同 保守 势力也大造 复 辟舆论，向联络站反攻倒算，如说什么："你们（指造反派）比资产阶级反动 路线 还反动路线"、"你们13 天犯了两个方向错误"、"你们互相勾结，互相利用，有了一个共同目标，就走到一起来了"（按: 歪曲毛主席的话，用来攻击造反派，何其恶毒!）向联络站反攻倒算，叫嚷什么："造反派夺权夺错了"、"政治部夺权是方向错误"、"司局长应各就各位"、"监督就是干涉，干涉太多就没有办法工作了，造反派无权对司局长采取措施"、"新当权派(指革命造反联络站)不如老当权派"、"你们造反是为私造反"、"是为捞个一官半职"等等，一时围攻造反派之风甚嚣尘上。

3月9日

归国留学生"控诉驻外使馆资产阶级反动路线罪行大会"筹备处决定3月10号召开大会，9日晚9点陈毅办公室再次打电话阻拦，"建议推迟召开"，筹备处坚持不再延期，一定如期召开大会。10号临开会前几小时，陈毅办公室才打电话说："还是让他们开一次吧!"经过与陈毅的反复斗争，这一个大会终于在 3 月 10 日胜利召开了。

3 月 13 日

陈毅接见归国参加文化大革命的大使参赞。

不少人向陈毅诉苦，说对归国学生的批判"心不服"、"对立情绪很严重"、"不能讲话，不讲道理，硬要上纲上线"等等。

陈毅说："我向你们赔礼道歉！"要大使参赞"个人吃亏受冤枉，换得一个伟大的胜利"，甚至别有用心地胡说什么："我看这次挨了整的，转过来大有希望，没有挨整的倒反而有问题，很危险。"

陈毅对革命群众的评价是"大帽子很多，没有具体内容，所有大使都打成反革命"。他动员大使参赞向革命群众"作艰苦的思想工作"，"几顶帽子戴上了，说服他们再取下来。"（难道大使参赞的任务是"说服"群众给自己摘帽子、平反吗?）

最后，陈毅牢骚满腹地说："我不多讲了，讲多了又是新反扑。"

在陈毅的"同情"、"关怀"下，一些有严重问题的使馆当权派气焰越来越嚣张，近来，有的公然翻案，反攻。如××大使说："我相信党，不相信群众。"××大使说："如果中央错了，我就错了。"××当权派认为："造反派说了不算数，最后陈总说了算！"一个被斗的××使馆当权派大叫："打击面过宽了"，××大使诬蔑造反派"不要把好恶当政策"。××大使馆党委委员×××在国外就站出来，最早支持革命造反派，可是最近陈毅两次公开点名要揪他，被打成"政治大扒手"。

3 月 14 日

9 点 45 分至 13 点 30 分陈毅在中南海接见对外经委红色造反联络站"安排"方毅过关，"很快""解放方毅"，使方毅的检查"顺利通过"。胡说什么这是对外经委的"当前任务"，"把方毅同志解放出来，对外经委就走向了一个新阶段"。先后十次谈到保方毅过关，可谓费尽苦心矣。

陈毅在讲话中，歪曲革命派的大联合，胡说："都是造反派容易偏左，都是缓和派容易偏右"、"要有各方面的代表，中间派的一些观点可以参加"，事后，方毅果然在对外经委大搞左、中、右各派代表的大凑合，企图取代红联站，要红联站"准备交权"。

陈毅还别有用心地反复强调："业务是很重要的"、"不能因为文化大革命把业务停下来"、"恐怕抓生产，这是个最重要的问题"、"（方毅）业务挂帅，这是一般性错误，是好干部，比较好的干部"，公然反对政治挂帅，反对《抓革命、促生产》的伟大方针。

陈毅露骨地为党内一小撮走资本主义道路的当权派争发言权，宣扬资产阶级民主。他说："就是对走资本主义道路的当权派，也要经群众讨论，征求他本人同意，不能压服，完全是说服，群众同意，他同意，然后从宽处理"、"别有用心的人，牛鬼蛇神，不要主观去追求这个东西，否则就要犯大错误。他们自己暴露，他们也可以自己教育自己。"陈毅的反动立场何其鲜明。

3 月 15 日

方毅在对外经委作"检查""过关"，陈毅不辞劳苦，亲临指导，宣布"解放"方毅。此后，方毅得意忘形，气焰十倍，大搞资本主义复辟，猖狂攻击革命造反派，扶植保守势力，围攻"红联站"。

3 月 15 日

外语学院红旗大队的头头在 3 月 15 日突然掀起了一个全院性的所谓"反逆流"的高潮，他们闭眼不管刘、郝黑帮的猖狂翻案活动，却把矛头指向红旗革命造反团、六一六红卫兵团等革命组织，指向与他们持有不同意见的革命群众，革命干部，把他们统统打入"反革命逆流"。红旗大队的头目开动了全部宣传机器，日以继夜地用广播、大字报、传单、标语、大会、小会、马路战、楼道战、宿舍战、食堂战……等等手段，对红旗革命造反团和六一六红卫兵团进行大规模的残酷围剿，把造反团打成了"反革命逆流的代表"、"反攻倒算的急先锋"、"还乡团"、"上岸狗"、"极左加极右"、"叛徒"……甚至狂妄地宣布造反团是"敌人"、"战犯"，扬言要"打死为止"、"扫死为止"、"不投降就叫他灭亡"，他们攻击造反团的主要罪状之一，就是造反团过去提出"打倒陈毅"是"无政府主义者"、"极左派"，把批判陈毅所执行的反动路线斗争最坚决的革命闯将重新打成了"反革命"、"真游鱼"，公然帮助陈毅、刘新权混蛋工作队向革命小将反攻倒算。红旗头头还一再挑起毒打造反团战士的流血武斗事件。这场疯狂的罪恶活动持续了三周之久。

类似的借口"反逆流"而大整革命组织、革命群众的情况，在其他一些外事口的单位也发生了。

陈毅身为外事口文化大革命运动的负责人，却始终不露面，不吭声，装出一付"不知道"的样子，故意保持"沉默"，以为这样一来，就可以掩人耳目逃脱罪责。正告陈毅，你赖不掉，也溜不了。

3月15日

陈毅接见了归国生革联代表，布置他们"老老实实学习两周"。讲话中，陈毅掩盖阶级斗争、路线斗争的实质，宣扬"错误人人有份"。他说："大使、参赞对文化大革命抵触、怕，你们也有缺点，对立的双方是互相依存，大使和你们是矛盾的双方"、"你们也有责任，你们也有错"、"我叫你们亲爱的同志，你们也有缺点，你们也不是百分之百符合毛泽东思想。"陈毅还定调子说："回国人员、大使、参赞也要革命，都是革命同志"。

3月17日

在对外文委夺权的二外红卫兵，完全违背了毛主席关于夺权的指示。按照中央规定，不得不从对外文委撤走。这时陈毅提出来要"交好权，接好权"。为此，在3日17日晚7点半至11点55分接见了文委二外红卫兵夺权委员会和革命组织的代表。

陈毅在这次讲话中，完全不顾中央的指示和有关夺权的文件指示，再一次肯定"二外红卫兵夺权的大方向是对的"，最后陈毅作出了八点指示：

1. 二外红卫兵到对外文委夺权大方向是正确的。

2. 按三月十三日四单位会议纪要办事，立即成立一个临时权力机构，这个机构立即领导文化大革命，并进行业务监督。

3. 委、司干部暂时不参加，等以后条件成熟时再搞三结合。

4. 同意两大战斗组织不单纯派代表参加临时权力机构。

5. 临时权力机构成立以后，立即领导文委各战斗组整风，整风后再搞大联合，三结合，逐步完善、充实，成为真正三结合的权。

6. 贵阳经验很好，但要经过长期工作，各战斗组不要强调解散，到能够实行按部门联合时，再根据自愿的原则，取消战斗组织。

7. 二外同学可按规定离委、交权不开大会。

8. 必须照顾大局，有关方面要履行今晚的协议，在整风前各不要互相攻击。

在陈毅的及时"关怀"下，二外红卫兵把权交给了一个排斥革命造反派的临时拼凑起来的"临时权力委员会"手中。

3月18日

2月8日外文局红色造反团排斥了其他三个革命组织，独家夺了权，夺权之后，凡是不同意这次夺权的干部一律扫地出门，半天劳改，半天写检讨，例如政治部40多名干部，只留下7名，

（其中 6 名是红色造反团的成员），30 名干部被赶出政治部，监督劳动。红色造反团并借"反逆流"的口号，把其他革命组织打成"反革命"、"逆流"，实行高压政策，遭到广大革命群众的反对，许多同志纷纷退出造反团。

3 月 18 日下午，郝德青接见红色造反团代表，红色造反团坚持要郝德青对夺权表态，郝说："如果说你们这个夺权错了，国务院各个部夺权不都错了吗？你们响应毛主席的号召吆！"为之撑腰。

3 月 18 日

对外文委付主任宋一平曾长期担任武汉市委文教书记，在那里犯有相当严重的三反罪行，是三反分子李昌点名把他调来北京的。运动中被武汉造反派揪回武汉。这使陈毅很着急，于是假借总理名义，由二外红卫兵"夺权委员会"出面，接二连三打长途电话给武汉革命造反派，催促把宋一平送回北京。3 月 18 日宋一平回到文委，就要小汽车，要休假，接着就大肆诬蔑武汉革命造反派揪斗他错了，猖狂反攻倒算。

3 月 22 日

陈毅大搞资本主义复辟，却作贼心虚，竭力掩饰，他对联络站全体负责同志谈话中说："社会上有资本主义复辟逆流，但这不是外交部的主要倾向。"陈毅再次打着"老干部"的招牌包庇一小撮，他说："你们要主动地帮助这些老同志，使他们情绪不抵触，三十几年的老干部全炮轰掉，对党不利。外交部是文明些，别的部统统搞掉了，人都找不到"，"对老同志要切实帮助，不要指责、批评，要诱导。"

4 月 2 日

三月底、四月初，外事口再一次掀起了批判陈毅的高潮。陈毅妄图螳臂挡车，4 月 2 日陈毅接见除遵义兵团外的归国留学生时，再次对群众运动划框框，定调调，大泼冷水。他说什么："外交部文化大革命没有夭折的危险，要相信党，相信群众"、"怕夭折是对的，但你们要相信党"、"整风就是为了把温度降下来，冷静下来……"、"现在讲一句话，你们记下来，错了要澄清，半年以后还要澄清。今后要检查，几年以后还要检查，搞得人不敢说话，不敢暴露思想，我以前犯错误就是讲话讲多了"、"真正的革命派要顾全大局，不要随便戴帽子，首先要自我批评，否则很危险。"大力宣扬什么外交部、使领馆的问题没什么。陈毅公开与毛主席指示唱反调，说什么"我保护他们不是为了自己，我是为了党的利益。如果他们都是坏的，我就不派他们出去。"他给文化大革命公开划框框，说什么"坐下来，一个（当权派）有二、三个月就行了。"（指结束运动出国）吹起驻外使领馆文化大革命接近收尾的冷风。

4 月 4 日陈毅又接见了二外红卫兵文委夺权委员会，再次散布"大部分大使问题不大，可以出国"、"外交部文化革命并没有夭折的危险。"对批评他的革命群众威胁说："我的问题也和文化大革命一样，要有反复，但我相信毛主席、相信群众，相信党会做出正确的结论。"谈话中陈毅再次肯定了二外红卫兵在文委夺权"大方向是对的"。

于是有些糊涂虫又再一次跳出来为他"保驾"。外语学院红旗大队的某些人接二连三地站出来大喊大叫，什么炮轰陈毅是"方向路线错误呀"，是"逆流"呀，是"转移斗争大方向"呀，是"破坏毛主席的战略部署"呀……妄图阻挡外事口的革命洪流。

后 记

上述大量铁的事实雄辩地证明：外事口资本主义反革命复辟逆流的总指挥就是陈毅。

是陈毅在外事口下黑指示，搞自上而下的假夺权、和平让权，借口"三结合"大搞合二而一，调和、折中，千方百计地把党内走资本主义道路的当权派塞进"三结合"中去，以实现其反革命复辟的阴谋。

是陈毅在外事口扶植保守势力，向夺了权的真正革命造反派组织猖狂进攻，企图把革命造反派组织"搞垮"、"搞臭"，使大权重新回到党内一小撮走资本主义道路的当权派手里。

是陈毅在外事口利用革命组织之间的意见分歧，挑拨离间，制造分裂，拉一派，打一派，破坏革命派的大联合，使党内一小撮走资本主义道路的当权派得以浑水摸鱼，蒙混过关，使夺权斗争一再遭受挫折。

是陈毅竭力拉拢、利用、收买某些单位夺了权的组织的头头，使之逐步变质，成为压制、打击革命左派组织的工具，把一些革命闯将重新打成"反革命"，疯狂地进行反攻倒算。

是陈毅在外事口大搞官复原职、恢复建制、取消监督等反夺权活动，企图原封不动地恢复旧秩序，实现资本主义反革命复辟。

陈毅是外事口资本主义反革命复辟的罪魁祸首，是二月逆流中反攻倒算的急先锋。

打倒陈毅，解放外事口！

赫鲁少奇陕西之行

党内头号走资本主义道路的当权派，中国的赫鲁晓夫刘少奇，于一九六〇年，正当我国遭受自然灾害，国内外阶级敌人互相勾结，狼狈为奸，疯狂反华的时候，来到了陕西。"来者不善，善者不来。"刘少奇为了配合国内外阶级敌人的猖狂进攻，实现他篡党篡国，复辟资本主义的狼子野心，在陕西四处周游，上下串联，八方勾通，大肆放毒，危害无穷。

现在，我们循着刘瘟神的足迹穷追猛打，要把他在陕西犯下的滔天罪行来一个彻底清算。

一、贼心毕露

刘少奇在陕西露骨地恶毒攻击我们心中最红最红的红太阳毛主席。他在×处"讲演"时竟说："印度谈判……拖一下对我们没有什么坏处，无非是骂我们'侵略'。骂我们'侵略'很多了，我们'侵略'了台湾，'侵略'了西藏，骂我们是'共产共妻'，骂我们是'朱毛匪帮'。你们（指在座的人）还不都是'朱毛匪帮'吗？"这里，刘鬼不仅恶毒地用敌人的口吻骂了我们的伟大领袖毛主席，而且别有用心地把大野心家朱德的臭名放在毛主席的名字前面，真是何其毒也！

刘鬼又说："伊拉克内阁原来是很反动的，群众一起来把内阁总理赛义德打死了，谁料到？古巴革命谁料到了？……中国革命胜利那么快，×××没有估计到，我们好多人也估计不到……。"刘贼公开散布剥削阶级的宿命论思想，否定世界革命的必然性，抹煞国际阶级斗争的客观规律，攻击光焰无际的毛泽东思想，反对我们伟大领袖毛主席关于"一切反动派都是纸老虎"的英明论断和科学预见，真是狗胆包天。

二、认敌为友

刘鬼在一次公开讲话中居然为反动派涂脂抹粉，大加美化。他放肆地说："尼赫鲁是半反动派，尼赫鲁、苏加诺、×××、×××、都是半反动派，不是全反动派。就是蒋介石也不是全反动派，蒋介石也靠美国，但是他比胡适那一帮强。我们赞成蒋介石做台湾的大总统，蒋介石还有点好处，敢向美国闹独立性。"什么"闹独立性"，毛主席说："这不过是大狗小狗饱狗饿狗之间的一点特别有趣的斗争，一个不大不小的缺口，一种又痒又痛的矛盾。"而刘少奇却把这个美帝国主义的忠实奴仆蒋介石吹捧成和美帝作斗争的"英雄"。真是反动透顶！另外，反动派就是反动派，哪有什么"半反动派"，全是一派胡说！刘少奇美化反动派，也是一丘之貉，必须坚决打倒！

刘鬼少奇还说："世界上很多有修正主义思想的人是可以争取的，跟我们党内反右倾机会主义分子一样，有的还不是要摘帽子的，的确可以争取过来，将来会明白。……一方面要靠他们的觉悟，一方面靠我们的政策，一看二帮。"在这里，刘鬼少奇颠倒是非，混淆黑白，敌我不分，说什么对反革命修正主义分子也要"争取"，也要"一看二帮"，公然鼓动右倾机会主义分子起来翻案，其用心何其险恶。

三、贩卖黑货

刘鬼少奇在西安大放厥词，竭力散布阶级斗争熄灭论，妄图取消无产阶级专政，为资本主义复辟鸣锣开道。他在听×××汇报工作时胡说："……一九五七年以后主要搞经济建设，向地球开战。过去的社会改革是为经济建设扫清道路的，不搞那一段是不行的。有了那么一段，五八年就可以集中主要力量向地球开战。第一个五年计划是边改革、边建设，五八年以后主要力量集中到建设方面来了。"刘鬼少奇之所以散布这些奇谈怪论，就是为了麻痹人民的斗争意志，松懈人民的阶级警惕，为他实现篡党篡国的野心制造舆论准备。

此外，刘鬼少奇还贩卖了大量的修正主义黑货。他说："社办工业商品生产大些好不好？……放手发展商品性生产，不要怕商品生产。商品生产还有点利润，搞镢头锄头，搞食品加工工业，恐怕没有多少利润。"在这里，他公然反对毛主席关于"突出政治"的指示，大搞"物质刺激"，鼓励人们投机倒把，自由竞争，追求利润，使得资本主义势力大肆泛滥，破坏国家建设。

刘鬼少奇还否认"人的因素"第一，否认用毛泽东思想武装起来的人是最大的战斗力、生产力，鼓吹"技术革新、技术革命"决定一切。他在听×××汇报工作时说："技术进步，就是生产力的发展；生产力发展，势必引起生产关系和上层建筑某些环节上的改变，劳动组织、生产组织要改变，工资制度要改变。不改，就会防碍生产，防碍技术改革，不是促进生产力的发展，而是防碍生产力的发展。"在另一次谈话中他又说："劳动力紧张，出路在于搞技术革新，技术革命，大跃进靠它，消灭脑力劳动和体力劳动差别靠它，工农群众知识化靠它。""大家都感到劳力不够，五九年下半年就搞技术革新，技术革命，只有这个出路嘛！搞上十年，技术大大提高，那时劳动力多了，工作不要八小时，六小时、五小时、四小时就行了。"请看，刘鬼少奇就是这样狂热地鼓吹"技术革新、技术革命"而反对"突出政治、突出人的因素"的。他所宣扬的这一条以"技术"为核心的修正主义建设路线，正是一条十足的资本主义复辟的路线。

刘鬼还放肆诬蔑毛主席关于干部参加劳动这一指示的伟大意义。他胡说："厂长下车间劳动，灵得很，一去就不同了，不去就不动了。"他竟然把革命干部诬蔑成旧社会的监工，包工头一样，这是刘鬼对革命干部的莫大污辱和对毛主席指示的恶毒攻击，同时也是他做官当老爷丑恶灵魂的暴露。

刘少奇在谈话中还竭力宣扬他的假共产主义，大力提倡资产阶级的个人主义。他说："社会主义社会、共产主义社会是有组织的社会，到底怎么组织起来才更好更合理想。调整宿舍有很多优越性，生产，工作在一起，同家在一起，支部娱乐也在那里，那多好。……新的城市建设问题很值得提出来研究一下。……总之，要便利生产，便利生活，便利学习，大集体小自由，通通照顾到了。……接着就是办好托儿所的问题。"他又说："技术革命，以后还会不会有了阶段，搞技术革命，将来劳动力剩余得很多，怎么办？那时工作时间减少，只作六小时、五小时、四小时的工作，那时就到了共产主义。"看，这就是刘少奇所梦寐以求的共产主义，他在这里闭口不谈

阶级和阶级差别的消灭，闭口不谈解放全人类。他的这种只是组织的"更好更合理"的"只作六小时、五小时、四小时的工作"的共产主义，不是和赫鲁晓夫的"土豆烧牛肉"的假共产主义是一路货色吗？这样的共产主义实际上是资本主义的代名词。

刘鬼少奇在谈话中还说："集体主义强调很高时，怕忽视小自由，但强调小自由不能过分。一定要大集体小自由，公私兼顾，先公后私，大公无私的事是没有的，要大公小私，总要有点自由主义，八小时是共产主义，余下的是自由主义，没有小自由不可能。"刘鬼少奇在这里明目张胆地鼓吹资产阶级个人主义，他之所以这样做，就是企图腐蚀革命群众的斗争意志，让"私"字迷住心窍，然后实现资本主义复辟。

四、貴人駕到

1960年4月，刘鬼少奇和他的臭妖婆乘专车由河南来西安。该专车却不同一般，全车十多节车箱，里面有厨房、餐厅、洗澡间、卧室、会客室、游艺室，还有专门一节车箱供打台球用，真是吃喝玩乐，应有尽有。至于其他地毯、沙发等高级用品和器具，更是无须多说。美其名曰"专

车"，实则是一座地地道道的"行宫"。

贵人的驾到，使得陕西党内一小撮走资本主义道路的当权派受宠若惊，立即出动十多辆小轿车，前呼后拥，把这个赫鲁少奇迎到了丈八沟招待所。

众所周知，"刘佛爷"是一个贪生怕死的胆小鬼，于是反革命修正主义分子李启明之流就煞费苦心，依照刘的"活命哲学"，把由西安到丈八沟的数十里沿途，都变成了"真空地带"。他们在沿途和附近村庄布满了便衣岗哨，并把在招待所里工作的花工、园艺工人统统赶出去，一位经营了数十年花园的老工人也被嫌疑为政治危险分子而隔绝所外，然后全部由公安人员警戒起来。为了保全刘鬼的狗命，还用消毒粉将丈八沟全部消毒一次，并把住房门窗全部换成新白绸子窗帘。

为了迎驾，李启明及其他大大小小的头目还四处奔走，八方张罗，到全国各地购买山珍海味，以备刘鬼来到后大肆挥霍。正是："刘皇爷"出访西安威风凛凛，众喽罗阿谀献媚百般逢迎。

五、吃喝玩乐

刘鬼少奇在西安大吃大喝，放肆挥霍劳动人民的血汗财富。什么山珍海味，鱼翅海参，鸡鸭鱼虾，高级细点，名贵小吃，各种水果，应有尽有。下面仅举一例，以资说明。

一九六〇年四月廿五日便宴：

1）大拼盘	2）鸡米海参	3）芙蓉鲍鱼
4）桃仁烧豆腐	5）糖醋鲤鱼	6）虎皮鸽蛋
7）莲叶凡子	8）四方饺	9）葱油饼
10）腰子酥	11）稍子饴饹	12）凉饴饹
13）米饭	14）芙蓉鸡片	15）泡荣、白糖、黑米稀饭

此外还有各种酒类、水果、茶烟。

请看刘少奇这一顿普通饭菜，吃掉了人民多少血汗！这和昔日的资本家、臭老板有何差别！刘鬼少奇还不顾人民的疾苦，不管60年农村经济的困难，不惜破坏生产，杀牛进餐。这个老鬼吃动物肉时还不吃腰子、肚子、心脏等内脏，因为据说吃动物内脏使人易老。足见刘鬼是多么贪生怕死！

这个老鬼在饱食终日之后，就大玩特玩，把个丈八沟搞得乌烟瘴气。他每天晚上都要看"一文钱"、"三滴血"等黑戏曲和黑电影，看完后就跳舞。为了满足这个老混蛋的需要，省委老爷们还特地从西安各个戏院调来三、四十名漂亮的"政治可靠"的女演员，专门训练，集中住宿，每天0.80元的伙食费，以保证完成跳舞的"政治任务"，并要女演员写出保证，表示一定要玩好、跳好、唱好。王光美这个女妖还亲自挑选舞伴，刘鬼跳一个曲子要换四、五个人。为了保持地板光滑，招待员就多次撒滑石粉和喷香水；为了保持室内的温度，锅炉工人整夜把煤投入炉堂。而这个党内头号走资本主义道路的当权派和他的爪牙们，却狂跳乱舞，通宵达旦，结果弄得很多工作人员疲劳过度，病床不起。从这里可以看出，刘鬼少奇的生活是何等腐朽糜烂！灵魂是何等肮脏丑恶！

六、参观访问

刘鬼在吃喝玩乐完毕之后，就开始睡觉。刘氏睡觉法，则不同一般。他有猫头鹰的习气，老鼠的特性，见不得阳光，于是就白天睡觉。刘鬼睡觉还要招待员陪伴，稍有怠慢，便有被开除的危险。省委老爷们还特为刘少奇的房子做了双层窗帘，一层是绿色的，一层是黑色的，使房间内白天犹如黑夜。为了保持安静，房子四周警卫森严，任何人都不得靠近。连飞机也要改变航道，远离丈八沟的上空。此外李启明之流还专门组织人在周围树上赶鸟，以免鸟声干扰刘鬼睡觉。

刘鬼的房间洒满了香水，睡的是高级弹簧床，还要铺上海绵，盖的是缎锦绣被。香脂、口红、梳妆用具、沙发也样样俱全。王光美这个臭婆娘睡觉还一定要睡衣，害得采购员找遍了整个西安城，才找到一身高级精细的绸子睡衣。

刘鬼睡到下午四点多才起床，起床之后就开始他的所谓视察——参观工厂、游览古迹。

刘"皇爷"起驾，还要大批人马保驾，除丈八沟的工作人员和警卫人员外，还从省委各机关调来百余名工作人员为其服务。他外出参观旅行、游山玩水还有一个特点，就是要在沿途布满岗哨，车上要装有无线电报话设备、还要携带烟、糖、水果、茶叶以及毛巾、香皂、开水等。这样，服务的、陪同的、照象的、拍电影的、前后簇拥，好不威风。每到一地，还攫取大量礼品。从这里不难看出，刘鬼少奇就是中国货真价实的土皇帝，是一个地地道道的吸血鬼，是一个祸国殃民的大祸根，我们一定要把他打翻在地，再踏上一只脚，叫他永世不得翻身！

独立王国《皇帝》
邓小平的丑恶灵魂

——訪邓小平私人医生談話紀要

一、大庆油田是一贯高举毛泽东思想伟大红旗的先进单位。突出政治是一切工作的根本。六四年邓小平一伙到大庆"视察"却公开贩卖修正主义货色，说："职工生活要解决，在夏季集中力量盖房子，政治学习，一两个星期一次，作一次报告就行了，不要怕别人说不突出政治，到冬天再学吆！"

二、邓小平对于旧京戏、低级下流的旧川剧视为珍宝。他家中有很多旧戏的录音带，不但经常在家听，而且外出时还带着，随时都可以听，有一次在成都又要看旧川戏，邓问医生张×去不去看，张说不想看，邓说不看川戏不知道文明。

三、邓小平本人十分讲吃，到各处去什么好吃吃什么，奢侈的程度令人难以想象。有一个随邓外出的说这样是不是太浪费了，邓生气地说，要是浪费你就别吃。

四、邓不但自己大吃大喝，而且到处宣扬吃喝玩乐这一套人生哲学，有一次问医生张×是不是经常吃饭馆。张×说不是。张又说毛主席不是号召我们艰苦朴素吗？邓生气地说：你不去吃，你就不知道文明。

五、五九年邓打台球跌坏了腿，在北京某医院养病，邓特意把家中的大师付叫到医院，另立炉灶做饭，并且在室内装了电视机。有一个姓李的护士，年轻、单纯、出于对党的热爱，对首长的崇敬，就千方百计地把工作做好。邓看到她年轻、貌美，起了邪念，喜新厌旧，竟强迫与她建立不正当的男女关系。狗婆娘卓琳知道后大怒，通过杨尚昆把女护士调走了，邓仍念念不忘。

六、邓对中央工作很不认真，经常打牌到深夜，第二天起的很晚，于是就叫秘书请假，说身体不好，不去中央工作。邓小平一个星期有三次固定时间来打牌，因为打牌，好几十份文件几分钟就签完了，草草了事根本不把国家大事放在心里。但有时这位"总书记"就认真起来了，例如牌打输了，就遵照诺言像小孩一样从桌子底下钻过去。

邓小平的狗娘是个臭地主分子，解放后，邓将她从四川接到北京，逃避群众监督改造，到中南海享福，直到现在还在中南海。更不能容忍的是，邓家的服务员，是他家过去的长工。通过这件事，邓小平的阶级立场也就看得更清楚了。

七、邓小平和彭真关系极好，邓六十岁生日时，彭全家到邓家祝贺，外出也常是两人同行，邓小平和杨尚昆两家关系也极好，杨的女儿也常到邓家来住。

八、邓小平平时极少接近群众，连中央干部也很少找来谈一谈，但他也出外视察，这是怎么回事呢？先说出去的时间，都是选在他的孩子放寒署假的期间，夏天向北、冬天向南。去的地点是在孩子们一片争吵声中通过的，因此视察各地时，除组织他们参观访问外，还得组织孩子参观游览。

九、有些"调查研究"是不得已而为之。例如六一年号召调查研究，许多高级干部都下去了，邓小平和彭真出于无奈，硬着头皮乘坐了一列专车，开到只有几十里的顺义。吃住都在车上，吃的饭、喝的水都是从北京运去的。

十、邓小平对自己的孩子是十分"关心"的，邓常对孩子们说，只要把三门功课（数理化方面）学习好了就可以了，而根本不问学习毛主席著作。他本人从不学习，据医生说，在他自己离开邓家（64年）以前，邓家从未有人学习过毛主席著作。对孩子们的生活方面，却关怀备至，例如邓朴方在高中时，中午常常不回家吃饭，邓为此事找邓朴方做"思想"工作，叫邓朴方回来吃，说："你不吃，以后到大学也吃不上"。孩子们想干什么，他就答应干什么，有一次邓朴方提出要学开汽车，邓小平马上答应了，给了他一部小汽车乱开一通。邓小平到苏联参加中苏会谈时，大女儿提出要块金手表，邓特意叫大使馆借了卢布买表。邓楠考大学那年，想到东北看原始森林，考完后，用杨尚昆的名义在东北加了一节专车，把邓家的三个孩子和薄一波的四个孩子，拉到哈尔滨。邓小平两个女儿曾两次出国，一次是邓小平大女儿有病，邓认为国内看不了，特地把她送到苏联去看病，另一次邓出国，把二女儿邓楠也叫去玩了一趟。邓小平最小的孩子邓冶方在其父"教导"下，七岁就会打麻将，为此事受到家里人的称赞。邓楠在家最受宠，邓小平狗夫妇每月把600元的工资交给当时上中学的邓楠管理，每天"二老"向女儿讨零花钱，为此邓楠在家被称为"总理"。

党内第二号走资本主义道路的当权派邓小平的灵魂就是这样肮脏。让邓小平和他头脑深处的那个小资产阶级王国一起见鬼去吧！

（本文根据新北大部分革命同志和邓小平私人医生张××座谈记录整理、选辑而成。——编者）

陶鑄在家乡罪行录

一、剥削阶級的孝子賢孙

陶铸出身于一个破落地主兼资本家的家庭。其祖父陶益斋是个落弟秀才，有二、三十亩地，每年收租谷百余担，三十二岁死去，田产由陶铸之父——陶铁铮继承。陶铁铮在南麓师范毕业后为了升官发财，又先后与人合伙开办过煤矿、纺织厂、钱庄等。后来破产了，以教书为业。不久，因与当地地主争权夺利，被杀丧命。

陶铸在其父死后，曾当过"学徒"，后来又跟着本乡资本家陶瑞卿学做生意，几年后因陶瑞卿破产，才由军阀蒋伏生（陶铸父亲的同学）介绍到广东，进入黄埔军校，于一九二六年混入党内。

解放后，陶铸不但没有和他的地主、资本家家庭划清界限，反而对其狗父母孝敬备至，并为他们树碑立传。

1950年陶的哥哥陶自强（大叛徒、反革命分子）在祁县任中学校长，写信给陶铸提出要搞一个图书馆来纪念其父。陶铸立即大力支持，亲笔题字"铁铮图书馆"。并陆续邮回去很多乱七八糟的书刊、画报，毒害腐蚀青年。1960年，他还特地邮回两本精装的大毒草《理想、情操、精神生活》。

陶铸对他的地主婆母亲十分孝敬，解放前很长一段时间和她一同生活。解放后，陶每月邮回三十元供养其母，并且还要公社、大队给予特殊照顾。十几年来，陶的母亲还去广州游玩过几次，每次都是派专门警卫员来回接送。1962年陶母死后，陶马上汇款三百元，并且打来了电报，电文说："母亲去世，甚为悲痛，生前未能尽菽水之欢，死后当亲至坟前一奠，但因工作，不能奔丧。"

随后，陶自强又以"不孝男自强、铸"的名誉为其母立了大碑，恬不知耻地把一个地主婆描绘成"革命母亲"。碑文全文如下：

陶母董太夫之墓

母姓董氏讳唐姑知书明大义年十九来归先子铁铮公伉俪甚笃事姑以孝闻一九一八年先子为豪劣所杀年州二矢节抚孤备极艰苦大革命失败后不孝等从事地下活动母弃家去闽参加掩护工作履险如夷洎乎

全国解放仇人授首母始快意母于一九六二年五月二十一日逝世享寿七十有六安葬此山阳铭曰

贤哉母大节凛然侃母修母何多让焉范式千秋佳城郁女爱表其阡沈冈载福

不孝男自强　铸　刊石

陶铸非常怀念他的地主阶级祖宗，在言谈中不时表露出严重的宗族观念。1961年回潘家埠时，有人在一次座谈会上说："你是祁阳人，话好懂。"陶立即回答说："我还没有出卖祖宗。"一语道破他是剥削阶级的孝子贤孙。更令人气愤的是，他为了保护其祖留房子和狗父坟墓，竟不顾广大贫下中农的利益，横行霸道，滥用职权，千方百计阻挠和破坏家乡的水库建设。

二、牛鬼蛇神的大紅傘

陶铸的哥哥陶自强,是一个双手沾满烈士鲜血的大叛徒,反革命分子。1934年叛党投敌, 出卖组织, 投身到国民党反动派的怀抱里。并历任伪法官、保安总团秘书、县长、上海交警总处额外专员、台湾伪警处主任秘书等职,军衔少将。他积极参与反共、反人民活动,杀害我地下党员和无辜群众,在台湾还镇压过学生运动,血债累累。解放后,对党、对毛主席、对社会主义怀有刻骨仇恨,在1957年向党发动了猖狂进攻,是湖南衡阳市有名的大右派。对于这样一个反动透顶的家伙,本应坚决镇压。可是作为中南局书记的陶铸却想方设法包庇,使其长期逍遥法外,为非作歹,直至这次文化大革命,才被红卫兵小将揪了出来。

陶铸挖空心思保护陶自强,远不只是狗兄狗弟的关系,而完全是由他的反革命本性所决定。早在1934年陶铸在南京监狱时,身任上海警务总处主任秘书的陶自强,就曾先后两次带着现金、财物,到南京监狱探望。这时, 陶铸早知其哥哥叛党投敌,可是他不仅没有拒绝接见,反而语重心长地说: "我吃了这许多年官司,谁也没来看我,你从上海特意来看我,兄弟还是兄弟!"请看,陶铸就是这样怀恨组织和同志,而面对一个叛徒称兄道弟。1937年10月,陶铸出狱,立即给其狗兄写信要钱,而这个叛徒也马上汇去50元,并急忙赶到武汉看望陶铸,二贼共进午餐,臭味相投,谈得火热。陶铸还不顾党纪国法,把我军准备上山打游击等秘密也告诉了他,并说: "只要你今后不再干坏事,国家还会用你。"

1949年5月,反革命分子陶自强看到大势已去,并得知陶铸已担任我第四野战军政治部付主任,想到陶铸向他许下的"国家还会用你"的愿,急忙从台湾潜回家乡,组织所谓"湘南游击队"第四纵队,自封政委,假装革命,投机上爬。但由于反革命本性难移,包庇当地恶霸地主而被我军逮捕。陶铸在武汉听到这个消息后,慌了手脚,立即指使下级把他释放了,并亲自指使下级先后给他安排零陵专区文教科长、祁阳一中校长等职。在肃反审干中,陶铸为了保护其狗兄过关,又亲自插手他的案件。本来衡阳市委已决定将陶自强逮捕法办,而陶铸却说: "还是不判处死刑,他这么大年纪了,活不了几年。"因而也只好不了了之。

陶铸包庇反革命狗兄,同样玩弄了他一贯使用的两面派手法。1957年反右时,他口头上也承认他狗兄是右派、反革命,可是当群众要斗争陶自强时,陶自强逃到广州,他就把他保护起来。直到公安局再三要求下,才不得不把这个反革命分子送回衡阳斗争了一次。后来不但没有给他戴上右派帽子,反而给他安排了舒适的工作环境。

陶铸不但在政治上包庇陶自强,在生活上也是无微不至的关怀。陶自强经常跑到广州去,坐着陶铸的小轿车游山玩水。此外,陶铸还送给他很多钱、手表、衣物等,让其大肆挥霍,过着腐化的生活。而这个反革命分子也就在饱食终日之余,大干坏事,大写反动诗集,毒害青少年,打击排挤革命干部,谁也不能说个"不"字,甚至狂妄地说: "陶铸当了皇帝,我照样是皇兄。"反革命分子陶自强之所以如此猖狂,就是因为有陶铸这把大红伞挡着。

三、封建迷信的卫道士

反革命修正主义分子陶铸,为了抵制毛泽东思想的传播,不惜一切代价,大煽修正主义妖风,大搞复古活动,以此来腐蚀人民群众。他的魔掌不仅伸向广东各地,而且伸到整个中南地区,衡阳当然也不例外。衡阳有两个古迹,一个是雁峰寺,一个是石鼓嘴。这些本是封建迷信之物,不值得再去复修,可是陶铸看了之后,却如获至宝,曾三次责令衡阳地委复修这两处古迹,并从广州派一个付市长、两个工程师去监工兴修,花了许多钱,以致影响了其他基建工程。所谓石鼓嘴,园中刻一大石鼓，除此之外，就是一些十分庸俗的长廊小亭。而光那个石鼓就花了四千余元。雁峰寺，原计划也是按古典式样修建。1963年陶回到祁阳县，参观了芜溪名胜古迹之后，对地、县委干部说："这是很宝贵的历史财富，你是不晓得，今后要好好爱护。"在陶的授意下，祁阳县委拨款八千元，修复芜溪古迹，真是不惜一切代价。陶铸对古式建筑如此，而对红色建筑却怕得要死，恨不得都给拆了，有一次陶看到衡阳建筑大多都是红墙红瓦，就迫不及待地要市委改成兰墙兰瓦。并借题发挥说："镶这么厚的墙，还净是红的……你看，广州现在净是建花墙。"所有这些都是他修正主义面目的大暴露。陶铸不仅借修复古式建筑来宣扬帝王将相，就是在平时的言谈中，也忘不了贩卖黑货。有一次陶到衡阳祁阳县，听说县委书记名叫李建唐时，就很有兴趣地说："李建唐这个名字很有意思，具有历史意义，因为李世民建唐朝，所以建唐这个名字就特别有意义了。"完全是一幅封建迷信卫道士的奴才相。

看，贺贼的庐山真面目

反党分子贺龙原是马贩子出身，素来游手好闲，不务正业。他运用江湖上的一套拐骗手法，加以胆大猾黠，善于进行政治投机，终于混入革命队伍，并且窃踞了党的重要领导地位。为了达到他篡党篡政篡军，在中国实现资本主义复辟的罪恶目的，贺龙大捞政治资本，不惜篡改历史，拼命美化自己。现在，贺龙的狼子野心已经昭然若揭，他妄图篡党篡国的阴谋早已彻底破产。为了把这个反党野心家斗垮、批臭，我们决定给历史上的贺龙还他一个原来面目。

一、贺贼的自白

在"八一"起义前，有人主张采取兵变的形式，贺龙极力反对，无耻地说："以前有人说我的部队是土匪出身，现在我们是革命，就应当有政治纲领，否则别人又会说我是土匪。"真是不打自招。贺龙参加"八一"起义原来是为了借此捞取资本，给自己的土匪嘴脸戴上一个"革命"的面具，好进行更大的投机，以实现自己的野心。

起义后不久，贺龙以起义军"总指挥"的名义发表了一个"告全体官兵书"，请大家看看这里面究竟是些什么货色：

"告全体官兵书"在谈到为什么起义时，他说"我们要保持孙总理（即孙中山）的主义政策和拥护革命的胜利，不能不毅然决然地服从在南昌的中央委员（国民党的）和各省党部（国民党的）负责同志所组织的革命委员会的命令，……"从贺龙的这一段自白一眼即可看出，贺龙参加"八一"起义，根本不是从革命的立场和利益出发。他是国民党的孝子贤孙！

在谈到依靠谁来领导时，贺龙说："只有革命委员会（国民党的）才是我们革命党的指导与机关，只有革命委员会才是我们革命政权所寄托的地方，只有革命委员会的各委员、各主席（主席团成员里有贺龙）才是我们革命同志的领袖。"贺龙的狼子野心昭然若揭！贺龙的灵魂龌龊透顶！

二、野心勃勃

贺龙野心勃勃，反党篡军蓄谋已久。他为了实现资本主义反革命复辟，利用一切他可以利用的宣传阵地大造舆论准备。由贺龙的爪牙们一手策划下泡制的江西话剧《八一风暴》，就是一株反毛泽东思想的大毒草。它利用南昌起义，极力贬低毛主席亲自领导的"秋收起义"、"三湾改编"

和"井岗山斗争"的伟大历史意义，公然对抗毛主席的建军路线，疯狂地反对毛泽东思想，反对毛主席，而对贺龙却大书特书，歌"功"颂"德"，把这个野心家捧上了天。贺龙看到这个话剧后，更是喜出望外，如获至宝，竟不远千里赶到南昌，特地接见江西省话剧团的演员，亲临"指导"、"座谈"，以便改进提高，使这个戏更符合他反党篡军的需要。更令人不能容允的是，贺贼及其爪牙竟狗胆包天，在我国十年大庆时，瞒着我们伟大领袖毛主席，把大毒草《八一风暴》引到中南海在怀仁堂演出，企图向我们伟大的领袖毛主席示威、挑战，真是罪恶滔天！

贺龙另一个极为有力的舆论阵地就是《南昌八一起义纪念馆》。这个黑纪念馆不遗余力地突出贺贼，把他打扮成中国革命的"元老"，我军的"创始人"！在六个展览室中，大量展出了突出贺贼的大照片、大浮雕象、大国画、大油画、贺贼用过的手表、茶杯等物，以及贺贼指挥部旧址模型、贺贼的大塑象、"国民革命军第二方面军总指挥贺示"、"贺龙告全体官兵书"、当年吹嘘贺贼的江西日报等各式各样突出贺龙的东西。展览馆展出后，贺贼又于1959年1月亲临参观指导。在参观时，贺贼竟一天两次跑到他的指挥部旧址，连中饭都顾不上吃，在那儿东看看西瞧瞧，得意洋洋，恋恋不舍。并要纪念馆的工作人员给他拍了很多照片，留在那儿展出。在参观过程中，贺龙还别有用心地对工作人员说："八一起义在政治上我依靠党，在军事上党靠我。"这就一语道破了他的黑心。另外，他对纪念馆原来把"八一"起义总指挥部定为当时周总理的住址——江西大旅社极为不满，竟狂妄地对工作人员说："做为总指挥部吆，应该在我那儿，我是总指挥吆！"这真是贪天之功，据为己有，从这里我们也可以看出他把自己凌驾于党和毛主席之上的狼子野心。

三、盗名窃誉

贺龙明知他的历史是不光彩的，是见不得人的，于是就隐瞒自己的真面目，篡改历史，乔装打扮，盗名窃誉。他在《湘鄂西初期的革命斗争》一文中，一方面贬低毛主席领导的具有伟大历史意义的"秋收起义"，仅仅把它说成是一个"英勇的行动"；另一方面，却吹嘘自己"当时只有两支手枪"，后来发展成一大块根据地。他还不顾历史事实，胡说什么在毛主席发表《关于纠正党内错误思想》(即古田会议决议以前)，他就"摸索"了"建设根据地的一套做法"，执行了"官兵一致、军民一致"的"新的建军路线"，"纠正"了单纯军事观点等等，以此来贬低伟大的毛泽东思想，达到抬高自己、标榜自己一贯"正确"的卑鄙目的。贺龙这几年来还十分热心搞红二方面军的战史，积极支持写红二方面军的文章。他和写战史的人谈话，从来不谈自己的错误，一味讲当时其他人这个坏，那个坏，剩下他一个人正确。他在主持写《湘鄂西和湘鄂川黔的武装斗争》一文时，先是准备赤膊上阵，自己署名，自己为自己涂脂抹粉，但在文章制作过程中，又觉得这样做太露骨，容易露马脚，于是就责成许光达、王震、王尚荣署名，他来导演，用篡改历史的方法明目张胆地宣扬他自己的"正确"，以便骗取荣誉，与毛主席分庭抗礼。

四、黑手起家

1927年大革命失败后，中国共产党领导了南昌起义。贺龙当时根本不是共产党员，他为了投机，混进了起义队伍，起义失败后，他就逃到上海。因在上海不能安身，就又于28年4月带领六个人回到了湘西老家，并在那儿收集了王炳南、李云清等一伙，才有了四、五十人，三十多支枪。贺龙就靠这些本钱，四处扩张。他当时根本不是通过发动群众，建立根据地，进行土地改革，按照毛主席的建军路线建立一支人民的军队，而是依靠闯江湖、搞土匪等黑手起家的办法来扩大他的势力范围。例如：

①他回家后，首先拉拢自己旧日的狐朋狗友和亲戚家族入伙。这样呼朋引类，携家带口，大舅子、小叔子，不论好坏，都一一搜罗进来。反党分子廖汉生，就是他的外甥女婿。

②向他的土匪姐姐贺英要来了一部分弹药。

③1928年7月，贺龙打听到湖北恩施的汪家营有一百多人的"哥老会"武装，于是便自称"王胡子"，以"袍哥"的身份，去向"哥老会"的"龙门大歌"请安道喜，然后就得了三十多支枪。

④湖南桑植县有八个乡，各乡的实力派都拥有枪支，素称"八大诸侯"，贺龙就千方百计地说降了他们，归自己节制。

⑤湖南鹤峰的邬阳关，有一支封建迷信的反动的红枪会武装，自称"神兵"，锣声一响能集合三百余人。贺龙就收降了这支"神兵"的大队长陈忠瑜。这支"神兵"被贺龙收降后，打仗时仍然头捆红布，身系绳索，先吃朱砂，左手揑符握鞭，右手提刀一拥而上。

贺龙说降这么多封建、土匪武装，靠的不是宣传共产党的主张，不是讲革命道理，而是封建拉拢，讲的是："人生在世要干一番惊天动地的事业！"因此这支队伍没有一点战斗力，一触即溃，连贺龙自己也不得不承认，这支队伍"就象抓在手里的一把豆子，手一松，一下都散了。"

五、为土匪姐姐歌功颂德

贺龙为了吹嘘自己，通过他的外甥女婿廖汉生为他的土匪姐姐贺英立传，为她歌"功"颂"德"。廖汉生在贺龙的指使与支持下，派人到贺龙家乡访问了几个月，写成了《忆贺英》、《记贺龙一家》两部小说，后一部竟长达十万字。写成后，贺龙还为此大摆筵席，犒劳"有功"人员。后来因为毛主席讲了有人利用小说进行反党，贺龙心里有鬼，才没有敢拿出来。早在这之前，贺龙就策划支持搞了一部美化贺英的电影《洪湖赤卫队》，并把贺英的灵柩移葬到鹤峰县红山烈士陵园。

贺英是何许人？土匪婆，大烟鬼。她的丈夫谷续廷是湘西土著军阀陈渠珍委任的"湘西边防右翼支队司令"，是个大土匪。陈匪死了以后，贺英继承了他的事业，当了司令。而贺龙却硬把她打扮成优秀的"红军"指挥员，在革命斗争史上有很大的贡献的"英雄"。贺龙在他的《湘鄂西初的革命斗争》一文中，竟这样写道："正当工农革命军处在极端困难的境况时，贺英同志带着洋布、棉花、子弹和银元及时支援了工农革命军。"贺龙之所以如此吹捧土匪婆贺英，其目的就是表现他自己对革命有功。反党分子廖汉生所写的《缅怀先烈忆贺英》一文，就更露骨地说明了这一点。文章首先大肆吹嘘了一番贺英，说什么她能很好地"发动群众，组织群众，并能使武装斗争和群众利益结合起来，因之群众对她也更加热爱，更加拥护了。"还胡说什么她建议在部队中建党，劝阻部队不要冒险去打武汉，"慷慨解囊"地援助共产党等等，把贺英吹捧成一个成熟的无产阶级革命家。然后笔锋一转，马上通过贺英之口，把这一切美誉落实到贺龙身上。文章说贺英"非常信赖自己的弟弟，知道他眼力远，谋略高，敢想敢干，在革命斗争中一定会闯出一条正确的道路。"说什么"掌握武装的能力，弟弟比她强，她早就认识到"龙胜于英，英必靠龙，龙若不保，英亦难存。"……很清楚，为贺英歌功颂德，就是为贺龙歌功颂德。

六、所谓"一把菜刀闹革命"

这是北洋军阀统治时期的事。那年贺龙十四岁，他马贩子生涯过厌了，想"拉杆子"（拉武装干土匪）。一次打听到八毛溪盐局有枪，就纠集了二十个人去搞枪。先派人扮作卖花生的小贩，去盐局察看门径和盐丁架枪的地方，然后贺龙在一个夜间带了三把菜刀，以及火钳、铁铲之类，点上火把，破门而入，杀了盐局的排长，夺了十二支步枪，一支儿子毛瑟。事后，贺龙就把这二十个人编成一个"独立营"，自封营长。他经常穿着一身短打，窄管马裤，青布大盘头，还在鼻子下抹上乌须荣，冒充大人，外号"黑胡子"，干起东联西杀、朝降暮叛的政治土匪来，就这样最后当上了北洋军阀政府的澧州镇守史，干的是镇压农民斗争的勾当。

"三把菜刀起家"是不错的，但是起的是土匪队伍之家，军阀队伍之家，贺龙却隐去真情实况，吹成"一把菜刀闹革命"，真是恬不知耻！

　　　　打倒三反分子贺龙！

　　　　贺龙不投降就叫他灭亡！

最 高 指 示

修正主义，或著右倾机会主义，是一种资产阶级思潮，它比教条主义有更大的危险性。修正主义者，右倾机会主义者，口头上也挂着马克思主义，他们也在那里攻击"教条主义"。但是他们所攻击的正是马克思主义的最根本的东西。

考 場 上 的 斗 爭

——記我国留苏学生的一次考試

时间：1964年1月10日
考题：肖洛霍夫中篇小说《一个人的遭遇》，和它对苏联文学发展的意义。
考试经过如下：

苏联教师发问，我留学生回答：

"在伟大的卫国战争中，英雄的苏联人民在全世界面前显出了英雄的气概。他们不怕牺牲，英勇不屈，前赴后继地战斗着，涌现出成千上万的保尔·柯察金、卓娅和舒拉那样的英雄，终于打败了德国法西斯，保卫了自己的祖国，大大地帮助了东欧各国人民的解放事业，对人类进步事业作出了不可磨灭的贡献。苏联人民为这一伟大胜利，感到无限的骄傲。

小说《一个人的遭遇》在肖洛霍夫的笔下，他是一个被歌颂的英雄。现在让我们看一看在这场伟大的战争中，安德烈想了些什么？有些什么感受？通过对他命运的描写，肖洛霍夫想说些什么？

在伟大的十月革命中，安德烈失去了父亲和兄弟，孤独地生活着，结婚给他带来了幸福。他建立了家庭，有了可爱的妻子，后来又有了儿子和女儿。他特别为儿子的聪明而自豪。可是卫国战争夺去了他的妻子和儿女，毁灭了他的幸福家庭，只剩下孤独的一个人，他是多么痛苦！作者在描述和安德烈相遇的情景时特别细致地描写了安德烈的一双眼睛，那是一双充满着痛苦、可怜、失望的眼睛。

作者十分同情安德烈的遭遇，并且通过他命运的描写，提出了这样一个问题：是什么破坏了安德烈的幸福? 怎样才能保住安德烈的幸福? 答案是十分明显的,卫国战争破坏了安德烈的幸福。如果不是卫国战争安德烈决不会弄到家破人亡的地步,他将是一个十分幸福的人。因此保住安德烈幸福的办法,就是不要卫国战争,应该反对卫国战争——这是肖洛霍夫的思想。

教师问: 什么? 肖洛霍夫反对卫国战争?

答: 是的。顺便提一下,《一个人的遭遇》这部电影,那里有许多阴暗可怕的镜头,无论是小说,或者是电影,作者竭力想说明卫国战争的可怕,而我们知道伟大的卫国战争是正义的战争。马列主义告诉我们,这种正义战争是人民所需要的,应该反对的是那些掠夺性的侵略性的非正义战争。肖洛霍夫反对象伟大的卫国战争这样的战争,这意味着他反对一切正义的战争。

问: 难道苏联人民需要八百万人的牺牲吗? 卫国战争是正义的战争; 但是要知道,卫国战争给苏联人民带来的没有别的,只有八百万人的牺牲——几乎大家都失去一个亲人。

答: 我所接触到的苏联朋友们,在谈起卫国战争时,完全不象你所说的那样,认为只有八百万人的牺牲,他们骄傲地认为,正是伟大的卫国战争的胜利,才取得了苏维埃祖国的独立,维护了民族的尊严,帮助了东欧各国人民的解放,在国际共产主义史上写下了光辉的一页。

作者在小说里完全歪曲了共产党员的形象,小说里唯一的共产党员跟本没有一个共产党员的骨气,而是一个十足的怕死鬼。

问: 是怕死鬼?

答: 是的。只要看看这样一段情节就够了,在俘房营里,叛徒发现了共产党员,叛徒说: 我要把你出卖给德国人。

共产党员: 同志,我请求你不要出卖我。……

叛徒: 我不是你的同志,你的同志在后方。

为了自己不被出卖,竟称叛徒为同志,并可耻地向叛徒请求,这难道是共产党员的形象吗? 这和卓娅的形象有什么共同之处? 这是对苏联共产党员的诬蔑。

问: 这个共产党员不是后来把叛徒杀死了吗?

答: 杀死了。

问: 难道这不是英雄主义吗?

答: 应该首先搞清一个问题,他为什么要杀死那个叛徒,然后才能判断他是不是英雄主义。叛徒决心要出卖他,他在这种情况下,知道再请求也是没有用的,所以他有了杀死他的念头。但如果叛徒答应不出卖他呢? 这个共产党员当然不会杀死他,尽管站在自己面前的是一个出卖祖国利益的叛徒。因此他请求的目的是为了保命。这与共产党员在死亡面前不屈不挠的英雄主义完全是两回事。

问: 为什么共产党员非白白死去不可呢? 他的策略不可以灵活一些吗?

答: 策略的灵活性是以坚持原则为前提的。列宁说: 失去原则的灵活性不是真正的灵活性,而是一种诡辩主义。

问: (退却地) 但您认为共产党员中没有混蛋吗?

答: 当然,共产党员中混蛋是有的,但是个别混蛋是共产党员的形象吗? 肖洛霍夫在自己的作品中,把唯一突出的共产党员处理成十足的怕死鬼,他想使读者得到怎样的形象呢? 能够得到的形象只有一个: 苏联共产党人在敌人面前,在死亡面前发抖了,乞求慈悲了。这是不符合历史事实的。

问：这个作品的主人公不是这个共产党员，而是作为人民形象的安德烈，您为什么不谈主人公而去谈次要人物呢？

答：好！现在让我们来看看作为人民形象的安德烈是怎样的一位英雄。当德国人把他找来喝酒，要他为德国的胜利而干杯时，安德烈拒绝了，但他没有苏联人民在卫国战争中所表现出的勇气。他害怕敌人，当德国人侮辱性地要他为德国的胜利干杯时，他没有苏联人民那股对敌人的愤怒，他不敢说：为苏维埃祖国胜利而干杯！因为他知道如果他这样说了，德国人马上会杀死他。所以他说：为我的死亡，为我摆脱痛苦而干杯。用这样的方法，他活下来了。最后德国人给他一片面包，他是多么激动！当德国人让苏军俘虏挨饿的时候，他拿着德国人恩赐的面包，并把他紧紧地抱在胸前。回到同俘那里去以后，他把面包分给了所有的人，每人只吃到了一点。可是在肖洛霍夫的笔下，这些挨饿的苏军俘虏，竟为吃到德国人的一点面包而欢呼起来，竟没有一个人站起来说：不要这片面包，因为这是敌人对我们的嘲弄！宁愿饿死，也不愿忍辱地活着！多少苏联人民的英雄儿女，多少红军战士，为了真理，为了民族气节而英勇地死去！可是苏联人民的大无畏精神在作为人民形象的安德烈身上找不到，在那么多红军俘虏中也找不到。在这里，苏联人民的形象遭到了可怕的歪曲。

作者把安德烈作为英雄人物来歌颂。但照我来看，安德烈不仅不是英雄而是一个极端的个人主义者。下面一段情节很说明问题：红军正向柏林挺进，苏联人民已看到了自己的胜利。正在这个时候，安德烈失去了自己的儿子，他痛苦到了极点。他说："我在陌生的德国土地上埋葬了自己的最后希望和欢乐。"

对安德烈来说，儿子是他的最后希望和幸福。在这里应该强调"最后"与这个形容词的含义。它意味着失去儿子就失去一切，就连祖国的解放，人民的自由，以及对法西斯的胜利都不会弥补这一损失，都不会给他任何快乐和希望，这是个人幸福高于人民幸福的典型。

问：你应该用人类的感情来理解安德烈的心情，如果你处在他的地位你的儿子牺牲了，难道你不觉得心痛吗？

答：这个问题对于我来说没有任何意义，因为我还没有孩子。但我可以拿卓娅妈妈的话来回答你；她的话代表了我的观点，我的处世态度。卓娅妈妈在访问中国时作了几个报告，她总是说她为卓娅的牺牲感到骄傲，终于赢得了对法西斯的胜利。失去女儿是件不幸的事，卓娅妈妈也为此而感到悲痛，但他说：我失去了小的幸福，却换来全国人民的大幸福——自由解放和美好的未来，我为此感到骄傲。这才是英雄的母亲。忘记了人民的幸福，从无产阶级的立场出发，这种感情的确不能算作人类的感情。

（这时进来一个教员，教师对那教员说：他把人道主义说成是极端的个人主义，反对正义战争等等。那教员说：正义战争也是残酷的。）

另一个教员问：你看过《雁南飞》吗？

答：看过了。对这部电影片，我持有自己的意见。

教师：不要问他了，他总是有自己的意见。

学生继续回答：在这部小说里，肖洛霍夫竭力想描绘出苏维埃政权的没人性。为作者所热爱的"英雄"安德烈复员后当上了司机。一天，由于他的汽车压死了一条母牛，警察就没收了他的司机证，从此他失去了工作而且到处找不到工作，作者想对人们说：看，象安德烈这样的英雄人物，只因一点过错，苏维埃政权就使他失去了工作，他不得不开始流浪，这是多么没有人性啊！

问：（大声地）您为什么要扯到苏维埃政权身上去？斯大林杀了很多人这是他的犯罪行为，你为什么把苏维埃政权和个人迷信混杂起来？你为什么说苏维埃政权没有人性？

答：说苏维埃政权没有人性的不是我，是肖洛霍夫。请问：在肖洛霍夫的作品中，从这位丰功伟绩的"英雄"身上收去司机证的警察不是苏维埃政权的代表？正是反对肖洛霍夫诬蔑苏维埃政权的做法，我才在这里批判他的作品的。

问：这是地方机关工作人员的错误，你为什么要把个别工作人员的错误看成是整个政权的错误？

答：我认为有必要重复一次，说苏维埃政权没有人性的不是我，而是肖洛霍夫。让我们想想："他到处找不到工作"，意味着什么？为什么到处找不到呢？作者想说各处地方政府对待这位英雄的态度都是一样的错误。通过这样的叙述，作者不正是想告诉读者：在斯大林领导下的三十多年中苏维埃的没有人性吗？

问：你不要把政治和文艺作品混淆起来要知道文艺作品是通过形象来反映主题的，而不是通过"推论"。

答：不错。文艺作品是通过形象来反映主题思想的。如果作者想反映苏维埃政权的话，为什么不塑造一个正确的、公平的形象来代替高一级的苏维埃政权呢？

现在来谈谈《一个人的遭遇》对苏联文学发展的意义。肖洛霍夫用自己的作品在苏联文坛上宣扬资产阶级的人道主义，反对马列主义关于阶级斗争的学说……

问：（教师打断学生的话）为什么是资产阶级的？你必须对自己的观点加以论证。

答：马列主义认为，战争分正义的和非正义的两种，这必须用阶级分析的方法来加以区别。对无产阶级来说正义的战争是需要的，所以他支持世界上一切正义的战争。他所反对的是那种掠夺性的，侵略性的非正义战争。但是资产阶级人道主义则不然，他们不区分战争的性质，反对一切战争，包括正义的战争在內。肖洛霍夫就是这样在反对战争的口号下反对象卫国战争那样神圣的战争，这不是资产阶级人道主义又是什么呢？

教师：（向等着考试的同学）请同学们原谅，我们争论了这么久，我们马上就结束了。（向学生）您给我的形象是：不懂得什么叫典型性。现在你再回答我的问题，我们就结束。您分析一下达维多夫——《被开垦的处女地》中的主人公的形象吧！

答：达维多夫有他的优点，这些优点主要表现在小说的第一部分中。如：对事业的忠诚，有自我牺牲的精神，当集体农庄的社员们受了坏人的欺骗把他们打伤时，他不仅不还手，而且耐心地解释着；后来他在会上说：共产党员是不会忘记阶级兄弟的仇的，但是我们要记住阶级敌人的伤，我们要消灭他们。这是无产阶级的人道主义。

但在小说的第二部中，达维多夫却变成了一个没有阶级立场的共产党员了。这集中表现在他和卢丝拉的爱情关系上。卢丝拉的情夫是一个富农的儿子，一个应当被消灭的阶级敌人。当他从流放的地方偷跑回来的时候，他不敢进村，没有吃的，正是卢丝拉给他送了食物，让他有精力暗杀党支部书记。由此可见，卢丝拉的行为不仅是道德败坏的问题，而且直接危害着苏政埃政权的直接利益。对于这样一个女人，就因为她漂亮一点，达维多夫就爱上了她。这哪里象一个共产党员呢？实际上这里的达维多夫和第一部中的达维多夫完全成了两个人。在第二部中，达维多夫的形象被肖洛霍夫歪曲了。肖洛霍夫在他身上强加了许多对共产党员来说是典型的，并且对眞正的共产党员来说是完全不可能的"错误"。

问：在肖洛霍夫的笔下，达维多夫知道卢丝拉不是一个顶好的女人，但他想改造她，这有什么不可以的呢？

答：在这样一部大作品中，自始至终，达维多夫没有对她的情夫，对她损害苏维埃政权利益的叛变行为引起警惕，重视。不可设想，他既没有认识到这里的阶级斗争的内容，又怎么能够把她改造过来呢？

　　问：肖洛霍夫不是也在这个问题上批评了达维多夫吗？

　　答：他的批评是非常不彻底的，如果说开头第一部里他对自己书中的主人公还持批评态度的话，那么在以后的几章里，作者便完全原谅了他。例如：当人们告诉他，卢丝拉已被赶出村了，因为她损害了苏维埃政权的利益。这下子达维多夫的头脑该清醒了吧？可是他回家以后，仍然想她，晚上整夜睡不着觉。而作者对他的这种举动没有给与任何轻微的指责。这里还有一个问题，达维多夫和卢丝拉的"爱情"关系是怎样断绝的？很清楚，是因为人们把卢丝拉赶出村子，自然断绝的，而不是达维多夫觉醒的结果。如果卢丝拉没有被赶走，达维多夫还会继续爱她下去，这是十分自然的。这说明达维多夫到最后，仍然是一个没有阶级立场的共产党员。在肖洛霍夫看来这就是共产党员的典型。这不是明显的歪曲吗？

　　问：你是想说共产党员不应该有爱情？你想剥夺他们爱的权力？

　　答：您知道我只是一个普通的大学生，我怎么能剥夺他们爱的权力呢？每个人都有爱的权力。但是共产党员没有权力去爱自己的阶级敌人。这是每一个确有马列主义常识的人所能理解的。

　　（考试到此结束，教师给他打了2分）

　　亲爱的读者，5分常使人感到高兴，2分每使人感到苦恼，但我们这位反修战士所得的2分却是光荣的2分，我们为他的2分感到骄傲，不是吗？！

从一个世界到另一个世界

　　……

　　回到英国，我有一种交错的感情。我很高兴回到了自己的国家，但是离开了中国和我在北京的同志们，我又是非常惋惜和难受。

　　你们知道，我们是乘火车回国的。这是一次令人激动的旅行。当我们在中国境内时，一切都很美好、顺当，可是一进入蒙古，什么问题都来啦！

　　我们走进餐车后（这是蒙古的车，因为我们正在蒙古境内），便坐下等候。我们等了差不多有半个小时，饭菜还没送来。而这时蒙古苏联来的形形色色的修正主义分子进了餐车，饭菜很快就到手了。他们根本就不理我们！

　　当最后他们给我们送来了饭菜，我们正要回到自己车室去的时候，他们却开口为那一顿不怎么样的饭菜，向我们索取相当于三个人吃两天的伙食费。当然，他们是在欺诈我们。……

　　但是，我想麻烦还只是刚刚开头呢。我们抵达苏联后，买不到去德国的火车票；我们被安置在一个相当奢华费钱的旅馆里。我跟我父母在那儿过一宵就得付相当于七十五元的代价。我们是劳动人民，当然没法付这么大一笔款子。于是，中国大使馆来帮助了我们！

　　可是那叫做"北京旅馆"的，真实在令人作呕，里边挤满了苏联新资产阶级分子。

　　每晚，当我们下楼吃饭时，可以看到新资产阶级分子在大享其福，大吃大喝，还随着黄色音乐大跳其舞。这跟英国资产阶级不是一模一样嘛！只是俄国人还不那么聪明去掩饰这些罢了。妇女们将头发象螺丝般地卷起来，穿上貂皮大衣。可是我没见任何一个俄国劳动者穿什么貂皮大衣，

——这就是今日之列宁和斯大林的故乡！这就是那个第一个爆发无产阶级革命的国家！这就是那个曾是世界上第一个工人阶级的国家！这就是曾击溃过希特勒的伟大的红军的祖国！而如果希特勒今天去进攻苏联的话，他将遇到很弱、甚至根本就遇不到什么抵抗！——今天，苏联这个国家已经完完全全蜕化变质了！

年轻的小伙子们满头留着头发，竭力去模仿西方的服装式样。年轻的姑娘们也一样。你可以听到最新流行的乒乓作响的黄色音乐。当我们沿街慢步时，一个陌生人问我们是否愿意卖给他一些美元，或者英镑，甚至于德国的马克也要！

苏联社会已经完全堕落了，这一点，我父母以及我本人都非常清楚。真的，它不仅已不再是一个社会主义国家，而且已堕落成一个法西斯国家了——当一个国家的无产阶级专政被打碎、国家政权被新兴的资产阶级分子篡夺之后，它就变成了资产阶级专政的法西斯国家！

我们去参观那显示从一九一七年之前直到今天这样一个历史时期的俄国"革命"博物馆。它本应该向人们展示苏联人民整个的革命历史，因此，在象第二次世界大战这样一件重大的历史事件方面，你会期望看到许多东西。诚然你也能看到一点东西；但是，曾领导苏联人民同希特勒浴血奋战过的、终身同修正主义进行斗争的苏联人民伟大的导师和领袖斯大林，他的事迹却连一点儿也见不到。这种对苏联人民的背叛是何等可耻！

我们倒也没有去看多少，但是我注意到的有一件事却很有意思。尽管苏联领导已全然背叛，尽管苏联社会已全面堕落，在人民中间，却仍然有着一个巨大的传统，即苏联是列宁的故乡这样一种信念。譬如说，尽管苏联人民正在被全面地腐蚀，苏联领导正在竭尽全力将苏联拖回到资本主义社会，成千成万的苏联劳动人民却每天排着长队去拜谒列宁墓。他们冒着严寒，在深夜里，甚至在大雪纷飞时也还在那儿排着长队。所以，很明显，在苏联存在着对抗（指苏联人民保持十月革命传统和苏修领导要复辟资本主义这之间的矛盾和对抗——译者），苏联人民并没有完全被腐蚀掉。

最后，我们登上了去柏林的火车。离开莫斯科，我们可乐意哩！

我们好容易到达柏林。前来迎接的很精干的中国同志在月台上等着我们。

中国同志给了我们车票，并说已给我们订了卧车铺位。但是当中国同志走了后，列车也已离开柏林，我们独自到卧车车厢，这时德国修正主义工作人员却告诉我们，说火车票有点问题，签票时出了差错，于是我们只得坐在我们的箱子上，在走廊尽端的厕所旁呆了整整一夜。我们认为，德国修正主义分子之所以这样刁难我们，是因为他们看见我们同中国同志在一起。

……

当我们在中国时，一切如意。……但是，俄国和德国的修正主义分子却竭尽全力，处处给我们制造麻烦，使我们的旅行不愉快。这一切都只是因为我们来自中国北京。难道中国还能有比这更大的荣幸吗?!（指被敌人反对——译者）正如毛主席所说的："被敌人反对是好事而不是坏事。"

一个人被敌人攻击和仇视是一件好事情，假如修正主义者不攻击我们，帮助我们，那么我们应该知道，我们的政治路线错了。

……

Michael Seltman（麦克尔）
选自外交学院"红卫战报"

（本文是十五岁的英国少年麦克尔的来信摘译。麦克尔是原外交学院一英籍教员的儿子。——编者）

目　录

通訊地址：北京外国语学院主楼139

电話：89·1931轉39

批斗大会：陳毅专輯

文革風雲

（批斗陈毅大会专輯）

首都紅代会　北外紅旗革命造反团《文革風云》編輯部
"批判陈毅联絡站"《批陈战报》

13

一九六七年

形势和伍务

打倒中国的葛罗米柯——陈毅

六月天兵征腐恶，万丈长缨要把鲲鹏缚。

迎着红八月的风暴，带着革命造反的呼啸，外事系统的无产阶级革命派终于把显赫一时的"庞然大物"陈毅——中国的葛罗米柯揪出来了！这是战无不胜的毛泽东思想的重大胜利；这是毛主席的无产阶级革命路线的重大胜利；这也是外事系统的革命造反派不怕困难，艰苦奋斗，与三反分子陈毅长期血战的结果。

无产阶级文化大革命的怒涛，荡涤着每个角落的污垢，暴露了各种人物的嘴脸。自称为"老革命"、"老干部"的陈毅，被无情地撕掉了伪装，显出了庐山真面目。揭发出来的大量事实证明，陈毅根本不是什么"老革命"，而是地地道道的假革命、反革命。他是埋在毛主席身边的一颗定时炸弹，他是中国的赫鲁晓夫在外事口的忠实代理人，他就是中国的葛罗米柯！

就是这个陈毅，早在第二次国内革命战争时期，就多次反对我们心中最红最红的红太阳毛主席。一九二七年，他竟穷凶极恶地叫嚣："你毛泽东有一套，我陈毅还有两套呢！"一九二九年，红四军召开第七次党代表大会，陈毅追随大军阀、大野心家朱德，狂妄地提出："留朱不留毛，留毛不留朱"，在表决时投了毛主席的反对票。当时，拥护和反对毛主席的票数相等，陈毅的一票十分关键，毛主席因此落选，被排挤出了红四军，领导权被反党野心家朱德之流所窃取。抗日战争时期，陈毅曾满腹牢骚、心怀叵测地对他的秘书说："毛主席这个人很厉害，他好打击人。现在延安发来的整风文件中，提什么'惩前毖后，治病救人'，反对'无情打击，残酷斗争'一些话，那都是一些冠冕堂皇的漂亮话，还不是那一套，我过去是尝过毛主席打击的滋味的。"解放后，陈毅又多次恶毒攻击毛主席，什么"毛主席也是一个螺丝钉"呀，"毛主席也有局限性"呀，毛主席"还不是一个普通学生"，"毛主席在文化大革命中乾坤独断"等等，等等，不一而足。陈毅曾供认不讳地说："过去我几次反对毛主席，但比来比去，还是毛主席对。我决定跟毛主席走，但我还不敢保证，将来就不反对毛主席。"……真是反动透顶，嚣张至极。

就是这个陈毅，极端仇视，猖狂攻击光芒万丈，光焰无际的毛泽东思想。在文化大革命轰轰烈烈地开展后，正当我们大树特树毛泽东思想的绝对权威时，陈毅却象狂犬吠日一样，恶毒攻击说："毛泽东思想是个大框框"，是"地地道道的中国货"，并诬蔑我们向全世界宣传毛泽东思想是"强加于人"，借外国人的口骂我们"搞个人迷信"，"毛泽东思想绝对化"。是可忍，孰不可忍！

就是这个陈毅，远在抗日战争时期，就和中国的赫鲁晓夫刘少奇，反革命修正主义分子王明、李立三等民族败类，狼狈为奸、沆瀣一气，极力推行机会主义、投降主义的错误路线。

陈毅曾大言不惭，恬不知耻地说："我犯方向性、路线性错误还不止一次。一九二八年犯过一次，一九二九年犯过一次。原则性错误我犯过二十几次，几乎每年一次。"陈毅之所以成为犯错误的专家，是因为他忠实追随刘邓一伙，顽固坚持资产阶级反动立场，剥削阶级世界观根深蒂固。

就是这个陈毅，解放以后，仍然贼心不死，仇视和反对无产阶级专政，拚命鼓吹资产阶级自由化，为反革命修正主义分子的反党活动推波助澜，为文艺界的一小撮牛鬼蛇神大开绿灯，千方百计地为资本主义在中国的复辟制造舆论。一九六二年三月，陈毅领了党内最大的走资本主义道路当权派刘少奇的黑指示，千里迢迢，风尘扑扑，专程赶到广州，和周扬一伙反革命修正主义分子，形形色色的牛鬼蛇神一同出"气"，一下子放了四万余字的毒。同年，他还到东方歌舞团建团典礼大会上信口雌黄，大放其毒。陈毅之所以要用资产阶级的文艺黑线代替毛泽东文艺思想的红线，就是为了篡党、篡国，就是为了改变无产阶级专政的性质，为资本主义复辟制造舆论。

就是这个陈毅，利用他在外事系统篡夺的领导权，顽固推行刘邓"三降一灭"的反革命修正主义外交路线，妄图在国际上投靠帝国主义、修正主义和各国反动派，扑灭被压迫人民革命斗争的熊熊烈火。他在帝修反面前低声下气、献媚取宠，什么"美国是一个新生的国家，充满了生命力"啊，什么"苏共新领导上台是换汤又换药"啊，什么"苏加诺你是统帅，我是元帅，统帅下命令，元帅就照办"、"苏加诺万岁"啊……，完全是一副十足的奴才相！而对亚非拉人民的革命斗争，则是无耻背叛、公开出卖、拚命攻击，什么"如果他们（指民族主义国家）国内发生政变或发生革命起义，我们都不干涉，我们只以他们的合法政府为对手"啊，什么"奈温反对共产党比不反对好"啊，什么"那些地方（指亚非拉）的共产党上台过早了，对整个局势不利，对他们自己的国家也不利。有些左派很希望那些地方的共产党上台，这是不对的啊"……信口雌黄、一派胡说，长帝修反的威风，灭革命人民的志气，真是何其毒也！

就是这个陈毅，在一九六一年日内瓦会议期间，公然下达黑指示：如果外交人员遭敌人绑架"可以向敌人签字，也可以提供某些情况"，大肆宣扬、疯狂推行中国的赫鲁晓夫刘少奇的一整套叛徒哲学、投降哲学、活命哲学，出卖国际无产阶级的最高利益，丢尽了中国人民的脸。

就是这个陈毅，在外事口大搞修正主义特殊化，追求西方资产阶级的生活方式，竭力培植特权阶层，把外交部搞得乌烟瘴气，成了修正主义的大染缸。

就是这个陈毅，在这次史无前例的无产阶级文化大革命中，积极参与、疯狂推行、顽固坚持资产阶级反动路线，充当了刘邓黑司令部镇压外事口无产阶级革命派的忠实打手，制造白色恐怖，实行资产阶级专政，把外事系统轰轰烈烈的无产阶级文化大革命一度打了下去。

就是这个陈毅，假检查，真进攻，大刮翻案风，颠倒黑白，混淆是非，把"打倒一切"、"执行资产阶级反动路线"等罪名强加在革命小将头上，支持保守派，操纵假夺权，在外事系统掀起了一股复辟资本主义的反革命逆流。

还是这个陈毅，公然抗拒中央文革和周总理的指示，迟迟不到群众中听取揭发批判，利用他还未被肃清的政治思想上的影响，促使保守势力向革命造反派多次发动猖狂反扑，妄图蒙混过关、死灰复燃、卷土重来，实现资本主义反革命复辟。

大量铁的事实证明：陈毅就是中国的葛罗米柯。他是中国的赫鲁晓夫在外事口的代理人，必须打倒；他是外事系统阶级斗争的一个盖子，必须揭开；他是阻挠外事系统实现革命化的一块绊脚石，必须搬掉！

"打倒陈毅"这个革命口号，已经被愈来愈多的群众所理解、所接受、所支持。我红旗革命造反团的广大指战员，就是要和三反分子陈毅血战到底；就是要铲除毛主席身边的这颗定时炸弹；就是要彻底清算陈毅反党反社会主义反毛泽东思想的滔天罪行；就是要打倒陈毅，解放外事口，把外事系统的无产阶级文化大革命坚决进行到底！

宜将剩勇追穷寇，不可沽名学霸王。

当前，我们外事系统的无产阶级革命派一定要遵循伟大领袖毛主席的这一教导，牢牢把握斗争的大方向，发扬痛打落水狗的彻底革命精神，对党内最大的一小撮走资派及其在外事口的代理人陈毅，进一步开展大揭发、大批判、大斗争，从政治上思想上理论上把他们彻底打倒，使他们遗臭万年，永世不得翻身！让毛泽东思想的伟大红旗永远高高飘扬在外事口的上空！让毛主席的无产阶级革命路线永远在外事口畅行无阻！

打倒中国的葛罗米柯陈毅！

解放外事口，彻底闹革命！

毛主席的革命路线胜利万岁！

战 地 黄 花 分 外 香

—— 揪陈火線記实

八月五日，雨后天晴，阳光灿烂，北京外语学院校园內外一片欢腾，人们敲锣打鼓，高呼口号，迎接红旗革命造反团揪陈大军胜利归来！

我红旗革命造反团第一方面军与外事口其它兄弟革命组织组成的揪陈大军于七月十五日到外交部门前安营扎寨，在群众中进行广泛的揪陈宣传工作，经过二十一个白天黑夜的奋战，终于取得了巨大胜利：陈毅十天之內将滚到群众中来接受革命群众的揭发、批判和斗争！这是毛泽东思想的又一重大胜利！

揪陈大军的革命小将在外交部门前二十一个昼夜的战斗，把外事口文化大革命运动推向了一个新的高潮。他们有魄力、有智慧，他们坚定、勇敢、战胜了一切困难，他们不愧为毛主席的红小兵，他们是文化大革命勇敢的闯将！他们二十一个昼夜的战斗，为外事系统文化大革命天翻地复的群众运动写下了光辉壮丽的史诗！

我们的战士，在前进的征途中，每当欢庆胜利的时候，每当遇到困难的时候，便自豪地回忆起外交部门前那战斗的日日夜夜。……

革命的洗礼

七月十五日晚七时许，我红一方面军全体战士，在战友们送别的锣鼓声中，满怀革命豪情，高呼"打倒陈毅"的口号，踏上了杀向社会，到外交部安营下寨的征途。汽车徐徐开动，歌声此起彼伏。听，"革命造反派就是志气大，我们最听毛主席的话，舍得一身剐，誓把陈毅拉下马。打倒刘少奇，打倒邓小平，**打倒陈毅，打倒！打倒！打倒！**"这歌声是战鼓，是决心，是讨陈檄文；这歌声是旗帜，是炸弹，伴着坦荡的万里东风，**响彻首都傍晚的夜空，**预示着一场革命暴风雨的即将来临！

大队人马到来之前，经过半天的紧张战斗，先遣队法语系战士已在工人同志们的协助下把帐蓬搭好了。

晚八时，平地一声雷。狂飚骤起，飞沙走石。飘泼大雨盖天砸地倾泻下来。暴风雨夹杂着震耳欲聋的雷声，闪电划破了长长的夜空，**猛烈地荡涤着一切污泥浊水。**

揪陈大军的战士们，还没有来得及放下背包，就投入了紧张的战斗。有的用双手拉住被风暴卷起的帐蓬，有的冒雨把广播器材运入楼内。……

这时，从被暴风雨翻卷的破旧的帐蓬里传出了响彻云霄的毛主席语录的歌声。"**下定决心，不怕牺牲，排除万难，去争取胜利**"。毛主席的声音是那样的宏大，那样的坚定，那样的火热，它激励着我们的战士，压倒了一切。我们的战士互相帮助，互相关怀，互相爱护。有的战士帮别人送背包，全身上下被大雨浇湿了，还风趣地说："让革命的暴风雨来得更猛烈些吧！"

歌声传到楼里，正和揪陈大军的负责同志之一宋远利同志谈话的《红旗》杂志记者，深为我们战士的大无畏革命精神所感动。

外交部门前，雨声，雷声，毛主席语录歌声，"打倒陈毅"的口号声交织在一起，强有力地冲击着外交部以陈毅为首的那个摇摇欲坠的特权阶层。……

战斗的大会

十六日晚，我红旗革命造反团、六一六红卫兵团、二外首都红卫兵团在外交部门前召开了"揪斗陈毅誓师大会"。这是一个革命造反的大会。我红旗革命造反团第一方面军代表在会上发了言。他说："揭开陈毅'老革命'的画皮，我们看到他是一个赫鲁晓夫式的人物，是中国人民和世界人民革命的可耻叛徒。"他接着以无可辩驳的大量事实说明，陈毅是一贯反毛主席，反毛泽东思想的，罪该万死，死有余辜。陈毅撕毁假检查，长期对抗中央文革的指示，拒不到群众中来，是可忍，孰不可忍！红一方面军代表说："这次到外交部门前，安营下寨，揪斗陈毅，是百分之百的革命行动，好得很，就是好得很！"他最后表达了外事口真正的无产阶级革命派"不到长城非好汉，不把陈毅揪到群众中来誓不罢休"的决心和"**今日长缨在手，何时缚住苍龙**"的革命壮志。许多革命群众参加了我们的大会。散会时，不少人提出，希望我们今后多开关于陈毅问题的大会。

接着，我们相继召开了"陈毅推行刘邓'三降一灭'修正主义外交路线罪行报告会"，"陈毅问题答辩会"，"陈毅黑史报告会"等。

八月二日晚，在对党内最大的一小撮走资派展开革命大批判的新高潮中，首都红代会批陈联络站和我揪陈大军联合召开了"彻底批判刘邓陈'三降一灭'修正主义外交路线大会"。外事口和来自全国五湖四海的无产阶级革命派，同仇敌忾，愤怒声讨刘邓陈"三降一灭"反革命修正主义外交路线。揭发出来大量触目惊心的事实证明，陈毅是刘邓在外事口的代理人。在外事活动中他秉承刘邓意旨向各国人民散布了大量修正主义毒素，象鸦片一样麻痹各国人民。他极力用"和平共处"、"和平竞赛"、"和平过渡"、"非资本主义道路"、"社会主义是和平的道路"等修正主义理论来反对毛主席"**枪杆子里面出政权**"、"**整个世界只有用枪杆子**

才可能改造"的革命真理。其目的就是取消无产阶级的枪杆子，取消革命人民的武装斗争，反对农村包围城市、暴力夺取政权。一句话，就是取消毛主席指引的道路。陈毅背叛无产阶级革命、无产阶级专政、背叛毛泽东思想的滔天罪行，激起了五千与会者的无比愤慨。

参加大会的有四十几个革命组织。

当大会进行一半的时候，有一个战士突然发现了谢副总理参加了我们的大会，与会者闻讯个个欢腾雀跃，欢声雷动。谢副总理参加我们批陈大会使大家十分感动。大家一致表示，向谢副总理学习，一定把陈毅揪到群众中来，批倒，批臭！把外事口文化大革命进行到底！

"陈毅应该打倒吗？"二十一天来我们一次又一次战斗的大会，回答了这个问题。一桩桩铁的事实，一个个雄辩的例证，使保皇派闻风丧胆，使怀疑者猛省，使坚定者更坚定。一个个战斗的大会象一发发红色的炮弹宣判了刘邓陈的死刑！

听了我们的大会，一个外交部联络站的战士说："你们干得好！陈毅是一贯反对毛主席的，一贯很坏，应该打倒。"一位刚从上海回京的同志诚恳地说："我是坚决支持你们的，陈毅的话黑透了，影响极坏，流毒全国。"一位工人同志热情地握着我们战士的手朴实地说："一开始我对你们揪斗陈毅很不理解，好象方向不对。可是听了你们几次大会，我感到陈毅问题太严重了。为了保卫毛主席，你们不顾刮风下雨，起早贪黑地干，我支持你们，你们揪斗陈毅的大方向没问题。……"

这一切都说明了我们战斗的大会，产生了巨大的政治影响。

红色宣传队

毛主席说："人民靠我们去组织，中国的反动分子，靠我们组织起人民去把他打倒。"

毛泽东思想的红色宣传队活跃在揪陈火线，首都街头，北京车站，天安门广场。

为了组织起浩浩荡荡的革命军，打一场人民战争，二十一天来，我军战士纷纷走上街头，宣传群众。红三团英（一）支队，英本（二）支队和"202兵团"的革命小将干得十分出色。

听了我们的宣传，一位老大娘说："陈毅和解放前的地主有什么两样？怎么能让这样的人当外交部长呢？"有两位从东北来的同志说："我们只看了他的一些黑话，够尖端的了，一定要打倒，我们回去帮你们宣传宣传。"英（一）支队在揪陈《火线》报发表的《毛主席鼓舞着咱战斗》的报导里写道："当我们离开时，许多同志握着我们的手说：一定要挖掉这颗埋在毛主席身边的定时炸弹。"

我们的红色宣传队为什么能受到群众的欢迎呢？读了英本（二）六位女战士写来的报导《唤起工农千百万，同心干》其中的几段你就会明白了。

"万事开头难。说实在话，我们从来未在大街上当众讲过话，刚开始讲时，心里有点怕。再加上小资产阶级思想作怪，能讲好吗？但一想到陈毅这个老混蛋多次反对我们伟大的领袖毛主席，一想到这颗定时炸弹还埋在中南海，我们什么也不顾了，我们唯一的想法是坚决打倒陈毅，我们要用鲜血和生命保卫我们心中最红最红的红太阳毛主席。"

"我们的队长第一个站了出来。她大声向群众宣传。人们从四面八方向我们围拢来。我们事先害怕的心理早就抛到九霄云外去了。一个接着一个讲演，宣判陈毅的死刑！真是越讲越带劲，又生动、又活泼、又具体、又真实。听的人有时多，有时少，我们没有因为人少而不好好讲。我们想到的不是眼前这几个人，而是全中国全世界人民。所以，即使只剩下一个人，我们也坚持宣传。"

"在整个宣传中由于掌握了陈毅'三降一灭'修正主义言论及其黑史，掌握了他参与制定资产阶级反动路线和残酷镇压文化大革命的大量事实，再加上我们对毛主席和毛泽东思想的无限热爱，对陈毅恨得要命的真挚感情，所以听的人越来越多，围得水泄不通。当我们最后一个同志讲完时，人们还围在那里，动也不动，我们也见缝插针，利用一切机会宣传，同时也宣传我红旗革命造反团和陈毅斗争到底的决心。"

……

就这样，我们的一个又一个红色宣传队在战火中成长起来了。在前门、在王府井、在北京车站……你都可以看见他们在紧张地战斗，听见他们那激动人心的讲演。我们的战士英姿焕发，斗志昂扬，带着无限忠于我们伟大统帅毛主席的红心，以满腔革命热情宣传毛泽东思想，为毛主席革命的外交路线大喊大叫!

每当夜幕垂空，华灯初上时，我们的红色宣传队踏着灯光，排着整齐的队伍，高唱"打倒陈毅"的战歌，胜利返回营地。

二十一天来，红色宣传队的战士们，不管烈日当空，或是暴雨滂沱，带着对全中国和全世界人民伟大导师毛主席的无限忠诚，战胜了一个又一个困难，向群众宣传毛泽东思想，揭发陈毅的罪行，活跃在揪陈火线上。

老紅軍作風

艰苦朴素，英勇奋斗的老红军作风，在我们揪陈大军里，举不胜举。

我不想在这里多说　最好还是听听革命群众的反映。外交部革命造反联络站一位同志在他的来信中这样写道：

"北外红旗革命造反团揪陈大军全体战士们，几天来，你们为了宣传群众，作了大量工作。写大字报没有桌椅板凳，你们有的坐在地上，有的伏在院子里的石块上，有的站在窗台旁，写出了一批又一批批判陈毅的大字报。腿痛了，手软了，站起身来活动几下，又拿起战斗的笔，继续写下去。几天来，你们的大字报贴满了外交部周围和首都各条主要街道，批陈漫画比比皆是，你们为外事口无产阶级文化大革命作出了巨大贡献。"

"……你们发扬了艰苦朴素、艰苦奋斗的作风。吃着冷馒头，喝着白开水，睡在走廊上、楼道里和潮湿的帐蓬里。为了揪陈毅你们不怕工作艰苦，每天睡得晚，起得早。集体作操、跑步、集体学习，表现了你们这个队伍有着严密的组织性和纪律性。……我是外交部联络站的一名小兵，我就住在正义路四号，无论白天黑夜，我亲眼看到了你们所做的一切……实在好得很!"

在另一封信里，写信的同志们生动地描述揪陈大军的生活：

"你们搭起帐蓬当睡地，筑起舞台演新戏，装上喇叭把陈批，大字报、画贴满地。你们的生活朴素，大地当床，兰天作被，不追求舒适和待遇，不计较条件好坏，但生活却是如此乐观，充满着战斗的激情……你们有冲天的革命干劲，豪迈的英雄气概，你们迎着阻力走，迎着困难上，生活就是斗争，战斗就是欢乐；我们向你们学习，向你们致敬! ……"

我们的伟大领袖毛主席说："**与天奋斗，其乐无穷，与地奋斗，其乐无穷，与人奋斗，其乐无穷。**"

艰苦朴素，英勇奋斗，不怕牺牲，这些是老红军的作风，我们革命的红小兵要永远继承和发扬。

亲切的关怀　巨大的支持

八月四日下午五时许，谢付总理接见了我红旗革命造反团、二外首都红卫兵团、北外专革命造反军揪陈大军负责人和部分战士。消息传来，外交部门前立刻沸腾起来。揪陈大军战士个个兴高彩烈，奔走相告，一遍又一遍高呼："毛主席万岁！"

谢付总理首先亲切地说："你们辛苦了！"接着谢付总理就批陈问题作了重要指示。谢付总理讲："我来这里不是我个人意思，我个人怎么能随便来？""我的意思是陈毅可以出去，去你们学院做检查，你们批判他……""先开个大会，几千人，开个头，然后再开小会，然后再检讨。"又说："告诉你们，十天之内准备好，十天之内实行。……"

当晚，九点五十分左右，外事口无产阶级革命派为了打退中国赫鲁晓夫刘少奇最近的新反扑，在外交部门前召开了"揪斗刘贼誓师大会"。大会结束后谢付总理又亲自来到了揪陈火线，接见了我揪陈大军全体战士。谢付总理一到，战士们发出雷鸣般欢呼："毛主席万岁！""向谢付总理学习，向谢付总理致敬！"谢付总理身穿军装，十分谦虚，和霭，朴素，平易近人。他频频向大家招手致意，向全体战士问好。然后和揪陈大军全体战士进行了极为亲切的谈话。在谈到陈毅问题时，谢付总理要我们紧跟毛主席战略部署，在林付主席和中央文革领导下，在周总理具体指导下，批陈要抓实质，要触及灵魂。

谢付总理的讲话充分肯定了我们批陈大方向是正确的。

谢付总理的讲话是毛主席、林付主席、中央文革对我们的亲切的关怀，也是对我们巨大的支持和鼓舞。

在谢付总理接见前，毛主席的红色外交战士姚登山同志向我揪陈大军全体战士传达了戚本禹同志的重要讲话。戚本禹同志说："革命小将不怕困难，艰苦奋斗，来揪陈毅，这是革命行动。总的讲，这个大方向对得很。"戚本禹同志还说："二月份我们保过陈毅，由于陈毅翻案，所以就收回来了，如果他不翻案，早就过关了。我们看了小将们的材料，问题很严重，应该让他下到群众中来。"他最后说："外事战线的希望，看来就寄托在这些革命小将身上了。"

六日，周总理接见了我揪陈大军代表，答应八月十一日在人民大会堂由北京外国语学院红旗革命造反团，外交部革命造反联络站、二外首都红卫兵团发起召开批判陈毅大会。

消息传来，外事口无产阶级革命派，无不为之欢欣鼓舞。陈毅即将滚到群众中来，站在被告席上接受革命群众的审判，这是毛泽东思想的伟大胜利！这是揪陈大军二十一昼夜艰苦奋斗的结果！这是外事口真正的无产阶级革命派长期艰苦斗争的结果！

毛澤东思想指挥着我們战斗

所有这一切，都是毛泽东思想的伟大胜利。

毛泽东思想鼓舞着我们的战士向陈毅冲杀；毛泽东思想鼓舞着我们的战士彻底批判刘邓陈"三降一灭"修正主义外交路线；毛泽东思想鼓舞着我们的战士走上街头，宣传群众；毛泽东思想鼓舞着我们的战士经受了一次又一次急风暴雨的考验，战胜了一个又一个困难。……

在硝烟弥漫的揪陈火线上，毛泽东思想鼓舞着我们的战士胜利地渡过了不平凡的战斗的日日夜夜。生活就是造反，就是革命，生活就是批判，就是斗争！

我们的战士，英姿焕发，斗志昂扬，在外交部门前战斗了整整二十一天，二十一夜。为了中国革命和人类的将来，为了保卫全中国和全世界人民心中的红太阳毛主席，为了彻底砸烂刘邓陈"三降一灭"修正主义外交路线，我们的战士、毛主席忠实的红卫兵忘记了个人的一切。他们经受了一次又一次的考验，他们战胜了烈日，酷暑，狂风暴雨，他们在斗争中成长起来了。他们是顶天立地的战士，叱咤风云的闯将。他们上扫九天残云，下斗四海恶浪。他们是革命的希望。……二十一天来，他们活学活用毛主席著作。他们早晨的第一件事就是读毛主席的书，有时集体学习，有时独立思考，联系实际活学活用《毛主席语录》。当有的战士看到两周过去了，陈毅还揪不下来，产生了急燥情绪，这时另外一名战士就送给他一条语录，上面写着："我们的同志在困难的时候，要看到成绩，要看到光明，要提高我们的勇气。""谁要是只看见光明一面，不看见困难一面，谁就会不能很好地为实现党的任务而斗争。"那位战士学了这两段语录就又坚持了斗争。早晨，你来到外交部门前，你可以看到我们的战士，学习老三篇，背诵接班人五项标准的情景。二十一天来揪陈大军的每一个胜利，都是毛泽东思想的伟大胜利。当回忆起外交部门前二十一昼夜艰苦斗争时，我们的战士这样写道："当斗争最艰苦、最困难的时候，抬心望见北斗星，心中想念毛泽东，我们就忘掉了个人的一切，无所畏惧。"这是揪陈大军全体指战员共同的感受。

毛泽东思想指挥着我们战斗，毛主席鼓舞着我们前进。……

外事口，军号在响，红旗在飘，大军在集结，历史在飞跃，革命在前进。……

一个毛主席革命外交路线占统治地位的外事口，必将在革命大批判的急风暴雨中出现在祖国的首都！

本 刊 特 派 記 者

揪陈大軍《火綫》报編輯部

1967. 8. 7

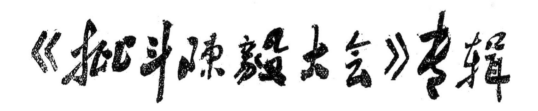

周总理在"批斗陈毅大会"上的讲話

时间：8月11日　　地点：人大会堂

同志们！

让我首先代表我们伟大的领袖毛主席和他的亲密战友、我们的付帅林彪付主席，代表党中央、国务院、中央军委、中央文革，问你们好！你们开这样的大会，我在5月12号就表示支持的，现在还是支持。今天的会开得好，虽然中间有点波折，但是这是不可避免的事情。总的来说，大家是按照谢付总理和我跟你们发起的三个主持单位达成的协议执行的，我们应该说，开得好。

这个会是很有益的，对我来说也是一种学习，因为这是一种动员的大会，这样的大会，比起来，这种会时间不宜太长，不宜太多，总的来说还是按照五月十二日达成的协议，大、中、小会套着开，因为开小会才能批深、批透。当然不开大会你们都看不见了，你们不满意，开这种大会是动员的，我应该很诚恳地说，我在主席台坐的这段时间很不容易把大会发言人的讲话都听到，你们看到这个情况。所以你们这个会以后开个小会，只要我有时间，稍微有一点时间，挤出时间，我愿意参加，因为这是关系整个外事系统活动的问题，政治的问题、方针的问题、路线的问题。既然我过问外事工作，我愿意听听大家的意见。因为小会说得深，说得透，我也可以听得清楚，从中可以得到更多的东西，由于这样的原因，排列起来就不会很快的，一个礼拜开上一两次就很不容易了，你们还有意见，我许多方面都要过问，不到也不好，是不是呀！所以你们心情当然很急了，一直到现在才开这个大会，但是一人不能分身，一天只有24小时，所以这一点我也请你们原谅，这责任我负，倒不是陈毅贪污我的时间拖到今天才开会。因为我分不开身，中间出了很多事情，今天不可能向你们报告了。以后总是开那么几次，还要开别的口子嘛！财贸、农林，甚至工交口布置工作，还得出面。现在时间到了，晚上八点钟红代会还要开形势座谈会。

虽然没有达到整个外事口的大联合，但是批陈联络站的联合总是实现了，庆贺你们这个大联合的实现。

外事口的许多革命造反派在和党内一小撮走资本主义道路的当权派斗争中取得的胜利，我也祝贺你们！（口号省略）

（本刊记者记录）

批 斗 陈 毅 大 会

大会主席团建议

一、陈毅必须老实交待自己的三反罪行，向毛主席、林付主席、中央文革和革命群众低头认罪。

二、根据周总理五月十二号指示，陈毅必须到外事口各单位，接受群众批斗，不得违反。否则一切严重后果由陈毅负责。

三、鉴于陈毅三反罪行累累，至今死不回头，因此，我们以外事口无产阶级革命派的名义向毛主席、林付主席、周总理和中央文革小组建议，停止陈毅的一切外事活动，老老实实作交待，接受群众的批斗。

大会主席团
一九六七年八月十一日

批 斗 陈 毅 大 会
通　令

陈毅必须在十五天之內向外事口无产阶级革命派就他在文化大革命中的部分罪行递交认罪书：

1. 你为什么抗拒总理、伯达、戚本禹同志的指示拒不到革命群众中来接受批判？

2. 你第一次检查后，为什么又要翻案，说检查是逼出来的？

3. 在二月资本主义复辟黑风中，你伙同谭震林，反对无产阶级文化大革命，扮演了什么角色？你有什么资格代表老干部讲话？你在中央军委扩大会议上放了什么毒？

4. 你反对中央文革，干了些什么勾当？必须彻底交待！

大会委托北京外国语学院红旗革命造反团对外作战部接受陈毅的认罪书，然后向外事口无产阶级革命派传达。

一九六七年八月十一日

天 翻 地 复 慨 而 慷
——"批斗陈毅大会"报导

东风浩荡，红旗招展，战鼓咚咚，杀声震天，八月十一日，庄严的人民大会堂洋溢着一片战斗的气氛。就在这天，外事系统万余名无产阶级革命派，在举国上下掀起对党内最大的一小撮走资派进行大批判的新高潮中，召开了声势浩大的**"批斗陈毅大会"**。

"恶有恶报，善有善报。"陈毅，这个阴险毒辣、穷凶极恶的反革命修正主义分子，终于被揪出了中南海，站在被告席上，接受革命群众的严厉审判了。这是无产阶级文化大革命的伟大胜利！这是毛主席革命路线的伟大胜利！这是外事口广大无产阶级革命派一年来英勇造反、浴血奋战的光辉成果！

大会是在中央文革小组和周总理、谢付总理的亲切关怀和大力支持下召开的。周总理和谢付总理还亲自出席了大会，并作了极为重要的指示，这是对我们的莫大鼓舞和极大支持！

参加这次大会的有北外红旗革命造反团、外交部革命造反联络站、二外首都红卫兵团、外交学院革命造反兵团、对外文委革命造反联队、归国生遵义兵团、驻外使领馆"九、九"战斗兵团、中侨委红旗兵团、北外专革命造反军等近30个外事系统革命组织的造反派，以及全市、全国无产阶级革命派的代表，共一万余人。毛主席的红色外交战士姚登山同志、徐仁同志和英勇保卫国旗的赵小寿同志也参加了大会，和革命小将并肩战斗。

上午十一时左右，外事系统无产阶级革命派从四面八方来到人民大会堂。我红旗革命造反团一千三百余名战士胸佩毛主席象章，手持《毛主席语录》，雄纠纠，气昂昂，更显得精神抖擞，英姿焕发。与会者无不磨拳擦掌，斗志昂扬，充分体现了外事口无产阶级革命派誓与陈毅血战到底的英雄气概和必胜的信心。

下午一时，三反分子陈毅和他的忠实走卒姬鹏飞，如两条丧家之犬，灰溜溜地走入被告席。顿时，一万多名造反派战士怒目园睁，喷射出仇恨的火花，千万只愤怒的铁拳一齐举起，"打倒陈毅"的怒吼声，有如火山爆发，惊天动地。与此同时，我们敬爱的周总理和谢付总理，在一片热烈的欢迎掌声中走上主席台。主席台中央，高悬着我们最最敬爱的伟大领袖毛主席的巨幅画像，十面鲜艳的红旗分挂两旁。会场四周贴着"彻底砸烂'三降一灭'反革命修正主义外交路线"，"谁反对毛主席、林付主席、中央文革就打倒谁"、"打倒三反分子陈毅"等大型标语。会场正面挂着巨大横幅，上面写着斗大的六个字："批斗陈毅大会"!

箭在弦，弹上膛，一场紧张而激烈的战斗马上就要开始了。

一点十五分，大会执行主席宣布大会正式开始。

第一个发言的是对外文委革命造反联队的代表，他用大量铁的事实揭发控诉了陈毅在文化大革命中，伙同黑帮分子张彦恶毒攻击和反对陈伯达同志的滔天罪行。与会者无不义愤填膺，一致要求三反分子陈毅坦白交待，低头认罪。但他守口如瓶，一言不发，无视广大革命造反派的严正要求，拒不低头认罪，反动气焰嚣张至极，从而犯下了新的罪行。新仇旧恨，一齐涌上心头，广大造反派战士怒不可遏。"坦白从宽，抗拒从严，负隅顽抗，死路一条"的口号声此起彼伏，一浪高过一浪。陈毅见此情景，立即现出了纸老虎的原形，吓得屁滚尿流，抱头鼠窜，竟逃到台后去了。这时，造反派战士又齐声朗诵："下定决心，不怕牺牲，排除万难，去争取胜利!"并愤怒地高呼："陈毅必须马上滚出来!""誓与陈毅血战到底!"在群众的强大压力下，陈毅又不得不乖乖地滚了出来。只见他汗流满面，脸色苍白，浑身发抖，丑态百出，活象一只"落水狗"。忆往日，张牙舞爪，不可一世；看今朝，垂头丧气，威风扫地。这是一幅多么壮观的革命景象啊! 真是大快人心，人心大快!

驻外使领馆"九、九"兵团的代表血泪控诉了以陈毅为首的一小撮资产阶级特权阶层残酷迫害驻外使领馆工勤人员的累累罪行。当他讲到这些资产阶级臭老爷就象旧社会的地主资本家一样，把工勤人员当牛马使唤，残酷折磨甚至害死人命的时候，与会者再也抑制不住满腔的怒火，整个会场同时迸发出雷鸣般吼声："打倒陈毅!""彻底砸烂外交部的资产阶级特权阶层!""为受迫害的阶级兄弟报仇!"一万多革命群众的怒吼声，吓得陈毅胆战心惊。

"九、九"兵团发言后，外交部革命造反联络站的代表列举了大量的事实，愤怒揭发和声讨陈毅忠实执行刘邓"三降一灭"反革命修正主义外交路线的罪行，把陈毅那付恐美、媚美、崇美、降美的奴才嘴脸揭露得淋漓尽致。"陈毅从外交部滚出去! 从党中央滚出去!""打倒帝国主义的狗奴才!""中国人民不可侮!""毛主席的革命外交路线胜利万岁!"一阵又一阵愤怒的口号声敲响了陈毅彻底灭亡的丧钟。

接着，外交部革命造反联络站冯耳元案件调查组的代表，受四川省公安厅和农业厅无产阶级革命派的委托在大会上发言，血泪控诉陈毅残酷迫害敢于和他的"三降一灭"修正主义外交路线作斗争的冯耳元同志（年仅26岁）的滔天罪行，激起了与会者的无比愤怒，一致强烈要求陈毅当场向受害者低头认罪。这时，冯耳元同志已在同志们的要求下走上主席台，坐

（下转18页）

批斗陈毅大会主席团主席发言

敬爱的周总理、谢付总理：

无产阶级革命派的战友们：

革命的同志们：

毛主席的革命路线总是要胜利的，毛主席的革命路线到处都在胜利。在毛主席无产阶级革命路线的光辉指引下，在周总理和中央文革的大力支持下，经过外事口无产阶级革命派的长期的艰苦斗争，反革命修正主义分子——陈毅，终于被揪出来了！终于被揪到万人大会上进行批斗了，请同志们仔细观察一下吧，这是一幅何等壮丽的革命群众运动的图景呵！千万个勇敢的革命"小人物"，奋起毛泽东思想的千钧棒，不仅要把陈毅这个反革命"大人物"打翻在地，还要踏上千万只脚了。实在是"**天翻地复慨而慷**"！这是毛泽东思想的伟大胜利，是以毛主席为代表的无产阶级革命路线的伟大胜利，是无产阶级革命造反精神的伟大胜利！在这大快人心的时刻，首先让我们敬祝我们心中最红最红的红太阳毛主席万寿无疆！万寿无疆！敬祝毛主席的亲密战友，我们的付统帅林彪同志身体健康！永远健康！

陈毅是个什么东西呢？

他是刘、邓在外事口的忠实代言人，是外事口党内最大的走资本主义道路的当权派。

刘少奇是中国的赫鲁晓夫。

陈毅是中国的葛罗米柯。

正是这个陈毅，一贯疯狂反对我们的伟大领袖、世界革命人民心中最红最红的红太阳毛主席，并狂妄地叫喊"不敢保证以后就不反对毛主席"。

正是这个陈毅，极力贬低和反对毛主席最亲密的战友，我们的付统帅林彪同志，无耻地声称：我们的林付统帅过去也是他的部下，沒有什么了不起。

正是这个陈毅，在外事活动中，积极推行刘邓"三降一灭"的修正主义外交路线，投降帝、修、反，用和平过渡的修正主义理论，反对革命人民进行武装斗争，扑灭世界革命。

正是这个陈毅，在一月十日中央文革保了他以后，非但不浪子回头，反而疯狂地向革命群众和中央文革进行反攻倒算，倒打一耙，说什么他的检查是逼出来的，从而在二月黑风里和谭震林一起，充当了资本主义复辟逆流的急先锋。

正是这个陈毅，顽固对抗周总理和中央文革的多次指示，要赖皮，拒不到群众中来接受批判。

陈毅长期以来，对党、对毛主席、对革命人民、对毛主席的革命路线犯下了滔天罪行。

这样一个坏家伙，有什么资格当我们伟大的中华人民共和国的外交部长呢？

对于这样的人，不打倒怎么能行呢？

《三国演义》上有个名叫魏延的人，他脑后长有反骨。陈毅正是这样的久后必反的人物。一旦时机成熟，他就要篡党、篡军、篡政，他就会赤膊上阵，向党、向革命群众进行疯狂的反扑。此害不除，后患无穷。只有打倒陈毅，才能彻底解放外事口，只有打倒陈毅，才能在外事口真正树立起毛泽东思想的绝对权威。

197

只有打倒陈毅，才能切实贯彻毛主席的无产阶级革命外交路线！

打倒陈毅，是外事口和一切革命人民的强大呼声！

打倒陈毅是百年大计！

打倒陈毅是世界共产主义运动的需要！

打倒陈毅是外事口革命派当务之急！

革命造反派就是志气大，我们最听毛主席的话！我们外事口无产阶级革命派立下雄心壮志，下定决心，誓与陈毅血战到底。

我们已经把三反分子陈毅揪出来了，下一步就是发扬"追穷寇"的精神，把他斗倒，斗垮，斗臭！今天在这里召开第一次批斗陈毅大会，以后我们还要召开更多的批斗陈毅大会、小会，我们要发扬痛打落水狗的革命精神，一鼓作气把陈毅拉下马，罢他的官，撤他的职，夺他的权，把他打翻在地，再踏上千万只脚，叫他永世不得翻身。

胜利必定属于战无不胜的毛泽东思想！属于真正的无产阶级革命造反派！

我们的目的一定要达到。我们的目的一定能够达到！

打倒刘邓陶！

打倒陈毅！

彻底批判刘邓陈"三降一灭"的反革命修正主义外交路线！

毛主席的革命外交路线胜利万岁！

战无不胜的毛泽东思想万岁！

我们心中最红最红的红太阳毛主席万岁！万岁！！万万岁！！！

陈毅串通黑帮分子张彦反对陈伯达同志罪该万死

—— 对外文委革命造反联队、第二外语学院首都红卫兵团、对外贸易部井冈山、国际书店革命造反总联络站、旅游局革命造反团、外交人员服务局无产阶级革命派临时指挥部、外文局革命造反委员会、全国妇联红色造反总团八个单位联合发言

敬爱的周总理、敬爱的谢富治付总理！

外事口无产阶级革命派的战友们！

首先让我们共同敬祝我们心中最红最红的红太阳、我们最最敬爱的伟大领袖毛主席万寿无疆！万寿无疆！

敬祝毛主席的亲密战友、我们敬爱的林付统帅身体健康！永远健康！

同志们！

我们伟大的领袖毛主席教导我们："你们要关心国家大事，要把无产阶级文化大革命进行到底！"

我们要向毛主席庄严宣誓：我们无产阶级革命派，头可断、血可流，毛泽东思想不可丢，我们一定要按着您老人家的教导，誓死把无产阶级文化大革命进行到底！

今天，我们外事口的无产阶级革命派，能够召开这样一个万人大会批判斗争外事口最大的党内走资本主义道路当权派、刘邓在外事口的代理人、三反分子陈毅，这是毛主席的无产阶级革命路线的伟大胜利！这是毛泽东思想的伟大胜利！这是无产阶级文化大革命的伟大胜利！

在这次大会上，我们要愤怒揭发和彻底批判陈毅反对中央文革、反对毛主席的无产阶级革命司令部、反对无产阶级文化大革命，死保刘邓的资产阶级黑司令部的滔天罪行。

去年六月，毛主席刚刚亲自点燃起无产阶级文化大革命的烈火，陈毅吓怕得要死，恨得要命，赶忙伙同刘邓泡制了扑灭这场无产阶级文化大革命烈火的资产阶级反动路线。陈毅汇报的在外事口镇压群众运动的情况和建议，受到了邓小平的称赞。刘邓制定资产阶级反动路线的主要依据是三个方面：即北京市委、团中央和外事口，这里面当然陈毅的"功劳"是最大。

从运动一开始毛主席就指示不要急急忙忙派工作组。而陈毅却按照刘邓的指示急急忙忙往外事口派了许多工作组，到各单位去镇压群众。陈毅正象毛主席《炮打司令部》的大字报中所指出的："**站在反动的资产阶级立场上，实行资产阶级专政，将轰轰烈烈的文化大革命运动打下去，颠倒是非，混淆黑白，围剿革命派，压制不同意见，实行白色恐怖，自以为得意，长资产阶级的威风，灭无产阶级的志气，又何其毒也！**"陈毅就是毛主席所炮打的这个资产阶级司令部的一员干将。根据他的布置，去年六月中旬以后，就相继在外事口的各单位大反"逆流"、大捉"游鱼"、大抓"反革命"，大搞白色恐怖，残酷地镇压了革命闯将。

仅从对外文委一个单位的运动情况，也可看出陈毅所推行的刘邓黑司令部对抗这次无产阶级文化大革命的反革命部署。文化大革命运动一开始，对外文委党组就根据陈毅和外事政治部的指示，推行刘邓反动的"约法八章"来压制群众，阴谋把运动引向彭真黑帮的"二月提纲"反动道路上去。毛主席亲自主持制定的中央"五·一六"通知已明确指出，这次文化大革命的任务是要清除那些混进党里、政府里和军队里的资产阶级代表人物、那些反革命修正主义分子，清除睡在毛主席身边的赫鲁晓夫式的人物。但陈毅却反其道而行之，指示文委"稳住阵脚"、"引蛇出洞"，把矛头完全指向了革命群众。文委党组根据陈毅指示精神就对群众大搞排队摸底、搞黑材料，准备"打击一大片"。当文委的革命群众按照毛主席的教导，揭发了以刘邓彭的黑爪牙李昌为首的党组大量罪行并提出了"踢开党组，自己闹革命"，从而把斗争矛头对准了刘邓黑司令部的时候，陈毅就在当天立即派去了三反分子、彭真的爪牙张彦为首的工作组，去镇压文委的文化大革命。陈毅事前向刘邓作了请示，刘邓作出决定，要保护文委的当权派黑帮分子李昌和宋一平过关。陈毅派张彦工作组去文委就是执行刘邓这一黑指示的。在工作组进文委的第一天，去年六月十七日，就由陈毅的帮凶廖承志把刘邓这一黑决定告诉了李昌、宋一平。他们俩人感动得流下了眼泪，以至于使得传达这一黑指示的廖承志也同他们一起哭了起来。同志们！从这一点我们也可以看出刘邓司令部里的这一帮人是什么阶级感情了！

与此成为鲜明对照的是，张彦工作组对革命群众却是那样的残忍！张彦进了文委三天，就根据陈毅的指示，要对革命群众进行反击，陈毅让张彦"养精蓄锐"，"时机成熟"就对革命群众下毒手。六月二十日，文委革命群众看出了陈毅派来的张彦工作组是来保护文委的黑党组的，他们纷纷贴出了赶走工作组的大字报。有的同志打电话和写信给中央文革，陈伯达同志和江青同志。六月廿一日陈伯达同志亲自来文委看大字报，接见了革命群众的代表，并作了与刘邓黑司令部完全针锋相对的代表毛主席革命路线的重要指示。伯达同志指示，要让无产阶级革命左派掌权，要发动群众，要争取团结大多数，要建立无产阶级的革命秩序，要反对资产阶级专政的反革命秩序，文化大革命的主人是革命群众，而不是工作组。工作组不能包办代替，工作组去留由革命群众决定，即使留下，也只能当顾问。伯达同志的指示给了文委革命群众巨大的鼓舞，文化大革命的烈火更加猛烈地燃烧起来了。但是刚刚过了一昼夜，陈毅就派了他的忠实打手廖承志和张彦杀气腾腾地突然袭击式地来到了文委。他们召开全委大会，用陈毅的名义宣布，文委发生了"反革命事件"，他们把陈伯达同志支持的反李昌、反工作组的革命行动诬为"反党反社会主义的反革命事件"，把从六月二十日下午给陈伯达同志打电话到开大会为止的两天两夜称为"五十二小时的反革命政变"，把陈伯达同志接见的革命群众的代表都打成了"反革命骨干分子"，把革命群众交给陈伯达同志的五个人的名单，称为是"反革命五人核心小组"，把给陈伯达同志打了电话之后写出了《毛主席支持我们闹革命》的大字报的政策研究室宣布为"反革命堡垒"，把伯达同志接见的政策研究室、综合办公室和文电处称为"反革命三家村"，把二十九个人宣布为"反革命骨干分子"，把二百七十多人打成了"反革命"，一时白色恐怖笼罩文委。他们剥夺人身自由，不让回家，不让与外人接触，不让接电话，晚上睡觉还有人轮流看守，办公室的文件，笔记本甚至连白纸都被收走；有的同志有病，也不准看病，甚至家属也受到连累。大搞逼、供、信，大会小会轮斗，甚至进行非法拘留绑架；司机李振江同志由于贴了张彦的大字报，就被非法绑架到公安局拘留达二十八天之久；有的同志被迫害想自杀；有的被逼得神经失常，把文委变成了一个阴森森的监狱。这些都是在陈毅直接指挥下干出来的！刘邓为了"保护一小撮"而"打击一大片"的资产阶级反动路线何其毒也！在六月二十二日以后，在工作组的操纵下，陆续贴出了追查关于给陈伯达同志打电话和陈伯达同志来文委看大字报以及接见革命群众的大字报一百三十多张，影射攻击陈伯达同志是这起"反革命事件"的支持者。六月二十三日，张彦在给陈毅汇报了文委情况之后，在政策研究室声色俱历地要研究室的革命同志交代"后台老板和指使人"，并声称，"北京有一个大反革命，是在北大，还是在清华，是在一外，还是在二外，还是在文委，必须查清楚"。后来张彦招认，说"北京有一个大反命革"的话是陈毅告诉他的。我们要问陈毅：你所说的这个大反革命是谁？是谁告诉你的？陈毅必须老实交代你的反革命黑话！

同志们！这是刘邓黑司令部策划的一个巨大的反党政治阴谋，而陈毅是直接参与了这一政治阴谋的。就在张彦放出了在北京抓"大反革命"的风之后，他就在陈毅的支持下，积极搜集整理有关陈伯达同志支持文委革命群众的材料。他们甚至找了一些根本未听到陈伯达同志讲话的群众，让他们谈对伯达同志讲话的反应，企图借群众之口，给伯达同志栽上支持了"反革命"等罪名，他们的用心真是何其毒也！六月二十六日张彦拿到了有关陈伯达同志去文委看大字报和接见文委革命群众的材料，他对他的秘书处说："这个材料很重要，老夫子（指伯达同志）就是开会了，作用很坏！"接着张彦又下令继续整理有关陈伯达同志的材料。七月四日，在陈毅主持的外办领导的一个会议上，张彦把这些反陈伯达同志的材料给陈毅、廖承志、王屏等人传阅。陈毅当即指示张彦："打印送中央。"陈毅说的这个中央就是刘邓。就在当天夜间，还未来得及打印，陈毅就让他的秘书打电话催要这份材料，说是明天见一位"中央首长"要用。我们要质问陈毅：你的这位"中央首长"是谁？你见你的"中央首长"

要用诬告陈伯达同志是"反革命后台老板"的黑材料干什么？你同刘邓搞了什么政治阴谋？必须老实交待！你想滑是滑不过去的！

同志们！刘邓和陈毅企图陷害毛主席的好学生、坚定的无产阶级革命家、我们党杰出的理论家陈伯达同志的阴谋由于总理的干预，由于我们伟大领袖毛主席的英明，才彻底破产了！毛主席的无产阶级革命司令部决定派康生、戚本禹同志检查张彦的反党活动。是我们伟大领袖毛主席批准撤走了陈毅一直支持、一直包庇、一直重用的小饶漱石张彦！是我们伟大领袖毛主席从陈毅和张彦制造的人人自危的白色恐怖中的文委革命群众解放了出来！是中央文革小组的陈伯达同志、康生同志、戚本禹同志给文委的革命群众带来了毛泽东思想的阳光，带来了毛主席的声音！让我们千遍、万遍地高呼：毛主席万岁！毛主席万万岁！

无产阶级革命派的战友们！刘邓通过陈毅和张彦要把坚定不移地执行毛主席的革命路线的陈伯达同志打下去的严重政治事件，决不是孤立的、偶然的事件，更不是误会。这是两个阶级、两条道路、两条路线、两个司令部的尖锐斗争。它反映出了在这次无产阶级文化大革命中两个司令部进行决战的一个侧面。这个政治事件是刘邓司令部精心策划的，是他们反对毛主席的无产阶级司令部、反对这场无产阶级文化大革命的一个重要组成部分。他们的目的是企图把中央文革小组打倒，把毛主席的司令部打乱，把这场无产阶级文化大革命引向保护他们资产阶级黑司令部的轨道上去，引向维护他们搞资本主义复辟的道路上去。如果这个阴谋实现，那就要象我们伟大领袖所指出的："就不可避免地要出现全国性的反革命复辟，马列主义的党就一定会变成修正主义的党，变成法西斯党，整个中国就要改变颜色了。"那就会是千百万无产阶级革命派的人头落地，那就会出现全国性的白色恐怖。

刘邓黑司令部为了实现他们这一阴谋是进行了舆论准备的。就在张彦散布陈毅所说的"北京有一个大反革命"的同时，王光美也在清华散布："蒯大富的后台至少是三、四级，揪出来会把你们吓一跳。"陈毅和张彦也一直在散布反陈伯达同志、反中央文革的言论。六月二十日文委政策研究室给陈伯达同志打电话，张彦就借此事在陈毅面前说陈伯达同志的坏话。六月二十一日陈伯达同志去文委看大字报，张彦气愤地说："他们来不打招呼，我们也就不理他，保卫工作我们也不负责。"晚上他就给陈毅汇报，说"陈伯达坐钓鱼台，不了解情况就乱支持"。六月二十六日张彦说："老夫子就是开会了，支持了他们，对赶工作组起了很大的煽动作用"。六月二十三日陈毅听了张彦的汇报后说："陈伯达就是不对嘛！""那不管是谁，对就是对，不对就是不对。他（指陈伯达同志）的意见就是和别人不同嘛，工作队不能领导，只能当参谋！？"当张彦把整理陈伯达同志的材料交给陈毅看后，张彦说："你看看，老夫子就是这样作了，煽动性很大"。陈毅接着说："现在这个问题清楚了！"当中央文革小组派人去文委抄大字报时，门卫不让进。张彦知道了之后说："他们真是欺人太甚，以势压人，我非抓他个小辫子不可，我也不是好惹的，按我过去的脾气，我非把他们捆起来不可！"并谩骂中央文革戚本禹等同志是"少年得志，不可一世"，是"专门找岔子"。伯达同志第二次去文委看大字报时，张彦恶狠狠地说："老夫子这样作会越陷越深的，将来要被动的。"七月八日康生、戚本禹同志去文委接见了被打成"反革命"的同志，严厉批评了张彦。张彦就向陈毅发牢骚，攻击康生同志是"主观主义"，是"泰山压顶"，是"偏听偏信"。张彦依仗着陈毅的支持，不仅不低头认罪，相反还谩骂中央文革，公然指使他手下人整理康生同志接见的八个同志的黑材料，企图证明康生同志接见了"坏人"。陈毅则指示张彦，给张彦打气说："你在文委的错误是定性太早和急于求成（没什么大错）"。陈毅还恼惜地说："文委的问题根本教训是放得不够，那时我们的心还是太软了，如果再放它一个礼拜，给你戴了高帽子，打了人，上了街，就暴露充分了，现在那些人（指被打成"反革命"的同志）都可以赖掉了。"陈毅，你们的心不是"太软"了，而是太狠了！太黑了！陈毅告诉张彦："世界上的事不可不白，也不可全白。这件事你要做自我批评，我也准备作自我批评，但是，不能斤斤计较，要求人家中央文革也做自我批评。让他们保持一贯正确，洁白无瑕也好吆！"七月十四日在宣布撤走张彦工作组的全委大会上，陈伯达同志指出了张彦把他打成了"反革命后台老板"。当伯达同志回过头让坐在后面的陈毅证明，他是不是"反革命后台老板"时，陈毅故意用四川口音很重的话说："我听不懂你的话嚜！"陈毅不是听不懂陈伯达同志的话，而是因为他作贼心虚，他不敢正面回答陈伯达同志。因为要把陈伯达同志打成"反革命后台老板"，正是他和刘邓黑司令部的意图。伯达同志是毛主席的好学生，以陈伯达同志和江青同志为首的中央文革小组一直最英勇、最坚决地捍卫和执行了毛主席的无产阶级革命路线，同刘邓的资产阶级反动路线进行了激烈的斗争。因此，刘邓黑司令部对中央文革恨之入骨。他们千方百计想趁毛主席不在北京的时候，找借口把中央文革搞掉。而陈毅和张彦在文委大反中央文革、大反陈伯达同志，正是执行了刘邓黑司令部的这一意图。陈毅和张彦正是拿刘邓黑司令部来压文委革命群众的。陈毅声称派张彦工作组去文委是"党中央"也即刘邓同意的，张彦声称给文委定反革命事件的是"中央常委"定的，是刘少奇定的。这就完全说明了在文委发生的这场决战的性质了。事实完全证明，陈毅与刘邓是一丘之貉，是一个司令部里的人。

在八届十一中全会之前，陈毅死保张彦，说张彦是个"好同志"，说"不能把张彦一棍子打死"。他到处为张彦开脱，为刘邓的资产阶级反动路线辩护，成了刘邓资产阶级反动路线的卫士。八届十一中全会之后，刘邓司令部被我们伟大领袖毛主席一炮给打垮了，陈毅自感"泥菩萨过河"，自身难保了，就来了个反革命两面派手法，他一方面继续包庇张彦，继续顽固坚持刘邓的资产阶级反动路线，另一方面，表面上把张彦一脚踢开，说："张彦这个人的问题是他一个人的个人现象，他姓张，名彦。……""我们过去不了解情况，……听了他的话，上了他的当。""张彦企图反对中央文革，利用我来打击陈伯达同志"，这全是鬼话！张彦的罪行是赖不掉的，张彦的后台陈毅的罪责也推卸不掉！张彦不仅是姓张名彦，而且也姓刘邓，也姓陈名毅！告诉你陈毅，你想要两面手法，想把张彦踢出来而保护刘邓黑司令部，是办不到的！你不是让张彦顺藤摸瓜，陷害陈伯达同志吗？我们无产阶级革命派，就是要反其道而行之，就是要顺着张彦这根藤把你揪出来，把你的黑后台刘少奇、邓小平的资产阶级司令部揪出来，把你们连根拔掉，彻底砸烂！

陈毅在八届十一中全会之后，继续顽固地推行刘邓的资产阶级反动路线，继续同刘邓站在一起维护旧秩序，维护资产阶级司令部，抗拒无产阶级文化大革命。他的工作组路线垮台后，就通过联络员操纵御用的革委会，革委会垮台后，就又背后操纵保守组织来搞假夺权，维护旧秩序。一月二十日前后，在外事口发生的一系列假夺权事件就是陈毅让郝德青用电话通知各保守组织搞起来的。尤其严重的是，在他一月二十四日刚刚检查之后，他就在文委支持二外红卫兵中一小撮人去文委搞假夺权。接着就压革命造反联队解散。当我们向他反映这一情况时，他默不作声，公开支持了反革命复辟的行为。所以，陈毅在二月资本主义复辟逆流中成为急先锋，完全不是偶然的。陈毅支持二外红卫兵中一小撮人在文委胡作非为了两个月。他支持他们假夺权，支持他们扶植所谓第三种力量成立保守组织，支持他们解散文委的革命造反派组织。当中央已决定到外单位夺权的人一律撤回之后，陈毅仍然主张让二外红卫兵留几个人，同文委的组织搞假的"三结合"。最后留不住了，陈毅又支持二外搞了个所谓"接权的机构"临时权力委员会，其目的是让保字号掌权，维护文委的旧秩序，吃掉革命造反派，**使文委的文化大革命半途而废。**

陈毅还支持保守组织打击敢于站出来支持革命造反派的领导干部陈忠经同志，因而使得直到现在许多领导干部仍不敢站到毛主席的无产阶级革命路线一边来，文委的旧秩序仍然原封未动。这种旧秩序不改变，文委的文化大革命就要走过场。要打破这种旧秩序，就必须打倒维护这种旧秩序的后台陈毅！陈毅是文委和外事口保守势力和刘邓统治基础的总后台。不打倒陈毅，就连一个走资本主义道路的参赞、大使也打不倒，因为陈毅继续支持他们，包庇他们，重用他们，革命群众的意见根本不算数。目前文委的所谓业务监督权完全是骗人的，**造反派的意见根本就没人听，党组仍然是我行我素。**同志们这不是资本主义复辟又是什么呢？

无数事实说明，不打倒陈毅，毛主席的革命外交路线就不能够贯彻执行，刘邓的"**三降一灭**"外交路线就不能够肃清；不打倒陈毅，文委和外事口的保守势力就垮不了台；不打倒陈毅，外事口的无产阶级文化大革命就不可能进行到底；不打倒陈毅，就根本不可能把外事口建成一个红彤彤的毛泽东思想的大学校！

谁反对中央文革就打倒谁！

毛主席的革命路线胜利万岁！

（上接第 11 页）在周总理的身旁。陈毅迫于大会的强大压力，不得不弯腰鞠躬，当场向冯耳元同志低头认罪，赔礼道歉。

在热烈掌声中我红旗革命造反团的一位战士代表我团和外交学院革命造反兵团联合发言，愤怒控诉陈毅忠实执行刘邓资产阶级反动路线，动用军队血腥镇压外事口无产阶级革命派的累累罪行。当他讲到大批忠于毛主席和毛主席革命路线的革命闯将被陈毅和他所派的工作队打成"反革命"的时候，不少造反派战士不禁想起了自己的亲身经历：在那烟硝迷漫、乌云翻滚的日子里，他们受围攻，受监视，挨斗争，遭迫害，……但是他们没有屈服，他们在毛主席革命路线的指引下，冲破资产阶级反动路线的重重包围，终于杀出来了，终于胜利了。现在，站在我们面前的这个陈毅，就是与我们势不两立的仇敌，我们怎能不激愤！我们怎能不同声高呼"打倒陈毅"！革命小将雷鸣般的怒吼声，把陈毅这个双手沾满了革命小将鲜血的刽子手吓昏了，他坐立不安了，终于在强大的无产阶级革命派面前乖乖地低下了他的狗头，不得不老老实实地向毛主席、林付主席和中央文革小组认罪了。

发言结束后，大会主席团还宣布了三点建议和四条通令。接着，我们敬爱的周总理作了重要指示，表示坚决支持我们的批陈斗争，并指示我们今后要多开小会，把陈毅批深批透，将外事口的无产阶级文化大革命进行到底！

最后，全场起立，由我们敬爱的周总理指挥，同声高唱《**大海航行靠舵手**》。大会在雄壮的歌声中胜利结束。

首次"批斗陈毅大会"，是一次战斗的大会，团结的大会，胜利的大会！是一次高举毛泽东思想伟大红旗的大会。这次大会更加增强了外事口无产阶级革命派的斗争勇气和必胜信心。它给当前外事口的资本主义反革命复辟逆流以迎头痛击，它必将把外事口的无产阶级文化大革命推向新的高潮！

彻底批判刘邓陈"三降一灭"
反革命修正主义外交路綫

——外交部革命造反联絡站代表发言

十七年来，在毛主席的英明領导下，我国在国际阶级斗爭和外事工作中取得了伟大的胜利。这是毛主席无产阶级革命路綫在国际共运中的伟大胜利。但是，党內最大的走資派刘少奇在这方面一直对抗毛主席，通过各种途径把黑手伸向外交部和外事口，推行"三降一灭"的反革命修正主义外交路綫。在这次无产阶级文化大革命中，我部革命造反派和广大革命群众对以陈毅为首的部党委的外事活动，也进行了大审查，初步揭发出来的大量事实证明：陈毅是刘少奇在外交部推行"三降一灭"反革命修正主义外交路綫的代理人，是刘少奇干扰和冲击毛主席无产阶级革命外交路綫的大帮凶。

在当代，如何对待帝国主义，特别是美帝，是反对、斗爭、打倒，还是維护、联合、投降，这是两条根本对立的外交路綫。前者是毛主席的无产阶级革命路綫，后者是刘少奇反革命修正主义路綫。陈毅在这个重大問题上，推行的是刘少奇的投降路綫。

第一、崇美、恐美、媚美：

毛主席教导我們，美帝国主义是紙老虎，帝国主义的本性是至死不变的。陈毅却偏偏违抗毛主席教导，大肆吹捧美帝，胡说美帝是"新兴国家，充满生命力"，"现在世界上要认眞实行人民公社，吃飯不要錢，要啥有啥，勉强够格的只有美国"，"美国强大，人民很害怕"。他还竭力美化美帝头子，认为肯尼迪是"明智派"，腊斯克等不一定反对中国，甚至胡说，美国人当上总统，荷包里装满了，就不愿发动战争，等等。陈毅把外强中干的美国紙老虎看成是了不起的神物，把杀人的魔王说成是善心的菩薩，眞是十足的崇美、恐美、媚美。陈毅哪里还有一点共产党员的气味！

第二、热衷与美帝和平共处、和平竞賽，主张对美帝和解、让步，实行降美的方針：

毛主席指出："結束帝国主义主要是美国的侵略和压迫是全世界人民的任务"，必须建立国际反美统一战綫，对美帝进行"針鋒相对"的斗爭。但是陈毅却反其道而行之。他竭力主张中美和平共处，和平竞賽。胡说什么我国和平共处政策对美帝也不除外，我国科学、鋼鉄、粮食发展超过美国时，它就会投降。他十分迷恋同美帝改善关系，说什么"中美关系的改善就是世界关系的最終改善"，并且指示我方人員直接对美方人員讲，希望促进中美两国互相接近。与此同时，他还到处散布什么"中美之间有共同点"，"中美两国还是和解比较有利"，我们对美国起码"有求同存异的精神"，"现在有必要也有可能同美国求得暂时的委协"，等等，等等。陈毅所主张的一套说明：他要推行的，不是結束美帝的侵略和压迫，而是要同它搞和平共处、和平竞賽；不是建立国际统一战綫坚决反对美帝，而是要同美帝改善关系；不是对美帝进行針鋒相对的斗爭，而是对美帝和解、让步。他所推行的是一条地地道道的投降主义外交路綫。

第三、千方百計要同美帝接觸，不惜拿原則作交易：

一九五八年毛主席針对外交部一些負責人想同美国搞接触，指出这是不妥当的。

但八个月后，陈毅就推翻这一指示，主张批准美国記者甚至大法官訪華，后被中央批駁才未搞成。但陈毅死不甘心，六四年又同意我駐某国大使同这个美国記者接触，后来国內不同意，方才作罢。不仅如此，陈毅甚至要我們效法赫秃，同美帝搞"首脑会談"。

六一年、六二年，陈毅出国参加日內瓦会議期間，更是抓住一切机会大搞和美降美外交。他在会上不是同美帝展开针鋒相对的斗争，而是委婉地对美帝进行規劝。会下，当美方表示想同陈毅会談时，陈竟欣然应允，后因有人提出"異議"，陈才未談。但在会議結束的一次宴会上，陈毅想方設法同美国代表交談几句。在后来举行告别招待会时，又邀請这位美国代表出席，結果遭到对方拒絕，使新中国的声誉蒙受屈辱。对此，陈毅不以为耻，反以为荣，在以后的活动中仍然奴性十足，坚持不改。六三年他参加×××独立庆典时，又同美国代表"攀談"，打得火热。事后他念念不忘，津津乐道，真是可鄙至极！不仅如此，六四年当巴西反动当局在美帝指使下，将我九位同志逮捕入獄后，陈毅竟然打算释放两名美犯，以换取美帝让巴西当局释放我九同志。陈毅这种牺牲原則、屈膝投降的嘴脸与毛泽东思想教育出来的九同志的崇高气节是多么鮮明的对照啊！

第四、規劝美帝发善心，乞求美帝"恩賜""同情"和"友誼"：

陈毅不仅自己在日內瓦对美帝演了一场規劝的丑剧，乞求美国代表回国后为中国"说些好話，做些好事"，而且指示我国大使对美国大使进行規劝，向美方讲，我們的意见是"良葯苦口利于病，忠言逆耳利于行"，是"替美国設想的"；乞求美方促进中美"接近"等等。不仅如此，他还动员外宾帮助規劝，说什么"应劝说美国让步才公正，譬如一个身体高大和一个身体瘦小的人，应该是大的强的让小的弱的。这才符合释加牟尼的教义，符合基督教的教义，符合馬列主义的教义"。

为了向美帝乞求"同情"、"友誼"、"让步"，陈毅向美帝不知说了多少好話，求了多少人情，向干部和外宾搞了多少动员。但陈毅从美帝那里得到的只是屈辱、屈辱、还是屈辱！这一切不仅暴露了陈毅的一付奴才相，而且丢尽了中国人民的脸，败坏了社会主义祖国的荣誉，抛弃了无产阶级世界革命的历史使命，陈毅该当何罪！

第五、放棄武力解放台湾；公然主张把新中国变为帝国主义的投资场所：

美帝国主义霸占了我国領土台湾，对台湾同胞实行血腥統治，这是中国人民絕对不能容忍的！但是正当美帝加紧侵略威胁的时候，陈毅却对外大肆宣揚我們不用武力解放台湾，说什么我們"遵守联合国宪章，解决問題不使用武力"，甚至说我們可以"耐心等待一百年至二百年"。这叫什么話！腐败的清政府給帝国主义的租借地也沒有超过九十九年，而陈毅却要把台湾让美帝霸占一、二百年。这不等于是把自己的領土拱手送給美帝吗？不仅如此，陈毅还公然主张請英、法、荷兰、西德等帝国主义到中国来投資設厂，帮助我国建設社会主义，说什么这样"一年就可以建設几十个，来得快，不然我們始終是落后的"，等等。陈毅这个鬼主意不是要我們效法苏修对帝国主义打开大門，变成它們的殖民地吗？告訴你陈毅，这是絕对办不到的！

天　翻　地

热烈庆贺首次 "批

"批斗陈毅大会" 主席台

我們敬爱的

群众场面之一

万众齐

慨 而 慷
毅大会"圓滿成功

謝副总理出席了大会

"批斗陈毅大会"会場

决打倒陈毅!

群众場面之二

战地黄花分外香

——揪陈火綫記实

（一）手捧红彤彤的毛主席语录，揪陈大军在天安门前庄严宣誓。

（二）安营扎寨，投入战斗。

（三）艰苦奋斗，乐在其中。

（四）一张张大字报是一颗颗子弹。

（六）再见，外交部革命造反联络站的战友们。祝我们牢不可破的战斗友谊万古长青！

（五）一幅幅宣传画是一把把匕首。

（七）欢迎您，凯旋归来的揪陈勇士们！

坚决打倒陈毅！

打倒三反分子陈毅!

外事口党内头号走资派陈毅在被告席上

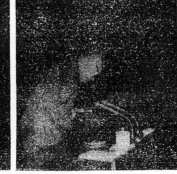

看陈毅做贼心虚，惊慌失措的狼狈相。

↑陈毅，记下你对党和人民所犯的滔天罪行。

→

在群众的强大压力下，陈毅被迫同意十五天内交出"认罪书"

第六、竭力挤进联合国，甘心充当美帝小伙伴：

大家知道，联合国是美帝侵略的工具，是大国强权进行政治交易的黑市。六五年一月毛主席就指出联合国"只可能做坏事，不可能做好事。"但是，两个月后，陈毅竟然对外宾讲："也不能说联合国二十年来没有做过一件好事。在苏伊士运河事件中，要英、法撤军就起了作用。"这不是公开同毛主席唱反調又是什么？！为了挤进联合国，陈毅还按照邓小平的意旨行事，在中法建交后，一方面积极准备干部班子，一方面希望借助法国挤进联合国。不仅如此，他还适应帝、修、反的需要，说什么"只要不阻止中国进入联合国，中国就会参加裁军会議。"

陈毅想挤进联合国，实际上是他崇美、恐美、降美思想的另一种表现。陈毅看不起世界人民的力量，心中只有大国、强国，为了挤进联合国搞大国强权政治，竟不择手段，即使充当美帝小伙伴也甘心。真是不知人间还有羞恥事！陈毅你已经堕落到何等地步啊！

陈毅不仅在美帝国主义面前屈膝投降，一付奴颜媚骨，而且在现代修正主义面前特别是在苏修面前，也是点头哈腰，阿諛奉承，一付十足的奴才相。

在赫鲁晓夫当政时期，陈毅完全拜倒在赫鲁晓夫的脚下。他把赫鲁晓夫对斯大林的攻击，说成是"正确的評价"，"符合真理的"，"使全世界的劳动人民知道伟大人物也要犯错誤"。他把赫鲁晓夫复辟资本主义的历史大倒退，说成是"赫鲁晓夫时代是个大跃进"。到了一九六五年，还提出："说苏联在政治上恢复资本主义，这是框框"，并且下达黑指示要驻苏使館同志到各地了解情况，"如果证明不是恢复资本主义，可以改"。他把赫修投降美帝，硬说成是苏联"是反帝的"，"大国中只有苏联公正"。他对赫鲁晓夫本人的吹捧更是令人作呕，什么"好客""朴实""平易近人"，什么二十大报告"有新东西"，二十一大报告"是好的"，二十二大报告"很好"，什么訪美"取得了伟大成就"，并一再表示要"毫不动搖地支持赫鲁晓夫"。他指責"有些人不看大的，对赫鲁晓夫評头品足……这是很不政治的"。甚至在一次招待会上，他竟离开讲稿高呼"赫鲁晓夫万岁"，翻譯不給他翻，他还大发雷霆。够了！陈毅对赫鲁晓夫是何等孝顺，不是再清楚不过了吗？

一九六四年十月，赫鲁晓夫被赶下台，陈毅又适应苏修新領导的需要，违背毛主席和党中央当时对苏修新領导一看二推三暴露的方针，公然对苏修新領导一捧二亲三肯定。

陈毅一口咬定苏修新領导"一定向好的方面轉变"，"变是肯定的"。他指責认为"换湯不换药"的看法"是錯誤的"，"完全背离馬克思列宁主义的"。他把苏修新領导所玩弄的"三假"说成是"三真"。把假反帝说成是真反帝，胡说苏修对越南是真支持，"美苏妥协不可能"。把假革命说成是真革命，胡说"赫鲁晓夫下台完全可能是社会主义接替资本主义的信号"，"不仅是他个人的下台，也是修正主义的下台"。把假团結说成是真团結，胡说"现在中苏恢复团結有很好的前景"。陈毅为帮助苏修新領导站住脚跟，又到处游说"我們不能不允許人家犯错誤和改正错誤，列宁都犯过错誤"。他要人們"不要去增加他們的困难，让他們能够平稳地渡过这个时期"。更加露骨的是，公然说什么"斯大林逝世后，在苏联主要是領袖问题没有解决"，"在现在的'新領导'同志中，经过几年产生一个領袖有可能"，"在国际共产主义运动中恢复斯大林在世时的威望有可能"。陈毅！你这不是公然帮助苏修新領导装扮画皮，愚弄视听，为苏修新領导推行没有赫鲁晓夫的赫鲁晓夫主义大效其劳，又是什么呢？你这不是在明目张胆地維护苏修新領导的法西斯霸权地位，又是什么呢？

在反修斗争的不同发展阶段上，我党所采取的斗争策略和方法是有所不同的。但是，对修正主义必须坚持原则，坚持斗争，这是从一开始就十分明确的。而陈毅却一贯片面强调同苏修友好团结，要我們放弃原则，放弃斗争，委曲忍让，妥协投降。

陈毅鼓吹把外交工作同反修斗争分开，到处说什么"吵架是党的事，我們外交官不要吵。""两党有争論，搞外交工作的可以不爭論，搞友好"，"如果大家都吵就不好了"，"友好的路就断了"。

陈毅鼓吹"逆来順受"的投降主义哲学。他下达黑指示，"不要听見人家说敎条主义就当作罵自己，跳起来"，"应顾大局，落落大方，不計較"，"吃点亏，收獲大"，"妥协很可貴，很必要"，"要多讲团结，讲和平，老斗，老斗，对我不利"，"现在则有点过分"，"我們要約束"。而且陈毅自己就是带头这样干的。例如，在南越民族解放陣綫成立六周年庆祝招待会上，他悍然把写好的讲稿中有关反修的內容删去了，当场总理和康生同志想补一句反修的話，可是已经来不及了。

陈毅鼓吹"联修反帝"，他说，苏修是"特殊类型的修正主义"，"有两面性"，是"中间派"。因此，他提出我們应当同修正主义搞"統一战綫"，我們同他們的关系是"特殊統一战綫的关系"，同我党反帝必須反修的方針相对抗。

更恶毒的是，陈毅公然顛倒黑白，把苏修一手制造中苏分裂的罪名，加到我們党的头上。胡说什么"团結是双方的事，我方很重要"，"主要是我們对团结无信心，挑刺，如一見敎条主义就不高兴"等等。苏修一貫誣蔑我們鬧分裂，不要团结。陈毅这样讲，是赤裸裸地站在了苏修的一边，把攻击的矛头指向我們党和伟大的領袖毛主席。

不仅如此，陈毅利用职权，压制反修，誣蔑和中伤阿尔巴尼亚，破坏中阿关系的罪行更是令人憤慨。他自己不反修，也不让别人反修。

一九五八年，陈毅看到我驻匈使舘报告，指出匈修有"八怕"，"紅旗举不起，白旗却迎着西风而招展"，他横加指責，通报各舘，狠狠批評了一頓。

一九六〇年，陈毅看到我驻苏使舘反映了苏修一些阴暗面，勃然大怒，说："以后再反映消极东西，我就不看了。"

同年十二月，陈毅在外交部全体干部大会上，竟杀气腾腾地说，对苏修"我們这1200人中间，有没有不妥协的革命家？如果有，就請你站出来，我就开除你的革命籍。"

一九六三年，陈毅对在納烏什基車站进行反修斗争的列車人员大加指責，誣蔑他們是"廉价的反修英雄"。

直到今天，陈毅还指責留学生的反修英雄行为是"毫无经驗的毛孩子，不懂事的人干的事"，还指責国內对苏修殿打我留学生的抗議游行是失礼的，"这样一来，中苏各打五十大板"。

如此等等，可以看出，陈毅真是胆大妄为到了极点，公然一而再，再而三地利用职权，压制反修，是可忍，孰不可忍！陈毅的所作所为，归结为一句話，他就是妄想把我国的外交政策納入苏修的軌道，投降苏修，同流合污，出卖中国革命，出卖世界革命。

毛主席说："什么人站在革命人民方面，**他就是革命派**，什么人站在帝国主义封建主义**官僚資本**主义方面，**他就是反革命派**。"陈毅！你一貫站在苏修方面，替他們讲話，为他們效勞，你同他們是一派，同我們不是一派！

毛主席教导我们说："我们不但要反对帝国主义，也要反对帝国主义的走狗"，"要划清反动派和革命派的界限"。但是陈毅却反其道而行之，对各国反动派吹捧迎合，妥协退让，甚至屈膝投降。

在对待印度反动派的問題上，陈毅的投降面目暴露得最突出。

代表印度大地主大資产阶级利益的尼赫鲁政府，随着国内社会矛盾和国际阶级斗争的尖銳化，对外越来越投靠美帝国主义，对內越来越残暴地鎭压印度人民。在一九五八年前后，尼赫鲁政府的这种反动面目已经暴露得相当清楚，它的反华行径也已经开始。但是，就在这一年的五月，陈毅却設宴欢送印度驻华大使小尼赫鲁，并且即席吟詩歌頌印度反动派反对殖民主义，在建設方面开放了奇花，对五项原则奉行不差。

一九五四年九月，尼赫鲁政府策动西藏武装叛乱。毛主席明确指出："**尼赫鲁是半人半鬼，要把他的脸洗一洗。……西藏問題变为世界問題是很好的事。鬧半年多很好，一年更好。……我们的策略是要使亚洲非洲和拉丁美洲的劳动人民在这場斗争中受到教育，使共产党人学会不要怕鬼。**"但是，陈毅胆大妄为，公然对抗毛主席。他指示外交部对印度反动派的斗争，要"設法結束，不宜大搞下去。"

一九五九年九月，尼赫鲁政府在美帝和苏修的支持下，在中印边界挑起冲突，妄想实现它对我国领土的扩张主义野心。面对着印度反动派的猖狂进攻，陈毅吓破了胆，完全屈服，竟然主张承认北洋军閥和蒋介石匪帮都不敢承认的所謂麦克馬洪綫，把我国九万多平方公里的土地拱手奉送給印度反动派。陈毅的这个卖国主张，遭到毛主席的严厉批評。陈毅眞是罪恶滔天！

为了适应帝修反的需要，陈毅还极力扑灭亚非拉人民的革命斗争。

他胡说殖民主义只剩下一点残余，竭力取消反帝反殖的斗争任务。他说："今天亚非拉民族运动彻底胜利，剩下的問題就是把帝国主义和殖民主义残余加以消灭。"他宣扬早独立不如晚独立，晚独立不如不独立，说什么"我和許多还未取得政权的非洲朋友讲过，你们没有取得政权是好事，因为你们对非洲目前局势不負責任。""非洲独立最早的国家，包袱也最多"，"而最后解放的国家，包袱也就会最少。"他和苏修一样，鼓吹在亚非拉解决经济問題已经成了中心任务，说"亚非国家在政治上获得了独立以后，发展民族经济已成为当前最迫切和最重要的問題了。"他到处推销这一套修正主义貨色，就是要掩盖帝国主义同亚非拉人民的尖銳矛盾，扑灭亚非拉人民的反帝反殖斗争，要他们永远做帝国主义、殖民主义的牛馬！

他抹煞亚非拉国家人民和統治者之间的阶级矛盾，不要他们进行民主革命。他吹捧苏加诺是"印尼人民的救星"，他甚至把双手沾满缅甸人民鲜血的創子手奈温说成是"代表人民的利益，应該受到人民的尊敬和欽佩。"他向×××王国政府表示：你们国家土地多，不一定要进行土地改革。他还荒謬地把土改的希望寄托于封建王朝，他对×××王国政府副主席说："你们进行的土改很重要，希望你们土改有效果，能提高人民生活水平。"他一再对外宣传："不管什么制度，只要对人民的生活有安排，人民就满意了。"他还对阿拉伯国家胡说："我们不把統治者和人民分开来，不主张人民反对統治者。"归根結底一句话，他就是不要亚非拉人民起来造反，起来革命，而要他們永远做封建王朝和資产阶级的順民和奴隶！他大力鼓吹亚非国家通过所謂非資本主義道路和平过渡到社会主义，帮助这些国家的資产阶级当权派用"社会主义"去欺騙人民。他提出了一个荒謬的公式，说这些国家"应該搞独立的民族经济，然后搞成一个标准資本主義社会，資本主義占上风的国家資本主義社会，非資本主義，然后进入社会主义。"給一些非洲民族主義国家贴上了"社会主义"标签。特別令人气憤的是，一九六四年十月我們伟大領袖毛主席在給本‧貝拉的信中明确指出他們现在是处在民主革命阶段，而面交此信的陈毅却公然和毛主席相对抗，当面对本‧貝拉说："祝賀阿尔及利亚在总統領导下走向社会主义的建設中所取得的成就。"一九六五年他又一次对抗毛主席的批評，吹捧布迈丁搞的"六‧一九"政变是"开始創造走社会主义道路的前提"。陈毅頑固地散布这种謬論，就是要把这些国家的人民革命引入歧途，使他們迷失方向，放弃反帝斗爭，从而断送这些国家在将来阶段的眞正的社会主义革命。

他反对亚非拉人民进行武装斗爭，鼓吹議会道路。他说："我們不贊成武装斗爭普遍化"，"不是说每个亚非拉国家都得进行武装斗爭"，"苏联十月革命的经驗很好，中国革命的经驗也很好，但是不能说中苏已经包括所有好的经驗，我們反对这种論点……我們完全同意通过宪法道路取得独立"，"議会斗爭可以搞，搞些議会很有用"，他还伙同刘少奇誘逼坚持武装斗爭的緬甸共产党放下武器，向奈温反动政府投降。他甚至帮助美帝国主义扑灭越南人民的抗美爱国正义斗爭的烈火。他这样做，就是要使越南人民和亚非人民放下武器，任凭帝国主义和反动派的宰割。

陈毅还反对无产阶级領导，鼓吹資产阶级領导。他说："亚非的指导思想是民族独立，……不是共产党的領导权問題，……不希望印尼、伊拉克共产党取得政权"，"阿尔及利亚的領导权問題，有了本‧貝拉，也解决了。"他甚至认为在民族主义国家没有共产党比有共产党好，说："目前，民族主义左派国家多数是没有共产党，即使有一些共产党也是修正主义的，只起破坏作用。我看象阿尔及利亚这样一些民族主义国家没有共产党比有共产党好。"他把領导权完全奉送給封建貴族和資产阶级。他不但认为民族資产阶级可以領导民族民主革命，而且荒謬地认为他們可以領导社会主义革命。说："奈温如眞搞社会主义，就应該拥护奈温将军实行社会主义。"陈毅出卖无产阶级及其政党的領导权，就是从根本上出卖亚非拉人民的革命，断送亚非拉人民的革命！

战友們，同志們！陈毅要扑灭亚非拉人民革命斗爭烈火的修正主义言行是大量、全面的，而集中到一点，就是反对亚非拉人民走中国革命的道路，也就是反对走馬克思列宁主义、毛泽东思想的道路，而把他們推向殖民地、半殖民地的老路。他对亚非拉人民犯下了不可饒恕的罪行，今天必須彻底淸算！

陈毅为什么要在外事活动中頑固地推行"三降一灭"的修正主义外交路綫呢？最根本的原因就是陈毅从他的地主阶级和資产阶级立场出发，始終站在现代修正主义那一边。

一九五六年在苏共二十次代表大会上，赫鲁晓夫系統地抛出了他那条和平共处、和平竞賽、和平过渡的反革命修正主义路綫，刘少奇和陈毅就馬上接了过来，奉为至宝。在我党的八大会議上，他們就大讲特讲和平共处的对外政策，同苏修紧密配合。

长期以来，陈毅胡说什么，和平共处不仅是手段，而且是目的，我们要利用和平共处最终消灭帝国主义，在和平竞赛中取得最后胜利。关于和平过渡，陈毅不但认为现在有可能，而且将来完全可能成为主要的形式。陈毅公然宣称我们主张人类大同，四海之内皆兄弟，宣扬国与国之间的关系就应该象朋友之间的关系一样，完全抹煞国际阶级斗争，鼓吹阶级调和、阶级合作。陈毅已经完全堕落成了无产阶级革命的可耻叛徒。

从上面揭发出来的大量事实，我们可以得出这样的结论：

第一，陈毅是彻头彻尾的修正主义分子。他在外事方面所犯的是一贯的、全面的、系统的、政治路线的错误。

第二，陈毅追随刘邓所推行的"三降一灭"修正主义路线，同毛主席的革命外交路线是完全背道而驰的。这是两个阶级、两条道路、两条路线的不可调和的矛盾。

第三，陈毅在这条错误的道路上愈走愈远，而且坚持不改，屡教不改，给党和国家造成了不可挽回的损失，对亚非拉和世界革命人民犯下了不可饶恕的罪行。

像陈毅这样一个彻头彻尾的修正主义分子，怎么能配当无产阶级世界革命的中心、高举马列主义、毛泽东思想伟大红旗的社会主义中国的外交部长呢？我们坚决地回答：不能！绝对不能！我们坚决把他打倒，把他拉下马，叫他靠边站！外交部革命造反联络站和外交部所有革命同志，坚决同外事口各兄弟革命组织和所有革命同志站在一起，并肩战斗，把陈毅所有三反言行批深、批透、批倒、批臭，不达目的，誓不罢休！

陈毅是残酷镇压外事口革命造反派的刽子手

——首都红代会北京外国语学院红旗革命造反团
外交学院革命造反团联合发言

现在，我们怀着无比愤怒的心情来揭发控诉陈毅在文化大革命中，忠实执行刘邓资产阶级反动路线，残酷镇压外事口革命造反派的滔天罪行。

自从文化大革命以来，陈毅一直顽固地站在反动的资产阶级立场上，赤膊上阵，同无产阶级司令部猖狂对抗，他敢做别人不敢做的事，起了别人不能起的作用。在这次文化大革命中，陈毅的三反言行是令人发指的，其恶毒程度是全国罕见的。他是猖狂反对毛主席，反对中央文革，反对毛主席革命路线的黑干将！是红了眼、狠了心的积极参与制定并创造性地执行和发展资产阶级反动路线的黑干将！

陈毅，你猖狂不了多久了，现在该是革命人民和你算总帐的时候了！

这次文化大革命一开始，陈毅就一反常态，显得空前活跃。陈毅在去年五——七月间，曾不止一次地对他手下的人讲过："奇怪，平常这样病，那样病，精力总是不济的人，但是文化大革命以来，白天黑夜连着干，觉睡得很少，身体反而好了，精力反而足了。"在这一段时间里他差不多每天晚上都跟刘邓到怀仁堂开会。会后，还不辞劳苦地赶到外办主持外事口会议，传达刘邓黑"指示"，听取下面汇报，具体布置镇压革命的反革命部署。有时晚间在外办开会，开了一半又到怀仁堂去，叫大家等着他。有好几次大家等到下半夜一两点钟，他才回外办继續开会，进行传达和布置。（据张彦交待）請看，陈毅反对毛主席的革命路綫，血腥鎮压革命群众运动是何等地不辞劳苦啊！他在传达和貫彻刘邓黑司令部怀仁堂会議的精神和决定时，表现得很自觉，毫无被动和勉强之感。他的传达有一个特点，就是常把刘邓的意见和他自己的意见揉在一起，说明他們之间在观点和主张上水乳交融，无分彼此。他在传达中还常常显示自己在怀仁堂发表过什么重要的意见和主张。（据张彦交待）在刘邓主持的会議上，陈毅往往最先发言，三个小时的会他占一个半小时以上。操纵会扬是常事，当然刘邓很尊重他的意见，而伯达、康生同志写紙条，要求讲十分钟的话都不答应，这里可以看出陈毅和刘邓的关系是何等密切！（据胡克实交待）

陈毅伙同刘邓乘毛主席不在北京，抛出资产阶级反动路綫，残酷鎮压革命造反派。毛主席早在文化大革命初期就明确指示："不派或少派工作组。"在刘邓主持的中央工作会議上，中央文革小组的陈伯达和康生同志，根据毛主席的指示，一再反对派工作组。但陈毅站在刘邓一边积极主张派工作组。他说："我是积极主张派工作组的。如果工作组被赶回来，再派。"到了去年八月份，陈毅还頑固地辩解说："毛主席说不应該派工作组。不过说实话，六月初很困难，怎么说党团员都是黑帮、保皇派？沒有人敢指挥。派工作的组错誤是当时局面造成的。"詭辯掩盖不了事实。当时派工作组絕不是什么"当时局面"引起的，而是刘、邓、陈一伙为了把毛主席亲手发动起来的轟轟烈烈的群众运动打下去采取的毒計。在这里陈毅是逃不掉，也賴不了的！

陈毅是刘、邓下令"抓副产品"的重要决策者。刘、邓黑司令部指挥反击"假左派，眞右派"，把运动矛头轉向革命造反派。

陈毅是参与制定资产阶級反动路綫最积极的干将。恶毒地对付革命群众的"引蛇出洞"、"順藤摸瓜"、"层层剝笋"等反革命战术就是陈毅最先提出来的！此外，他还猖狂地叫囂说："57年反右派抓了四十万，今年要抓80万"咬牙切齿地说："外语学院有个刘司令，他要誓死把我拉下馬，我也要誓死把他拉下馬！"看陈毅对革命小将是何等仇恨！可是他对中国的赫鲁晓夫刘少奇却百般崇拜，他不但恬不知恥地吹捧刘是他的先生，当有人揭发说有人讲彭眞的后台是刘少奇时，他竟大发雷霆说："这能令人容忍呀？我是中央政治局委員，我要讲話！"我們要問陈毅，彭眞的后台是不是刘少奇？你要讲什么话？

陈毅在忠实推行和頑固坚持刘邓路綫中，是有发明和創造的。

为了圍剿革命派，追查后台老板，为了鎮压外事口无产阶级文化大革命，陈毅共派了八个工作组（队）。这些工作组（队）都是在陈毅亲自指挥下鎮压群众运动的。其罪恶之大，鎮压之残酷是全国少见的。以外语学院来说，六月中旬，在大揭发、大斗爭的高潮中，革命同志們揭发了彭眞在外院的定时炸弹刘柯郝金祿反党集团，并揭出了其大量反党言行。怀着对党中央和毛主席无限热爱，大家认为郝金祿根本无权代表我国人民参加亚非作家紧急会議。因此要把他揪回来，这是百分之百的革命行动！可是陈毅却伙同邓小平一起，以此为借口对革命群众开始了有组织、有計划的残酷鎮压，他先派来了反革命劊子手刘新权，对他说："你是軍人出身，去了要頂住，軍人嘛，沒命令你就別回来！"

据刘新权的秘书揭发：陈毅的总方針第一是頂，他曾说过："工作队不要让他們赶出来。如果刘新权不行，叫姬鹏飞去，姬鹏飞再不行，我去。"第二就是"放"，让他們放。

"要坚持放的方针，现在放得还不够，放到給你刘新权戴高帽子的时候就差不多了。"第三，放了以后，抓游魚，抓后台、幕后指揮的黑帮黑綫。

他每天听汇报，亲自赤膊上陣，指揮。一时整个外语学院残酷的資产阶级专政开始了，外院大門緊閉，探照灯光四射，校內日夜有人提大棒"护校"，革命闖将完全失去了人身自由，他們出不得校門，信件被检查，电话总机日夜有人监听。他們被大会斗，小会批，整得死去活来，"反党"、"反革命"等大帽子满天飞。陈毅这个血債累累的暴君，还不满意，还在全国开創动用軍队的先例，派軍队和警察到外院。根据三反分子张彦后来揭发：陈毅在部署中包括在一外周圍布置軍队和便衣进行监視，学生出来就抓起来。在京西宾館，軍事博物館一带部署軍队，看学生进到什么地带时就把他們抓起来，途到軍事博物館，先对他們作些工作，然后从那里把他們押走等等。在这次会議上他很得意地说："我打了一輩子仗，还沒有打过这样的仗！"請看，陈毅多么狠毒啊！陈毅非要置革命群众于死地而后快！一时间，烏云遮天，迷雾漫漫，外院出現了一片白色恐怖！聞名全国的"扫障碍"共达二十八天之久，全院大多数人作检查，近千人犯了"立场錯誤"，八百二十六人主观或客观上反党，一百多人被打成"反革命"、"游魚"、"赫魯晓夫式的野心家"（其中大多数为工人、貧下中农、革命干部子弟），残酷斗争，无情打击，大会斗，小会批。有的"游魚"被斗争达二十次之多。工作队对"游魚"实行残酷的資产阶级专政，监禁（有的"重点"人物被昼夜輪流看守，每班四人），盯梢，搜抄私人东西、日記，并私拆信件，在"游魚"內搞特务活动……无所不用其极。不少同学被逼得准备坐牢、劳改，有的被逼得跳楼自杀，（未死）陈毅，你的双手沾满了多少革命小将的鲜血啊！你这样对待我們革命群众，何其毒也！我們要問：我們响应党和毛主席的号召积极投入无产阶级文化大革命，我們有什么罪？我們在斗争中高举毛泽东思想伟大紅旗，把矛头狠狠对准一小撮党內最大的走資派，我們有什么罪？

陈毅不仅在外事口，而且在軍队里，也鎮压革命。他的讲話流毒全国，长走資派和保守派的威风，灭革命造反派的志气，义何其毒也！

陈毅对党对人民犯下了滔天的罪行！

党和毛主席为了挽救陈毅，給他最后改正錯誤的机会。1月24日，在人民大会堂，他作了检查，是他請来了中央文革的同志們参加。检查时，他假惺惺地承认了錯誤，虛偽地说："要到群众中去，高价征求批評。……"就是这点表面的、口头上进步的表示，中央首长也給了他充分的肯定，希望他能弃旧图新，浪子回头，真正能象他所说的那样回到毛主席的革命路綫一边来。

但是，陈毅这个地地道道的三反分子，他是不会自行退出历史舞台的。从他反动的阶级立场出发，检查墨迹未干，他就倒打一耙，反咬一口，说他的检查是逼出来的！向中央文革、向革命造反派猖狂反攻。事实证明，他完全辜負了毛主席和中央文革的期望，不仅丝毫沒有改正錯誤的行动，相反却变本加厉，在資产阶级反动路綫上越滑越远，在这股自上而下的資本主义复辟逆流中，充当了刘邓黑司令部里的忠实干将。

陈毅恶毒地说："你們不造帝国主义的反，不造修正主义的反，来造我的反，事实证明，我去年说的許多話沒有錯。（接着又说）沒有全錯，逼着我作检查，我还不认为我全錯了。我革命革了四十多年，沒想到落到这种地步。我死了也不服气，我拼了老命也要干，我死了也要造反。"

明明是你陈毅把中央文革負責同志請来的，而且，中央文革的同志为了挽救你，为你说了好話，你却猪八戒倒打一耙，向中央文革反攻倒算！現在我要問你：是誰逼你来着？！（此时，群众如雷鳴般怒吼："陈毅回答！""陈毅回答！"陈毅吓得面如土色，向群众低头弯腰，并说："我向毛主席、中央文革低头认罪！"）

陈毅推翻了自己的假检查，翻脸不认賬。

陈毅在一月二十四日的检查中假惺惺地说："几个月来，同志們給我贴了很多大字报，提了很多很好的批評……这是对我最大的帮助，我表示衷心地感謝。"

可是"感謝"的話音未落，反革命复辟阴风一起，他就又跳了出来。在一次外交部的干部会議上，他拍着桌子说道："过去你們給我贴那么多大字报，现在該我发言了。"

好一副反攻倒算的凶相！

二月十二日在机场迎接外宾时，陈毅对革命造反派大发脾气："……請示，不敢当！不斗我就感謝你們了，当面請示，背后还不罵我宗祖三代？造我們的反，我算什么？我不是反革命！……我有什么罪？我要有罪还当外交部长？不要太猖狂了，太猖狂了沒有好下场！"

接着，又对一民主人士说："×老，我們都是上了年紀的人了，我們交班子不能交給赫魯晓夫。"

陈毅说革命造反派"太猖狂"、"两面派"、"赫魯晓夫"，詛咒他們"沒有好下场"！这就是他对革命群众的"感謝"！

二月逆流来了，陈毅和譚震林跳了出来。他们大搞資本主义复辟，在农林口和外事口大搞君子协定，假夺权，极力扶植保守势力，打击革命造反派，把一些革命闖将又打成了"逆流"、"极左"、"反革命"、"复辟急先鋒"。他們以为时机已到，又登台頑强地表演了一番，这很好。陈毅以自己新的罪行进一步地教育了广大革命群众，使得过去对他还多少存有某些希望、举棋不定的人們，丢掉了最后的幻想，毅然投入了坚决打倒陈毅的斗爭。他从反面帮助我們动员和组织起了浩浩蕩蕩的"討陈"革命大軍，为彻底把他打倒准备了条件！

中央文革早就指示要陈毅到群众中来，可是他千方百計地抵制群众对他的批判和斗爭，拒不到群众中来。

陈毅，你竪起耳朵听着，你猖狂反党、反社会主义、反毛泽东思想罪恶滔天，这笔賬你是賴不掉的！我们和你算定了！

轟轟烈烈的无产阶级文化大革命的怒涛，滌蕩着旧世界的一切污泥浊水和狗屎拉垃圾，横扫一切牛鬼蛇神。陈毅反党、反社会主义、反毛泽东思想的真面目，在这场文化大革命中充分地暴露出来了！这就使人們更加认清了他的反革命的真面目！

实践也无情地证明了这一点。陈毅根本不是什么老革命，而是地地道道的老右傾机会主义者，不折不扣的三反分子！

我们一定高举毛泽东思想伟大紅旗，坚决把他斗倒、斗垮、斗臭！我們誓与陈毅血战到底，直到撤他的职，罢他的官！

陈毅，等待着历史的审判吧！

等待着人民的审判吧!

一个毛主席革命外交路綫占統治地位的、高举毛泽东思想伟大紅旗的紅彤彤的革命的外事口必将在我們的战斗中誕生!

陈毅是怎样对馮耳元同志进行政治迫害的

——外交部造反联絡站代表发言

敬爱的周总理、謝付总理:

革命造反派的战友們, 革命的同志們:

我代表外交部革命造反联絡站馮耳元案件调查小組,幷受四川省公安厅和农业厅的革命造反派委托发言。

陈毅, 你今年二月四日的一次談話中说: "我只是在运动中犯了路綫错誤, 如果誰说我在运动以前也犯了路綫错誤, 我坚决反对。我要逐渐恢复我的发言权, 我还是要讲話的。"

我們现在就揭发你不但在文化大革命中頑固推行了刘邓資产阶级反动路綫, 把大批的革命群众打成"反革命", 而且在运动前就早已推行了这条路綫的事实来戳穿你 的 謊 言! 过去, 你在处理人民来信问题上, 就曾顛倒是非, 混淆黑白, 把关心国家大事, 敢于批評你散布修正主义論調的坚强的革命左派打成反革命, 投入监狱, 实行資阶级专政, 制造了一场触目惊心的政治迫害案——馮耳元案件。

四川省农业厅水产处有个26岁的青年技术助理員, 叫馮耳元。在1965年12月17日給你写了一封信, 认为你在1965年国庆时对中外記者的讲話中有一段話有原則性的错誤, 即你说 "在打败美国之后, 全世界眞正结束帝国主义、殖民主义的时代就会到来, 社会眞正变为实现不同社会制度和平共处的大家庭的美好前景一定要到来, 为这个伟大目标, 中国愿作出一切必要的牺牲"。

他摆事实讲道理, 系統地批駁了你的这些修正主义謬論, 他着重指出: "和平共处不是我們的目的, 我們的目的只有一个, 就是在全世界实现共产主义。"怎么能把和平共处作为什么"伟大目标", 为此中国还愿作出"一切必要的牺牲"呢? 他说你这段話在理論上是错誤的, 在实践上是有害的。

他指出: "苏联今天在国际上追求和平共处, 把和平共处当作目的, 奉为外交政策总路綫, 为此不惜任何代价, 是错誤的, 难道打败了美国之后, 把和平共处作为目的加以追求, 就变成正确的了吗? 这样做就不会导致修正主义, 不会导致取消世界人民革命斗爭了吗? "馮耳元同志这个貧农的儿子, 26岁的青年闖将在两年前就已经一下打中了你的要害——"三降一灭"!

这位两年前对陈毅修正主义思想敢打、敢拼的革命左派, 在信的最后坚定地表示: "我会有各种不测的遭遇,如果这些意见能够发生作用,对革命有点好处,我将含笑以受'难'。"

如果不是别有用心, 如果是毛主席司令部的人, 就会对这样一个青年如此关 心 国 家 大事,如此关心祖国不变颜色,会感到多么欣慰呀,会滿腔热情地支持他,鼓励他和帮助他,并认真地考虑自己的問題，改正自己的錯誤。

可是你陈毅怎样对待来自人民群众的批評监督呢？你的资产阶级世界观，决定了你站在反动的资产阶级立场上，鎮压革命群众，猖狂反攻倒算。对这位批評你追求和平共处、推行刘邓"三降一灭"修正主义外交路綫的小将，进行无情的打击陷害，实行資产阶级专政，非要置于死地不可。

部党委传閱了馮耳元的来信后，馬上轉到你那里。你看了信第一个指示是：要外交部从側面了解馮耳元这个人的情况。外交部照办了，于66年2月給四川省人委办公厅发去一封公函，要求了解馮的家庭出身、本人成分、个人历史、政治表現和社会关系等等，还美其名曰："为了慎重处理这封来信。"我們不禁要問，你不按主席的指示**"不管是什么人，誰向我們指出都行"**，却偏偏要調查这些提意見的人的这些情况干什么？你不按主席指示**"你說的办法对人民有好处，我們就照你的办"**，却偏偏不管人家提的意見对人民有没有好处，先去查人家祖宗三代、五亲六戚干什么？你这究竟居心何在？

現在我們明白了，这次运动中，你指示調查外交部翻譯室44人公开信起草人和签名人的情况，要追查幕后人，查看給你写大字报的六位司长的档案，并不是新鮮事。你在运动以前就这样干了。你这是为了整革命群众作准备。

当时四川省内一小撮走資派正在整馮耳元，接到外交部的信后，心領神会，馬上写来一封黑材料，把馮耳元说得一塌糊涂，連馮耳元批評刘少奇两种教育制度、陆定一的文章不如《紅旗》杂志写得好，也当做"罪行"写出来了。

去年三月你来外交部开会时，前办公厅負責人王凝当面把这封黑材料念給你听，你如获至宝，亲口向王凝交代了如何处理这封来信。王凝根据你的黑指示起草了复信，经你的刀笔先生乔冠华亲自修改，于四月十八日給四川省委办公厅写了一封公函。你这封公函决定了馮耳元同志遭到残酷迫害的命运。

外交部的信把馮耳元同志定成了反革命，信里说："此人虽系一青年技术員，但一貫狂妄自大，目中无人，对党和国家領导人的言論均持不同意見，对現实不滿，有系统的修正主义观点和反动思想。"还说："他本人除有海外社会关系外，据成都公安局材料，还和香港敌特机关人員有联系。"好厉害呀！这不是明明白白上了反革命的綱了吗！

我們要問，你有什么根据说馮耳元有系统的修正主义观点和反动思想？馮耳元同志出身貧农家庭，兄弟姐妹十一人，旧社会夺去了八个，剩下三个人，他母亲和他哥哥六〇年又在村子里受到坏人的迫害，一直到六五年四清才获得第二次解放。馮耳元对阶级敌人有深仇大恨，对毛主席无限热爱，他最听毛主席的話；最关心阶级的命运、党的命运和国家的命运，从一九五九年起他开始讀主席的书，并且照着去做，这些年来他想的就是怎样使国家不变顏色，从一九六二年以来一直没有停止揭露批判資产阶级，经过两年的学习調查，于一九六四年写了七万字的"关于防止資本主义复辟"的文章，他提出大量事实（正是今天揭发的問題）说明資本主义在中国复辟的危险，费尽了心血前后写了二三十万字的文章材料，他不怕遭受走資派的迫害，从没有停止防修、反复辟的斗爭。因为这些材料（特别是致总理的信中），揭露了农业厅走資派，六四年他那篇防止資本主义复辟問題文章刚一出来，就遭到

219

批判围攻，但他并不屈服，写出了革命造反精神很强的"自辩词"，吓坏了一群牛鬼蛇神，在一九六五年四月把他强行押送去监督劳动。在陣县一年零两个月的非法劳改中，他仍頑强地坚持斗争，一方面和那里的工人一起同农场走资派斗争，另一方面仍十分关心防修反修的国家大事。他给你陈毅的批評信也就是在监督劳改中写的。馮耳元以他的不屈不挠的斗争说明，他在我国两个阶级、两条道路、两条路綫的斗争中，是站在无产阶级一边的，是站在毛主席一边的。我们要問你陈毅，究竟馮耳元思想反动在哪里？究竟是馮耳元还是你陈毅有系統的修正主义观点？

外交部说馮耳元"和香港敌特机关人員有通訊联系"，这个結論使四川省公安厅专职人員都感到吃惊，以为你陈毅和外交部掌握了什么确凿罪証。事实真相是：五六年馮耳元在广东上学时，学校动员学生給港九愛国同胞写慰問信，以后又通了几封信介紹祖国建設，例如武汉长江大桥，北京的十大建筑等等，而且早在六三年已斷絕通訊关系了。你們做出通敌結論的根据是什么？你們为什么要这样做？

你陈毅指示的外交部复信还恶毒地提出了处理馮耳元的原则，信里说"根据此情况，陈毅副总理指示，此信可不答复，嘱原信轉你們（指李井泉廖志高死党）一閱，請你們处理。从这封来信的言論来看，我們认为他的这些言論不能单純看做是对国际形势的认識水平問題，而是狂妄自大已极。但其所持的反动言論有一定市场，因此建議可先不忙于追查其政治关系，可在适当范围內就其提出的言論展开辯論，予以批駁，使其思想更为暴露，也可以澄清一些人的糊涂思想，然后再根据情况，适当处理。"

看，这叫什么处理意見？这不是"引蛇出洞"又是什么？你陈毅在这次运动中用这个办法把許多人打成"反革命"，一打就是一大片，原来在运动前你早在四川就使用这一手了。

四川省委书記传达了你的黑指示，反革命分子李井泉、廖志高和赵苍璧亲自拟定馮耳元为现行反革命分子，迫害刘結廷、张西廷的主要打手——省公安厅长秦传厚自下逮捕令。在报送公安部的材料中，把馮耳元給你陈毅的信说成是"反动信件"，不仅引用了你提出的处理原则，还把外交部的所謂指示附去。馮耳元在去年五月三十一日押回成都，在全农林口开了三天牛批判会，开除团籍，六月六日投入监狱，还打了一个"三家村"，把同情支持馮耳元同志意見的一位工农干部打成"三家村后台"，为此劳改九个月。馮耳元长年坐牢，精神身体都受到极大摧残，渾身浮肿，小便失灵，亲身尝受到资产阶级专政的苦难。不是别人，正是你陈毅，把他投入监狱的！把他害了的！陈毅你这样残酷地迫害革命左派，該当何罪？

馮耳元同志在成都的獄中从未停止捍卫毛主席革命路綫的斗争，他坚信自己站在真理一边，他坚信最后胜利一定属于毛主席的革命路綫；他坚信毛主席他老人家是会支持他的。所以在最困难的时候，他最怀念毛主席，他在自己衣服的胸前，一針一綫绣上了"想念毛泽东"五个大字，来表达他对我們心中最紅最紅的紅太阳毛主席的无限热爱、无限信仰、无限忠誠的心情。

被你投入监獄、剥夺了自由、受到迫害的，是馮耳元，但又不单純是这个革命闖将，你囚禁起来的，横加摧残的是防修反修、防止资本主义复辟的思想。但是我們要明白地告訴你，不管你有多少牢房、天大的监獄，这个防修反修、防止资本主义复辟的思想也是关不住的，不管你有多大的本事，你也是压不住、扑不灭的，这个思想是不可抗拒的，因为这个思想就是战无不胜的毛泽东思想！

你陈毅害怕革命群众、鎮压革命群众眞是到了令人发指的程度了！你对資产阶级爱，就一定对无产阶级恨；你对国內外阶级敌人和，就一定对五湖四海的革命者狠。你那套虚伪的"人道主义"、"寬大为怀"、"直爽坦白"、"浪漫色彩"通通見鬼去吧！

馮耳元案件本身就是两个阶级、两条道路、两条路綫斗争的反映。这个冤案也说明你陈毅在文化大革命中参与制定幷頑固推行刘邓反动路綫絕不是偶然的。陈毅，你以自己的行动证明，你自己不革命，也不让别人革命，而且疯狂鎮压革命群众，你只許資产阶级复辟，不許无产阶级反复辟。你总是为走资派"鳴不平"，对造反派"給絞刑"。你说刘少奇是你的先生，的确你是他的好学生，刘少奇有的，你都有，刘少奇叛徒集团迫害陈里宁，你就制造了駭人听聞的馮耳元政治迫害案！

烏云遮不住太阳！经过我们联絡站战士、四川省公安厅、农业厅革命造反派的斗争，終于打破了走資派的牢房！

战友們，同志們，馮耳元同志已在今年五月获得了解放，他今天也来到庄严的人民大会堂，参加今天的批斗大会，这是战无不胜的毛泽东思想的伟大胜利！这是毛主席革命路綫的伟大胜利！

我們正告陈毅，是你把馮耳元同志投入监狱的，你今天必须向馮耳元同志当面赔礼道歉，彻底平反，低头认罪。否则，我们絕对饒不了你！（陈毅在广大与会群众的强烈譴責、严正要求下，跟蹌地走到馮耳元同志面前，向馮耳元同志鞠了两个九十度的大躬表示认罪。）

同志們！在革命群众的声討下，今天陈毅不得不向馮耳元同志低头认罪了，这是毛主席革命路綫的胜利，我们要把这个胜利的消息立即轉告四川的同志們！（雷鳴般的鼓掌）

砍头不要紧，只要主义眞。中国不变色，死了也甘心。

打倒刘邓陶！打倒陈毅！

毛主席万岁！万岁！万万岁！

彻底砸烂以陈毅为首的外交部特权阶层

——駐外使領舘九·九战斗兵团、归国留学生遵义兵团、外专局毛澤东思想革命造反团、科学院对外联絡局、教育部延安公社、革联、全总革联等单位的联合发言

我們駐外使領舘是反对国际反动势力的前哨陣地，是宣传毛泽东思想、支援各国革命人民的重要据点。在帝修反的猖狂进攻下，許多駐外使領舘是巍然屹立的紅色堡垒。但是中国的赫鲁晓夫通过陈毅，力图爭夺駐外使領舘这块陣地，妄想把它变成为他們"三降一灭"修正主义外交路綫服务的工具。陈毅从经济上、思想上、組织上采取了一系列阴险的手法煞費苦心地扶植起一个新的資产阶级特权阶层，妄想使我們使領舘改变顔色。

提倡生活特殊化，培养既得利益集团

我們伟大領袖毛主席天才地总結了无产阶级专政的正反面经驗，尖銳地指出，絶对不要实行对少数人的高薪制度，防止任何工作人員利用职权享受特权。而陈毅却反其道而行之。他带头提倡高薪制度和物质刺激，说什么，应該多給錢，"否則，干不干，两斤半。"并恬不知恥地说："农民劳动一年，除掉吃飯以外，买油盐的錢都沒有，要我去当，我才不干哩！我还是要当我的元帅。"他甚至还嫌劳动人民沒有把他喂飽，牢騷滿腹地说："我这个付总理是最廉价的，待遇还不如資本主义国家的一个部长"。陈毅在驻外使領館推行和維护的就是一套高薪制度。我国社会主义革命日益深入，而以陈毅为首的外交部党委直到文化大革命以前还不顾革命群众的强烈要求，十分頑固地拒絶对这个不合理的旧工資制度作根本的改革，即便对有关单位提出的一些改良主义的方案，也拒絶批准实施。到1966年10月以前，大使在国外的工資一般高出他們在国內的工資很多倍，比国內二十几级的工作人員高二十多倍。据初步計算，有些大使、参贊两对夫妇一年的工資加起来比一个生产大队全体社員的全年劳动总收入还多！此外，他們还有花样繁多的无形收入，如免費的高级的住房，高级驕车，旅行参观，休假等等。如把这种附加津贴加在一起計算，大使平均每月实际收入比他們的工資又要高出五、六倍，比得上国內近百名一般公务人員的工資。特别要指出的是，他們的收入大部分是得之不易的外汇。这些人在国外大肆揮霍之后，还有巨額存款，存款上万元者大有人在。他們同我国广大工农劳动大众收入悬殊之大，真是令人吃惊！这样的高薪待遇，再加上在其他方面受到的腐蚀，就使得驻外使領館一些領导干部在思想上蜕化变质，在政治上成为陈毅的追随者。

"以身作則"地提倡資产阶级生活方式，企圖把駐外
使領館演变成修正主义"安乐窩"

毛主席教导我们：要保持艰苦朴素的生活作风，要預防敌人"用糖衣裹着的炮彈的攻击"。可是陈毅完全拜倒在資产阶级生活方式面前，从灵魂深处是着迷地顛倒，从实际行动上是积极地追求。

1961年召开日內瓦会議时，正是帝修反疯狂反华，我国经济处于暫时困难的时候，国际阶级斗爭十分激烈。就是在这样的情况下，陈毅为了炫耀自己，竟率領了一个近三百人的特大代表团出席日內瓦会議。会議期间，大肆鋪张浪費，追求奢侈享受，揮霍了成百万美元的宝貴外汇，在国际上也造成了十分恶劣的影响。

当时陈毅住在占地二万多平方米的"花山别墅"。为了布置这个"行宫"，用专机从国內运去两套高级沙发、地毯、絲絨窗帘，又从当地租賃水晶吊灯进行布置，另由专机从国內运去大型落地式收音机，才子佳人花草虫魚等四旧內容的象牙、玉石雕刻、字画、古董等陈設品。

为了布置陈毅的卧室，在当地采购了各种最高级的家俱，还购买高级毛毯，連浴衣睡衣、拖鞋都购置齐全。

为了陈毅的乘凉，晒太阳，购買了太阳伞，鐵皮椅、尼龙躺椅等。

为了陈毅"欣賞"西方腐朽生活，专門租用了几台电视机。

一天，陈毅忽然灵机一动想打网球，于是采购同志急忙购買了全套高级打网球的用品。

在会議期間，阶级斗争十分激烈，但他却大看西方电影，几乎天天不断。而看的片子包括西方最尖端的黄色色情影片。把一个堂堂的中华人民共和国代表团变成了資产阶级、修正主义毒草大泛滥的园地。

在会議期間还不时举行舞会。特别令人气憤的是，在"七一"紀念会上，当陈毅匆匆忙忙地作了报告之后，馬上乐声大作，牵众翩翩起舞，沉醉于灯红酒綠的生活中，完全忘記了他还是个共产党員。

陈毅在会議期間也常游山玩水，有时几十辆汽車排成长蛇陣，瑞士警察摩托車开道，浩浩蕩蕩，有如帝王出游，路人为之侧目。

以张茜为首的"夫人"們，参加会議，无事可作，闲得无聊，于是原驻瑞士大使专門組织这些"夫人"們出游距日內瓦300公里的瑞士、意大利风景区，一去就是几天。

陈毅过着这样腐化墮落的生活，哪里还能致力于当时复杂尖銳的阶级斗争？哪里还能想到国內劳动人民艰苦的生活？哪里会想到世界上三分之二的人民还处于水深火热之中呢？

上梁不正下梁歪。陈毅的門徒們，驻外使領館党內走资派的老爷們对陈毅的资产阶级生活方式群起而模仿之。他們把我国进行对外斗争、传播、宣传毛泽东思想的据点，做为自己享受、追求资产阶级生活的"安乐窝"，做为躲避尖銳的阶级斗争，逃避思想改造的"避风港"。让我們揭开他們的画皮，看一看陈毅和他的門徒們所推崇的、所追求的都是些什么东西：

（一）摆闊气，講排場，揮金如土，肆意浪費。

毛主席教导我們"勤儉办外交"，而驻外使領館的特权阶层老爷們在国外的所作所为，完全与主席的教导背道而馳。他們在对外活动中，吃、穿、用、住等等都一律搞所謂"大国风度"，在"不要太寒酸"的幌子下肆意揮霍人民血汗。宴請时不分对象，不考虑政治气候和活动內容，飯菜一律十分丰盛、多样，高级而不实惠，如海参、燕窝、銀耳、鮑魚、魚翅等，但許多外宾根本不吃，主要是为了他們自己。有些使館內陈設十分华丽，仅以駐×使館为例，館內陈設品大大小小近一千件。駐某国使館从一个城市迁至另一个城市，本来旧地址的东西可以用，但当权派却偏要追求新、洋、全，特地从香港采购了十多节火車皮的新家具，装飾新館。仅傢俱費就花去七万元人民幣。至于那些大使們的官邸更是富丽豪华。我国派出的五十多个代表机构中，有近卅个設有"大使官邸"。这些官邸多設在幽静雅致的风景区域或贵族区，唯恐离开使館群众及当地劳动人民不远。不少官邸原来就聞名于当地首都，再加上精心地美化装飾，便賽过金碧辉煌的宫殿。室內高级地毯、壁毯，名貴的桌椅、沙发、古今中外的名画、古董……，样样俱全，琳琅滿目。如駐某国大使的"官邸"是一个美国交际花的馳名当地的玫瑰宫，是以相当于几百万人民幣的高額外汇买下的。当地报界人士在参观了这个"官邸"后，就給这位大使留下了"有教养的资产阶级富翁"的美名。有的大使还使用什么"路易十四式"的陈設、"肯尼迪式的搖椅"、"龙鳳呈祥式"的床鋪。

但是陈毅还嫌不够豪华，出国所到之处总是嫌我駐外使領館的陈設布置"太简陋"，大叫与我大国身份不相称。1964年曾让韓念龙交涉由故宫拨出大批古瓷、字画及其它古董等，准备运往各駐外使館。

当权派老爷們慷国家之慨，常常以自己的名义向外赠送礼品和給小費，也造成許多不必要的浪費。駐某国大使为买一座房子，送給中介人的"小費"就合人民币拾万元之多。如此巨额的"小費"，曾轰动过該国的整个首都，这位大使可謂"慷慨"矣！

（二）千奇百怪的口味

以陈毅为首的这些特权人物，朝飲夜宴，有时一天三、四次，甚至四、五次，宴会、酒会，吃遍了中外山珍海味，享用过各种美酒名菜，养得脑满肠肥。对于一般的葷素，毫不感兴趣，于是千奇百怪的口味便出来了。陈毅就是一个最突出的典型，他吃遍了各地名菜怪味，对于什么扬州菜、法国大菜、武汉野味、昆明的"全羊席"，都已司空见慣。于是就要吃什么大象的鼻子、鹿的嘴唇、熊的脚掌、甚至还要吃什么"烤方"，为此主席曾批評说："**这种菜虽然好吃，但太浪費。**"可是陈毅不以为然，还大言不惭地说："做飯的怕我陈老总。"不以为耻，反以为荣。"有其主必有其仆"，陈毅的門徒們——駐外使領館的一小撮特权老爷也跟着样这做。他们有的专喝鸡湯不吃鸡肉；有的吃鸡蛋不吃蛋黄；有的吃饅头不吃皮；有的不吃动物油，偏要吃什么"玉米油"；还有的特爱吃狗肉、龙虎斗、"洋煎餅等"。駐某国大使爱吃甲鱼（王八），用飞机从国內运去五、六百只甲鱼养着慢慢吃。宴請客人，根据自己的爱好点菜，不是根据对方的口味，請客吃剩的，还要专留給自己下頓吃。使館的大鍋飯菜是不能吃的，即使吃饺子也得給他們另抖餡儿……。还不以为足，更有不少"官老爷"及其"太太"們费尽周折到香港、国內或駐在国各地大买滋补药物，为了延年盆寿，还有些大使常喝人参湯、长寿湯、吃灵芝草、鹿茸精，打防老針。他们一遇到头痛脑热，便赶紧找专門医生治疗。治疗痊愈，用公家的物品送礼，也算在"外交活动开支项目"之內。

（三）低級下流的情趣，肮脏的灵魂。

特权人物們吃飽喝足之后，还不满足，为了弥补自己精神的空虚，对西方的腐朽"文明"、文化艺术孜孜以求，无限热心。他們之中，不少是照相迷，成套的照相設备，几架照相机（个别还有电影摄影机，放映机）到处拍照，有人自称，他的照相机的价值頂得上一部汽车。有的人拍下許多庸俗下流的怪动作和裸体女人照片，自我陶醉欣赏或毒害别人；有的是舞迷，他們工作起来懶懶散散，假装"有病"，跳起舞来，劲头却十足。每有过往的文艺团体在使館暂留，便硬拉女团員跳舞、照相，有些鏡头不堪入目，很难想象这些轻浮的人物竟是新中国的外交官。有不少老爷、太太是麻将迷，一打通宵，要公务員陪着端茶、送水、送烟、做夜宵，有的只准自己贏，不准别人贏。为什么对麻将如此感兴趣，据某夫人说："打麻将可以治病。"

特权阶层人物中，还有人爱玩鳥、玩花、玩鴿子，爱欣赏花、草。为了达到目的，不惜人力、物力。爱花木胜过爱工勤人員的生命。他喜欢橡皮树，就要公务員把树叶正面、反面一片一片地擦得一尘不染，他喜欢牡丹，就特地从国內用飞机运去四盆牡丹，每天让工勤同志搬出搬进，根据时令特点，为了使花見到太阳或避开太阳，工勤同志要随着太阳光的移动，一天轉移几个地方。

1958年，陈毅上任不久就借口研究资本主义国家的文化艺术，为西方资本主义腐朽文化对我驻外使領館的渗透大开方便之門，于是驻外使領館的一些当权派就乘机大量地看西方电影。他们不准一般干部和工勤同志看，自己却借口"水平高，有分析能力"使劲地看，看后赞赏不已。除此之外，还有些西方黄色报刊、裸体女人象、塑象、美人照片掛在墙上，陈列在室內和压在书桌的玻璃板下；对反动报刊和中国古小说《金瓶梅》等愛不釋手，經常翻閱。他们灵魂深处和精神世界究竟是什么东西不是可想而知了吗？其中有几个竟发展到乱搞男女关系，玩弄和奸污妇女的地步。

（四）大买洋貨，偷稅漏稅

陈毅本人就是个洋貨迷。直到去年八月，他还说："大使买外国货有什么罪，只要是用薪水买的，就沒有罪。"让我們看看这些大使到底是不是有罪。有些人身为共产党员和高级外交官，对于国家法令不放在眼里，"自觉遵守"几个字更是不能放在他们身上。他们有的利用外交官免驗之便，大肆购买各种洋貨，源源运回国来。三年困难时期，不仅自己毫沒受苦，还把各种肉类、油类食品成箱地购买供其子女亲属享用，根本沒有一点同劳动人民共甘苦的念头！他们有的违反国家海关规定，把許多禁止入口和限額进口的东西，非法买回来，数目多得惊人。有些人带回的布匹衣物不仅他们自己一輩子享用不完，他们的子女数十年也用不尽。这些人是几"机"俱全。有的人说："除了飞机之外，其它机都有了。"这些特权人物买的洋貨成山，其中一人拥有电影摄影机，放映机，照相机，放大机，幻灯机，大小望远鏡，电唱机，半导体收音机，录音机，压面机，切菜机，攪肉机，按摩器，电动刮胡机，吸尘器，自行車，磅秤，电熨斗，电視机，縫紉机，电冰箱等等，这个人簡直成了"机械化"、"电气化"了。

这些特权人物不参加任何劳动，以免晒黑皮肤，磨粗了嫩手，"搞外交不体面"。自己穿的衣服且不说，有的老爷、太太竟連手絹、內褲、乳罩等也要公务员来洗，眞是可恨至极！有人虽是自己动手洗衣服，但要戴上特制的手套！有些特权老爷为了省得劳神，干脆在房间里安上电鈴，一按鈴，干部和公务员召之即来，如有怠慢，就严加訓斥。

提倡資产阶級外交作风，迎合帝修反的需要

陈毅为了推行刘邓"三降一灭"的反革命修正主义外交路綫，公然提倡和追求西方資产阶级的外交作风。

（一）学派头，比閣气，向资产阶级外交官看齐。

以陈毅为首的这个特权阶层的老爷太太們在对外活动中跟帝、修、反的资本家，王公贵族等比排场，比閣气，唯恐落后，就是在个人服飾上也极力模仿学习。在这方面陈毅就是一个典型。他头戴法国小帽，鼻子上架一付价值三千元的墨鏡，脚登火箭鞋，身穿白西服，再配上一个黑色蝴蝶結，手里还掛着一根文明棍，手腕上戴着达賴送給他的名貴手錶。在日內瓦跟美国代表哈里曼点头哈腰，在肯尼亚跟美国內政部长夫妇握手碰杯，不以为耻，反以为荣。

再看看他的門徒某些大使、参贊們又是怎样的呢？他們西装革履，竞相仿效，唯恐落于

人后。他們在服飾的式样規格以至在对外活动中的神情举止无不一一向資产阶级外交官看齐。前駐×国大使用折合人民币五百余元的外汇做了一套燕尾服，还装配了一頂十八世紀欧洲硬壳大礼帽。这种礼帽在当地只有美国大使有一頂。当地报紙諷刺"中美之间在一切重大問題上都存在分岐，只在这点上（指两个大使的帽子）是一致的"对外造成极坏的政治影响。另一駐外大使的一条皮带值100多元，有人一个錶带值200多元，一位大使老婆的皮大衣值1600元。他們出席外交活动，身着笔挺的西服，脚穿油亮的尖头皮鞋，坐着数一数二的高级轎車，見了人点头哈腰，笑容可掬。席间灯红酒綠，与資产阶级的头面人物握手言欢，談笑风生，不分彼此。一个个都象彬彬有礼的紳士，但是完全没有一点无产阶级外交战士的气味了。

（二）　大搞"夫人外交"

自陈毅接任外交部长不久，在他和他的老婆张茜的号召和推动下，駐外使領館"夫人外交"之风大盛。

妖婆王光美出訪，除了梳粧打扮，就是卖弄做作，不成体統。而张茜服装式样，資产阶级的外交风格也是馳名中外的。她的服装有什么"早春二月式"、"三十年代式"、"古典式"、"西洋式"，样样俱全，春夏秋冬，各不相同。张茜卜伴同王光美搞什么服装設計展览，影响极坏。她們两人是近几年来我国資产阶级式的"夫人外交"的一对祖师娘。在王张的影响和带动下，駐外使領館特权阶层的一些"太太"們，借口外交需要，整天忙于梳洗打扮，几十件甚至上百件的旗袍换来换去。她們擦脂抹粉，描眉涂红，烫头发，染指甲，脚登火箭鞋，手提金絲包，珠光宝气，耀人眼目，驅車前往外交场合，周旋于大庭广众之中，忸怩作态，娇声娇气，寒喧应酬，陪丈夫搖来晃去，有的人甚至伸手让洋人吻一吻。实在可鄙可恨！

（三）　大搞"酒肉外交"

为了討好一些帝修反分子和駐在外国的高级官員、上层人士，他們把严肃的政治斗争变成了庸俗的請客送礼。

各館几乎每天都有宴請，有时一天多至三、四次，四、五次，朝飲夜宴，歌舞升平。仅以驻某国使館为例：1965年除国庆、"八·一"两次大型招待会不計外，共在宴請上，就耗费了三、四万元。

送起礼来，也是次数越多，規格越高越好。一名大使，在不到三年的时间內，向駐在国总統夫妇送厚礼八次，仅壁毯一块即值人民币1500元。他們挖空心思，专門留心观察，打听該夫妇的爱好，連他們所喜欢的样式和颜色，也都了解得一清二楚。

据不完全統計，这位大使在近两年就选购礼品近万件，价值人民币两万五千多元。

总之，这个特权阶层中的許多人办的是上层外交、酒肉外交、夫人外交，就是不办无产阶级的革命外交！

（四）　积极向駐外机构推銷活命哲学、投降哲学

我們駐外人員远离祖国，经常处在国际阶级敌人的包围之中，但是广大外交战士的顆顆红心永远向着毛主席，永远向着党和人民。我們牢記毛主席的教导："这个軍队具有一往无前的精神，它要压到一切敌人，而决不被敌人所屈服。不論在任何艰难困苦的场合，只要还有

一个人，这个人就要繼續战斗下去。"在毛泽东思想哺育下，我們驻外人員中涌现出一批又一批的赵小寿式的紅色外交战士，他們表現出英勇頑强，威武不屈，大义凛然，视死如归的无产阶级革命气节。但是你陈毅却在驻外机构积极宣揚中国赫魯晓夫的一整套貪生怕死、活命投降主义哲学，妄图腐蝕我們的革命意志，动搖我們的革命气节。你打出了几面黑旗，什么"叛变合法"呀！"保命要紧"啦！"动搖有理"啊！在1960年8月，你就任外交部长才刚刚两年多，你就积极适应国內外阶级敌人的需要，在一次有驻外使节和出国人員参加的会議上，公开亮出刘、邓黑司令部的黑旗来，你说："你們出国的人員要准备遭到突然的袭击，有人持枪，强迫你給他做事，首先保住性命，如强迫签字，只好签了，回来馬上报告。凡是沒有生命危险的，就要婉言謝絕。"

你陈毅不是明目张胆地策动出国人員中不坚定分子向国际阶级敌人变节投降又是什么呢？什么"首先保住性命"！真是可耻透頂！这是对我們毛主席的外交战士最大的侮辱！

1966年初，正当国际阶级斗爭极其尖銳激烈的时刻，你在使节全会上又跳了出来，声嘶力竭地替外事队伍中的动搖份子申辩，你说："一个同志，一个共产党員，一个青年人在严重轉变关头，有些动搖是很合理的，但現在有那么一种人不准人家动搖，我看可以动搖，我看可以准許动搖。"陈毅的上述黑指示和黑話在驻外机构产生了恶劣的影响。特别是你的"叛变合法"的黑指示在好多使館进行传达，流毒很深。有些走資派見了如获至宝，甚至说："这样一来，在外的工作就好作了。"直到文化大革命开始以后，还有人继續吹这样的黑风。在陈毅打出"叛变合法"的黑旗以后，驻外机构先后发生了若干起叛国投敌事件，你陈毅逃脱得了鼓动叛国的罪責吗？

陈毅推销的"保命第一"的反动哲学，在驻外机构也有恶劣影响。堂堂的特命全权大使或者代办、参贊在对外斗爭中貪生怕死，丑态毕露，有些人甚至当了可耻的逃兵。例如，驻某国大使听到驻在国发生政变消息就吓得渾身发抖，連話都说不清楚了，后来甚至怕得哭了起来。有一个参贊，当敌人制造爆炸我橱窗事件时，竟龟缩在房間里，虽经同志們三次催請，仍不敢出来。另有一个人則害了一种特别的病，就是每当他要与敌人进行面对面斗爭时，就神经紧张以至发吐。有的大使由于害怕暴徒袭击，乘汽車出外时甚至不敢悬掛庄严的五星紅旗！直到今年二月，还发生了这样一个事件，有个大使外出时不敢直接回舘，先躲到一个兄弟国家使館去避难，打电話問清楚自己使舘門前沒有暴徒时才敢乘車回舘。这种种丑态都是陈毅积极推销的刘氏活命哲学在驻外机构的具体表現。

大办"夫妻黑店"，实行資产阶級專政

陈毅包庇驻外使領舘特权人物大搞一言堂和独立王国，把許多驻外机构变为名副其实的"夫妻黑店"。陈毅及其門徒們，骑在广大工勤人員头上，作威作福，压制民主，对广大工勤人員和革命干部进行种种歧视和迫害，实行資产阶级专政。"夫妻黑店"在驻外使館有很多家。例如，驻某国大使大搞"一言堂"，他的老婆一身兼任舘內的八大职务，各种权力都被他們夫妇掌握。前驻某国大使的老婆，在使館幕后操縱一切，仗势欺人，有"二大使"之称，甚至政务参贊动不动都要挨她的訓斥。某国总領事和他的老婆，也在总領事舘称王称霸。他的老婆被称为"总領事的总領事"，事无大小，都要通过她，甚至掛鏡框、釘个釘子

也得经过她的批准。

毛主席教导我們说，**"我們的干部要关心每一个战士，一切革命队伍的人都要互相关心，互相爱护，互相帮助。"** 但是外交部和驻外使領館許多特权老爷們，对于广大工勤人員却是冷冷淡淡，漠不关心，麻木不仁。对他們进行百般歧視和打击迫害，实行阶级压迫，欲置之死地而后快。

以陈毅为首的部党委，一貫地歧視和打击迫害广大的工勤同志。1961年至1962年部党委以精简为名，把大批工勤同志攆出外交部。他們把精简重点放在总务司，总务司又集中在工勤人員。两年內减掉了四百多人。当时很多同志有种种困难，不愿离开。外交部的官老爷們就不择手段地赶他們。这些官老爷們，对我們的阶级弟兄毫无无产阶级的感情。赵小寿同志是位公务員，是一位毛泽东思想哺育出来的紅色外交战士。他在印尼为保护庄严的五星紅旗光荣負伤回国后，陈毅曾到医院去看他。当时，他假惺惺地写了一首詩給赵小寿，連声誇奖他说："好样的，好榜样！" 但是从医院回到外交部后，他却对部党委说，他的成績也不是他一个人的，今后他这样的年青娃娃，在部里也不能重用他。陈毅，用你自己的話说，你这才是不折不扣的"典型的两面派"。外交部党委忠实地执行了陈毅的黑指示，当群众提出把赵小寿同志提为政治干部时，政治部副主任符浩就说，把赵小寿提升为政治干部，工勤人員中就沒有旗帜了。还胡说，赵小寿不能成为外交部干部中的旗帜。他們这样做，一方面是执行陈毅的那个黑指示，另一方面也是执行部党委的一个黑规定，就是工勤人員不得超过24级。因赵小寿同志是个公务員，他們硬是反对把赵小寿提升为干部。这是对我們广大工勤人員的无理歧視，是对我們紅色外交战士的侮辱。陈毅，你逃脱得了罪責吗？

驻外使館工勤同志受歧視和迫害也达到了令人发指的地步。首先，他們应該享有的政治权利被剥夺了。一般的内部文件不能看，可以参加的会議，如形势报告会也不能参加。学习《毛选》的时间也沒有保证，有的使館工勤同志連报紙也看不上。

在特权阶层官老爷、官太太眼中，工勤同志是所謂的"佣人"，"下等人"。他們把工勤同志当做奴仆，牛馬，活工具。工勤同志被辱罵为"猪"，"不如狗有礼貌"，"头脑简单"等等。一个总領事的老婆嫌一个招待員长得"丑"，請客时让他上了菜以后廻避一下，说什么怕影响外宾"食欲"。他們这样侮辱我們的工勤同志，我們坚决不答应！

工勤同志工作条件和生活条件都很差。他們一般每天工作最多的达14——18小时。但特权阶层老爷們却说，"他們是应該的"，"干部休息的时候，正是工勤人員工作的时候。"天长日久，很多同志积劳成疾，有的甚至死亡。驻某国使館有两位工勤同志在使館病故。另有一名公务員久病新愈还未恢复，就让他陪一位外交部官老爷去海滨游泳，不幸淹死。还有一位司机同志在屋顶在装电灯，因有高血压病，又过于劳累，不幸触电跌下来摔死。特权阶层老爷們个个养得肥头大耳，从来不管工勤人員死活，哪里还有一点无产阶级的感情？

特权阶层分子在国外住在豪华的高楼大厦里，冬有暖气，夏有冷气，但許多工勤同志却住在阴暗、潮湿的地下室里，仓库里，过道里，厕所下水道边，长期见不到太阳，空气污浊。驻某国使館一对夫妇住在一间潮湿的、臭虫老鼠成群的小房里，有的同志反映说臭虫、老鼠多。大使的老婆知道了，竟说："可别把傢俱沾上了臭虫。"在她眼里，工勤同志还不**如傢俱宝貴，可恨至极！** 驻某国使館一位老花工住在防空洞里两年多，大使从来不聞不問。

許多工勤同志得了关节炎、肺病或其它疾病。据驻某国使館不完全統計，十六位工勤同志中有九人在国外得了病，占56％，在使館长期工作的同志除三人外都得了病。这是多么令人痛心的事实啊！官老爷們对工勤同志生病的态度是：病轻者，不聞不問；病重者，处理回国。如驻某国使館一公务员有严重关节炎，腰痛还得干活，提出用仓库的虎骨酒治治，大使一口拒絕说："不行，这是高贵药品，不能用。"驻某国使館的一位炊事員在国外干了四年不让休假和輪换。他的眼睛被熏坏，耳朵长了癌，病情恶化，官老爷們怕他死在使館，才赶紧送他回国。同志們，这是什么阶级的感情？这和資本家一脚踢出有病的工人又有什么区别？

使領館特权人物每年年底向外交部汇报工勤人员鉴定材料，他們就乘机大写黑材料，把莫須有的罪名加在他們不滿意的工勤人員身上。国內官老爷們就根据这些材料来处理問題，这样不知道陷害了多少工勤同志。驻某国使館一收发员勤勤恳恳地干了四年，沒有提出回国要求。但这却成了他的"罪过"，大使认为他一定有問題。結果给他安了三条罪名：怕国內生活艰苦；想甩掉国內老婆，在国外找洋老婆，写了黑材料，把他送回国。简直是荒唐透頂！另有一位大使迫害革命同志达一、二十人之多。他誣蔑刚去使館两个月的一个同志"搞小集团"，对其进行突然袭击，大小会輪番斗争，有时斗到深夜，逼、供、信，用开除党籍威胁他。要他把到使館后同所有人的談話都要写成詳細书面材料，一次不行十次，十次不行二十次，直到写的料能证明他是搞小集团、反党才行。更不能容忍的是这位大使竟妄图盗用使館党委名义，开除这位同志的党籍，并对其人身自由进行非法的限制，软禁盯梢，监视，連进厕所大小便都要請假。这位大使还大搞特务手段，非法检查这位同志的私信。就这样，把这位同志折磨得每天做恶梦，流泪，常一个人对着毛主席象伤心地痛哭，过着非人生活达一年之久。在社会主义国家的使館竟然出現这样骇人听聞的事情，这是絕对不能允許的！（这里揭发的还是无产阶级文化大革命开始以前的情况，在文化大革命期间，这些官老爷仗着陈毅给他們的"上方宝剑"，大搞白色恐怖，广大工勤同志和干部受到的政治迫害就更深了。）

以上触目惊心的事实，虽然仅仅是已揭发出来的材料中很小很小的一部分，但无可辯駁地说明了陈毅是如何猖狂地在驻外使領館推行"和平演变"，把那些地方搞得烏烟瘴气，特别是一手培植一个新的資产阶级特权阶层，阴谋把它作为配合刘邓在外事口以至全国进行資本主义复辟的社会基础。在驻外使領館和外交部，这样的一个特权阶层已经形成。一小撮党內走資派、阶级异己份子、叛变自首份子是这个特权阶层的主要成员，陈毅就是它的总代表和保护人。在无产阶级专政的条件下，在外事口出現了这一阴暗角落，眞是令人憤慨！这样的刘邓代理人能够不打倒吗？这样的陈毅能够再当伟大的社会主义中国的外交部长吗？不能！一千个不能！一万个不能！

我們伟大的領袖毛主席在一九六六年九月九日向我們驻外使領舘发出了庄严的号召："来一个革命化，否则很危险。"这个伟大的指示粉碎了陈毅在外事口和驻外使領舘实行資本主义复辟的美梦。毛主席的号召像火炬一样照亮了广大革命战士的心，指引着我們向刘、邓反动路綫，向一切不合理的旧制度，向以陈毅为首的外交部和驻外使領舘的特权阶层发起了猛攻。长期的经驗教訓，使我們懂得：要彻底砸烂这个特权阶层，首先必须打倒外交部这个特权阶层的总代表和保护人陈毅，就必须把陈毅贩卖的一整套修正主义黑貨批深、批透、批倒、批臭！只有这样，才能使毛泽东思想在外交阵地树立起絕对权威，才能够把外交部和驻外使領舘办成紅彤彤的为世界革命服务的斗争阵地。　　　　（本刊有删节——編者）

目 录

通讯地址：北京外国语学院教学楼 139 号

电　話：89．193i转39

本期定价：0.15 元

红卫兵内战
狗咬狗！

★ **最 高 指 示** ★

人民靠我們去組織。中国的反动分子，靠我們組織起人民去把他打倒。凡是反动的东西，你不打，他就不倒。

× × × ×

凡是錯誤的思想，凡是毒草，凡是牛鬼蛇神，都应該进行批判，决不能让它們自由泛濫。

摧毁"联动"组织
批判"联动"思潮

专 刊

1967年9月

首都八一学校革命造反联合总部主办

目　　录

前　　言

　　当前，一个声势浩大的革命大批判新高潮正在兴起，全国亿万革命羣众正向党内一小撮"走資派"展开猛烈地攻击，正給予中国赫魯曉夫的新反扑迎头痛击。

　　在大批判的高潮中，絕不能放过对"联动"的反动思潮的批判。有的同志說："对联动思潮要大批判，要結合批判刘、邓，根子就在刘、邓。"是的，刘、邓是"联动"的黑司令，总后台。"联动"是刘、邓的卫道士，卸林軍。"联动"这个反动組織，其組織形式虽然瓦解了，但"联动"的頑固分子被放出来以后并不痛改前非，仍在蠢蠢欲动，尤其是"联动"的反动思潮流毒甚广，沒有得到彻底批判，至今还在泛濫，其中尤以中学为甚影响着学校的軍訓，妨碍着复課鬧革命，阻碍着革命的大批判，大联合。

　　"联动"的反动思潮，主要表現是"血統高貴論"，"特权思想。"毛主席說："我們应当批評各种各样的錯誤思想。不加批評，看着錯誤思想到处泛濫，任凭它們去占領市場，当然不行。有錯誤就得批判，有毒草就得进行斗爭。"这种反动思潮必須彻底批判，把它批深，批透，批倒，批臭，才能鏟淨刘，邓在教育战綫上培植的修正主义的苗圃，才能使我們的接班人，树立正确的偉大的毛澤东思想，健康地成长。在当前来說，才能使学校正常地进行复課鬧革命，才能将文化大革命进行到底！

　　本报编辑了这个专刊，是給广大的革命战友提供一些"联动"的反动材料和批判"联动"反动思潮的文章，·供批判参考。

編　者

1967年 8 月 20 日

中央负责同志谈"联动"

周总理： "中国工农红旗军"、在北京"合同工农兵红色夺权司令部"、"联合行动委员会"、"西安红色恐怖队"、"湖南红色政权保卫军"等都是打着"红旗"反红旗的反革命组织，对这些组织中的首恶分子必须坚决实行法律制裁，其中受蒙蔽的群众要赶快觉悟过来，揭发这些组织的首恶分子。（1967年1月22日）

"联动"矛头指向中央文革，指向文化大革命，当然问题也不大，只不过一小撮，不过要重视，北京反联动思潮还不够猛，力量不大，这样会培养法西斯。（1967年3月21日）

为了对后代负责，保证中国不变色，要大力批判"联动"思潮，这种社会思潮。不要把"联动"看得太简单了。（1962年4月15日）

陈伯达： 第一，中央文革小组准备找"联动"谈话，你们不要大吃一惊。他们有可能会吹牛皮的，甚至说中央文革向他们投降了，这不要紧。第二，要把关进去的头头放出来，他们也会吹牛皮，在你们面前耍威风，这不要紧。他们很脆弱，是薄弱的组织，快死亡的组织，公开出来，不是活得更长，而是活得更短些。在批判刘氏黑《修养》的同时，批判反动的"血统论"，实行人人批判，做工作，把毛泽东思想水平，马列主义水平提高一步。……头头放出来公开，他们还会有花样，掌握毛泽东思想，就会监督他，打倒他，消灭他。（1967年4月21日接见大中学校代表谈联动问题时讲的）

要学会批判，要把"联动"批臭，要把"联动"的基础一小撮走资本主义道路的当权派批臭。联动不过一、二百人。你们对这几百人都没有办法，还能解放全世界呀！要彻底批判"联动"的幕后指挥。学会革命的批判工作。联动这些人要教育，他们喊打倒流氓，但不知道什么叫流氓。有一天我碰见一队人象是"联动"，我停下来和他们谈，我说你们打人呀，他们说我们打流氓，我问什么叫流氓？他们说扣子没有扣好叫流氓。那我也是"流氓"，老百姓百分之九十也是"流氓"！这些人可怜！他们没有接触过群众，他们现在按流氓一样办事，抢钱，抢自行车。干部子弟学校可以不办。这是旧社会余毒。

你们研究一下怎么把批判"联动"和批判党内最大走资本主义道路当权派结合起来。"联动"有社会基础。是剥削阶级留下的，要用笔战胜他们，你们的笔可以横扫千军，难道这几百"联动"也对付不了吗？（1967年5月4日与北师大师生座谈摘记）

我赞成联动这些组织解散，插到各派组织中间。他们一定不散，一定要闹地位，那也没有办法，要等待他们觉悟。"并说："要欢迎他们，是欢迎他们改过，并不是欢迎他们坚持错误嘛！"（1967年7月6日）

康　生： "联动"是反动组织。你们说他们有很多人，不是这样子，世界上好人是大多数，坏的总是一小撮。听说广东有一万人，不可能在无产阶级专政下有这样大的一个反动组织。"联动"就想把他们说的不得了。不要把我们造反派说得那么小。象林彪同志讲的，要有科学的分析，要有毛泽东思想，马列主义的分析。让他们公开，总可以看得出来，不要替他们扩大队伍，不要把老红卫兵都说成是"联动"，要分离开，不要把"联动"都说成是老红卫兵，这是对红卫兵的污蔑。……要从思想上划清，不要提什么亲联派。统统推到他们那边去了，替他们扩大队伍，这是不策略的。你们有雄心壮志，为什么不对这一些人做政治思想工作呢？他们讲："我老子解放了你老子，中华人民共和国是我老子打下来的。"这完全是错误的，否定了全国劳动人民，否定了党和毛主席，党哪去了，毛主席哪去了，人民哪去了？只要用主席思想去做政治工作，就会有效果的，但是是比较曲折的，是有时间性的，谈一次就变过来，那不是真的。一切工作都要政治挂帅，任何都不要脱离政治，不要认为揪出一个后台就解决了。从戚本禹同志的文章说，刘邓揪出来了，但是反动路线还有，这是一种思想。阶级斗争不是简单的一个人的事。他们的头头要和群众分别开，受影响的和他们组织的人要分开，要允许人家改正错误。（1967年4月21日）

谢富治：我完全同意和支持江青同志的讲话，完全赞同康老的发言……。

"联动"问题是个大问题，在这个问题上，我们都是同"联动"作斗争的。对这些反动的家伙要专政，一方面要做些工作，把他们放出来，分化瓦解，争取大多数，孤立极少数，要把反动组织搞垮，专政是一个办法，最主要是大家批判。分化瓦解，争取多数，打击少数，就是一时不能解决的，当个反面教员也好。（1967年4月21日）

公安机关要保护左派，同保守派斗争，反击右派，镇压反革命分子，例如联合行动委员会、西安红色恐怖队，这些组织是反动的，头头是反革命。昨天向主席谈到联合行动委员会，有许多高干子弟，毛主席说了："这是阶级斗争。"（1967年1月17日）

江　青：你们刚才说什么老红卫兵、联动、亲联分子，这样敌人的力量就大了，不是孤立敌人。"联动"本来人不多，不要和老红卫兵划等号。刚几个月。尤其亲联分子最不好，扩大了他们的队伍。西纠的问题我说过，在前一阶段他们是有功的，后来做了坏事，还打了你们，我们采取专政了。最近听说他们骂我，骂我有什么，骂我我还是个革命派，不骂我就不好了。我有个建议，让"联动"公开好不好？给他们房子，不要去砸他们。（陈伯达：对！不要砸他们。）把几个头头放出来，你们有这样的气魄吗？（众答：有！）他们白天睡大觉，吃猫肉，晚上戴大口罩、帽子、大皮带出来，他们干的尽是坏事嘛！……。

干脆让他们公开吧！我们应该对"联动"多做政治思想工作，拉他们一把，给他们一个出路呀！你们怕什么？他们有几个人？他们有什么纲领？其实他们是吓唬人的，他们脱离了广大劳动人民，是不是少数呀！过去有一个时期，他们这些少数有一些比较强的装备，象摩托车、自行车、军大衣。我们对"联动"都想接见他们，你们要让他们摆脱这种颓废状态，让他们挂出一个招牌，给他们一个电话，闲着没事让他们打吧！（指打黑电话的）……如果他们非要坚持，有个反面教员也好嘛。

也不要搞自首了。也不要搞那些东西了，让他们在光天化日之下嘛，都是年轻人嘛，思想工作，政治工作要做到家，我们做的工作少，是有责任的，中央文革责任更大。……他们都是年轻人，不会总顽固，把他们从颓废的生活中拉出来。"联动"不但北京有，全国也有，这是它的社会基础。主要是特权思想，你爸爸几级，我妈妈几级，这是特权思想，一律取消，要从这方面着手，这也要斗批改嘛。把他们放出来吧，他们可怜的很啦，清明节几次去八宝山上坟，回来去颐和园打架。我建议把小头放出来，让他们公开嘛，多做政治思想工作。

戚本禹：（同学谈了一些近日"联动"的情况）他们再打你们，你们可以自卫嘛，……他们愿意承认错误，你们可以看一看他们的行动……给中央文革提意见是可以的，我们欢迎提意见。我们每天收到很多信，都是提意见的，有很多很好的意见。不过，"联动"不是给中央文革提意见，而是要打倒，"联动"要打倒我们的第一组长嘛！你问他们打了什么虎了，中国最大的虎是刘邓路线，他们打了吗？不是喊"刘××万岁！"吗？……欢迎他们归队。有些"联动"分子把下乡下厂当成防空洞，让他们回来，弄坏的东西要让他们赔，不赔可以找他们家长，军委八条命令第八条干部要管教子女。（1967年2月8日）

"联 动" 简 介

"联动"在去年十一月林彪同志代表党中央和毛主席发出向刘邓资产阶级反动路线开火的伟大号召的当天晚上，在中南海秘密成立。它的全名叫"首都红卫兵联合行动委员会"，它的前身是北京市东城区、西城区、海淀区纠察队。（以下简称东、西、海纠。）《红旗》杂志1967年第三期社论指出：所谓"联合行动委员会"是反动组织。本文将从四个方面来说明"联动"是地地道道的反革命组织。

一、"联动"是有后台、有纲领的政治集团

"联动"的后台就是党内最大的一小撮走资本主义道路的当权派。三反分子陶铸、王任重、孔原，还有臭妖婆王光美，从政治上抬高东、西、海纠和"联动"的身价，叫他们上天安门，吹捧他们的反动对联，助长他们的特权思想；从物资上给予大力支持，拨给他们卡车、吉普车、摩托车、广播器材、军衣军被、炊具火炉，还有支票现款。

党内最大的一小撮走资本主义道路的当权派，还在幕后操纵，为"联动"制订了一个极端反动的政治纲领，毛主席教导我们："世界上一切革命斗争都是为着夺取政权，巩固政权。而反革命拼死同革命势力斗争，也完全是为着维持他们的政权。""联动"反动纲领的要害，就是要夺我们无产阶级的政权，复辟资本主义。在"联动"的这个反动纲领中，露骨地把矛头直接指向我们心中的红太阳、伟大的领袖毛主席和他的亲密战友林彪同志，以及以毛主席为首的无产阶级司令部；赤裸裸地反对光焰无际、战无不胜的毛泽东思想，说什么"忠于马列主义和1960年以前的毛泽东思想"；象疯狗似的狂吠什么"取缔一切专制制度"，妄想取消无产阶级专政。

二、反动血统論是"联动"的理論基础

毛主席说："指导我们思想的理论基础是马克思列宁主义。"

林彪同志说："我国是一个伟大的无产阶级专政的社会主义国家，有七亿人口，需要有一个统一的思想，革命的思想，正确的思想，这就是毛泽东思想。"

可是"联动"却明目张胆地反对毛泽东思想作为指导思想，却以"龙生龙，凤生凤，老鼠生儿打地洞"的反动血统论作为他们的理论基础。他们大肆宣扬"自来红"的谬论，胡说什么"老子们的革命精神时时刻刻渗入我们的体内，我们从里到外都红透了"，"我们是纯纯粹粹的无产阶级血统"，"我们的血统就是无比高贵"。真是欺人之谈，反动透顶！为了宣扬这种反动观点，他们还向全国推荐九付反动对联，其中最盛行的是"老子英雄儿好汉，老子反动儿混蛋"这付对联。江青同志把它改为"父母革命儿接班，，父母反动儿背叛"，他们竟与江青同志对抗，又把这付对联篡改为"老子革命儿接班——当然，老子反动儿背叛——很难"。

三、招降納叛、結黨營私的組織路綫

反革命的政治纲领必然要求一个反动的组织路线为其服务。在"联动"的反革命纲领中，明文规定，他们的成员以干部子弟为主体，按老子官位的大小分期分批发展。至于他们內部职位的高低，则取决于两个因素：①老子官位的大小。②本人的"政治表现"，卽本人反对中央文革越卖力者，官就越大。这种等级森严的组织路线反映在外表上，就是佩戴的袖章，分呢、绒、绸、缎、布几种，以及不同的尺寸。

四、反革命罪恶滔天

"联动"成立前后，其一小撮顽固分子，充当了刘邓资产阶级反动路线的打手，犯下了不可饶恕的滔天罪行。现简述如下：

1．攻击、侮辱毛主席和林副主席

"联动"一小撮顽固分子公然在阴暗的角落里写反动标语，攻击我们心中的红太阳毛主席和他的亲密战友林副主席。此外，他们焚烧毛著、毛主席语录和林彪同志的文章；打坏毛主席的石膏象；更加令人气愤的是，把毛著当作气枪的靶子。是可忍，孰不可忍！

2．攻击中央文革小组

去年十二月"联动"分子在北京展览馆开会，大反中央文革，说什么"坚决批判中央文革某些人为首的新的资产阶级反动路线！"叫嚷什么"中央文革不要太狂了！"丧心病狂地咒骂："揪出三司后台，枪毙三司后台！"

3．六冲公安部，攻击无产阶级专政机构，为刘邓招魂（详见《六冲公安部》一文）。
4．攻击、抢砸、恐吓革命造反组织

"联动"分子把三司看成眼中钉，肉中刺，恶毒诽谤三司"是牛鬼蛇神大本营！"到处张贴"打倒三司！""油炸蒯××！"等反动口号。并先后三次砸抢三司总部。

今年四月二十日，"联动"顽固分子给八一学校"造反总部"打电话恐吓说："你们是反革命！等我们回来，把你们的展览会，把你们'总部'砸个稀巴烂！"

5 保爹保妈保刘邓及其党羽

"联动"一小撮顽固分子在"联动"成立之前，通过西城区纠察队发出通令，以保护老干部、首长为名，行保爹保妈保党內走资本主义道路当权派之实。例如，北京工学院附中的"联动"小头目赵××带领一班人马保其老子赵如璋（北航工作组组长）；北大附中《红旗》（"联动"头目牛皖平也是这个组织的头头）到西安保叛徒刘澜涛；人大附中红卫兵到四川保三反分子李井泉；去年八月二十四日，清华大学造反派奋起毛泽东思想千钧棒，直捣刘邓黑窝，贺鹏飞（贺龙之子）、刘涛（刘少奇之女）赶紧调来刘邓的宪兵队围剿革命派，将轰轰烈烈的一场大革命压了下去。

6．大搞白色恐怖，实行法西斯统治

"联动"一小撮顽固分子在去年八月以后，大打出手，草菅人命，实行法西斯恐怖统治，使得不少学校师生员工的生命财产得不到保障。例如北京市六中，西城纠察队在这里设立了一个名为"劳改所"，实为今日之"白公馆""渣滓洞"。在这"劳改所"里，曾经打死学生一人、退休老工友一人，打伤教师、学生二、三十人。在这里，一小撮暴徒挖空心思，"创造"了种种灭绝人性的刑法。如跪煤碴、油漆涂脸、上吊试验、叩响头、坐土飞机、火烧头发、刀剁屁股、开水洗澡、打靶、突刺、扫膛腿……等等。刑法之惨绝人寰，令人发指！

7．严重破坏国家财产

"联动"一小撮顽固分子，大搞打砸抢，北京市干部子弟集中制的学校，几乎都惨遭破坏，仅八一学校损失就达一百万之巨，真是令人痛心和愤慨！

8．生活腐化堕落

"联动"一小撮顽固分子，在破四旧时大发横财，将所得之钱任意挥霍浪费，过着花天酒地、荒淫无耻的生活。有的还看黄色书籍，听黄色音乐，男女鬼混在一起；有的养猫养狗，活象资本主义国家的少爷小姐。他们那里还有一丝一毫象新中国的青少年的模样！

9．里通外国、叛国投敌

"联动"一小撮顽固分子对无产阶级文化大革命恨之入骨，为了配合帝修反对我国无产阶级文化大革命的诬蔑诽谤，他们竟将有关无产阶级文化大革命的材料投到苏修驻我国大使馆里。有的还想偷越边境，逃往苏联和香港，叛国投敌。

10．释放后继续作恶

今年一月份，"联动"的据点相继被抄，它的头头也被公安部门抓起来了。四月二十二日，根据伟大领袖毛主席的英明决定，把被捕的"联动"小头目释放出来，给他们以痛改前非，重新作人的机会。但是，却有一小撮顽固的"联动"分子，仍然贼心不死，妄图为"联动"翻案，继续打砸抢，与革命造反派为敌。

"联动"六冲公安部的罪行

一冲 去年12月16日晚上，"北航红旗"将两个企图偷摩托车并行凶打人的"联动"分子扭送公安部。正在公安部接待室与公安部人员接洽时，一伙"联动"暴徒冲进了接待室，抢走凶手并打伤红旗战士。公安部的同志请双方安静下来，有话慢慢谈，不要动手打人。这些暴徒非但不听，反而破口大骂，用身体冲撞公安部的工作人员。动手打一位前来解决问题的副部长，接着对其他工作人员围攻，殴打，嚣张之极。为了保卫无产阶级专政机关，公安人员只得将其中打人最

凶的几个拘留起来，继续对他们进行耐心的说服教育。拘留期间，工作人员帮助他们学毛主席著作，没带语录本的还发了语录。这样，他们终于"承认"了错误，作了检讨。可是释放出来以后，却反咬一口，说公安部乱抓人。

二冲 12月28日上午，"联动"调来了二、三百名暴徒，强占了接待站的八个办公室，无理殴打在里边办公的同志，迫使这些同志离开办公室。他们还大肆破坏、砸烂玻璃窗、电话机，把痰盂、茶杯、墨水瓶等向公安部院里扔。工作人员在院内向他们喊话，請他们派代表来谈，却被这些暴徒用弹弓打伤一个同志的眼睛，用石头打伤另一个同志的头部。中午，又有十几个暴徒从窗户跳进院内动手打人，当卽被公安人员扣下，让他们吃了饭，又对他们作了仁至义尽的说服，他们都先后承认了错误。到下午四、五点钟，在接待室的暴徒，又都从窗口跳进院里，将工作人员团团围住，连骂带打，另一部分暴徒围攻一位患心脏病的女同志，该女同志当场昏倒，而暴徒不让抢救，经过两小时的努力才把病人营救出来。这帮暴徒又撞入大礼堂，把里面的设备砸个乱七八糟。他们在礼堂里野驴般地尖吼："高干子弟要掌权！""打倒第三司令部！""打倒公安部！""枪毙三司后台！""中央文革支持三司乱抓人。""公安部权力下放！"等反动口号，并撕下墙上的毛主席语录，把一些反动口号涂在墙上。这天半夜，一位副部长要找他们谈，他们拒不理会，反而大骂什么"兎崽子"、"混蛋"等，把副部长赶出礼堂。第二天，卽29日早上，他们把被扣留的两个打人凶手抢走，并将三个公安人员用绳子绑架到礼堂，进行围攻，謾骂。有一个同志被他们用绳子勒住脖子，差点儿咽气。他们还把装大便纸的篓子扣在工作人员头上。第二天，30日，革命的工人、学生要来支援公安部，他们才陆陆续续地溜走了。

三冲. 事隔一天，卽12月31日，"联动"又纠集了近一百名暴徒，再次冲进公安部接待站，强占了两个办公室。工作人员请他们派代表来解决问题，他们置之不理，并动手打人，当场推倒一个女同志，踢伤一个男同志，经公安部同志耐心说服，他们到一月一日下半夜才灰溜溜地逃掉了。

四冲. 1月6日晚上十一时左右，"联动"又纠集了百余暴徒第四次冲公安部。这次他们公然从公安部的大门冲了进去。在里面大撒反动传单，写着什么"活着干，死了算"、"以牙还牙，以血还血"等。以后又冲入礼堂，再次捣毁礼堂的设备，包括电话机、配电室等，并在礼堂内点放鞭炮涂写反动标语。第二天早上，公安部广播室把他们的所作所为广播出去，他们着慌了，企图捣毁广播室，但没找着，便到处剪电线，砸喇叭。他们又想冲进南大楼，没有得逞，又转而拱进食堂，把食堂的四、五十斤粉肠和五、六十斤猪头肉抢吞一空。他们一边吃，一边还恬不知耻地说，"这是革命行动"，"他妈的，公安部的猪肉眞好吃"。眞他妈的一群下三賴！以后，革命群众闻讯赶来，这伙暴徒谎称总部来电话要他们回去，一溜烟地夹着尾巴仓惶逃遁。其实电话早让他们砸坏了。

五冲. 一天之后，他们又一次纠集五、六百人带着菜刀匕首等凶器企图冲入公安部，他们一路上大喊"打倒三司"，甚至喊"打倒江×"。由于不少革命群众闻讯自动赶来保卫公安部，"联动"的企图没有得逞。但他们竟将"二踢脚"装上铁钉向负责守卫公安部的解放军同志脸上扔过去，使好几个战士受伤。

六冲. 可是他们的贼心不死，隔一天卽1月11日，他们再次纠集五、六百名暴徒企图第六次冲公安部。这次自动前来保卫公安部的革命群众更多了，"联动"一到，立卽就陷入了革命群众的汪洋大海之中，没有冲成。在广大革命群众的严词驳斥下，他们一小撮人理屈词穷。但居然还无耻地向公安部提出所谓"最后通牒"，临走时还喊出"油煎江×"、"打倒周××"、"打倒陈××"，"刘××万岁"等极端反动的口号。

239

摧毁反革命组织"联动"展览会内容介绍

前　　言

"四海翻腾云水怒，五洲震荡风雷激。"

我们的伟大导师、伟大领袖、伟大统帅、伟大舵手毛主席亲自发动和领导的无产阶级文化大革命，以排山倒海之势，雷霆万钧之力，磅礴于全中国，震撼了全世界！中国的赫鲁晓夫刘少奇，党内一小撮走资本主义道路当权派被揪出来了！他们颠覆无产阶级专政的阴谋被粉碎了！帝国主义和修正主义在中国复辟资本主义的梦想破灭了！这是国际共产主义运动的一曲最激动人心的响彻云霄的凯歌，是光焰无际的毛泽东思想的伟大胜利！

但正如毛主席所指出的，"世界上一切革命斗争都是为着夺取政权，巩固政权。而反革命的拼死同革命势力斗争，也完全是为着维持他们的政权。"在一年来惊心动魄的文化大革命中，以刘少奇为首的党内一小撮走资本主义道路当权派，不甘心退出历史舞台，革命每前进一步，他们都极尽反革命之能事，疯狂反扑，垂死挣扎，妄图挽救他们彻底灭亡的命运，妄图实现他们的反革命复辟。

反革命组织"联动"（即联合行动委员会），就是在摧枯拉朽的无产阶级文化大革命中刘邓一伙党内走资本主义道路当权派垂死挣扎的产物。

从刘、邓抛出资产阶级反动路线，大派"消防队"工作组，到扶植"伪文革"，从鼓吹反动血统论，组织"纠察队"，到操纵"东、西、海纠"骨干分子密谋成立"联动"……一条黑线，记下了党内一小撮走资本主义道路当权派的一次次疯狂反扑，同时也记下了他们一次又一次的惨败。

"联动"一出笼，就明火执仗，赤膊上阵，充当了十二月反革命黑风的急先锋，在无产阶级革命派向党内一小撮走资本主义道路当权派夺权斗争的决战阶段，成为党内一小撮走资本主义道路当权派借以"拼死同革命势力斗争"的御用工具，宪兵队，对党对人民犯下滔天罪行。

"联动"不是真正的红卫兵，而是红卫兵运动中的一股逆流！"联动"把自己说成是"老红卫兵"，这是对红卫兵的污蔑！

毛主席告诉我们："捣乱，失败，再捣乱，再失败，直至灭亡——这就是帝国主义和世界上一切反动派对待人民事业的逻辑，他们决不会违背这个逻辑的。""联动"及其后台老板刘、邓一伙党内走资本主义道路当权派也决不会违背这个逻辑。"联动"必定以刘邓的倒台而宣告破产。他们的末日到了！

第一部分　"联动"是地地道道的反革命組織

一、"联动"的反革命政治綱領、反动的組織 路綫和反革命行动計划

"联动"从它出笼之日起，就是一个地地道道的反革命组织，它有反革命的政治纲领、反动

组织路线和反革命行动计划。

"联动"的《003号通告》，就是它的反革命宣言书。《003号通告》丧心病狂地叫嚣要"坚决、彻底、全面、干净地粉碎中共中央委员会二个主席、几个委员的左倾机会主义路线，取缔一切专制制度"，"坚决地、全力以赴地打倒左倾机会主义路线所产生的各级反动造反组织"，公然把矛头指向我们心中最红最红的红太阳毛主席和他的亲密战友林彪同志，指向以毛主席为首的无产阶级司令部和毛主席的革命路线，指向无产级阶专政，指向紧跟毛主席干革命的广大无产阶级革命派，并叫嚣"一定要英勇、忠实、干练、坚贞、艰苦耐心地做好各种工作，迎接大反攻战机的到来"。这赤裸裸地暴露了"联动"的反革命本质。

"联动"把反动对联"老子英雄儿好汉，老子反动儿混蛋"奉若神明。它的组织路线正是利用这种剥削阶级的反动血统论作理论基础的。在《003号通告》中，明文规定组织发展"第一阶段由中共中央、国务院、解放军及省市委干部子弟组成；第二阶段由基层组织（地委、专署、公社）干部子弟组成"。"联动"靠反动血统论，拉起反革命队伍，在其内部存在着浓厚的封建等级观念，他们根据老子官职高低，及本人的反革命表现，所佩袖章质地不同（呢、绒、缎、绸、布），尺寸不一（八寸、七寸、五寸）。有些"联动"分子竟然还把父母已被废除的军衔带在身边，以炫耀"血统高贵"。这与党的级阶路线是根本对抗的！

《红旗》杂志1967年元旦社论擂响了"全国全面展开阶级斗争"，"向党内一小撮走资本主义道路的当权派和社会上的牛鬼蛇神展开总攻击"的战鼓。《联动》却反其道而行之，妄图发动所谓"新年攻势"：一砸（抄砸革命组织）二冲（冲击公安部）三窜（流窜外地、伺机反扑）、四算（卷土重来、反攻倒算）。这是彻头彻尾的反革命行动计划。

二、"联动"的十大罪状

（一）狂犬吠日，恶毒诋毁伟大领袖毛主席。

毛主席是当代最伟大的马克思列宁主义者，是当代无产阶级最杰出的领袖，是当代的列宁，是中国人民和全世界革命人民心中最红最红的红太阳。毛泽东思想是马克思列宁主义发展的一个崭新阶段，是当代最高水平的马克思列宁主义，是反帝反修的最强大的思想武器，是全党、全军、和全国一切工作的最高指导方针，是无产阶级文化大革命的行动指南，是识别牛鬼蛇神的照妖镜，是扫除一切害人虫的千钧棒。对毛主席和毛泽东思想抱什么态度，是承认还是抵制，是拥护还是反对，是热爱还是仇视，这是真革命和假革命，革命和反革命，马克思列宁主义和修正主义的分水岭和试金石。全中国和全世界革命人民对毛主席和毛泽东思想无限热爱，无限忠诚，无限信仰，无限崇拜。而帝国主义、修正主义和一切反动派就必然要贬低、歪曲、攻击、反对毛主席和毛泽东思想。

"联动"站在刘邓反革命修正主义立场上，如狂犬吠日，对我们最最敬爱的伟大领袖毛主席和光焰无际的毛泽东思想极尽诋毁、诽谤之能事。他们肆意撕毁、焚烧毛主席著作和毛主席象，甚至用汽枪来打。他们狂叫："不是文化大革命方向错了，就是毛主席领导不得力"，"我要学会全部马恩列斯著作，驳倒毛泽东思想"，他们把以毛主席为代表的无产阶级革命路线诬蔑为"左倾机会主义路线"，胡说什么"我担心会出现斯大林时期的大疯狂"，更有甚者，在他们写的匿名信、传单、标语中，多处出现"打倒×××"之类的极端反动口号，是可忍孰不可忍？！毛主席是我们心中的红太阳，毛泽东思想是我们的命根子。谁反对毛主席，谁反对毛泽东思想，谁就是反革命，我们就全党共诛之，全国共讨之！

（二）狼子野心，疯狂攻击中央文革小组。

中央文革小组是我们的伟大领袖毛主席的参谋部。中央文革小组一贯高举毛泽东思想伟大红旗，最忠诚、最坚决、最彻底地贯彻执行毛主席的革命路线，无产阶级文化大革命中做出卓越的贡献。中央文革小组最坚决地支持我们无产阶级革命派，总是和我们革命派站在一起，爱革命派所爱，恨革命派所恨。中央文革同我们革命派心连心，我们对中央文革小组一千个信赖，一万个拥护！谁反对中央文革小组，谁就是反革命！

中央文革小组是刘邓黑司令部的死对头，也是"联动"的死对头。"联动"用尽最恶毒的语言，最卑鄙的手段，攻击、咒骂中央文革小组。在去年十二月二十六日"联动"黑会上，一小撮"联动"头目和骨干分子，疯狂叫喊"中央文革某些人不要太狂了"、"坚决批判中央文革某些人为首的新的资产阶级反动路线"。他们对中央文革小组的领导人造谣中伤、整黑材料，散发反动传单，胡说什么"江×太狂了"，扬言要"打一打关×、戚××、吓一吓陈××"，"踢开中央文革"，甚至叫嚣要"揪出中央文革后台，枪毙中央文革后台"，这完全暴露了他们大反中央文革、炮打无产阶级司令部的恶毒用心。

（三）顽固不化，死保刘邓资产阶级司令部

毛主席教导我们说："混进党里、政府里、军队里和各种文化界的资产阶级代表人物，是一批反革命修正主义分子，一旦时机成熟，他们就会要夺取政权，由无产阶级专政变为资产阶级专政。"以刘少奇、邓小平为首的党内最大的一小撮走资本主义道路当权派，就是混进无产阶级队伍里的资产阶级的总代表，是中国的赫鲁晓夫，是无产阶级和革命人民不共戴天的死敌，把他们揭露出来斗倒，斗垮，斗臭，这是无产阶级文化大革命所要解决的主要问题，是关系到我们社会主义国家命运和世界革命前途的头等重要的大事。广大无产阶级革命派积极响应毛主席的伟大号令，炮打刘邓资产阶级司令部，向党内一小撮走资本主义道路当权派发动猛烈的攻击。而"联动"及"东、西、海纠"却是竭力为刘邓资产阶级司令部"保镖"，起初，他们飞扬跋扈，阻挠和破坏革命派运用四大武器炮打刘邓黑司令部的斗争，他们撕毁清华园内揭露刘邓罪行的大字报，砸坏政法公社揭露刘邓罪行的宣传车；暗害上街宣传刘邓罪行的革命小将，镇压为揪何长工、邹家尤等一小撮走资本主义道路当权派而艰苦奋战的革命造反派……而后，刘邓被揪出来了，他们如丧考妣，暗地写反动标语，呼反动口号，为刘邓路线招魂。"联动"有一首黑诗写道："失败何心甘，誓要把案翻，重整旗和鼓，死保刘和邓，此仇须早报，四时待鸡鸣。"他们就这样死心踏地对抗无产阶级的革命路线，死保刘邓资产阶级司令部。

（四）蚍蜉撼树，疯狂反对无产阶级专政。

无产阶级专政是无产阶级的命根子，是无产阶级大民主的保障。在横扫十二月黑风中，我公安机关对一小撮炮打无产阶级司令部的反革命分子坚决地实行了法律制裁，给"联动"以沉重打击，触痛了"联动"的"中枢神经"，于是，他们就歇斯底里大发作，连续六次冲击我公安部，大砸大抢，行凶武斗，喊反动口号，写反动标语，丑态百出，无恶不作，这正是他们反革命嘴脸的大暴露。

（五）丧心病狂，围剿革命左派组织。

《十六条》指出："一大批本来不出名的革命青少年成了勇敢的闯将。他们有魄力、有智

慧。他们用大字报、大辩论的形式，大鸣大放，大揭露，大批判，坚决地向那些公开的、隐蔽的资产阶级代表人物举行了进攻……他们的大方向始终是正确的。"以"三司"为代表的首都大专院校和中学的革命造反派，在同刘邓资产阶级反动路线的生死搏斗中杀了出来，成为无产阶级文化大革命的一支突击队、尖刀连。"联动"对"三司"等革命组织咬牙切齿，恨之入骨。他们对三司等革命组织恐吓谩骂，大抄大砸，无所不用其极，成了刘邓反动路线围剿革命派的宪兵队。他们抢劫了毛主席亲笔题字的《新北大》编辑部，多次抄砸三司中学部和三司总部；他们专门找寻革命派的会场捣乱破坏；他们写黑诗、画黑画，诅咒左派组织的负责人；他们声嘶力竭地叫嚣："三年归报三司仇""定把三司挖掉"……然而，这一切只能暴露"联动"的反动和虚弱，无损于革命组织的半根毫毛，革命组织在"联动"的骂声中成长壮大，在"联动"的抄砸中百炼成钢！

（六）鼓吹反动血統论，搅乱阶级阵綫。

制造法西斯恐怖，镇压革命群众。

毛主席教导我们："谁是我们的敌人？谁是我们的朋友？这个问题是革命的首要问题。"这也是文化大革命的首要问题。《十六条》明确指出：要坚决执行党的阶级路线，善于发现左派，发展和壮大左派队伍，坚决依靠革命的左派，彻底孤立最反动的右派，争取中间派，团结大多数，集中力量打击一小撮极端反动的资产阶级右派分子、反革命修正主义分子，运动的重点是整党內那些走资本主义道路的当权派。

东西海纠及其变种"联动"在党內一小撮走资本主义道路当权派的操纵下，疯狂对抗党的阶级路线，他们拼命鼓吹剥削阶级的反动血统论，以"血统高贵"、"自来红"、"当然的统治者"自居，自己不革命，还不准别人革命。他们挥舞"非红五类""黑七类""狗崽子""混蛋"等大棒，对革命群众和造反派进行残酷的政治迫害和人身摧残，"打击一大片，保护一小撮"，搅乱革命阵线。他们不准所谓"非红五类"的师生学《毛选》、佩戴毛主席象章，不准参加毛主席接见革命师生大会和进行革命串连；女二中几个革命小将大造修正主义的反，倡议改"扬威路"为"反修路"的革命行动，竟被他们诬为"右派翻天"；"狗崽子制造国际影响"，农大附中"红旗红卫兵纠察队"一小撮暴徒一次就殴打131名所谓"非红五类"的师生（占全校人数$\frac{2}{3}$），造成骇人听闻的"八·二六事件"，他们还设立"劳改队"，"劳改所"，"监狱"、"刑堂"，施用从封建帝王，"中美合作所"，西藏农奴主那里学来的各种酷刑，迫害出身不好的、或反对他们反动观点的革命群众。六中劳改所和一中监狱就是最突出的例子。左派学生王光华被他们活活打死；八十多岁的退休老工人徐霈田被他们"红烧"、勒死……一件件血迹斑斑的刑具，一桩桩令人发指的惨案，记下了东西海纠和"联动"的滔天罪行，记下了刘邓反动路线的笔笔血债！血债一定要用血来还！

（七）破坏国家财产，扰乱社会治安。

在党內一小撮走资本主义道路当权派和极少数坚持资产阶级反动路线的顽固分子，同社会上的资产阶级分子，投机倒把分子，地、富、反、坏、右分子互相勾结，掀起的经济主义妖风中，"联动"更是推波助澜的干将。他们在校內校外，偷、抢、抄、砸，为所欲为，破坏社会生产，破坏国民经济，破坏社会主义所有制，破坏无产阶级革命秩序。他们盗仓库，截电线，"敲竹杠"，偷摩托，把撬来的门锁、车锁穿成串邀功请赏。许多设备齐全的学校被他们破坏得一塌糊涂：仓库被抢劫，图书被撕毁，敎学仪器、标本被砸坏，桌椅板凳被拆卸、烧毁……仅八一学校、北京小学、定福庄中学等三个学校，据不完全统计，损失就达1,450,000元之巨！这里每一分钱都是劳动人民的血汗，都是我们无产阶级专政国家的财富！都是"联动"破坏无产阶级文化大革命铁的罪证！

（八）流窜八方，祸及全国。

"联动"以串连为名，流窜全国各地，伪造证件，招摇撞骗，打着"首都红卫兵"的旗号，到处鼓吹反动血统论，扩充反动组织，与地、富、反、坏、右保皇势力相勾结，狼狈为奸，挑起武斗，围剿革命派，死保党内一小撮走资本主义道路当权派，破坏各地无产阶级文化大革命。更有甚者，有的"联动"分子慑于无产阶级专政的强大威力和追求资、修腐朽生活，竟逃窜国外，叛国投敌。

（九）贪污腐化，颓废堕落。

"联动"中一小撮骨干分子政治上极端反动，灵魂肮脏空虚，生活糜烂透顶。他们偷骗抢劫，大饱私囊，吃喝玩乐，挥霍无度。他们追求西方生活方式，沉醉于低级趣味，看黄色书画，听黄色唱片，酗酒击拳，玩猫斗狗。骑着摩托横冲直撞，掂着弹弓吊眼打鸟，他们做尽了坏事，见不得人，只好夜间出没鬼鬼祟祟，甚至搞封建迷信，哭坟发誓……既可恶，又可悲！

（十）垂死挣扎，破坏革命大联合、大批判。

在无产阶级革命派大联合，向党内最大的一小撮走资本主义道路当权派展开大批判、大斗争的夺权决战阶段，在"联动"被打得溃不成军，四面楚歌的形势下，"联动"一小撮顽固分子依然死保刘邓，不甘心灭亡。他们辱骂解放军，挑拨军民关系，破坏军政训练；他们暗地与保守势力勾结，向革命派反夺权，纳入资本主义复辟逆流；他们提出"向流氓开战"的反动口号，企图转移斗争的大方向；他们继续寻衅闹事，武斗行凶，……总之，他们千方百计，垂死挣扎，旨在破坏革命的大批判，大联合和革命的"三结合"，为即将彻底复灭的刘邓反革命政权效劳。

第二部分 摧 毁 "联 动"

毛主席教导我们："被消灭的剥削阶级无论如何是要经由它们的反革命政党、集团或某些个人出来反抗的，而人民大众则必须团结起来坚决、彻底、干净、全部地将这些反抗势力镇压下去。""对人民内部的民主方面和对反动派的专政方面，互相结合起来，就是人民民主专政。……不这样，革命就要失败，人民就要遭殃，国家就要灭亡。"

无产阶级文化大革命是在无产阶级专政的条件下进行的。在两个阶级、两条路线的大搏斗中，必须加强无产阶级专政。为捍卫无产阶级专政，无产阶级革命派和广大革命群众同刘邓反动路线的宪兵队"联动"及"东西海纠"进行了坚决地斗争。

独有英雄驱虎豹，更无豪杰怕熊罴

（一）宣判反动对联死刑，取缔"东西海纠"。

无产阶级革命派对毛主席的革命路线无限忠诚，同刘邓反动路线势不两立。"东、西、海纠"一走向反动，革命造反派就组织起来与之展开针锋相对的斗争。六中左派学生王光华在西纠暴徒的钢丝鞭下，坚贞不屈，高呼"要文斗，不要武斗"，用鲜血捍卫《十六条》，捍卫毛主席的革命路线。六中《红旗》和一中《东方红》的革命小将们冲破西纠暴徒的白色恐怖，艰苦奋斗，在中央文革小组的关怀和支持下，终于摧毁了西纠的"劳改所"。谭力夫《讲话》一出笼，北师大井岗山等革命组织就展开了批判，戳穿刘邓代言人谭力夫的反动本质，吹响了批判反动血统论的战斗号角，给"东西海纠"以沉重打击。北航红旗等革命组织经过坚决斗争，把中日青年大联欢筹备工作的领导权从西纠手里夺了过来……

中央文革小组最支持革命造反派，革命造反派永远和中央文革战斗在一起，胜利在一起。一九六六年十二月十六日，中学批判资产阶级反动路线誓师大会胜利召开，周总理、陈伯达、康生、江青等同志出席大会，并作重要指示，给革命造反派极大的支持和鼓舞。大会宣判了反动对联死刑，敲响了"东西海纠"的丧钟。

在"12·16"大会精神鼓舞下，革命造反派向"东西海纠"发动强大的攻势，摧毁其顽固据点，制裁其首恶分子，揪出其后台，揭露批判其滔天罪行。刘邓反动路线的宪兵队"东西海纠"垮台了！

（二）横扫十二月黑风，迎头痛击"联动"。

"东西海纠"被取缔，"联动"又打出反革命破旗。

毛主席教导我们："不是东风压倒西风，就是西风压倒东风，在路线问题上没有调和的余地。"革命造反派遵循毛主席的教导，奋起痛击"联动"，横扫十二月黑风，粉碎刘邓反动路线的新反扑！

在北京展览馆"1.4"辩论会上，中学革命造反派靠毛泽东思想勇敢战斗，压倒了"联动"的反动气焰。北大附中井岗山等革命组织多次被"联动"抄砸，在非常困难的关头，革命派从毛主席著作中吸取力量，坚持斗争。师院附中红旗兵团的革命小将"深入虎穴"，把大字报贴到"联动"头目家里去。101中毛泽东主义公社革命小将面对"联动"暴徒的匕首，坚强不屈，誓与"联动"血战到底！许多革命组织走上街头大造革命舆论，揭露"联动"的反动本质，动员群众向"联动"作斗争。与此同时，革命造反派坚决镇压了为"联动"制造反革命舆论，炮打无产阶级司令部的反革命急先锋李明清、李洪山、伊林、涤西之流，给"联动"以沉重打击。

"真正的铜墙铁壁是什么？是群众，是千百万真心实意地拥护革命的群众。这是真正的铜墙铁壁，什么力量也打不破的。反革命打不破我们，我们却要打破反革命。"当"联动"一小撮亡命徒第六次冲击公安部时，近十万革命群众，闻讯提前赶到，保卫公安部，并对"联动"展开大揭露，大批判，大辩论。"联动"分子理屈辞穷，原形毕露，觉悟者低头认罪，顽固分子抱头鼠窜。"联动"妄图破坏无产阶级专政的阴谋遭到可耻破产。

二、金猴奋起千钧棒，玉宇澄清万里埃

"一月革命"风暴席卷全国，无产阶级革命派向党内一小撮走资本主义道路当权派的夺权斗争进入决战阶段。伟大统帅毛主席发出号令："派解放军支持左派广大群众。"大长革命派的志气，大灭反动派的威风！《红旗》杂志第三期发表社论明确指出："联动"是反革命组织，"对于反革命组织，要坚决消灭。对于反革命分子，要毫不迟疑地实行法律制裁"！

毛主席教导我们："人民靠我们去组织。中国的反动分子，靠我们组织起人民去把他打倒。

凡是反动的东西，你不打，他就不倒。"毛主席和党中央一声令下，杀出无产阶级革命派千军万马。革命造反派乘"一月革命"风暴，横扫"联动"，势如破竹，捷报频传，在很短的时间内，联动设在101中、京工附中、石油附中、师大附中、人大附中、十一学校、八一学校等一系列"联动"顽固据点都先后被革命造反派摧毁。仅其中八个据点不完全统计，就缴获枪11支，弹药221发，凶器239件，通讯广播器材（包括电台）129件，摩托、自行车（联动偷抢而来的）26辆，作案工具、贪污所得的贵重物品、反动宣传品等物不计其数，这些都是"联动"暴徒的罪证！

流窜到外地的一小撮"联动"分子也逃不出无产阶级专政的法网。

在围歼"联动"的斗争中，广大革命群众同当地驻军、公安机关相结合，形成天罗地网，铸成铜墙铁壁，"要扫除一切害人虫、全无敌"！石油附中和八一学校围歼战，就充分体现了无产阶级专政和人民战争的强大威力！

毛主席在《论人民民主专政》一文中指出：对于反动派，必须"实行独裁，压迫这些人，只许他们规规矩矩，不许他们乱说乱动。如要乱说乱动，立即取缔，予以制裁。"对"联动"的一些首恶分子，如牛皖平、卜大华、田耕、杨继平、邹建平、苏振生等，我专政机关给予他们应得的法律制裁。

三、无产阶级只有解放全人类，才能最后解放自己

毛主席教导我们：无产阶级不但要解放自己，而且要解放全人类。对于犯过错误的人，"除了不可救药者外，不是采取排斥态度，而是采取规劝态度，使之翻然改过，弃旧图新。"

《红旗》杂志第三期社论指出："……这些组织中的多数群众是受蒙蔽的，是应当争取教育的。"

革命造反派按照毛主席教导和《红旗》社论精神，对"联动"中多数受蒙蔽的群众进行深入细致的政治思想工作，争取教育他们早日回到毛主席革命路线上来。

八一学校毛泽东思想革命造反联合总部在摧毁"联动"据点后，立即举办"联动"罪行展览，把"联动"为非作歹的黑窝变成阶级斗争的课堂，教育广大革命群众，也教育许多"联动"中受蒙蔽的人。中央首长和中央文革领导同志亲自参观展览会，给予了坚决支持和重要指示。

八一学校"联动"成员康××在革命派的教育帮助下，参加工厂劳动，与工人谈心，深受阶级教育，逐步觉悟，加入了革命组织。

"大义灭亲"的革命领导干部陈士榘同志亲自带领孩子参观我摧毁"联动"展览会，教育受蒙蔽的孩子改正错误。

不少受蒙蔽的"联动"成员参观摧毁"联动"展览会后，深受教育，猛醒觉悟，有的主动交出"联动"袖章、证件、赃物，有的写留言，检讨错误，弃旧图新。

毛主席指示搞军训，派来亲人解放军。在军政训练中，解放军坚决支持革命派，以两条路线斗争为纲，大学毛主席著作，狠批刘邓反动路线，使许多受反动路线蒙蔽的同学翻然觉悟，向"联动"反戈一击，大造刘邓反动路线的反，坚决站到毛主席革命路线上来，促进了革命的大联合。师大女附中郭×的转变和师大一附中××班的大联合就是比较突出的例子。

四、宜将剩勇追穷寇，不可沽名学霸王

革命洪流滚滚向前，首都大专院校红代会，中学红代会，工代会，农代会先后成立，在此基

础上，在党中央和毛主席的亲切关怀下，北京市革命委员会庄严地诞生了，这是震动世界的大事！《爱国主义还是卖国主义》、《〈修养〉的要害是背叛无产阶级专政》《5·16通知》等一系列重要文章、文件的发表，宣判了刘邓资产阶级司令部的死刑！这是毛主席革命路线的伟大胜利！

在亿万革命群众对党内最大的一小撮走资本主义道路当权派展开大斗争、大批判的战鼓声中，中央文革根据毛主席的英明指示，将"联动"的一些头目释放出来，允许他们公开活动，给他们以悔改的机会，使他们能真正回到毛主席的革命路线上来。这是英明的决策。在革命群众的汪洋大海之中受蒙蔽的"联动"分子将在斗争实践的考验下弃旧图新，极少数不可救药分子将更加孤立，这必然加速"联动"的灭亡。

"联动"是反动组织，代表一种反动的社会思潮，必须彻底批判。把批判党内最大的一小撮走资本主义道路当权派，批判黑《修养》，同批判反动血统论，批判"联动"反动思潮结合起来，批深批透，批倒批臭。

广大革命小将紧跟中央文革，高举毛泽东思想伟大红旗，口诛笔伐，掀起革命的大批判高潮，狠批反动血统论，狠批"联动"反动思潮，彻底清除刘邓反动路线的流毒，争取教育更多的受蒙蔽的同志回到毛主席革命路线一边。

在一片大好形势下，种种迹象表明，决不可忽视一小撮死不悔改的"联动"顽固分子的垂死挣扎和捣乱，我们要牢记毛主席的教导："宜将剩勇追穷寇，不可沽名学霸王"，誓把"联动"反动思潮批倒、批臭，誓把刘邓反动路线彻底埋葬！

第三部分 "联动"产生的根源

"联动"的产生不是偶然的，它有深刻的社会基础和思想根源，它是以中国的赫鲁晓夫刘少奇为首的党内一小撮走资本主义道路当权派十七年来阴谋复辟资本主义，竭力推行反革命修正主义路线所孕育的一个毒胎。

一、刘邓阴谋复辟，竭力秣马厉兵

伟大领袖毛主席教导我们："阶级斗争并没有结束。……无产阶级要按照自己的世界观改造世界，资产阶级也要按照自己的世界观改造世界。在这一方面，社会主义和资本主义之间谁胜谁负的问题还没有真正解决。""混进党里、政府里、军队里和各种文化界的资产阶级代表人物，是一批反革命修正主义分子，一旦时机成熟，他们就会要夺取政权，由无产阶级专政变为资产阶级专政。"

无产阶级和资产阶级争夺年青一代的斗争，就是整个无产阶级专政历史时期内阶级斗争的重要方面。资产阶级要按照资产阶级世界观培养资产阶级继承人，我们无产阶级则要按照无产阶级世界观来造就无产阶级接班人。要把干部子女培养成什么样的接班人？同样存在着两个阶级、两条路线的尖锐斗争。

十七年来，以中国的赫鲁晓夫刘少奇为首的党内一小撮走资本主义道路当权派无时无刻不在阴谋颠覆无产阶级专政，复辟资本主义。为着这个罪恶目的，他们拼命地抓党权，抓军权，抓文权，抓财权，竭力同无产阶级争夺接班人。他们通过社会、家庭和学校等各种渠道，向我们的年青一代，特别是干部子弟，灌输资产阶级的特权思想，散布"自来红"的谬论，宣扬剥削阶级的反动血统论，妄图把天真的青少年推向修正主义的泥潭，变成他们复辟资本主义的工具。

二、社会影响：扶植鼓吹四旧，腐蚀毒害青年

毛主席说："凡是要推翻一个政权，总要先造成舆论，总要先作意识形态方面的工作。革命的阶级是这样，反革命的阶级也是这样。"

党内最大的走资本主义道路当权派竭力支持在思想文化战线上的一批反革命修正主义分子彭真、陆定一、周扬之流，疯狂反对毛泽东思想，反对毛主席的无产阶级文艺路线，顽固推行反革命修正主义文艺路线。他们利用书报杂志，舞台银幕，一方面，泡制和放出大批毒草，反党、反社会主义、反毛泽东思想；同时，拼命宣扬剥削阶级的旧思想、旧文化、旧风俗、旧习惯，来腐蚀群众，征服人心，毒害年青一代。充斥在电影、戏剧、书刊中的帝王将相，才子佳人的形象，"龙生龙，凤生凤，老鼠生儿打地洞"的反动血统论，以及"三十而立"，"担当大任"的剥削阶级名利思想都潜移默化地腐蚀青少年的灵魂。例如，高干×××的女儿看了《西厢记》后对其他高干子女说："如果在以前，咱们这些人都是皇姑小姐"。后来她经常在家里穿上戏装，把自己打扮成闺阁小姐。高干×××的子女中了黑《修养》的毒，"总想着占大便宜，有强烈的领袖欲，想当他（指刘少奇）那样的人，梦想当官做老爷"。沈阳军区干部×××的孩子看了坏电影，一心向往西方生活，不满社会主义社会，竟偷了父亲的枪和钱，企图逃往国外……

党内最大的一小撮走资本主义道路当权派还竭力在中国扶植特权阶层，疯狂抗拒毛主席关于缩小三大差别的一系列伟大指示，推行工资制，军衔制，扩大三大差别，维护资产阶级法权残余。有些干部他们本人就已经逐渐蜕变为新的资产阶级分子了。这使得一些干部子女逐渐滋长了剥削阶级的等级观念和特权思想。在他们心目中，别人老子是"蚂蚁"，自己老子是"大象"。一将军之子，小学五年级时就给自己填了个兵役证：职务——坦克兵元帅，工资——700元。八一学校一学生×××耻于父亲"官小"，要求父亲换上便衣，以免在将军面前"丢脸"。女十二中某班45人分成三层九等……

这些触目惊心的事例，告诉我们：刘邓极力扶植的宣扬的剥削阶级的血统论，特权思想是怎样腐蚀了一些青少年的灵魂！

三、家庭影响：灌输特权思想，腐蚀干部子女

毛主席指出："在阶级社会中，每一个人都在一定的阶级地位中生活，各种思想无不打上阶级的烙印。"在家庭生活中，同样存在着两个阶级、两条路线的斗争，它是无产阶级和资产阶级争夺接班人的重要阵地。

许多革命干部对党、对毛泽东思想和无产阶级革命事业确实是无限忠诚，全心全意紧跟毛主席干革命，自觉改造思想，保持艰苦奋斗的革命作风，不断为人民立新功，建新劳，并且本着对革命负责，对人民负责，对革命后代负责，按照毛主席提出的培养无产阶级革命事业接班人的五条标准，言教身带，严格教育子女。从小就教育孩子读毛主席的书，听毛主席的话，照毛主席的指示办事；对孩子进行阶级教育，让他们知道旧社会劳动人民在地主资本家的压迫下过着怎样痛苦的生活，让他们了解老一辈革命者怎样浴血奋战才赢得今天的社会主义江山，让他们明白为保卫和巩固无产阶级专政还需要付出多大的代价。教育孩子懂得自己是劳动人民的儿子，是劳动人

民用血汗把自己养大，永远记住劳动人民是自己的父亲，是自己的母亲。让孩子勤劳俭朴，投身到三大革命斗争中经风雨，见世面，与工农相结合。这些干部子弟在毛泽东思想哺育下，锻炼成长，在无产阶级文化大革命中成为革命造反派。

与此相反，党内一小撮走资本主义道路当权派在家庭教育中，不是从小教育孩子对毛主席无限热爱，无限忠诚，无限崇拜，无限信仰，不是向孩子灌输毛泽东思想，而是极力贬低、歪曲和诋毁毛主席的英明领导和战无不胜的毛泽东思想。他们阻拦孩子与工农结合，走革命化道路；千方百计地从政治、经济、生活作风等等方面向孩子灌输反动的血统论和资产阶级特权思想。他们一心培养孩子"当大干部"、"做人上人"。旧北京市委反革命修正主义头头彭真为了培养女儿当"大干部"，竟让她去教堂学礼拜，去赌场学赌博，参加接见外宾，出席宴会，出国访问，"锻炼复杂的头脑"。原团中央书记、反革命修正主义分子胡××大唱"青年与工农结合"的高调，暗里却反对自己的孩子上山下乡。他们让孩子享受种种特权：政治上可以"保送"入团、入党、入"名牌"学校，可以看内部资料，保密文件，可以随父母周游各地，经济上衣来伸手，饭来张口，住单人宿舍，乘父母的小汽车上学、兜风，要褓姆、公务员服侍……长此以往，养尊处优，使得这些干部子弟完全脱离了劳动和劳动人民，头脑中深深埋下资产阶级特权思想的毒瘤，自命"血统高贵"，"政治优越"，是"当然的接班人"，成为高踞于劳动人民之上的精神贵族。中国的赫鲁晓夫刘少奇的女儿刘××就宣称："我一生下来就是人民的领袖，人民是我的奴隶。"反革命修正主义分子薄一波的儿子竟对公务员说："如果没有我，还要你干什么！"这是多么赤裸裸的剥削阶级的人生观！

还有一些干部，在革命取得胜利以后，革命意志衰退，躺在过去的功劳上靠吃老本；阶级斗争观点模糊，不注重对子女的教育，他们不是把子女看作革命的后代、人民的财富，从政治上、思想上、作风上关心下一代的成长，而是把子女看作私有财产，娇生惯养，捧上了天。其结果，不少干部子弟舒舒服服地被资产阶级"糖衣炮弹"打中了，滋长了严重的资产阶级特权思想，在"和平演变"的邪路上滑下去。

四、学校影响：推行修资教育，培养修、资黑苗

教育为无产阶级政治服务，教育与生产劳动相结合，使受教育者在德育、智育、体育几方面都得到发展，成为有社会主义觉悟的有文化的劳动者。这是毛主席提出的无产阶级教育路线和方针。

毛主席和他的亲密战友林彪同志所创办和领导的抗日军政大学就是毛主席教育路线的伟大实践和光辉篇章。

但是建国十七年来，党内头号走资本主义道路的当权派刘少奇、邓小平勾结一小撮反革命修正主义分子和资产阶级知识分子，窃取了教育战线的领导权，统治了我们的学校，抗拒毛主席的无产阶级教育路线，扼杀教育革命，顽固推行资产阶级和修正主义教育制度，千方百计地腐蚀、毒害青年学生，力图把他们培养成脱离无产阶级政治、脱离工农、脱离劳动、脱离实际的资产阶级接班人。尤其是，在刘、邓一手操纵下大力兴办起来的干部子女集中寄宿制学校，完全变成培养修正主义的温床。

在解放前战火纷飞的年代，广大的革命干部、战士为了全国人民的解放，出生入死，转战南北，无暇照顾家庭和教育子女。为着革命战争和培养革命后代的需要，我们党在敌后创办了一些干部子女学校。那时，这类学校贯彻了毛主席的教育路线，发扬了我党艰苦奋斗的光荣传统，为革命事业培养造就了不少人才，做出了很大的贡献。

　　解放后，条件不同了，干部子女学校已无继续开办的必要。我们伟大领袖毛主席曾多次指示取消干部子女学校，反对让干部子女特殊化。但刘、邓一伙党内走资本主义道路当权派疯狂抗拒毛主席的英明指示、极力庇护和扩展干部子女学校。在北京，八一学校、十一学校、景山学校、北京小学、芳草地小学、育英学校、育才学校等一系列干部子女寄宿制学校纷纷建立起来。这些学校，抛弃了解放前干部子女学校光荣的革命传统，一步步被刘、邓修正主义教育路线引上了"和平演变"的邪路。

　　党内一小撮走资本主义道路当权派秉承刘、邓黑指示，在干部子女寄宿制学校大反所谓"农村作风"、"游击习气"，以"人多、物多、钱多"的特殊条件，大搞"正规化"、"特殊化"，追求校园的优美、设备的豪华、特殊的待遇。教育方针不是无产阶级政治挂帅，德、智、体全面发展，而是"智育第一，教学第一，升学第一"，竭力抵制学生学习毛主席著作，提倡白专道路；不是"教育与生产劳动相结合"，而是脱离工农兵、脱离劳动，脱离实际，从小就培养孩子吃喝玩乐的少爷小姐式的感情；不是培养"有社会主义觉悟有文化的劳动者"，而是培养"大干部"、"专家"，鼓吹"我们的孩子都是龙子龙孙"，"要出将军、部长、总理"……这种修正主义教育制度和教育路线，严重地腐蚀毒害着青年一代，使不少学生产生和滋长了严重的资产阶级的特权思想，沾染了浓厚的资产阶级生活作风。

　　"八一"学校就是这类学校的一个典型的代表。该校前身"荣臻小学"，1947年春创办于河北阜平沟槽村，那个时期没有教室就在野外上课，没有宿舍就睡老乡的土坑，吃的是小米稀饭、树叶、干荣，穿的是自编的草鞋，同学们自己动手砍柴，背粮，还帮助群众担水、扫地、喂猪、送肥；和群众一起斗争地主恶霸，一起欢庆前线传来的捷报；敌机来了，大同学背小同学进防空洞；徐特立同志到学校亲自作报告，带来毛主席和党的关怀与指示；同学们经常开生活检讨会，加强思想革命化……条件虽差，生活虽苦，但政治空气浓厚，革命精神高涨，三八作风好，培养了许多干部子女成为革命接班人。

　　解放后，"八一"学校选择了原清朝庆王的花园——"大观园"作为校舍，大兴土木，占地面积达20万平方米，建筑面积3万5千平方米，有花园、果园、动物园，有卫生所、澡堂、游泳池，还有牛奶场、冰棍房、缝纫厂、洗衣房……学生从小进校，吃的是大米白面鸡鸭鱼肉，住的亭台楼阁，欣赏的是钢琴、玉兰花，学的是封、资、修黑货。校内走资本主义道路当权派秉承刘邓及旧北京市委反革命修正主义集团的"圣旨"，竭力抵制学生学习毛主席著作和参加生产劳动；大搞智育第一，鼓吹白专道路。他们诬蔑学毛著是"无效劳动"，强行解散毛著学习小组，向教师兜售黑《修养》；他们要求学生平均成绩超过95—98分，达到了，竟组织学生向军区党委报喜；他们采取"抱娃娃"（派专人辅导学习差的学生）、临场指点、突击发展团员、突击政治课等手段，以追求百分之百的升学率；他们对学生参加劳动有"七怕"：怕热坏，怕冻坏，怕摔坏，怕累坏，怕得传染病，怕影响学习质量，怕影响升学，学生翻修一次操场就立碑纪念……在这样的"大观园"里，只能培养林黛玉、贾宝玉式的修正主义苗子，怎么能造就又红又专的无产阶级接班人？！

　　总之，建国十七年来，刘邓一伙党内走资本主义道路当权派与无产阶级争夺青少年一代的斗争是非常激烈的，他们通过社会、家庭和学校所散布的资产阶级、修正主义毒素，使一些不注意思想改造的青少年，特别是干部子女受到刘、邓严重的腐蚀和毒害，资产阶级特权思想和剥削阶级血统论把他们引向修正主义的泥坑，变得好逸恶劳，追求名利，狂妄自大，"老子天下第一"，有的甚至精神颓废，思想反动，成为刘邓复辟资本主义的接班人。

五、刘、邓利用没有改造好的干部子女，充当保镖打手

林彪同志说："无产阶级文化大革命，就是要消灭资产阶级思想，树立无产阶级思想，改造人的灵魂，实现人的思想革命化，挖掉修正主义根子，巩固和发展社会主义制度。"无产阶级文化大革命触及了每个人的灵魂，对一些干部子女的思想触动更大。干部子女大部分是好的，有一些能注意思想改造，学习毛主席著作，站到无产阶级革命路线一边，但是有一些干部子女由于他们与党内走资本主义道路当权派有千丝千缕的联系，受毒较深，他们有严重的特权思想和反动血统论观点，这些反动思想在文化大革命中在党内走资本主义道路当权派的慈惠下又得到进一步发展，以至走上反革命道路，充当了刘、邓资产阶级反动路线的保镖打手。

运动初期，党内一小撮走资本主义道路当权派给一些没有教育好的干部子女提供小道消息，让他们"造反"，换得"左派"头衔；后又利用"老子英雄儿好汉、老子反动儿混蛋"这个口号，蛊惑他们以"好汉"自居，制造宗派，搅乱阶级阵线。撤销工作组后，又暗中操纵，扶植他们掌权。"八·一八"以后，又多次安排他们上天安门……此外，党内走资本主义道路的当权派还从经济上支持他们。这样，使他们政治地位急剧上升，头脑中的特权思想，"自来红"观念大大膨胀，北大附中牛皖平、宫小吉穿着军装，戴着军官帽，抱着地球仪发疯、狂笑的照片，正是这些人当时思想状况的真实写照。随着运动的深入发展，革命洪流冲击到他们的父母家庭和自身地位时，他们便走到群众的对立面，保爹、保妈、保自己，一句话：保特权！某"联动"分子说："他妈的完蛋了，接班人成了三司的了。我们革干、革军子弟就这样完了吗？不行，拉到山上打游击去！"还有人说："我爸爸要成了三反分子，以后小汽车我坐不成了！"甚至狂叫："我愿同老子把牢底坐穿！"就这样，他们被刘邓一伙党内走资本主义道路当权派一步步引入反革命的歧途。

"联动"的出现是刘邓反革命修正主义罪恶的大暴露！刘、邓是毒害青年特别是干部子女的罪魁祸首！刘、邓是"联动"的总后台！

"联动"的产生及其罪恶活动，得到帝国主义、修正主义和国内外反动派的喝采。国内地、富、反、坏、右与"联动"勾结，甘心情愿地为"联动"编写张贴反动标语，磨制杀人凶器，设计"劳改所"电动门和炮楼。苏、美、日政府对"联动"的消息视如珍宝，狂加报导。苏修电台直言不讳地宣称："联动12月26日大会使中国有了希望"……

这些阶级斗争的事实更加证明，"联动"的产生有着多么深刻的阶级根源和思想根源呵！

結　束　語

毛主席说："阶级斗争，一些阶级胜利了，一些阶级消灭了。这就是历史，这就是几千年的文明史。拿这个观点解释历史的就叫做历史的唯物主义，站在这个观点反面的是历史的唯心主义。"

"联动"的产生以及我们同"联动"的斗争，决不是偶然的、孤立的事件，而是严肃的阶级斗争，是资产阶级复辟和无产阶级反复辟这一严重的阶级斗争的重要组成部分，切不可等闲视之。"联动"的出现，给我们提供了值得记取的严重教训。

我们伟大领袖毛主席教导我们："培养无产阶级革命事业接班人的问题，从根本上来说，就

是老一代无产阶级革命家所开创的马克思列宁主义事业是不是后继有人的问题，就是将来我们党和国家的领导权能不能继续掌握在无产阶级革命家手中的问题，就是我们的子孙后代能不能沿着马克思列宁主义的正确道路继续前进的问题，也就是我们能不能胜利地防止赫鲁晓夫修正主义在中国重演的问题。总之，这是关系到我们党和国家命运的生死存亡的极其重大的问题。这是无产阶级革命事业的百年大计、千年大计、万年大计。"

为胜利地进行在培养接班人问题上的两个阶级、两条路线的斗争，为保证我们的党和国家不改变颜色，我们——

必须彻底斗倒斗臭党内一小撮走资本主义道路的当权派，强化无产阶级专政；

必须彻底批判资产阶级和一切剥削阶级的意识形态，大破四旧，大立四新；

必须进一步缩小三大差别，逐步取消工资级别制，消灭资产阶级法权残余，杜绝产生新资产阶级分子和特权阶层；

必须彻底砸烂现存的旧教育制度（包括干部子女寄宿制），必须坚决贯彻伟大的《五·七指示》；

归根结底，每个革命同志都必须活学活用毛主席著作，破私立公，灭资兴无，灵魂深处闹革命，实现思想革命化。

我们必须牢记毛主席的英明指示：革命的谁胜谁负，要在一个很长的历史时期内才能解决。如果弄得不好，资本主义复辟将是随时可能的。全体党员，全国人民，不要以为有一二次、三四次文化大革命，就可以太平无事了。千万注意，决不可丧失警惕。我们要高举毛泽东思想伟大红旗，把无产阶级文化大革命进行到底！

"帝国主义的预言家们根据苏联发生的变化，也把'和平演变'的希望，寄托在中国党的第三代或者第四代身上。我们一定要使帝国主义的这种预言彻底破产。"

打倒刘少奇！打倒邓小平！

无产阶级文化大革命万岁！

毛主席的革命路线胜利万岁！

战无不胜的、光焰无际的毛泽东思想万岁！

我们的伟大导师、伟大领袖、伟大统帅、伟大舵手毛主席万岁！万岁！万万岁！

首都大专院校红代会《摧毁"联动"展览会》编辑部供稿

坚决砸烂新疆的"联动"

"人民靠我们去组织。中国的反动分子，靠我们组织起人民去把他打倒。凡是反动的东西，你不打，他就不倒。这也和扫地一样，扫帚不到，灰尘照例不会自己跑掉。"在毛主席的革命路线取得节节胜利的今天，新疆联动思潮却仍在大肆泛滥，联动分子仍在猖狂活动。新疆八一中学的革命造反派师生仍在遭受残酷迫害，八一中学"五·九"流血事件就是新疆"联动"——八一中学"红造部"长期实行白色恐怖的又一严重罪行。我们要揭露！要控诉！要斗争！

新疆的联动八一中学"红造部"，依仗他们强硬的后台，自文化大革命以来，他们的矛头不是指向党内走资本主义道路的当权派，而是指向革命造反派，指向广大革命的师生员工。他们疯狂地反对江青同志、中央文革，反对我们最最敬爱的领袖毛主席。他们践踏十六条，专搞武斗，制造恐怖活动，镇压群众运动。他们宣扬反动的血统论，对抗无产阶级革命路线，他们勾结"联动"，到处招摇撞骗，打人、杀人、抢劫钱财，他们无耻地追求资产阶级生活方式，其罪恶累累，罄竹难书。

我校造反派师生员工长期以来，受尽了"红造部"的迫害，四月二十九日造反派师生的血迹未干，五月九日，又向我们下了毒手。这天，这群法西斯暴徒，手执钢丝鞭，在校园里横冲直闯，见人便打，无法无天。一姓任教师见这群暴徒追打红二司的教师，只说了声"要文斗，不要武斗"，就被一群暴徒用石头猛击脸部，当场流血不止。暴徒仍不甘心，兽性大发，提来一大桶尿，劈头盖脸打下去，几十人把他按倒在地，倒拖双脚，边拖边用脚猛踢腹部，用钢丝鞭乱抽，折磨了四十五分钟之久，幸好红二司战士闻讯赶来，才免遭一死。另一教师的爱人，刚生孩子一天，就被赶出学校，并把这教师连续绑架三次，进行毒打，折磨得奄奄一息。更可恶的是八十人围打我造反派工人郑志良，把他按倒在地，用粗铁丝紧捆双脚，倒拖数百公尺，又关到家里用钢丝鞭、皮带、自行车链条抽打，用脚乱踢，这工人被打得从床上滚到床下。不仅这样，暴徒还用锥子在他脸上猛刺了三锥，并用开水浇灌伤口，还企图挖出他的双眼，这群野兽如此毒打我造反派师生员工，是可忍，孰不可忍！但他们并不罢休，在五月九日下午他们又冲进"遵义"大楼，见谁打谁，在楼内的几十名教师和学生无一幸免，个个被打得鼻青脸肿就连受伤躺在床上的某教师也不放过，拉起来毒打，直至打得眼看不行了，才将其塞在床下。临走时将大楼洗劫一空，师生个人的生活用品，被砸得粉碎，这群暴徒掏钱包，掏手表、撕饭票，无所不为。在此同时，他们又分头洗劫了数家造反派教师，其景惨不忍睹。我造反派师生全被赶出学校，至今搞得衣食无着，流落街头，妻离子散。

"马克思主义的道理，千条万绪，归根结底，就是一句话，造反有理。"我们新疆八一中学广大革命师生员工面对资产阶级反动路线的残酷迫害，面对新疆"联动"——八一中学"红造部"的累累暴行，没有屈服，没有吓倒，为了捍卫毛主席的革命路线，我们已经付出了重大牺牲，我们还将准备牺牲一切！这样的学校就是应该彻底砸烂！不管是北京的联动，还是新疆的联动就是应该统统打倒！反动的"联动"思潮必须彻底批判！敬爱的毛主席啊！新疆八一中学的革命师生，日夜想念您！我们坚信毛主席的革命路线终将会照亮祖国的边疆，胜利的日子为期不远了。

毛主席革命路线胜利万岁！
伟大领袖毛主席万岁！万岁！万万岁！

新疆八一中学瑞金红旗

"联动"公开　死得更快

《春雷》社評

我们伟大的领袖毛主席亲自决定释放被捕的"联动"分子（不包括其中的刑事犯），让"联动"公开活动，这是我们伟大领袖的英明决策。对这一英明决策，我们坚决拥护！

参加"联动"的人，有些是最早打起《红卫兵》旗帜的，在反工作组、破四旧的时候是有成绩的。但是，他们陶醉在自己的功劳中，忘记了伟大的导师毛主席对他们的亲切教导，不去"团结一切可以团结的人们"，而是脱离群众，高高在上，死死抱住反动对联，顽固坚持反动血统论，围剿革命派，压制不同意见，长资产阶级威风，灭无产阶级志气，因而走向了自己的反面，被党内一小撮走资本主义道路的当权派所利用，充当了推行刘邓反动路线的急先锋和打手，严重地破坏和阻碍了中学文化大革命运动的开展，而且后来还走上了炮打中央文革的反革命道路。所以，《红旗》杂志第三期的社论中明确指出："联动"是反动组织。四月十五日《人民日报》的社论和四月二十日谢副总理在北京市革命委员会成立大会上，都重申了这个结论。谁要是想利用释放"联动"分子，让"联动"公开活动的决定，来为"联动"翻案，那是白日做梦，痴心妄想，一万个办不到！谁要是继续为非作歹，破坏文化大革命，我们坚决不答应！

然而，我们也要看到，虽然"联动"成员犯了极其严重的错误，但是他们毕竟还很年轻，大多数人是受蒙蔽的，只要他们迷途知返，我们就要给他们改正错误的机会，允许人家革命。叫他们怎么改呢？老是关押起来好吗？不好！不让他们公开活动好吗？不好！毛主席教导我们："无产阶级革命事业的接班人，是在群众斗争中产生的，是在革命大风大浪的锻炼中成长的。"只有把他们放出来，让他们公开活动，在阶级斗争的大风大浪里去锻炼，去辨别哪些言行是符合毛泽东思想的？哪些言行是不符合毛泽东思想的？从而达到自己教育自己，自己解放自己的目的。我们希望参加过"联动"的同学，既不要象过去那样盛气凌人，不可一世；也不要萎靡不振，自暴自弃；更不要与造反派为敌，沿着错误道路继续滑下去。要吸取教训，认真学习毛主席著作，克服特权思想，革命靠自己，不能吃父母的"老本"，父母有功劳，不等于自己有功劳，不要重蹈脱离群众的复辙。你们应该与"联动"彻底决裂，杀它一个回马枪，用自己亲身经历和切身体会，狠批党内最大的走资本主义道路的当权派刘少奇，狠批反动的"联动"思潮。把刘邓黑线，把刘氏黑《修养》，把反动血统论，驳得体无完肤，批得臭不可闻！

我们也希望中学的造反派同志们，对回校参加文化大革命的"联动"成员，应该鼓掌欢迎，象毛主席教导我们的那样："团结一切可以团结的人们，对犯有严重错误的人们，在指出他们的错误以后，也要给予工作和改正错误重新作人的出路。马克思说："无产阶级不但要解放自己，而且要解放全人类，如果不能解放人类，无产阶级自己就不可能最后得到解放。"另一方面，对于反动的"联动"思潮，却要毫不留情地进行批判，彻底把他批倒批臭。"沉舟侧畔千帆过，病树前头万木春"。我们伟大的领袖毛主席的英明决策，一定会加速"联动"的死亡，一定会从政治上、组织上、思想上彻底砸烂"联动"。"联动"公开，死得更快。

"联 动"休 想 翻 案

毛主席说："牛鬼蛇神只有让它们出笼，才好歼灭他们，毒草只有让他们出土，才便于锄掉……阶级敌人是一定要寻找机会表现他们自己的，不管共产党怎样事先警告，把根本战略方针，公开告诉自己的敌人，敌人还要进攻的。"

最近，毛主席做出释放"联动"头目，允许"联动"公开活动的英明决策，这是毛泽东思想的伟大胜利。这预示着"联合行动委员会"这个地地道道的反革命组织的死期不远了！

但是，敌人总是用唯心主义的观点看待问题，错误地估计形势。

中央文革的英明决定一发表，那些隐藏在地道里睡大觉的家伙们，突然活跃起来了，他们喜形于色，弹冠相庆，大有欢呼雀跃之势。他们挂上了牌子，戴上了袖章，磨亮了匕首，似乎他们从今以后就翻身了，似乎从今日之后，他们就变成了顶荣耀的东西，似乎今后要变成"联动"的天下了！

要翻案吗？办不到！一千个办不到！一万个办不到！一小撮顽固不化的"联动"分子，我们警告你们，不要高兴得太早了！"联动"是地地道道的反革命组织，这点无论如何你们是洗刷不掉的！

自从你们的组织出笼以来，就一直以十倍的疯狂，百倍增长的仇恨，炮打无产阶级司令部，充当了刘邓镇压革命运动的宪兵队。

一小撮顽固的"联动"分子总是拍着肚皮叫嚷：我们是"老红卫兵"！我们是"闯将"！我们是"功臣"云云，我们倒要问：你们是哪个阶级的"老红卫兵"？是哪个司令部的"闯将"？又是哪个司令部的"功臣"？

正是你们用汽枪打破了我们的伟大领袖毛主席的塑象；正是你们用火焚毁了我们翻身求解放的宝书；正是你们用最恶毒的语言攻击高举毛泽东思想伟大红旗的中央文革；正是你们疯狂地叫嚷要"取缔一切专制制度"；正是你们疯狂地围剿抄砸高举毛泽东思想伟大红旗的各革命造反派组织；正是你们充当了刘邓资产阶级反动路线炮打无产阶级司令部的急先锋；正是你们疯狂地反对和攻击毛泽东思想！……

你们犯的滔天罪行是倾长江、黄河之水也洗刷不掉的！

如果说你们是"老红卫兵"，那么你们正是刘少奇手下当之无愧的"黑卫兵"！如果是"闯将"，那么你们是刘少奇复辟资本主义当之无愧的"闯将"！如果说是"功臣"，那么你们正是刘少奇镇压无产阶级文化大革命的当之无愧的"功臣"！

中央做出释放"联动"头目的决定，标志着无产阶级革命派大联合的强大，标志着刘邓路线已经彻底破产！是为着更彻底，更迅速地消灭"联动"，而决不是意味着"联动"的复活！

我们再次警告一小撮顽固不化的联动分子，你们蠢蠢欲动之日，就是你们彻底灭亡之时。

想当初，黑手举鞭，不可一世，

看今日，臭气横溢，狗屎一堆。

刘邓路线已经垮台，那些死保刘邓王朝的家伙们也决不会有好下场！

《摧毁"联动"展览会》镇联兵团

谁 是 流 氓?

《春 雷 报》評 论 員

正当全国人民在光焰无际的毛泽东思想指引下，高举革命批判的旗帜向党內最大的一小撮走资本主义道路当权派发动全面的、毁灭性的总攻击的时候，躲在阴沟里的刘邓御林军——一小撮"联动"顽固分子，贼头鼠眼地伸出脑袋，大喊大叫："镇压流氓！"

什么是流氓？阶级立場不同，看法则完全相反。

有没有流氓？有！

侵略成性、怙恶不悛、残酷镇压世界人民革命的帝、修、反就是国际最大的宪兵队，最大的流氓政客集团！

反对马列主义、毛泽东思想、背叛无产阶级革命和无产阶级专政、复辟资本主义的中国的赫鲁晓夫刘少奇及其庇护下的大大小小的反革命修正主义分子、地富反坏右、牛鬼蛇神，是典型的政治流氓。他们的阴谋一旦得逞就要死国亡党，就要夭折中国革命和世界革命。不打倒这一小撮政治流氓，就要千百万人头落地。

充当刘氏黑《修养》牺牲品的一小撮"联动"顽固分子就是十足的流氓！

就是这一小撮流氓，为了保爹保妈保刘邓，秃驴般地尖叫着："要揪出中央文革的后台"；就是这一小撮流氓，以十倍的仇恨、百倍的疯狂要批倒以中央文革某些人为首的"新的资产阶级反动路线"；就是这一小撮流氓丧心病狂地咆哮着"活着干，死了算"，六冲无产阶级专政机关；就是这一小撮流氓匪性十足手持匕首、皮带殴打革命群众专搞恐怖活动，镇压革命，实行法西斯统治，就是这一小撮流氓，无视党纪国法，践踏《十六条》，打砸抢成风，损公肥私，把金银财宝装饱了私囊；就是这一小撮流氓，架着墨镜，顶着羊皮帽，脚登长腰靴，吹着口哨，骑着摩托车，横冲直撞。

他们把非刑拷打革命群众的惨叫声录下音，放出来"欣赏"，是不是流氓？他们把群众拉到厅室跳阿飞舞以填补他们精神空虚，是不是流氓？他们白天掳着弹弓吊着眼打鸟，砸玻璃，夜里象夜猫鬼鬼祟祟，改、烧、涂、盖革命大字报，是不是流氓？他们男女厮混，酗酒击拳，听黄色音乐，看黄色书刊，见了猫狗眉飞色舞睡涎三尺，是不是流氓？……

这是地地道道的流氓行径！这些流氓居然高叫起"镇压流氓"来了，真是贼喊捉贼！

当之无愧的流氓为什么装腔作势贼喊捉贼呢？其目的是把矛头指向革命造反派，挑衅报复，妄图把无产阶级阵线搅乱，扭转斗争的大方向，阻止革命的大批判，保护他们的祖师爷刘少奇过关，保护党內一小撮走资本主义道路的当权派免遭灭顶之灾。这是痴心妄想！

玩火者必自焚，贼喊捉贼者必灭亡！

他们是"破四旧"吗?

《春 雷 报》評 论 員

提起"破四旧"，人们自然会想起去年的红八月，红卫兵革命小将冲向社会，挥起铁扫帚，横扫几十年、几百年、几千年遗留下来的旧思想、旧文化、旧风俗、旧习惯，其势如暴风骤雨，迅猛异常，席卷全国，震惊世界，大长无产阶级革命造反派的志气，大灭党內走资本主义道路当权派和牛鬼蛇神的威风，叫人感到从来未有的痛快！与此同时，红卫兵也就扬名天下，威震全球。

有一小撮红卫兵的败类——顽固的"联动"分子，过去虽然也加入了"破四旧"的行列，但是，只不过是鱼目混珠，捞取政治资本而已。实际上，他们也确实捞到了一点政治资本和金银财宝。可是，随着革命的深入发展，他们的假革命、假造反，真反动、真保皇的丑恶咀脸就暴露无遗了。现在，中央文革号召："开展对党内最大的走资本主义道路当权派的大批判运动，同时，按各地不同的情况，逐步地转入本单位的斗批改。"可是，这一小撮顽固的"联动"分子，对这一任务根本不感兴趣，却又打起"破四旧"的旗帜，冒充"英雄好汉"，以图重整旗鼓，卷土重来，向革命造反派疯狂反扑和报复。

现在有没有"四旧"可破呢？有！刘氏黑《修养》就是最大的"四旧"，是集旧思想、旧文化、旧风俗、旧习惯之大成。党内最大的走资本主义道路的当权派刘少奇，在这本黑《修养》中，疯狂地攻击我们心中的红太阳、伟大的领袖毛主席，丧心病狂地反对战无不胜的毛泽东思想，这是地地道道的"四旧"；刘少奇在这本黑《修养》中，背叛马列主义的无产阶级专政学说，脱离阶级斗争和夺取政权的斗争，鼓吹个人的修身养性，而且是孔孟式的修身养性，这是不折不扣的"四旧"；刘少奇在这本黑《修养》中，极力宣扬"吃小亏占大便宜"的高级个人主义，这是典型的"四旧"。这个最大的"四旧"，需要彻底地破，需要全党共诛之，全国共讨之。

反动的"联动"思潮也是"四旧"。什么"老子英雄儿好汉，老子反动儿混蛋"是封建地主阶级"龙生龙，凤生凤，老鼠生儿打地洞"的翻版，是统治中国人民几千年的反动理论，是地地道道的"四旧"；什么"自来红"、"全身红"、"红透了"、"天生的革命者"、"当然的左派"、"理所当然的接班人"，都是反毛泽东思想的自欺欺人之谈，是不折不扣的"四旧"；什么"特殊化"、"特权思想"等等，更是典型的"四旧"。需要彻底地批，彻底地破！

现在调子最高、嗓门最大，叫喊最凶的"英雄好汉"们，是破上述的"四旧"吗？不，不，决不！在我们看来是"四旧"，在他们看来却是"四救"，救爹，救妈，救自己，总而言之救刘邓。破掉这"四旧"，就是破掉他们的命根子，就是破掉他们复辟资本主义的美梦，对他们来讲，这是万万破不得的，不但自己破不得，而且还千方百计地反对别人破，他们现在打着"破四旧"的旗子，打击革命造反派，转移斗争大方向，就是其中的计策之一，这也可谓之打着"红旗"反红旗，也可谓之项庄舞剑意在沛公！

"联动"反动思潮必须彻底批判

《春雷》社评

地地道道的反革命组织"联动"，虽然已是"老鼠过街，人人喊打"，但是它的反动思潮还没有得到彻底批判。这种反动思潮是刘邓资产阶级反动路线的一个重要组成部分，流毒全国，渗透各个部门，其中尤以中学最甚，中学又以干部子弟集中的学校最甚。至今，它还象一个幽灵在中学中游荡，迷惑人心，兴风作浪，严重地阻碍了中学无产阶级革命派的大联合和中学无产阶级文化大革命的开展。因此，只有彻底批判它，肃清它的影响，才能解放受"联动"反动思潮打击和毒害的人，促进无产阶级革命派的大联合，才能集中火力斗争党内一小撮走资本主义道路的当权派，才能进行教育革命。对于干部子弟集中的学校来说，要不要批判"联动"反动思潮，更是能不能贯彻执行《十六条》，能不能正确进行斗批改的关键。在这里不能采取折衷主义。这样做，就是响应中央文革的号召，把批判党内最大的一小撮走资本主义道路的当权派与本单位的斗批改结合起来。

"联动"反动思潮非批不可！但是，批什么呢？怎么批呢？

我们认为，"联动"反动思潮的主要之点是：鼓吹反动"血统论"，歪曲党的阶级路线，扰乱阶级阵线；宣扬"特权思想"，说什么"干部子弟要掌权"。这种反动思潮的代表作就是"老子英雄儿好汉，老子反动儿混蛋"这付对联和《自来红们站起来了！》这篇文章。

我们认为，"联动"反动思潮反映在行动上，就是：保爹、保妈、保自己特权、保以刘少奇为首的一小撮党内走资本主义道路的当权派，炮打无产阶级司令部，打、砸、抢革命造反组织和革命群众。

我们认为，"联动"反动思潮的要害就是：变社会主义大民主为法西斯恐怖统治，变无产阶级专政为资产阶级专政，变社会主义为资本主义。

我们认为，"冰冻三尺，非一日之寒"，"联动"反动思潮的出现，绝非偶然，它是两个阶级、两条道路、两条路线斗争的必然产物，它的产生有着社会、学校、家庭三方面的根源。归根结底，它是刘邓十七年来推行的一整套修正主义路线所结下的恶果！

要批判"联动"反动思潮，就必须将上述这些问题系统地批深批透。

批判"联动"反动思潮，既然是革命，就不可避免地会有阻力。正如《十六条》中所说："这种阻力，主要来自那些混进党内的走资本主义道路的当权派，同时也来自旧的社会习惯势力。"而旧的社会习惯势力中，尤以那些少数受"联动"反动思潮毒害最深、至今还没有悔悟的干部子弟最顽固。这种阻力目前还是相当大的，顽强的。但是，批判"联动"反动思潮毕竟是大势所趋，不可阻挡。正如《十六条》中所说："大量事实说明，只要群众充分发动起来了，这种阻力就会迅速被冲垮。"

"金猴奋起千钧棒，玉宇澄清万里埃"。革命造反派的战友们，受"联动"反动思潮毒害的同志们，让我们高高地举起革命的批判大旗，打一场人民战争，口诛笔伐"联动"反动思潮，彻底肃清它的影响，铲除它的流毒，让光焰无际的毛泽东思想占领我们的一切阵地！

彻底批臭反动的血统论

八 一 学 校 一 校 友

毛主席教导我们说："在阶级社会中，每一个人都在一定的阶级地位中生活，各种思想无不打上阶级的烙印。"这就是说阶级的存在，决定阶级的意识。在阶级社会里，没有超阶级的人，也没有超阶级的思想。什么"自来红""红透了"统统是谬论，是反毛泽东思想的，必须彻底批判。经过这次史无前例的无产阶级文化大革命，使我深刻地体会了毛主席这一伟大教导。

在无产阶级文化大革命中出现了一小撮"联动"分子，他们对革命烈火怕得要死，为了保住他们父母的乌纱帽，保住他们自己特权阶层的既得利益，保住"血统高贵"的桂冠，顽固地抱住刘少奇的大腿不放，疯狂地推行资产阶级反动路线，制造白色恐怖，对革命群众组织进行打、砸、抢，残酷毒打革命群众。单四十七中被武斗的教职工就有五十多人。更恶毒的是他们把矛头直接指向我们伟大领袖毛主席，指向毛主席的亲密战友林彪同志，指向中央文革，指向敬爱的江青同志。有的混蛋将毛主席石膏象扔到游泳池的淤沟里，发泄对伟大领袖毛主席的刻骨仇恨；有的混蛋深夜把攻击江×同志的大字报贴到天安门前；有些混蛋成群结伙骑着自行车在大街上横冲直撞，狂叫"打倒××"。当无产阶级专政机构公安部门对他们进行制裁的时候，这伙小匪徒纠集反动势力六次冲击公安部。他们这样做就是要保护党内大大小小走资本主义道路当权派。

这些"联动"分子的据点，大多在干部子弟集中的"十一""八一"等学校。一小撮党内走资本主义道路的当权派，一小撮反革命修正主义分子，长期以来拒不贯彻毛主席的教育方针，秉承黑司令刘邓的意旨，贯彻修正主义的教育方针，在青少年身上大搞和平演变。因而这些联动分子及其反革命的活动，在这次无产阶级文化大革命中充分暴露出来。

我是从"八一"学校毕业的，我深深地感到在党内走资本主义道路当权派统治下的学校根本不贯彻毛主席和党中央提出的教育方针，贯彻执行的是修正主义的教育方针，他们根本不让我们学习毛主席著作，灌输的是只专不红，一心让我们升学，反对同学上山下乡。党对毕业生号召"一颗红心，多种准备"而他们要我们只有"一种准备"，即升学。他们宣扬名利思想，培养等级观念，鼓吹在我们中间要出"总理、将军、部长"，鼓吹我们同学要占领"尖端阵地"，仿佛干部子弟天生血统高贵，要做领袖，搞尖端而不能做普通劳动者。

在修正主义教育制度毒害下的青少年养尊处优，脱离社会，脱离劳动，脱离劳动人民，过着寄生的腐化的资产阶级生活，走上和平演变的道路。

我五岁进了八一学校，住的是大观园式的宿舍，吃的是鸡鸭鱼肉。饭碗有人洗，夜里有人管盖被子，指甲长了有阿姨给剪，洗衣服也有专人负责，回家有汽车接送。就连三年困难时期我们的生活水平也从没有下降过。在这样的学校里，我们长期脱离工农，再加上从学校、从旧文艺作品中接受的封资修的那一套，头脑中有了帝王将相、公子哥儿、小姐贵妇的形象。缺乏工农兵的感情，缺乏毛泽东思想。我们完全不知民间的疾苦，自以为高人一等，这种思想逐渐滋长，便形成了反动的联动思潮。

我们今天打击"联动"势力，必须从根子上批臭反动的血统论。反动的血统论是他们的护身符。他们抱着反动的血统论，高喊"自来红"，其实并不红。因为他们不学习马列主义，不学习毛泽东思想，不改造思想，已经滑进修正主义泥坑了。有的人美化他们的家庭是革命家庭，其实解放十七年来，有少数干部也不认真学习毛主席著作了，不改造思想了。他们也滑进修正主义泥坑了。我们对干部和干部子弟不能一概而论，而应该进行阶级分析，我们千万不能受反动血统论影响。

反动血统论在无产阶级文化大革命中起了特别恶劣的作用。

去年八月间，在反动对联"老子英雄儿好汉，老子反动儿混蛋"的毒害下，一些人用"红五类"和"黑五类"作为判定革命不革命还是反革命的标准。他们高叫着："革命的跟我走，不革命的滚他妈的蛋。""谁给'红五类'提意见，谁就是反革命"。"对'狗崽子'就是要专政。"

他们对群众中的不同意见，不辩论而是挥舞着"只许左派造反，不许右派翻天"的大棒。罪名信手拈来，出身好的是"叛徒"，出身不好的是"右派翻天"。凭这，他们"解散"了观点不同的群众组织。"权力"何其大也！

反动血统论几乎扼杀了毛主席提倡的大鸣、大放、大辩论、大字报、大串连，辩论会上，强行报出身，垄断广播权，禁止非"红五类"的教师外出串连。

在反动血统论的迫害下，一些"非红五类"家庭出身的革命群众，不能戴毛主席象章，更不能接受我们伟大领袖毛主席的检阅，甚至他们买印有毛主席象片的报纸也要比"红五类"的多付出一倍钱。

反动血统论是挑起武斗的"舆论"基础。去年八、九月间，同学中的"红五类"有打人的权利，而所谓非"红五类"出身的同学和教工只有挨打的权利。

反动血统论泛滥，不是偶然的。是两条路线两种思想斗争的反映和表现。

去年正当我们党按照毛主席的阶级路线，组织无产阶级文化大革命队伍的时候，极少数坚持资产阶级反动路线的人，却利用"老子英雄儿好汉，老子反动儿混蛋"，这个口号迷惑一批学生，制造宗派，搅乱阶级阵线。"（红旗杂志和人民日报元旦社论）反动血统论，破坏千千万万无产阶级文化大革命大军的团结，挑动群众斗群众，保护一小撮党内走资本主义道路当权派，败坏无产阶级革命事业。反动血统论对某些出身革军革干和劳动人民家庭的同志是颗糖衣炮弹。他们依仗自己父母革命和出身好，把自己打扮成天生的"革命者"。在反动血统论的毒害下，他们不联系群众了，不团结群众了，不学习毛主席著作了，不改造思想了。他们高喊"自来红""红透了""红到底"，高喊"自己心最红，眼最亮、骨头最硬"。这样，他们走向了反面，违背了毛主席的教导，执行资产阶级反动路线，矛头指向群众，违反党纪国法，打人骂人，撬门砸锁，破坏公物，无所不为，甚至走上炮轰中央文革的邪路。

反动血统论所以能一度猖狂泛滥，是党内大大小小走资本主义道路当权派长期放毒的结果。党内头号走资本主义道路当权派刘少奇就是宣扬反动血统论的祖师爷。他在黑《修养》中，不提我们党员在阶级斗争、生产斗争和科学实验的大风大浪中锻炼自己，改造自己，不讲学习毛主席著作，改造世界观，却说："我们党员由于原来的社会出身不同，所受的社会影响不同，因而就有不同的品质。"他的臭老婆，反动的资产阶级分子王光美是反动对联的吹捧者，推广者。她为坚持反动对联的家伙们打气说："对联好嘛，可以辩论。"党内第二号走资本主义道路当权派邓小平则宣扬"高干子弟要掌权。"这些黑话对我们出身好的同志是很大的毒害。

反动血统论也是有它的社会基础的。封建时代的"龙生龙，凤生凤，老鼠生儿打地洞"的反动思想在社会上并未肃清。再加上把持教育战线上的一小撮走资本主义道路当权派不贯彻毛主席的教育方针，实行资产阶级的教育方针，宣扬等级观念，宣扬反动的血统论和"自来红"思想。他们不教育青年一代做普通的劳动者，而醉心于高干子弟要掌权，醉心于培养特权阶层。他们说："孩子们，你们不接班谁接班"，"你们不搞尖端谁搞尖端"，"高干子弟留学最可靠。"这里讲的只是干部子女，把工农子女完全排斥在一边。难道工农子女就"不可靠"吗？就不能搞尖端吗？这里说的"接班"不是接革命的班，而是接部长、司长、局长的班。

在生活上我们一些干部子弟完全是禁锢在蜜罐里，衣来伸手，饭来张口，一天到晚有人侍候，长到十五、六岁衣服还不会洗，出门坐汽车，假期跟父母出去疗养。这种生活上的特殊化，滋长了政治上的优越感，政治上越优越，生活上越要求特殊化，互相作用，互相影响。恶性循环的结果，便产生新的"特权阶层"。

有些同志迅速接受反动血统论是由于思想方法上的某些片面性，从反对彭真、陆定一反革命修正主义分子"重在表现"，排斥和打击工农兵子女这一正确前提出发，但却走到了另一个极端。完全背离了毛泽东思想。

综上所述，我们认为：

血统论者是否认自己需要在革命前进中不断接受改造，否认别人在群众革命运动中能够改造自己。换句话说，他们自己不愿意革命，也不准别人革命。

"反动的血统论是彻头彻尾的反马克思列宁主义的，反毛泽东思想的，是彻头彻尾的反动的历史唯心主义，是同马克思列宁主义的阶级分析根本对立的。" （引1966.10.16.陈伯达 同 志 在中央工作会议上的讲话）

同志们！红卫兵战友们！我们要沿着伟大舵手毛主席开辟的航道，排除各种各样的 历 史 垃 圾，高举毛泽东思想伟大红旗，"下定决心，不怕牺牲，排除万难，去争取胜利。"彻底批臭反 动血统论，打倒特权阶层，挖掉修正主义根子，誓死捍卫我们铁打的社会主义江山。

"血统论" 与夺权斗争

《过大江》战斗組

"老子英雄儿好汉，老子反动儿混蛋" 这付对联，宣扬的是反马列主义反毛泽东思想的历史 唯心主义的反动血统论。它流毒全国，毒害不少人，特别是毒害了一些干部子女，起着破坏无产 阶级文化大革命的作用，它是为刘、邓推行资产阶级反动路线效劳，为复辟资本主义服务的。

这种反动血统论的流毒必须肃清。

从历史垃圾堆里拣来的破烂貨

"老子英雄儿好汉，老子反动儿混蛋" 这付对联，起初是一些天真的青少年为了反对彭真排 斥工农子女而提出来的，但是后来走到反面，成了刘、邓破坏无产阶级文化大革命的大棒，成了 "联动" 的 "理论" 基础。

"联动" 所狂热宣传的反动血统论并不是什么新鲜玩艺，而是从封建统治阶级的 "武库" 中 搬来的，是从历史垃圾堆里拣来的破烂货。

在那漫长的封建社会中，有哪一朝，哪一代的帝王将相、豪门显贵不把自己标榜为 "血统高 贵" 呢？周天子就自称为上帝的长子。以后历代帝王都称自己为天子。封建统治阶级 的 御 用 文 人，为着维护封建制度，狂热地宣扬反动血统论。说什么 "龙生龙，凤生凤，老鼠生儿打地洞"， "老子英雄儿好汉"，"公门有公，卿门有卿"，"上品无寒门，下品无世族"，"父荣子贵" 等等。

封建社会的经济基础是封建地主的土地所有制，这种经济基础要求有封建的世袭制上层建筑 为它服务。反动血统论就是为封建的世袭制制造 "理论" 根据的。

我们的伟大领袖毛主席教导我们说："世界上一切革命斗争都是为着夺取政权，巩固政权。 而反革命的拼死同革命势力斗争，也完全是为着维持他们的政权"。

历代反动统治阶级赖以安身立命的不是先祖的 "龙威"，而是手中的政权。

历代反动统治阶级在争得统治地位之后，他们唯一的考虑就是如何使大权 "万古不变" 地掌 握在自己手里，他们的一切 "理论" 都是为这个目的服务的，血统论也是这种货色。

帝王将相贪官汚吏土豪劣绅，这些骑在人民头上的吸血鬼和杀人魔王，都是一些 人 类 的 渣 滓。他们完全处在人民的对立面，在人民当中没有一点基础，他们只有靠欺骗来维持他们对人民 的暴力统治。他们竭力掩盖封建统治阶级剥削农民、压迫农民的真相和罪恶本质，他们认为自己 剥削和压迫农民是因为自己命好，自己 "血统高贵"，农民受剥削受压迫是因为他们 命 不 好， "血统卑劣"

帝国主义者为了剥削压迫本国劳动人民和殖民地半殖民地人民也狂热地宣扬反动血统论。例如种族主义的宣传就是这路货色。我国的资产阶级反动文人潘光旦，早在几十年前贩卖的所谓"优生学"，也是这路货色。潘光旦不厌其详地引用生理学上的事例来证明父母血统的优劣，决定了其子女的贵贱。他恶毒地污蔑我们劳动人民的子女是"血统卑劣"的粗工后代，天生就是社会的低能者，应该象自己的父母一样受剥削受压迫。

总之，这些剥削压迫劳动人民的坏蛋总把自己说成是血统高贵，应该永远剥削压迫我们劳动人民的。反动血统论是为剥削阶级服务的，是套在我们劳动人民头上的精神镣铐。

反动血統論是刘、邓毒害干部子女的毒餌

中国人民不仅打倒了封建皇帝，而且在我们的伟大领袖毛主席的领导下，经过新民主主义革命推翻了帝国主义、封建主义与官僚资本主义的统治，建立了无产阶级专政的国家，消灭了封建土地所有制，改造了资本主义所有制。这样便使我国由一个半封建半殖民地的国家变成了一个伟大的社会主义国家。

皇帝被推翻了，地主被打倒了，为什么为封建统治阶级服务的反动血统论又活跃起来了呢？而且很奇怪又是在我们的一些干部子女中广为流行呢？

我们的伟大领袖毛主席教导我们说："在我国，虽然社会主义改造，在所有制方面说来，已经基本完成，革命时期的大规模的急风暴雨式的群众阶级斗争已经基本结束，但是，被推翻的地主买办阶级的残余还是存在，资产阶级还是存在，小资产阶级刚刚在改造。阶级斗争并没有结束。无产阶级和资产阶级之间的阶级斗争，各派政治力量之间的阶级斗争，无产阶级和资产阶级之间在意识形态方面的阶级斗争，还是长时期的，曲折的，有时甚至是很激烈的。无产阶级要按照自己的世界观改造世界，资产阶级也要按照自己的世界观改造世界。在这一方面，社会主义和资本主义之间谁胜谁负的问题还没有真正解决。"

毛主席亲自主持制定的十六条指出："资产阶级虽然已经被推翻，但是，他们企图用剥削阶级的旧思想，旧文化，旧风俗，旧习惯，来腐蚀群众，征服人心，力求达到他们复辟的目的。"

党内走资本主义道路的当权派是我们最危险的敌人。苏联以及东欧一些社会主义国家的资本主义复辟教训了我们。毛主席总结了无产阶级革命和无产阶级专政的历史经验，把马列主义推进到新的阶段，解决了在无产阶级专政条件下进行革命的理论和实践问题。毛主席指出："混进党里、政府里、军队里和各种文化界的资产阶级代表人物，是一批反革命的修正主义分子，一旦时机成熟，他们就会要夺取政权，由无产阶级专政变为资产阶级专政。"

刘少奇和邓小平就是我国最大的走资本主义道路当权派，就是我国的头号的反革命修正主义分子，他们为了在我国复辟资本主义，不仅到处安插亲信，结党营私，招降纳叛，而且积极为资本主义培养接班人。干部子女，特别是高干子女就成为他们与我们争夺的主要对象。

刘、邓一方面对一部分干部实行高薪制，对一部分知识分子实行高工资高稿酬，力图造成一个特权阶层；一方面又大力发展干部子女集中寄宿制学校，力图使一些干部子女成为这个特权阶层的后备军。刘、邓不仅从物质上以资产阶级生活方式毒害与腐蚀干部子女，而且更毒辣的是从思想上用资产阶级名利思想和封建统治阶级的反动血统论来毒害干部子女。

在无产阶级专政的条件下，被推翻的剥削阶级是不甘心退出历史舞台的。正如毛主席所说："敌人是不会自行消灭的。无论是中国的反动派，或是美国帝国主义在中国的侵略势力，都不会

自行退出历史舞台。"他们总是千方百计地寻找代理人，以恢复他们失去的天堂。我们伟大的领袖毛主席教导我们说："在我国社会主义革命取得基本胜利以后，社会上还有一部分人梦想恢复资本主义制度，他们要从各个方面向工人阶级进行斗争，包括思想方面的斗争。而在这个斗争中，修正主义者就是他们最好的助手。"因此，被推翻的剥削阶级要寻找的代理人就是党內走资本主义道路当权派和反革命修正主义分子。反动血统论对于保护这些代理人的特权，以及让他们的子女世袭他们的特权，非常有利。所以他们狂热地宣扬这种反动的血统论。中国最大的走资本主义道路的当权派刘少奇对一些干部子女说："你们不去接班让谁去接班？"

这是一句大黑话。其真正含义何在呢？"接班"，就是"接权"；就是让刘、邓培养的这些资产阶级接班人去"接班"——接过中国老一代无产阶级革命家手中的大权，把政权夺回资产阶级手里，来一个全面的大复辟。

旧北京市委第二号反革命修正主义分子刘仁更是赤裸裸一丝不挂地声称："我们的孩子都是龙子龙孙。"旧中宣部秘书长、反革命修正主义分子童××也说："他们（指"干部子女"）的老子老了，他们不去接班谁接班？"干部子女学校党內走资本主义道路当权派经常说："我们的孩子都是血统接班人，他们中要出将军、部长、总理。"

说穿了，他们就是让其它青少年一代，特别是工农子女靠边站，让"血统高贵"的修正主义接班人上台，当"将军"、"部长"、"总理"，全面篡夺无产阶级的党、政、军大权，掌握国家的命运。

"血统论"的全部反动性就在于：在过去，在反动统治阶级争得统治地位以后，"血统论"是为他们掌权辩护的工具；在今天，在他们失掉政权以后，"血统论"又是为他们夺权服务的手段。

干部子女大多数是好的，有的是很好的，是走社会主义道路的，但是也有少数人要走资本主义道路。反动血统论就是刘、邓用来勾引他们走资本主义道路的诱饵。

反动的"血统论"，严重地毒害着一部分干部子女的灵魂，使他们错误地认为，自己用不着思想改造，用不着在阶级斗争的惊涛骇浪中经过长期的磨练和考验，只凭老子是"英雄"，自己就是"自来红"，就是"当然接班人"，就是"好汉"。有时甚至发展到极为危险的边缘，不是有人说吗："我生下来就是人民的领袖，人民就是我的奴隶。"

他们被"血统论"蒙住了眼睛，以"血统优劣"为标准来衡量复杂的阶级斗争现实，而抛弃了马列主义的阶级论。他们不加阶级分析地把非干部子女一律称之为"狗崽子"；更有甚者，竟有人觉得"在劳动的时候，我见到我们班几个同学（非干部子女）就讨厌，认为他们甚至没有活着的必要。"

一桩桩活生生的事实是够触目惊心的了！

在平常时期，他们所受"血统论"的毒害，就如此明显地表露出来了，那么可以想象，无产阶级文化大革命的特大风暴一旦到来，他们这种思想的大爆发，已经是不可避免的了。

文化大革命中的大爆发

历史上一次最伟大、最深刻的大革命到来了！无产阶级文化大革命敲响了党內最大的一小撮走资本主义道路当权派的丧钟，是从他们手里统统夺回他们所篡夺的一切大权的时候了。

"敌人是不会自行消灭的。"无产阶级文化大革命必然遇到刘、邓一小撮空前强烈的抵抗。

一九六六年八月，在毛主席的热烈支持下，伟大的红卫兵运动在世界东方兴起壮大，文化革命大军迅速形成。这一切都使得刘、邓惊恐万状，他们的当务之急就是拼命组织起自己的反革命队伍与之对抗，保住手中的大权。

无产阶级文化大革命触及了每个人的灵魂深处。在运动初期，一部分干部子女头脑中的特权思想急剧膨胀起来，他们从特权私利出发，认为"乱世方显男儿志"，自己正可乘革命的大"乱"之时，登上特权的人物宝座，而"老子英雄儿好汉"的"血统论"，就是他们要一步登天的最好借口。这就是在文化大革命之初，"血统论"为什么会忽然大大泛滥起来的原因。

他们到处游说，讲演，发传单，出宣言，大造舆论，声嘶力竭地狂喊：

"我们在娘胎里就从里到外红透了！我们是天生的革命者！"

"我们的血统最高贵，最纯粹，我们体内浸透了老子革命的血液，'自来红'们站起来！"

"老子英雄儿好汉，老子反动儿混蛋！"

几千年来的封建陈货在他们身上复活了，十七年来刘、邓对他们的毒害集中暴露出来了。

刘、邓出于组织自己阶级队伍的需要，看到这些，窃窃作喜，正中下怀，马上拉过"对联"作破旗，广为招兵买马，拉过来了一批没有改造好的干部子女，并利用"血统论"，竭力抬高这一派势力的政治地位。邓小平对一些干部子女说："除你们二、三十人以外，其他一千多人都是变色龙。"王光美也赞之曰："'对联'不错嘛！"一时间，使他们身价百倍，狂妄一时。以后，当运动往纵深发展，直指刘、邓之时，当这些干部子女感到自己的特权地位摇摇欲坠之时，他们便不顾一切地跳了出来，终于组成了以"血统论"为组织基础的反革命组织——"联动"，直接把矛头指向毛主席的革命司令部，指向无产阶级专政，充当了刘、邓的御用工具。

就这样，在两个阶级大夺权，大厮杀的关键时刻，在真正考验每一个人的严峻关头，一小部分深受"血统论"毒害的干部子女，终于跑到了刘、邓那一边，为刘、邓夺无产阶级的权、保资产阶级的权奔走效劳，充当了一名可悲的角色。

大部分犯错误的干部子女是受刘、邓及"血统论"的蒙蔽的，但"联动"中一小撮铁杆分子，以及在幕后支持他们的党内走资本主义道路的当权派，却完全是用心叵测，蓄意利用"血统论"大耍政治手腕，以达到不可告人的目的。

看起来，他们对"老子英雄儿好汉，老子反动儿混蛋"这付"对联"顶礼膜拜，奉为至理名言，不容有半点怀疑，实际又是怎样呢？

当王光美大捧"对联"之时，她大概没有忘记自己的亲爹是个大资本家，自己的干爹是个国民党头子，而她自己应该是个"双料"混蛋吧！

一些顽固不化的"联动"分子，当他们的反革命修正主义老子被揪出来以后，他们为什么照样高唱"对联"不觉脸红，甚至还把"基本如此"改为"绝对如此"呢？

当一些"联动"分子与反革命分子一起编写反动标语，打制杀人匕首，一起打得火热的时候，"血统卑劣"的界限又在哪里？

当不少革命干部子女起而造工作组的反，造刘、邓的反，被打成反革命的时候，难道因为他们同样是"血统高贵"而放过了他们吗？

"血统论"者们，你们"神圣"的"血统论"就是这样的吗？你们的"万应灵丹"为什么不灵验了？

理论和实践的不一，生动地说明了他们玩弄的那一套完全是资产阶级政客所惯于使用的实用主义的伎俩，是虚伪透顶的。有利捡起来，无利抛开，抛开再捡起——这一切都是以刘、邓对于政权的需要为转移的。

在这里，人们就不难明白，为什么拼命片面强调"重在表现"和大肆鼓吹"自来红"的，都是那么一些人。

至今还受到刘、邓蒙蔽，还准备继续充当"血统论"的忠实信徒的一部分干部子女，是猛醒的时候了！

反动"血统论"是保护刘、邓资产阶级反动路线，镇压革命群众的血腥工具。革命造反派永远不会忘记那种血腥阴霾的日子。那时，当革命派开始把矛头直指刘邓之时，一小撮别有用心的人却挥舞着"血统论"的破旗横杀过来，把一些群众按"出身不同"，"血统论"分成三六九等，拉一批打一批，扰乱阶级阵线，转移斗争大方向，以保住刘、邓手中的大权。在"血统不同"统治下许多"血统不高贵"的同志横遭残酷迫害，甚至死于非命。最令人不能容忍的，是被剥夺了热爱毛主席的权利，有的同志只能背地里一个人在纸上写："毛主席，我热爱您老人家啊！"只能把心爱的毛主席象章别在胸前的皮肉上，再用衣服掩盖上……在那白色恐怖的日子里，造反无理，革命有罪，夺回刘、邓篡夺过去的大权反而无理，热爱毛主席竟至有罪，这竟是谁家之天下？！"血统论"何其毒也！

不难看出，从刘、邓着手准备自己的阶级队伍，到刘、邓反动路线残酷镇压革命群众，直至极端反动的组织"联动"产生，"血统论"无不是为刘邓夺无产阶级的权、保资产阶级的权效劳的。对这种反动理论必须彻底批判，肃清其流毒。

随着刘、邓反动路线面临全面破产，反动"血统论"也被宣判了死刑。也许它还会改头换面，再次登台，但我们完全可以自豪地声称：它的命运必将和其它形形色色为剥削阶级掌权夺权服务的理论一样，最后被无产阶级文化大革命的汹涌波涛所埋葬！

干部子女站起来造反动血统论的反

"僧是愚氓犹可训，妖为鬼蜮必成灾。"

反动血统论是封建主义、唯心主义的反动思潮。在阶级社会中，它是剥削阶级用来维护自己的特权和统治地位的工具。在社会主义革命阶段党内最大的一小撮走资本主义道路当权派，为了复辟资本主义就首先要从政治和经济上，造成一个特权阶层，苏联的资本主义复辟就是这样干的。于是，他们就从拉圾堆里拣起这个封建主义唯心主义的反动血统论的破烂，在干部子女中，大肆宣扬，极力推行。如黑帮头子彭真就公开宣扬"老子是革命的，就不怕我们的儿子不革命。"

反动血统论，使一些干部子女背上"自来红"的包袱，放松了思想改造，对思想领域里的阶级斗争解除了武装，很容易被资产阶级修正主义思想侵蚀；反动血统论，使一些干部子女助长了特权思想，以至看不起工农，脱离工农，甚至排斥工农；反动血统论，使一些干部子女在这次无产阶级文化大革命中，被资产阶级反动路线提出者所蒙蔽，充当了他们的打手，搅乱了无产阶级的阶级阵线，镇压了无产阶级革命派。

反动血统论对一些干部子女，对无产阶级文化大革命犯下的滔天罪行。现在已是和它彻底清算的时候了！干部子女们，起来造血统论的反，彻底揭露它的反动本质。

反动血统论是彻头彻尾反毛泽东思想的，是和毛主席的阶级路线水火不相容的。"在阶级社会中，每一个人都在一定的阶级地位中生活，各种思想无不打上阶级的烙印。"

"人的正确思想是从那里来的？是从天上掉下来的吗？不是。是自己头脑里固有的吗？不是。人的正确思想，只能从社会实践中来，只能从社会的生产斗争、阶级斗争和科学实验这三项实践中来。"

"阶级斗争、生产斗争和科学实验，是建设社会主义强大国家的三项伟大革命运动，是使共产党人免除官僚主义、避免修正主义和教条主义，永远立于不败之地的确实保证，是使无产阶级能够和广大劳动群众联合起来，实行民主专政的可靠保证。"

这是我们伟大领袖毛主席对人的阶级地位和阶级性和革命之间的关系的最正确、最全面的科学论断正是从这一马克思列宁主义的科学论断出发，毛主席提出了：有成份，不唯成份论和重在政治表现的阶级路线。正是从这一马克思列宁主义的科学论断出发，毛主席号召我们：在社会主义时期，"千万不要忘记阶级斗争！"号召我们投身到三大革命斗争实践中去，向工农兵学习，同工农结合，不断地改造思想，不断革命。正是从这一马克思列宁主义的科学论断出发，毛主席在亲自提出的无产阶级革命事业接班人五个条件中强调指出"无产阶级革命事业的接班人，是在群众斗争中产生的，是在革命大风大浪的锻炼中成长的，应当在长期的群众斗争中考察和识别干部，挑选和培养接班人。"

可是反动血统论，却宣扬什么"老子英雄儿好汉，老子反动儿混蛋，"干部子女是"龙子龙孙"，是"血统的无产阶级接班人"，是将来的"总理、将军、部长"……，这就是要让干部子女离开三大革命斗争，脱离劳动人民，不去努力学习毛主席著作，不去进行艰苦的思想改造，不管其政治表现如何，单凭着"老子英雄"、"血统高贵"，就能得到特殊的政治地位和经济地位。这难道不是对毛泽东思想、对毛主席的阶级路线的公然背叛吗？

反动血统论是形"左"实右的资产阶级思潮。正是那些在干部子女中极力宣扬和灌输反动血统论的一小撮党内最大的走资本主义道路当权派，包庇纵容那些反动的学术权威和没有改造好的地富反坏右分子，结党营私，招降纳叛；也正是那一小撮党内最大的走资本主义道路当权派，曾经片面地强调"重在表现"，排斥打击工农子女，而看人唯"才"，把他们所看中的"苗子"大力培养。那一小撮党内最大的走资本主义道路当权派，有时从"左"的方面，有时从右的方面来歪曲和反对毛主席的阶级路线，这完全是为着他们造成特权阶层、复辟资本主义的需要。一切受反动血统论蒙蔽和毒害的干部子女们，彻底揭露那一小撮党内最大的走资本主义道路当权派在阶级路线上所玩弄的鬼把戏，正确地贯彻和执行毛主席的阶级路线。

反动血统论是彻底背叛广大劳动人民的。那一小撮党内最大的走资本主义道路当权派，不仅在干部子女中极力宣扬和灌输反动血统论，而且还千方百计制造特殊化的经济政治条件，扩大与广大工农及其子女的差别。在一些干部子女集中的学校，大力推行修正主义教育路线，使他们养尊处优，脱离劳动，害怕艰苦，看不起劳动人民，歧视工农子弟，一心要把他们培养成资产阶级接班人，这不是对广大劳动人民的背叛吗？

那一小撮党内最大的走资本主义道路当权派，在干部子女中大肆宣扬什么"老子打下天下"的谬论。天下只是"老子"打下的吗？不是。今天的天下，是我们最最伟大的领袖毛主席，带领全中国劳动人民，艰苦奋斗、浴血奋战打下来的。当然我们也不会忘记今日革命老干部——昔日战斗指挥员的战功和辛劳；但是，我们更不能忘记最广大劳动人民的流血牺牲，丰功伟绩，而尤其永远永远不能忘记我们最最伟大领袖毛主席的英明领导、天才指挥、卓绝斗争和不朽功绩。可是那些津津乐道"老子打下天下"的人们，却把我们最最伟大领袖毛主席和广大劳动人民放在一边，而去突出什么"老子"，这不是对无产阶级和广大劳动人民的背叛吗？

反动血统论是把进攻的矛头指向无产阶级专政的。那一小撮党内最大的走资本主义道路当权派，既然要篡党篡政，复辟资本主义，就必然对无产阶级专政恨之入骨。在他们所控制的地方，他们利用职权，镇压革命群众，实行资产阶级专政。在这次无产阶级文化大革命中，当广大无产阶级革命派向他们发起总攻击、大夺权的严重关头，他们更加赤裸裸地抛出了"老子英雄儿好汉，老子反动儿混蛋"的反动血统论，蒙蔽欺骗一批曾经被他们的反动血统论所影响和毒害的干部子女，充当他们的御用打手，炮打无产阶级司令部，攻击无产阶级专政。那些"联动"分子，不就曾无视无产阶级专政，无视党纪国法而疯狂地进行打砸抢抄，并叫喊什么"取消一切专政制度"吗？当无产阶级专政机关，对他们的反革命活动实行专政的时候，他们竟敢六冲公安部，这充分暴露出反动血统论的实质是对无产阶级专政的背叛。

总之，反动血统论是彻头彻尾的反毛泽东思想的，是背叛广大劳动人民和无产阶级专政的，是同毛主席的阶级路线水火不相容的，它是党内一小撮最大的走资本主义道路当权派进行资本主义复辟的思想工具和舆论准备，它的要害，就是要在我国复辟资本主义。

干部子女们，奋起革命造反精神，起来造反动血统论的反，打倒党内最大的一小撮走资本主义道路当权派，打倒反动血统论！

彻底肃清反动"血统论"
在八一学校的流毒

反动"血统论"在八一学校流毒甚广，给无产阶级文化大革命造成了严重的危害！

校内走资本主义道路当权派十几年来一直用反动"血统论"来毒害学生，束缚教职员工。他们说．"我们的孩子是血统的当然接班人。""孩子们要接爸爸妈妈的班。"他们在八一学校推行的一整套修正主义的教育制度，生活管理制度，处处用"特殊化"、反动"血统论"毒害青少年，为"联动"思潮大肆泛滥打下了基础，种下了祸根！

文化大革命开始不久，"老子英雄儿好汉，老子反动儿混蛋，鬼见愁"的反动对联就在一些学生中流行开了。这付反动对联的泛滥又给后来严重的武斗奠定了舆论基础。

校内大部分干部和一些职工、教师遭到过围攻，有的遭到毒打。刘邓在干部问题上的资产阶级反动路线，把一些运动初期犯过一些错误的一般干部和群众打入劳改队，在他们劳动时，一些学生挥舞皮带、鞭子不断抽打，劳动的人被抽的遍身血迹。除了毒打之外，绊跟头、弯腰、唱嚎歌、浇冷水，互相打……武斗形式多得很！

八月中旬，革命群众起来捍卫十六条，坚决贯彻毛主席"要文斗，不要武斗"的指示，制止打人。有同志提出应就这一问题展开全校性大辩论，而被个别学生歪曲为"斗学生"、"阶级报复"。那天晚上，校内大部分教师和部分职工遭到一些学生的围攻，十几个学生抡起宽皮带，拿着匕首来威胁革命群众，直到深夜。一次制止武斗的革命行动就这样被残酷地镇压下去了。

从此，校内打人风气愈来愈盛，教师职工经常被围攻，问出身。个别学生逼着一个实习教师不断说："老子反动儿混蛋。"边说边用皮带抽打。还有学生问两个教师出身，这两个同志出身都是中农，他们说："中农加中农就是富农"。有一次，几个"联动"分子到一个教师家逼着"借"自行车，并逼问教师的爱人的出身，当人家说出身于职员，父亲是会计时这几个"联动"分子就说："你父亲是会计，那他一定贪污了，把自行车交出来，没说的！"他们就用这种无耻手段向群众敲詐勒索财物。反动"血统论"成了他们强盗行径的护身符。

不但群众受到反动"血统论"的迫害，就连家属小孩也不能幸免。一小撮"联动"分子问几个四五岁小孩妈妈是什么出身，当孩子说妈妈出身不好时，便遭到一顿毒打。

反动"血统论"的泛滥，使白色恐怖笼罩八一学校达四、五个月之久，校内打砸抢成风，教职员工家属小孩生命财产得不到保障，四大民主不能开展，转移了斗争的大方向，使运动处于停滞状态。

在无产阶级文化大革命中，我们运用阶级观点来看人看事，首先要抓住两条路线斗争的纲。但是反动"血统论"只问出身不看政治表现，完全背离了无产阶级革命路线。

校内走资本主义道路当权派以及有反动"血统论"观点的人借出身问题压制革命左派起来造反，在最早起来造反的同志的出身问题上大作文章，刮阴风，造谣言，妄图把革命派打下去。

对中学部革命群众民主选举的五人领导小组勒令改组，完全根据出身重选，压制群众革命，为资产阶级反动路线扩大市场。

在反动"血统论"的迫害下，很多革命群众没有机会参加政治活动。毛主席在天安门几次接见文化革命大军，有些同学说只能革干子弟去。三百多名教职员工被剥夺了这宝贵的政治权利。外出参加斗争陆平黑帮的大会，出身不好不许去，甚至参观抗大校史展览，"非红五类"出身的也不敢去。出入校门要问出身，斗争校内走资本主义道路当权派上台发言，也要自报出身。出身不好的犯过一些错误的同志脖子上用铁丝挂上砖头，与走资本主义道路当权派一起上台罚站。

大串连，是毛主席给革命群众的民主权利，但是，当外地革命群众来到八一学校时，他们所受到的不是热情的欢迎，而是一种非常奇怪的接待。山东大学几百名同学来北京串连到我校住宿时，一些坚持反动血统论的学生只准"红五类"出身的住屋里，所谓"狗崽子"只能睡走廊，他们并勒令24小时内"狗崽子滚蛋"。自此以后，群众到京串连再也不敢来八一学校住宿了。而有些同学对新疆、沈阳等地八一学校（也是干部子弟学校）来京学生却万分热情，勒令我校司机用小卧车接送。

校内革命的教职员工外出串连，阻力也是不小的。个别坚持反动血统论的学生扬言："出身不好的不许去，谁如果去，我就抄他的家。"在这种压力下，一些教职员工始终不敢外出串连。

1966年的"十一"是无产阶级文化大革命中的国庆节，全国人民欢欣鼓舞欢庆节日。但八一学校不少干部和教师住房门前却被学生贴上了警告："黑七类"牛鬼蛇神限五天之内不准出门！反动"血统论"就这样剥夺了一些群众庆祝自己祖国节日的权利！

军内走资本主义道路当权派抗拒中央军委关于把军队干部子女学校移交地方的指示，明交实不交。1965年为了装璜门面，中学部招收了一部分普通干部子女及少量工农子女，成立了一个走读班，这部分同学在八一学校尤其在文化大革命中受到严重压抑，个别干部子弟对他们十分轻蔑，歧视，甚至无理殴打一些工人子弟及普通干部子弟，使他们长时间不敢到学校来。

反动"血统论"用出身的好坏做为一个人革命不革命的标志，是典型的唯心的形而上学观点。在文化大革命中，这种反动思潮压制了很多群众起来革命，搅乱了无产阶级文化大革命的队伍，使运动受到极大损失。

党内最大的走资本主义道路的当权派及一小撮反革命修正主义分子，向年青一代，特别是干部子弟，灌输资产阶级的特权思想，散布"自来红"的谬论，宣扬反动的"血统论"，毒害了一些青少年，特别是干部子弟的心灵。无产阶级文化大革命中，这种反动理论又把一些未被教育好的干部子女引入歧途。这笔账完全应该记在党内最大的走资本主义道路当权派及一小撮反革命修正主义分子身上，今天我们应该彻底清算他们的罪行，肃清反动"血统论"的流毒。

我们诚恳地希望一些受反动"血统论"蒙蔽和毒害的学生起来，反戈一击，彻底批判资产阶级反动路线，彻底批臭"联动"反动思潮，从反动"血统论"这一沉重的精神枷锁下解放出来！回到毛主席的无产阶级革命路线上来，做真正的无产阶级革命派，做毛主席真正的红卫兵！

八一学校《学游泳》战斗队

反动"血统论"和资本主义复辟

北京政法学院政法公社　赤路卫士

"血统论"是党内走资本主义道路的当权派毒害干部子女、腐蚀群众的反革命理论，是刘邓黑司令部妄图扼杀无产阶级文化大革命的一根大棒，是"联动"的思想基础和理论基础。

"血统论"把人分成高低贵贱，宣扬剥削压迫有理，革命造反无理，它是彻头彻尾的反动的历史唯心主义。"血统论"历来是剥削阶级愚弄和统治劳动人民，维持自己特权利益的工具。在社会主义社会，它是资产阶级复辟资本主义的工具。

毛主席经常教导我们：被推翻的剥削阶级不甘心自己的灭亡，无产阶级和资产阶级之间、社会主义和资本主义之间的斗争是长期的，社会主义社会还存在着资本主义复辟的危险。在他亲自主持制定的伟大的历史文件——中共中央一九六六年五月十六日的《通知》中，告诉我们：党内一小撮走资本主义道路的当权派是我们最危险最主要的敌人，"一旦时机成熟，他们就会要夺取政权，由无产阶级专政变为资产阶级专政"。

党内走资本主义道路的当权派为了复辟资本主义，一抓大权，二抓舆论，三抓接班人。

干部子女政治待遇和经济条件优越，大多数脱离工农，加之有些老干部受刘贼《修养》的毒害，忘记了阶级斗争，忽视了对子女的政治教育，或者本身就存着严重的特权思想，这就使许多干部子弟有一种优越感，自视"血统高贵"。对于这些干部子女，本来应当引导他们活学活用毛主席著作，与工农群众相结合，在革命斗争的大风大浪中长期改造自己，把自己锤炼成无产阶级革命事业的接班人。而党内走资本主义道路的当权派却把他们引上了一条邪路。

党内走资本主义道路当权派竭力扩大干部子女和工农群众的差距，大搞特殊化。刘少奇公然对抗毛主席，拒不解散反而扩大干部子女集中寄宿制学校，将其办成精神贵族培养所。这些学校，排斥工农子女入学、把干部子女和工农群众隔离开来；使学生过着饭来张口，衣来伸手的寄生生活。"人们的社会存在，决定人们的思想"。这种学校里的学生，怎么能熟悉工人和贫下中农的"生活、工作和思想"？！怎么能不滋长特权思想和反动血统论？！这种学校怎么能培养无产阶级革命事业的接班人？！干部子女集中寄宿制学校是修正主义的苗圃，必须彻底砸烂！

党内走资本主义道路的当权派千方百计地阻止干部子女活学活用毛主席著作，向他们大肆灌输封建主义、资本主义和修正主义的毒素，大肆灌输特权思想和反动血统论。有些党内走资本主义道路的当权派竟露骨地宣扬"我们的孩子是龙子龙孙"，他们是"无产阶级革命事业血统的接班人"，他们中要出"将军"、"部长"、"总理"，如此等等。把剥削阶级垃圾堆中的破烂货稍加修饰，甚至毫不加工，奉为法宝。

毛主席说："无产阶级要按照自己的世界观改造世界，资产阶级也要按照自己的世界观改造世界"。党内走资本主义道路的当权派就是这样疯狂地向干部子女进攻，妄图使他们忘记过去，忘记劳动人民，忘记无产阶级专政，成为他们复辟资本主义的工具，何其毒也！在无产阶级文化大革命中，许多干部子女犯了程度不同的错误，部分没有教育好的干部子女参加了反革命组织"联动"，充当了刘邓黑司令部的宪兵队，也就是历史的必然了。

无产阶级文化大革命的主要任务和根本目的，就是打倒党内一小撮走资本主义道路的当权派，摧毁刘邓资产阶级反动路线，挖掉产生修正主义的社会基础和思想基础。这是对资产阶级及其在党内的代理人十几年来猖狂进攻的总反击，是对他们的致命性打击。因此，他们必然垂死挣扎，竭力反扑，这就展开了两个司令部和两条路线之间的激烈、反复的生死大搏斗。在这场大搏斗中，许多受毒害的干部子女站错了立场，至今，不少干部子女还没有从反动路线中完全解放出来，少数人还坚持反动立场。

文化革命初期，特别是在破四旧中，一些干部子女做出了一定的成绩。但是，在运动深入发展的时候，不少人被飞快的革命列车甩掉，而为党内走资本主义道路的当权派所利用。

由于特权思想和反动"血统论"的毒害，使他们严重脱离群众，忽视思想改造，政治上狭隘，组织上排外，存在着严重的资产阶级思想作风。党内走资本主义道路的当权派和执行反动路线的工作组把一些干部子女封为左派，捧上了伪文革的宝座，当官作老爷，执行反动路线。当万炮猛轰党内走资本主义道路的当权派的时候，执行了资产阶级反动路线的干部也面临着严峻考验，触动了他们优越的政治经济地位，于是，部分没有教育好的干部子女，在党内走资本主义道路当权派的指使下，打着"老子英雄儿好汉，老子反动儿混蛋"的破旗，煽动其他一些干部子女，"造反"了。

"老子英雄儿好汉，老子反动儿混蛋"宣扬的是抹杀了阶级性的"英雄"和"好汉"，是"自来红"，"自来黑"，一句话，它散发着特权思想的臭气，是带修味的反动"血统论"。党内走资本主义道路的当权派竭力唆使一些干部子女鼓吹这付对联，阴谋以血统论代替阶级论，扰乱革命阵线，转移运动的大方向，扼杀无产阶级文化大革命。

一些干部子女错误地把"血统论"当成党的阶级路线，在血统论的基础上拉起了一些保字号组织。他们受党内走资本主义道路当权派的指使，保走资本主义道路的当权派，保刘邓资产阶级反动路线，保爹，保妈，保自己，攻击革命组织，攻击无产阶级专政，对抗毛主席的革命路线，甚至发展到反对中央文革，反对毛主席的地步。

在反动血统论的统治下，不少工农子女受到歧视，抵制反动血统论的干部子女受到打击，一些革命群众和革命干部被安上了莫须有的罪名，出身剥削阶级的青年被剥夺了参加文化大革命的权利，成了资产阶级专政的对象。革命群众被打下去了，运动的大方向转移了，党内走资本主义道路的当权派被保护起来了。反动"血统论"何其毒也！

在阶级社会中，家庭出身对人的世界观的形成有重要影响，但起决定作用的还是每个人的社会实践和思想斗争。"联动"所鼓吹的反动"血统论"机械地片面地强调家庭出身，抹杀了社会影响和人的主观努力。"自来红"的谬论否认了需要对劳动人民子女灌输毛泽东思想，否认了他们思想革命化的必要性，是一颗毒化他们的糖衣炮弹。"自来黑"的谬论否认了毛泽东思想对出身于剥削阶级家庭青年的强大威力，否认了他们思想革命化的可能性，是一把扼杀他们政治生命的匕首。

正如陈伯达同志指出的，制造"自来红"谬论的人，"就是过去用各种手段打击、排斥工农子女的人，"这一小撮党内走资本主义道路的当权派是百分之百的实用主义者，是真正的变色龙，必须戳穿他们的反革命伎俩。

毛主席制定的阶级路线是：有成份，不唯成份论，重在政治表现。这是识别和反对在阶级路线问题上"左"、右傾机会主义的一个銳利的思想武器，这对团结一切可以团结的力量，特别是对于培养和造就千百万无产阶级革命事业的接班人，有着巨大的深远的意义。毛主席说："人的正确思想，只能从社会实践中来，只能从社会的生产斗争、阶级斗争和科学实验这三项实践中来。""无产阶级革命事业的接班人，是在群众斗争中产生的，是在革命大风大浪的鍛炼中成长的。"我们必须坚定不移地执行毛主席的阶级路线，沿着毛主席指引的道路，把自己鍛炼成无产阶级革命事业的接班人。

"高干子女要掌权"。这是党內最大的走资本主义道路的当权派提出的反革命口号。我们党和国家的各级领导权是无产阶级的权，是劳动人民的权，它只能由高举毛泽东思想伟大红旗，在革命斗争中经受了考验和鍛炼的革命左派来掌。凭什么高干子女一定要掌权？凭什么非得高干子女才能掌权？难道在社会主义社会也要实行封建主义的世袭制吗？无产阶级文化大革命中揭发出来的许多事实表明，党內走资本主义道路的当权派竭力把干部子女培养成复辟资本主义的工具，"高干子女要掌权"的口号就是他们为达到这个反革命目的所做的舆论准备。"联动"的产生及其反革命活动不正是党內走资本主义道路当权派这个阴谋的大暴露吗？

还在受刘邓资产阶级反动路线蒙蔽和毒害的干部子女，你们应该猛醒了！党內走资本主义道路的当权派要把你们培养成资产阶级的接班人，把你们当成了镇压无产阶级文化大革命的工具，摆在你们面前的是跟着毛主席走还是跟着刘少奇走的根本问题，是走社会主义道路还是走资本主义道路的根本问题。你们不是常说自己热爱毛主席吗？热爱毛主席集中到一点，就是林彪同志指示的："读毛主席的书，听毛主席的话，照毛主席的指示办事。"知错就改，是热爱毛主席。如果一错再错，累教不改，能说是真正热爱毛主席吗？你们应当向无产阶级革命派学习，奋起革命，狠批刘邓反动路线，狠批"联动"反动思潮，狠批自己头脑中的特权思想和反动"血统论"，尽快地站到毛主席的革命路线上来，接受无产阶级文化大革命的洗礼，做无产阶级革命事业的接班人。

革命的干部们，无产阶级文化大革命已经进入战略决战的阶段了，那些还没有或尙未坚定地站到毛主席革命路线上来的同志，紧跟毛主席，赶快披挂上马吧！向党內最大的一小撮走资本主义道路的当权派猛烈开火，同时狠触自己的灵魂，加强对子女的教育。你们要帮助子女批判特权思想和反动血统论，努力创造条件，把他们培养成无产阶级革命事业的接班人，让我们的社会主义江山永不变色。同志们，千万不要忘记已经牺牲的无数革命先烈，千万不要忘记劳动人民的重托，千万不要忘记毛主席的教导和信任，为人民立新功，永做革命人。

红卫兵战友们，革命的同志们，毛主席反复教导我们：只有解放全人类，无产阶级才能最后解放自己。我们要牢牢记着、坚决实行毛主席的这个教导。在当前，就是要通过对刘邓反动路线的大批判，解放大多数被蒙蔽的群众和犯了错误的干部。对于犯了错误的干部子女和"联动"中的大多数人，我们坚信，他们最后是能够觉悟的。我们要通过对"联动"反动思潮的大批判，教育自己，解放他们。

高举无产阶级的革命批判旗帜，让反动血统论和那些带着花岗岩脑袋的资产阶级老爷们，连同他们复辟资本主义的美梦，一起见鬼去吧！世界是属于光焰无际的伟大的毛泽东思想的，是属于人民的。

斥 "血 统 高 贵" 论

一小撮沒有改造好的高干子女，本来是一批政治庸人，糊涂虫,但是却拼命地把自己美化成什么 "英雄"、"好汉"、"勇士"、"顶天立地的人"、"当然的左派"、"当之无愧的无产阶级接班人" ……总之，只要是好听的金字都往自己身上贴，只要是美丽的外衣都往自己身上披。他们这样 "老王卖瓜自卖自夸"，不以为耻，反以为荣，真是不知天下有 "羞耻" 二字。他们不仅自卖自夸，还要别人鹦鹉学舌，跟着吹捧，说他们是 "英雄"、"好汉" ……谁要是不当顺民、敢说半个 "不" 字，皮鞭棍棒就要降临在你的身上，皮肉要遭殃。用他们的话说，就是 "谁他妈的敢反'自来红'，就让他尝尝'自来红'的厉害！"

要问这些 "英雄" 的 "本色" 是什么？那就是打、砸、抢、抄、偷！

要问这些 "英雄" 为什么这样狂？他们会回答：我们血统高贵！

要问这些 "英雄" 的血统何以高贵？他们回答：我们是高干子女！

高干子女血统真的高贵么？答曰：不然。

封建社会，皇帝说自己血统高贵，是天子（即天之骄子）；那些王孙公子也说自己血统高贵，是龙子龙孙；那些地主土豪劣绅则说："龙生龙，凤生凤，老鼠生儿会打洞"，也是说自己血统高贵。可是，历史无情，这类所谓血统高贵的人，统统都被所谓的 "下贱人" 打翻在地，抛进了历史的垃圾堆！皇帝、王孙公子、地主土豪劣绅虽然抛进了历史的垃圾堆，可是他们的反动血统论，却被一小撮沒有改造好的高干子女，又从垃圾堆里拣了出来，吓唬百姓，称王称霸！然而，这些可悲的糊涂虫忘了："萧瑟秋风今又是，换了人间"。现在已非封建社会，而是无产阶级专政的天下，毛泽东思想光辉照耀的世界！不管你老子功劳多大、资格多老、职位多高，都是人民的勤务员，都是劳动人民的儿子，都不能居功自傲，都必须响应毛主席的伟大号召，立新功，保持晚节。何况你们这一小撮沒有改造好的高干子女乎？你们 "位尊而无功，俸厚而无劳，而挟重器多也"，又有什么值得骄傲的呢？又有什么高贵的呢？在此，我们奉劝自命 "血统高贵" 的 "英雄好汉" 们，还是踏踏实实，埋头苦干，甘当革命的 "齿轮和螺丝钉"，做 "一个高尚的人，一个纯粹的人，一个有道德的人，一个脱离了低级趣味的人，一个有益于人民的人。" 不要学 "打渔杀家" 里的教师爷以势压人，不要陶醉在 "英雄"、"好汉" 之类的称呼中。要知道："人民，只有人民，才是创造世界历史的动力。"

《千均棒》

特 权 阶 层 的 卫 道 士

清华附中井冈山兵团　同心干

（一）中国的特权阶层

毛主席在《关于正确处理人民内部矛盾的问题》中指出："我国社会主义和资本主义之间在意识形态方面的谁胜谁负的斗争，还需要一个相当长的时间才能解决。" 社会主义社会仍然存在着阶级斗争。正如列宁同志指出：“消灭阶级要经过长期的、艰难的、顽强的阶级斗争。在推翻资产阶级专政以后，在破坏资产阶级国家以后，在建立无产阶级专政以后，阶级斗争并不消失（如旧社会主义和旧社会民主党中的庸人所想象的那样），而只是改变它的形式，在许多方面变得更加残酷。”由于被推翻的剥削阶级不甘心他们的失败，妄图翻天，资产阶级小资产阶级刚刚在改造，国际上帝国主义修正主义的存在，资产阶级思想无时无刻不在尽力侵蚀我们的头脑，种种原因使革命队伍产生了一些新的资产阶级分子，蜕化变质分子，他们就是形成中国特权阶层的社会基础之一。

党内最大的走资本主义道路的当权派刘少奇，很早以前就投机革命，骗取了人民的信任，钻进党中央。刘少奇上台以后，又结党营私，安插亲信，一直打着“红旗”反红旗，阴谋准备在中国实现资本主义复辟，妄图变无产阶级专政为资产阶级专政，变无产阶级的先锋队中国共产党为苏修的“全民党”。他们反对马列主义、反对毛泽东思想。他们唯一的考虑，便是如何保护自己的经济地位和政治地位，他们的一切活动，都是以特权阶层的利益为转移。他们和苏联修正主义集团是一丘之貉。所以，不可否认，在我国已经有特权阶层的人物，中国的特权阶层正在逐渐形成：党内一小撮走资本主义道路的当权派、反革命修正主义分子和反动学术“权威”，就是这种正在形成中的特权阶层。刘少奇邓小平就是中国特权阶层的政治代表！是中国修正主义的总根子！

（二）特权阶层的卫道士——“联动”

我国与苏联的根本不同之处在于：我国是无产阶级专政，处处给予刘邓限制和打击，有毛泽东思想的无穷威力；这样就构成了两个司令部的殊死斗争，构成了这次文化革命矛盾的双方。而联动，正是充当了刘邓的小走卒，充当了这个特权阶层的忠实卫道士。

培养接班人的问题是千年大计，万年大计，各个阶级都在努力地争夺我们年青的一代，培养自己的接班人。刘邓这伙反党老手，深知培养接班人的重要，他们利用他们所把持的文教界，推行资本主义和修正主义的一套，他们向青年灌输资产阶级修正主义思想；文艺界则是死人洋人统治舞台，脱离、丑化工农兵。各种原因，促使青年人不走和工农相结合的路，违背毛主席关于知识分子只有“实行和工农相结合的，是革命的”教导。

而联动，基本上是由一些世界观没得到改造的干部子弟所组成的。毛主席给我们指出了阶级分析的两个方面：一个是要看各个阶级以至各个阶级内部的各个阶层所处的不同的经济地位，一个是看他们对革命的态度。其中经济地位是主要的，是基础的。一个阶级的经济地位决定着这个阶级的思想意识和对革命的态度。经济地位不同，对革命的态度就不同。由于政治条件、经济条件较为优越，特别是一些修正主义分子，为了让他们的子女成为修正主义苗子，接自己的班，从政治上生活上拼命向他们灌输特权思想，使他们脱离劳动，脱离工农，灌输“自来红”思想，使他们放弃思想改造，不能老老实实做人民的儿子，反而爬到人民的头上，当起精神贵族来。

这些人就是修正主义苗子，就是特权阶层的接班人。什么阶级说什么话，站在什么立场就干出什么事。“联动”是刘邓黑司令部的御林军，刘少奇把他们当做掌上明珠，当成中国的希望。“联动”的一切行动都是为了维护特权阶层的利益的，“联动”的产生和发展完全是附属于特权阶层的。这次无产阶级文化大革命，在毛主席的领导下，揪出了刘少奇这个中国的赫鲁晓夫，中国特权阶层的政治代表、总根子，中国的特权阶层已经土崩瓦解了。

特权阶层的复灭，预示着“联动”社会基础的崩溃。可是，敌人是不甘心失败的，他们还要做最后的挣扎。为了维护"联动"本身的生存，维护特权阶层的利益，"联动"就疯狂的攻击无产阶级专政，攻击中央文革，攻击我们伟大的领袖毛主席和我们的副统帅林彪同志，企图挽回他们失败的命运。

(三) "联动"是如何维护特权阶层的利益的

《伟大的历史文件》指出：无产阶级专政下的阶级斗争，集中到一点，还是政权问题，就是无产阶级要巩固无产阶级专政，资产阶级要推翻无产阶级专政。而妄图颠覆无产阶级、危害最大的资产阶级代理人物，则是打着"红旗"反红旗，混到党和政权领导机关内部的走资本主义道路的当权派。

刘、邓为了维护他们即将复灭的王朝，抛出了一条资产阶级反动路线。"联动"，这个特权阶层的附庸，奉其主子之命，拼命护卫这条反动路线。他们大骂"狗崽子"镇压革命群众运动，混淆阶级阵线，攻击无产阶级司令部，却只字不敢提资产阶级特权人物——党内一小撮走资本主义道路的当权派，这个最危险的敌人。听一听他们丧心病狂的叫嚣吧："陶铸是高举毛泽东思想伟大红旗的，作了很大的成績。""文化大革命是苏联肃反扩大化。""中央让中央文革小组整得就剩几个人了。"有些亡命徒甚至狂喊"刘少奇你们拉得下马吗？刘少奇万岁！""共产党的干部犯错误你们高兴什么，他妈的！"他们兔死狐悲，预感到特权王朝的复灭，预感到他们梦寐以求的特权地位即将化为泡影，因而暴跳如雷，歇斯底里大发作，成立纠察队，出通令、发宣言，高呼："保护老干部！"他们不作阶级分析，要保护的这些所谓"老干部"是些什么人呢？无非是一些与人民为敌的反党分子，这撮反党分子同我们的斗争是你死我活的斗争，正如《通知》指出："我们对他们的关系是一个阶级压迫另一个阶级的关系，即无产阶级对资产阶级实行独裁或专政的关系。"林彪同志讲："文化革命中损失可以说是最小最小，而得到的成績是最大最大，……我们看到打倒一批坏家伙，真是伟大胜利呀！如果不打倒他们，将来会大流血，还要实行大白色恐怖来镇压，不晓得杀掉多少人。"

"联动"死保刘邓及他们制定的资产阶级反动路线，拼命反对毛主席的革命路线和中央文革，疯狂攻击无产阶级专政机关——公安部，甚至有些丧心病狂的家伙反对我们的最高红司令毛主席。联动分子在八一学校损坏大批毛主席画象，塑象，却把刘贼的狗头从报纸上剪下来珍藏。而且在人大附中"联动"的黑窝里发现一幅蒋该死的狗象，上写"蒋主席"。他们还讲什么："联动有什么大错，不就是反对毛主席和中央文革吗！""我不敢学毛选，越学越反动。"他们疯狂地反对中央文革，大叫："揪出中央文革的后台来！""中央文革执行了'左'倾机会主义路线。"他们六冲公安部，一月九日举行了"控訴"公安部"罪行"大会，让那些被拘留过的联动分子上台"控訴"无产阶级专政的政治"迫害"，还讲"公安部没干一件好事。""现在是豺狼当道，混蛋世道。"他们恶毒攻击林彪同志，把林彪同志的名字打上××。

不难看出，刘邓反对毛主席和联动炮打中央文革是出于同样的政治原因：维护他们共同的阶级利益。

毛主席教导我们："什么人站在革命人民方面他就是革命派，什么人站在帝国主义封建主义官僚资本主义方面他就是反革命派，什么人只是口头上站在革命人民方面，而在行动上则另是一样，他就是一个口头革命派，如果不但在口头上而且在行动上也站在革命人民方面他就是一个完全的革命派。""联动"的爱憎可谓"分明"也！他们站在反动的资产阶级立场上，在国内为一小撮特权人物的利益服务，得到国内反动派的垂青，在国际为帝国主义和反动派的利益服务，得到他们的一片叫好声。苏修广播电台中讲："看到了他们（指联动12.26大会）就看到了中国的希望。"美帝和苏修都把中国复辟资本主义的希望寄托在"联动"的身上。

毛主席教导我们："凡是敌人反对的我们就要拥护，凡是敌人拥护的我们就要反对。"对于联动的反动思潮必须彻底批判，肃清其流毒。不过我们应当看到："联动"的广大老百姓也是刘邓资产阶级反动路线的受害者，只要他们改邪归正，仍然是我们的同志。

受蒙蔽的广大"联动"老百姓，革命不分早晚，造反不分先后！希望你们发扬"只争朝夕"的革命精神，向刘邓开火！造反派的战友们，毛主席教导我们："无产阶级只有解放全人类，才能最后解放无产阶级自己。不解放全人类，无产阶级自己就不能最后得到解放。"我们要遵循毛主席的教导用团结——批评——团结的方法，调动浩浩荡荡的革命大军，向刘邓发起总攻击！

我们正在前进！

我们正在做我们的前人从来沒有做过的极其光荣伟

大的事业。

我们的目的一定要达到。

我们的目的一定能够达到。

1967年7月

这 就 是 "特 权"！

新四中公社 1216红卫兵

联动思潮的核心，就是特权思想和反动的血统论。众所周知：联动是由一小撮沒改造好的干部子弟在血统论和特权思想的基础上，纠集起来的。联动本身就是反动血统论和特权思想的产物。然而，有一帮居心险恶的人，为了攻击革命造反派，竟然把"特权思想"的帽子扣到革命造反派头上，歇斯底里地叫嚣："他们在掌权后，把为人民服务的职权变为谋用私利的特权……"。诬蔑革命造反派"不是保无产阶级政权，而是保个人的特权！"（见"解放全人类"报）。对于这些以己度人的叫骂，我们必须坚决反击。革命造反派掌权，你生气吗？那沒办法！一点不让、半点不让。"特权"的帽子戴不到我们头上。而恰恰是你们这帮西纠、联动老爷们头上的桂冠，你们装疯卖傻说什么："我们哪儿来的'特权'？！"又假惺惺地说什么："为'特权'的人，就不会造反。"够了，不要摆出一付令人作呕的假象了。正是你们西纠联动为"特权"而造反，所以你们不会造反，落个身败名裂，遗臭万年。

现在让我们来分析分析你们这独此一家的特权思想的来源吧！

一、特 权 思 想

联动思潮的罪恶之源是特权思想：长期以来，由于特殊的政治地位和优厚的生活条件，使他们凌驾于一般人之上，处处显示出超人的气概，表现出优越感。他们吹嘘自己是"当然的掌权者"、标榜成"响当当的接班人"。过去他们狂妄叫嚣："学校里阶级路线贯彻与否，就看让不让我们干部子弟掌权"，你不重视我们干部子弟，那你就是在庇护"狗崽子"，甚至在搞"阶级报复"

其实，高干子弟无论表现如何，总是能优先得到入党入团的机会。四中近两年发展党员革干出身占90.9％。正如一个西纠分子薄一波之子说的："老三篇我才不学呢！学好功课上清华，入党入团根本用不着考虑！"

反革命分子李井泉之子，在学校表现极差，是个游手好闲的贵族式人物，但因为血统高贵，硬要挤进团内，在本班支部还没有发展他的意思，另外一班支部则跨班发展他入团。

更恶劣的是王××本来无德无才，但是位特权人物，于是不择手段，用所谓"全班同学签名通过"的卑鄙手法，强行将他拉入团内。

某高干子弟曾经这样露骨地质问领导："你为什么不保送我去军工？你不信任我？你知道我爸爸是谁吗？"于是这位显贵人物被送进了军工。这正勾画出了联动分子宣称的阶级路线的内容，就是唯高干出身，他们借此不费吹灰之力地入党入团，执掌一切大权，使这些利欲熏心的人物，可以扶摇直上了。他们所谓的阶级路线，只不过是为了这个集团利益而服务的特权罢了！

有人认为特权这个东西，在那些思想尚未成熟的联动分子看来，还不是一个具体的东西，事实并非如此，特权在一小撮联动分子眼里早已不是一个抽象的名词概念了，而是有着充实具体的内容了：

八一学校的一个联动分子，在兵役证上填着：职位：大将。工资：700元。

西纠后台孔原之子孔×扬言："这次（指文化大革命）好好干，有当上副总理的可能"。

西纠某头目李××批评某干部子弟："他的问题其实不是严重的，因为干部子弟将来要当领导，所以现在严格要求他"，这就是他们梦寐以求的目标。种种事实表明，一小撮联动分子头脑里，已经利令智昏地被"部长""元帅"这些头衔塞满了。准备将来"成功俊杰扬世家之风光"。他们所谓接革命的班，就是世袭老子一切。把父母的一切特权变成他们自己的特权。这些沉醉于封建特权狂的蠢人简直不知人间有羞耻事！

二、家 庭 影 响

毛主席教导我们："人们的社会存在，决定人们的思想。"

特权思想的根源之一，就是他们资产阶级化的家庭影响所给予的。

他们在家庭小天地的封邑中，以小公爵自居，和享乐结下了不解之缘，养尊处优，唯我独尊，对一切发号施令，听到的只是一片唯唯诺诺之声。他们可以逞性妄为，甚至薄一波、彭真的孩子竟打骂公务员、打伤眼睛、打坏胳膊，仗着父母的名气，别人只能忍气吞声了。

他们凭着父母的特权。夏天，带着从学校请来的补课老师，到北戴河、青岛等名胜地方极舒服地休养。这是他们得意的时刻了。在海滨，由警卫员下水保护着这些少爷们游泳。在极丰富的物质待遇下，消磨时光，纸醉金迷的生活，使他们流连忘返。该过"十一"了才想起了回家。冬天，他们则又在广州的阳光下，趾高气扬地和国家女篮赛球了。过去只有封建帝王才能在行宫里避暑，避寒。那么今天这些特权的显赫人物，又可以享此清福了。

更有甚者，彭真去南宁开会，带着女儿，旷课两个月游山玩水尽饱眼福。什么桂林山水、阳朔风景，全不在话下。回到学校，领导替她遮掩，毫无斥责之意。而刘××跟着父亲视察，看虎门炮台。百米跑11秒多的这位少爷，竟然也能住在亚洲疗养院里"休养"。这一切不是特权又是什么呢？尽管四中红卫兵的"解放全人类"报，巧舌如簧，但这些事实就是你们这些人据为己有的特权。而广大工农兵子弟在特权二字上，与你们是没有丝毫共同之处的。

凭着你们的特权，进出民族饭店大吃大喝，去高干俱乐部鬼混，去看色情电影，……西纠薄××心血来潮请来驴贩子黄胄，穷极无聊地学画驴。他要练打枪，院子里立即成了靶场。如此醉生梦死的生活还不能满足他们的奢望，他们还要享受老子的政治待遇，中央的绝密文件，他们能随意浏览。这大概就是他们"天性高尚，学识渊博""政治目光敏锐"的来源所在吧！

四中曾有个品质恶劣的李××，竟然动用父亲的职权威胁一个批评他的教师："让我爸爸撤了你的职！"这多么深刻地描绘出了一个特权人物的丑恶嘴脸啊！

红旗四期社论指出：在我们的干部队伍中有一批人世界观基本上还是资产阶级的！这样的人教育子女会有什么影响呢？

有的家长说，"老子革命多年，儿子享福理所当然"。

有的家长说，"我们的孩子出身好，本质是好的。将来接班还得靠他们"，"我们的孩子怎么也坏不了，怎么也是革命的不会是反革命。"

有的说："干部子弟爱扎堆嘛，也不怪他们，这是我要求他们的，省得受坏影响。"

某些联动分子的家长为了他们后代的"前途"已经把手伸进了学校，滥用职权了。

罗瑞卿、何长工的孩子上午旷课看球宙受了批评，黑帮竟亲自驱车到校，发雷霆，事后还在干部会上大骂学校。

×××孩子毕业时，把政治鉴定要去看，觉得写缺点太多了，不答应，"班主任太片面了""再去调查，重新写"。

×××刚上高二，他父母就在当年来京招生的×军事院校负责人那里，给他这位得天独厚明年才毕业的孩子报上了名。

可想而知，这几位"干部"不光采的举动，会给子女什么样的影响呢？刘仁说过一句话，"我们的孩子就是龙子龙孙！"然而一小撮联动分子，偏要把这样的家庭影响美化成"革命前辈"的关怀。他们根本不树毛泽东思想的绝对权威，而把父母的话奉若神明，长期以来处在各种非无产阶级思想包围之中，没有丝毫抵抗。最后成了刘邓路线顽固的执行者，可悲的牺牲品。

事实胜于雄辩，撰写天方夜谈的"解放全人类"的编辑老爷们，让你们的"西纠"，"联动"小将抱着自己的"特权"见鬼去吧！

特权与"联动"反动思潮

一从大地起风雷，便有精生白骨堆。由我们伟大领袖毛主席亲自发动和领导的史无前例的无产阶级文化大革命，把混进党里、政府里、军队里和各种文化界的资产阶级代表人物揪了出来，并且打翻在地，踏上一只脚，叫他们永世不得翻身！就在这场你死我活的两个阶级、两条道路、两条路线的决战中，刘邓资产阶级反动路线十七年来所孕育的鬼胎——反革命组织"联动"，这个怪物出世了。这个怪物一出世，就恶狠狠地把矛头指向我们伟大的领袖、世界革命人民心中的红太阳毛主席和他的亲密战友林付统帅，就歇斯底里地大反特反中央文革和无产阶级革命派，就拼死命地保爹保妈保刘保邓保自己特权，并在他们力所能及的范围内，实行资产阶级专政，制造白色恐怖，不遗余力地鼓吹反动血统论，恬不知耻地、露骨地宣扬特权思想，镇压群众运动。而反动血统论和特权思想就是"联动"的理论基础，就是"联动"反动思潮的核心。这种反动思潮流毒全国，渗透各个部门，而它的最大市场就是一些干部子女，特别是一些高干子女。这种反动思潮不仅使"联动"分子走上了反革命道路，而且还使一些没有改造好的干部子女分不清敌我友，在这次无产阶级文化大革命中成了保守派。时甚今日，还有极少数"联动"顽固分子和坚持反动立场的干部子女，仍然在刘邓反动路线的死胡同里徘徊，没有与"联动"反动思潮划清界限，彻底决裂。

我们要问：为什么联动反动思潮在一些干部子女中有最大的市场呢？

这是与一些干部子女，尤其是一些高干子女享受的种种特权分不开的，是与党内一小撮走资本主义道路的当权派对他们的毒害分不开的。

干部子女在生活上享受的特权

一些干部子女，尤其是一些高干子女，在生活上享有种种特权。在住的方面，他们住的地方，是"楼上楼下，电灯电话"，冬有暖气，夏有电扇，有的一人住一个单间，并有褓姆侍奉；在吃的方面，他们吃的都很好，大米白面不在话下，就是鸡鸭鱼肉也是家常便饭，什么山珍海味也不足为奇，而最特殊的是，他们在干部子女集中寄宿制学校吃饭不定量，即使在国家困难时期，在全国人民"低标准，瓜菜代"的情况下，他们仍然不定量，放开肚皮吃；在行的方面，他们上学，回家，看戏，可以坐父母的小轿车，司机随叫随到，前几年，八一学校一到星期六，接学生的小轿车源源不断开进来，有时多到学校挤不下，只好从学校一直排到海淀大街上，这么多的汽车，交通警也不得不赶来学校维持交通，指挥车辆，更有甚者，有的干部子女还可以坐军用飞机去串连，可以随便旷课坐军用飞机到广州、延安游逛；在用的方面，不少干部子女有手表，自行车，照相机，半导体收音机，平时用钱更是大手大脚，有的甚至挥金如土，一个学期花上几百元，去年串连，八一学校有个将军的孩子，一个多月竟花了二百元，我们再看看贫下中农子女，花一分钱都要仔细算计，相比起来，真有天地之别；在医疗方面，他们看病也享有特权，有一年将军以上的干部注射一种予防脑炎的针，将军孩子也同享注射的权利，其他的孩子只能望洋兴叹；在节假日生活方面，有的高干子女，暑假可以到北戴河、青岛消夏，寒假可以到广州避寒，八一建军节和春节可以到人民大会堂参加军民大联欢，五一、十一晚上可以上天安门城楼观看焰火；在玩的方面，有的高干子女可以到彭真黑帮集团办的裴多菲俱乐部——养蜂夹道高干俱乐部去玩，那里有高、精、尖的文体设备，孩子与老子同享高等待遇，在这里吃饭、理发、洗澡、游泳、钓鱼、看内部电影及参加各种游艺活动。毛主席教导我们："人们的社会存在，决定人们的思想。"一些干部子女，尤其是一些高干子女，过着这种饭来张口，衣来伸手，脱离劳动，脱离劳动人民的养尊处优，得天独厚的生活，怎么能知道劳动人民的疾苦，怎么能有劳动人民的感情？怎么会不贪图安逸，追求享受呢？怎么愿意当一个小小老百姓，做一个普通劳动者呢？种种与众不同，怎么不产生血统高贵，高人一头的思想呢？怎么不容易接受反动血统论和特权思想呢？

干部子女在受教育方面享受的特权

在受教育方面，不少干部子女，可以进入修正主义的干部子女集中寄宿制学校学习，这种学校为他们创造了种种特殊的条件，给他们灌输了大量的反动血统论和特权思想的毒素。这种学校存在的本身就是干部子女享受特权的集中表现，因为这种学校，不是什么人都可以上的，它的招生制度等级森严，只要老子官大，孩子就可优先入学，而且不受任何制度的约束，如三反分子邓小平的外孙女，不够上学年龄，却因为是"总书记"的外孙女，八一学校也就不敢不收；又如前空军付司令员、三反分子刘震的儿子，在地方学校上不下去了，却通过前北京军区政委、三反分子廖汉生亲自批准转入八一学校学习；相反地，要是老子官小，孩子只好靠边站，拿八一学校来说，过去上校以下的干部子女休想进来，即使有个把子，也是特殊原因，特殊照顾，至于工农子女，更是可望不可攀。不仅如此，学校走资本主义道路当权派，还把进来的学生又分成三、六、九等，对大首长的孩子问寒问暖，关怀备至，体贴入微，如前北京军区司令员三反分子杨勇的女儿，因为太胖，学校便安排她到卫生所吃特灶；大首长的孩子犯了错误也不严肃处理，甚至不敢告诉家长，如徐××的孩子，在学校表现很不好，学校只向他的秘书反映，却不敢向他反映；可是，对于官小一点的干部子女，就是摔死了也不去看一眼，家长来了都拒不接见。因此，这种干部子女集中的学校，必然地使学生互相比较，互相影响，不可避免地产生等级观念，特权思想。六五年八一学校移交地方后，初中一年级招了一个走读班，因为他们的老子官小，或是普通老百姓，就受到原八一学校的一些学生的歧视，甚至发生了这样的事：一个蜕化变质分子的儿子王××踢足球，球踢出场外，竟命令走读生多××去捡，多不捡，王就把多的腿打折了。

干部子女在政治上享受的特权

一些干部子女，尤其是一些高干子女，不仅在生活上和受教育方面享有种种特权，而且在政治上同样享有种种特权。他们入团、入党一般都很容易，这正如八一学校的某些学生在初二的时候说的那样："现在入团不入团不着急，到了初三，学校就会找我入团。"实际上也正是这样。学校走资本主义道路当权派说："我们的学生，爸爸都是老革命，政治可靠，他们不入团谁入团？"有些家长也找班主任说："我们的孩子不入团谁入团？"因此八一学校历届初中毕业生，一到初三下学期都是突击发展团员，六一年初中毕业生团员人数竟达总人数的95％。这就不能不使一些干部子女产生"自来红"的思想，放弃思想改造。

由于人们受到封建的"父荣子贵"思想的影响，因而干部子女往往被人们另眼看待，受到特别的器重，如有的干部子女在八一学校刚入团，一到外校被选为团支书、班主席或其他干部，这就使得一些干部子女产生了封建世袭的思想，认为老子是当官的，我也必然是当官的，这就是为什么一小撮"联动"分子和没有改造好的干部子女最热衷于掌权的原因。

过去向伟大领袖毛主席献花，向外宾献花，八一学校的学生常常成了当然的荣幸者，这就使一些干部子女产生"我政治上最可靠"的想法。

另外看內部电影、內部文件，听首长谈话，对一些干部子女来讲，都不是希罕事，这也是他们知识和小道消息比一般人多的奥秘所在，也是他们在别人面前炫耀自己，抬高自己身价的资本。

总之，政治上的这些特权，使一些干部子女产生了一种政治优越感和领袖慾，因此在这次无产阶级文化大革命中，他们接受反动血统论和特权思想，拼命地鼓吹反动对联"老子英雄儿好汉"和狂妄地叫嚣"大权一定要由我们来掌握"，是并不奇怪的。

刘少奇对干部子女的毒害

当然，干部子女在生活上，政治上和受教育方面享受的种种特权，并不一定都是他们自己要求的，也并不一定是他们父母硬要给他们的，也并不是所有干部子女都享受这种特权，这是刘邓一小撮党內最大的走资本主义道路当权派，为了复辟资本主义，十七年来，对抗毛主席革命路线，推行一整套修正主义路线，大搞干部特殊化，妄图在中国形成象苏联一样的特权阶层（实际上正在形成）的结果。但是正如毛主席教导我们的："在阶级社会中，每一个人都在一定的阶级地位中生活，各种思想无不打上阶级的烙印。"一些干部子女客观上处于这种特殊地位，而这种特殊地位就象糖衣炮弹一样，腐蚀着他们，毒害着他们。使他们在党内最大的一小撮走资本主义道路的当权派和学校走资本主义道路的当权派向他们灌输反动血统论和特权思想的时候，丧失抵抗力，甚至产生共鸣，高高兴兴地，舒舒服服地地接受下来。不是吗？党内最大的走资本主义道路的当权派刘少奇说："你们（指干部子女）不去接班，让谁去接班？"一些没有改造好的干部子女就随声附和："大权一定要由我们来掌握！""我们要夺接班权！"反革命修正主义分子彭真说："父母是革命的，不怕儿子不革命。"一些没有改造好的干部子女 也 随 声 附 和："老子英雄儿好汉——当然！""我们就是自来红！""我们就是红透了！"八一学校党内走资本主义道路当权派李玉章说："我们学生中间要出将军、部长、总理。"于是，有的学生就自封为坦克元帅，陆军大将，并狂妄地说："世界谁主沉浮？我们！我们！我们！"

此外，社会上旧思想、旧文化、旧风俗、旧习惯，尤其是人们头脑中的"私"字和坏小说、坏电影、坏戏曲（干部子女比一般人看得多）对他们也有很大影响，这些影响是摸不着，看不到的，然而却是经常地，潜移默化地腐蚀着他们，毒害着他们，也使他们很容易接受反动血统论和特权思想。

正是干部子女所处的特殊地位，刘少奇之流的毒害和社会上四旧的影响，使一些没有改造好的干部子女，中了"联动"反动思潮的毒，堕落为顽固的"联动"分子，或者使一些干部子女成了"联动"反动思潮的吹鼓手和俘虏。

衛 东 報

国营天津印染厂 毛泽东思想卫东宣传社

第 2 期　　1967年2月24日

毛 主 席 語 录

共产党人必须随时准备坚持真理，因为任何真理都是符合于人民利益的；共产党人必须随时准备修正错误，因为任何错误都是不符合于人民利益的。

中 共 中 央 文 件

中发〔66〕626号

中共河北省委办公厅
1967年1月2日翻印

各中央局、各省市自治区党委、中央各部委党组、国家机关党委党组、人民团体党组、总政治部：

中央认为，李雪峰同志在十二月十六日所做的检讨，是好的、诚恳的。根据毛主席指示，发给大家参改。

中 共 中 央
1966年12月29日

李雪峰同志在华北局机关的检討要点

一九六六年十二月十六日

同志们：

今年十月间，我先后在几个会议作过检查，我们机关有些同志去听了。检查稿也都印给大家看了，在华北局机关，九月中旬我也曾做过一次初步的检查，所以我想在这个检查中尽量避免与前几次检查的重复。希望同志们把这个检查同前几次的检查，一起进行进一步的批判。

在华北局机关作进一步的检查 本年七月中就准备了，但同机关文革筹委会商量，没有找到适当时间，未能检查成，后来我又身体不好，检查就推迟下来了。

这一期间，华北局机关的革命同志，高举毛泽东思想伟大红旗，批判了资产阶级反动路线，捍卫了以毛主席为代表的无产阶级革命路线。揭发批判了我和华北局书记处的错误，揭发的好，批判的好。我表示支持和感谢，并代书记处表示支持和感谢。欢迎革命同志继续放手揭发，放手批判，督促帮助我们彻底纠正错误。

下面我的检查要从文化大革命中所犯的错误路线说起。

在文化大革命中，执行了以刘少奇、邓小平两位同志为代表的资产阶级反动路线。这主要是六月初到七月下旬，大约五十天的时间也，在领导北京市的文化大革命运动中，执行了刘、邓路线，犯了方向错误、路线错误，在此期间，何华北局其他省、市、自治区，推荐了北京市的错误经验，在指导华北地区的文化大革命运动中，也犯了方向错误、路线错误。所犯错误的实质，就是站在资产阶级反动立场上，用资产阶级老爷式的态度对待群众，对待群众运动。正当群众轰轰烈烈起来的时候，怕字当头，怕群众，怕革命，怕大民主，不相信群众，不依靠群众，迷信工作队，实行资产阶级专政，颠倒黑白，混淆是非，围剿革命派，镇压革命群众，实行白色恐怖，自以为得意，长资产阶级威风，灭无产阶级志气，将无产阶级轰轰烈烈的文化大革命运动打了下去。十一中全会后，毛主席纠正了这条错误路线，华北局和北京都委的不少領導同志，都是在努力贯彻执行以毛主席为代表的无产阶级革命路线的。但是尽管如此，也还是在工作中犯了这样那样的错误，甚至是比较严重的错误。

从我的指导思想上来检查，十一中全会以前犯的错误，首先是集中在对待群众、群众路线、群众运动的问题上。这场社会主义新阶段的文化大革命，对无产阶级革命更高阶段的大革命，在某种意义上也实际是对全党干部的一次大审查大检阅。这以前我的思想很不理解，对毛主席发动这场大革命的伟大气魄，彻底革命和彻底走群众路线的精神，充分放手让青年人起来革命、造反、大闹天宫的精神很不理解，同时对这次伟大群众运动的特点，群众运动的新形势，一个无产阶级专政条件下的大民主，以及作为这次革命运动先锋的革命青少年的特点，很不熟悉，没有看到广大青年学生是在毛泽东时代，一贯用毛泽东思想培育成长起来的。他们能够自己学习毛主席著作，学习党的政策，思想活泼精神充沛，有革命造反精神，有革命首创精神，起来的快，发动的快，运动发展迅猛异常，形势多种多样。我对群众又没有及时到他们里面去，甚至没有走进一个他们精致以听取他们的意见，了解他们的真实情况。因而对革命群众，对革命左派不相信不依靠，不放手不民主，而是在实际上采取了国民党"训政"的办法，派工作队，从约束他们、限期他们，发展到镇压他们。尽管六月廿日前后普遍发生了工作队被赶的情况，也没有能够觉悟，直到以后出现了北大"六一八"革命事件，被定为反革命事件的错误后，对群众仍采取改良的办法，提出批评工作队是捅护工作队，实际保工作队的机会主义，当时错误的认为：没有工作队就不能体现党组织的领导作用，总觉得在党组织涣散的地方，没了工作队不行，只相信工作队，不相信群众。

同时，在指导思想上，对敌情的分析，对反革命修正主义集团的阴谋阻腕严重估计不足，因此缺乏彻底放手发动群众，依靠群众革命造反，来彻底打倒、摧毁他们，而是过早的对他们过分强调、防、拖，尽可能地分化出一些人，挽救一些人，势群起来太力猛怕一哄、就怕打大树起面、错误的好人，表现的惊慌失措。另一方面，又错误的

283

估計了，敌人的干扰，当我们派出的工作队遭到革命群众的抵抗批评时，我把就把革命群众的这种正确行动错误地同敌人的阴谋破坏活动联系起来了，把革命群众的要求错误地认为是敌人的干扰，把少数革命群众当成右派"，因此采取了排除干扰"的措施，没有紧紧抓住斗争的重点是党内走资本主义道路的当权派，——这个大方向，因而溜到了邪路上去，犯了方向错误，路线错误了。

我在犯了错误之后，认识检查错误也很迟缓，这说明纠正自己的错误，要有一个认误过程。十一中全会以前，在撤工作队时，只是初步地检查了方向错误，路线错误，还没有觉察到资产阶级反动路线的百大危害。十中全会后，没有向广大革命群众作系统检查，对于彻底纠正错误路线不够有力，也即对于受错误路线损害的革命派，坚决地及时地支持不够，对于被迫被打成"右派"、"反革命"的革命群众的平反工作进行的缓慢，对于消除北京市错误经验在华北其他地区的影响还意差，抓得不够迅速，对华北局机关的运动，我和其他书记处，其他地区都抓得不很紧，也抓得不好。

我这次在文化大革命中犯错误的根本原因是自己对毛泽东思想的伟大红旗举得不高，甚至在若干重要问题上，走到违背毛泽东思想的道路上去了。

自己对毛主席的著作、指示没有很好活学活用，没有狠下功夫，因此对毛主席的若干指示精神，是吃的不透的，往往缺乏从实际上、从战略上去理解去认识，並且有时不懂而自己以为懂了。例如：在这次文化大革命运动中，当主席六月一日批示公布聂元梓同志的大字报后，我虽然感到这是一个伟大的号召，有很新很重要的意义，进一般的提出要适当这个新的形势，要一切为前线，在站在运动的前面领导。但是当时並没有真正懂得主席指示地伟大精神实质。我紧接着在六月三日、四日连续讲了求传群众的八条政策，即大字报要内部有别，不要上街，不要打人等，急急忙忙地向全市大中学校派击工作组，这不是明明与主席公布的大字报，大兴革命之失，大放地放手发动群众的精神相违背吗？遂届主席六月中旬，又在中央召开的会上揭示，不要急着恢复派工作组，不要怕乱。让它乱八个月，然后一分为二。我对主席的这个指示，虽然立即传达。并且口头上一再强调这个指示的重要意义，可是没有吃透主席的指示精神，因而六月廿三日我的谈话，强调了"右派"赶工作组要顶住，赶也不要赶走，并提出了"排除干扰"的问题，使错误进一步发展到更严重的地步了。

现在检查，在文化大革命之前，对主席的若干重要指示精神，因而六月廿三日我的讲话，强调了"右派"就由于领会得很差，执行的不够好。如：一九六四年四清运动中，强调扎根串连的错误，把每年初执行主席指示六讲十六条经验丢了。这年的夏天刘少奇同志提出以县为单位派大工作队，扣解兵战，实际上搞人海战术，当时我不同意这个意见。主席听了我们的意见后，向我们指示人多又多了会不会发生"经流"问题，并决定召开中央工作会议专门讨论这个问题，鼓励我们到会上发表自己的意见。可是在中央工作会议上，刘少奇同志没有传达主席这个指示，也没有专门让我们就这个问题发表不同意见，我在这个问题上也犯了错误，就是没有在主席的启示下，进一步考虑这个问题，没有在会议上坚持我们的意见，并且回去走向了我们原来意见的反面，采取了人海战术，搞了许多大工作队，迷信扎根串联，害怕基敢作主当政，不是大胆放手发动群众，从运动中考验，生长积极分子。在制定二十条会议上，主席批评我作传后，对主席的思想领会不深。以后在四清中，大工作队与苏代替的问题，一直没有得到解决。又如：对主席1961年底，关于较困难时期已经过去的指示，我对当时的形势，一度把困难估计得重了。对主席制定的正确政策，动员群众的伟大作用，估计不足，这正如主席在1962年中央会议上主席所指示的，"你们又讲政策对，又把形势说得那样坏。有如：对主席关于文艺工作的指示，关于调查研究，群众要求救真理的指示等，都贯彻执行得不好了，对思想文化这条战线的工作，直到这次文化大革命前夕浪以前，一直没有抓住。

在用干部方面，对干部往往看好的方面多，要求不严，对别人爱惜他的才华多，而对于他们的思想意识问题注意不够，有用人不当的错误。联系干部的面狠窄，既近接近比较多的干部，平时去得不够多，在调查研究方面，实击的是在这次文化大革命中，忙于事物，不上前代，没有感性知识，没有接近展开，用耳朵代替眼睛，一些问题脱离实际，不能了解实际情况，又轻信了一些错误的，不真实的情况反映，四届中对矛盾也蹲的不好。在一段时间内，对矛盾的认识，有形而上学绝对化的观点。

八年来，对于学习毛主席著作的群众运动，没有认真抓，没有早抓，没有抓好，对毛泽东思想的伟大作用，对毛泽东同志是当代最伟大的马克思列宁主义者，对毛泽东把马克思列宁主义提高到一个新阶段，毛泽东思想是全党全国一切工作的指导方针，一定要活学活用，狠抓用字，等等，自己也讲，但实际了解的太浮浅平素华北局，所作的学习毛泽东思想的决定，其主正面说毛泽东思想的伟大意义就是一个错误，对于全党全国人民要有一个统一思想对才工农兵掌握毛泽东的新时代，对于用毛泽东思想武装一代新人——共产主义新人的巨大作用等，也理解得实在差。因此，对学习毛主席著作的群众运动，就缺乏当成一个伟大的重于一切的群众运动去抓。因神贯注地去抓，周身顾行地去抓，对发挥学习毛泽东著作积极分子的典型作用对向陈永贵，周明山，以及焦裕禄，别其俊等一代共产主义新人的学习，都抓得迟，对周明山的经验，注意的比较早，但缺乏大力推广，此外举办的高级干部学习会，从学习毛主席著作中，触及灵魂，开展意，认形态领域中的阶级斗争落脚到进军的改造实现思想革命化，也很不够。

如果再进一步的挖一下为什么如此？为什么对毛主席著作学习很差，用得很差？尤其是为什么主席批示了印发元梓等七同志的大字报后，沙觉在六月三、四日讲了与主席批示不相符合的八条政策呢？为什么主席讲了不要早忙乏派工作队，不要怕乱之后，我却作了六月三日的讲话呢？为什么主席讲了工作队人多会产生发生"经流"的问题之后，又就争自己瓦未有正确意见而走向反面，派大工作队，搞入海出，我呢？为什么四清中不按主席指示做抓住了斗争的主要是整党内走资本主义道路的当权派，却大文化大革命中犯了群众斗群众的错误呢？如此等等问题，都发人深思，值得自己深省平常自己对主席的尊重在哪是这响吧的，对主席的指示是有事必录，并积极传递努力实践的然而事实上却又是不少问题上违背主席指示，之所以如此怕犯到敌关键还是自己的资产阶级世界观没有改造好。毛主席反复告诉我们手破则立，不塞不流，不止不行真理，我深深感到破自己的思想差，破自己的资产阶级世界观、破资产阶级思想差，而不大破这些东西就不能大立毛泽东思想，就不能大立无产阶级世界观，要破就要联系实际。及时揭露自己。批判自己。要揭露和批判自己的资产阶级世界观和资产阶级思想，我对高级干部改造世界观，改造旧思想的重要性，对学"老三篇"的重要性过去是认识不足的，因而就缺乏自觉改造客观世界同时改造主观世界缺乏在工作中在斗争中，虽日认真改造自己对主席及时骄傲自满固不自封的指示，抓到是狠抓了但只抓了查别人而没有查自己这是个很深刻地教训。

自己的资产阶级思想，最根本的是表现在"私"字上个人主义"我"字太多，着想我如何如何就是私，做官当老爷特殊化，优越感就是私。接近顺自己的，听不进反对之言。还有认识问题也有私字旧的习惯觉好，舍不得丢掉恋旧东西，有旧的文化观点，旧的艺术爱好，所谓旧就是旧社会遗留下来的资产阶级和一切剥削阶级的东西，我在一九六四年和一九六五年关于文艺方面的几次讲话，就有这方面的错误，这次文化大革命中犯这些错误最根本的一点，就是革命革到自己头上来了，没有自觉地把自己摆进去亮出来，同时批判自己，革自己的命，相反地在有的问题上，实际是在说话保护自己，如六月三日市委机关一部分同志写大字报批评我，我没有看大字报，一听到反映竟提以谁反对新市委就是反对党中央，借保卫市委机关造成了打击一些革命同志的严重事件。这是令人十分痛心的，是深感内疚的，所以这次犯路线错误是有一定历史和思想根源的。

资产阶级思想另一个集中的表现，就是旦骄字上有骄傲自满情绪固不自封自以为是好为人师别人讲的不顺耳的话语往往听不进去，有些经验结以群众中，在实践中经过调查分析的也有些指本从自己的脑子里来就往往主观议，经验主义，今年六月三日的讲话和一九六四年的搞《四清》论提钢〉就突出的反映了这种毛病。相信自己的长期旧经验容易把一套运到新事物容易首先搁框，旧经验去套，去衡量它正否前后不思，拟新

287

事物差,有骄而躁,难时易躁,壮时为躁表现得脾气大,自选力冲,不以平等态度对待人。主席说"力戒骄傲"这对领导者,是一个原则问题,要防止极端危险的错误苗头倾向情绪。骄就是一种个人主义,力不注意防止,纠正一任自流发展。就有甲手动危险,有失职危险,有不利于党的团结的危险,有晚节过不去的危险。资产阶级思想,另一个主要表现是"一言堂"家长主,不是由集体决断而个人独断。一听汇报就武断的太快,尊敬从,不能多这次犯了若干本,可以要避免的错误。如一九六四年就发霸县许工摆好的报告以及这次化大革命中,北京郊区四清工作队员会议,各级散会等之问题,教训都已比是。就要重防害发挥到别的同志,的积极性,防害党的集体领导的原则。这次接受北京市的工作任务,就没有好好足华北局书记处议议,对形势及有关政策,方针问题等都没有议就急忙心血以上陈,这样没有不犯错误的。对别的工作不好放手,业别人干的事往往干手话多,过长话多,叫人不讲废话,只许自己讲废话。一会人家还来讲,自己就讲一太。先自己讲一大篇,堵塞真家思路,言路,会开的长,会开的多,顺讲哲学,抓纲不够,听的多,抓事物性,技术性的事太细,如至四清中,抓第具作步骤布置由排多。总之独断最危险。毛主席说:独裁没有不垮台的。主席批评我躁就是喜欢讲长话,对主席这些亲切指示,应该成为我的座右铭课自警坚决纠正业自己的错误。改正自己的错误,决心是有的,主席的指示和革命群众革命同志的帮助,给了我彻底改正错误的力量。当然要过好这一关。仍要自己做艰苦的努力。当前文化革命中两条路线的斗争检查在继续,要在两条路线斗争中检查自己,改骄自己,鞭策自己。一定要真正切实改正自己的错误,回到以毛主席为代表的无产阶级革命路线上来,不使错误发展成为反党、反社会主义、反毛泽东思想的问题,为此,我要同刘邓的线彻底决裂,彻底划清界线的真实愿望和决心,继续我怂地公开的向群众检查错误。同群众站在一起,批判自己的错误,批判资产阶级反动路线。认真平反真正将打成"反革命""右派"等的革命群众,恢复名誉向受错误路线蒙蔽的群众和干部承担责任,帮助他们提高认识,促使广大群众团结起来,并在实际行动上支持革命群众的革命行动。敢下臭架子甘当小学生,向革命群众寻求真理,一定要倾听群众意见,克粘光耳不言重视群众的创造和新鲜事物。对于主席关于群众路线。最整概括地凡句话,从群众中来,到群众中去.集中起来 坚持下来,先当学生,后当先生,这些根本指示,也要同老三篇一样反复学,反复用,努力搞好自己的思想革命化,做到向群众中来的名言那样.既联系高了,普通一兵的本色不使变今变大了,朝气蓬勃的干劲不变,生活好,艰苦朴素的作用不变,斗争意志弱了,革命到底的意志不变.同时要运当前文化大革命,要结合实际斗争联系配合的错误,努力学习毛主席著作,并坚决按照主席指示,振作精神,好好工作,力争不犯少犯错误.发现就改.这仍然需要同志的帮助.过去几个月,同志们给我写了很多大字报,提出了很多很好的批评.这是一种很大的帮助和鞭策和帮助.我接受同志们的这些批评和意见,向同志们表示忠心的感谢。

　　此外,我在这里说明一下:由于我犯了路线错误,使华北局机关参加北京市委工作队的同志也犯了一些错误,但这些同志的错误,是在我犯错误路线影响下犯的,要承担主要责任,当然个人有个人的帐,在这场大革命中我们一起受一次群众的大批判,会使自己得到改骄将大有好处。

　　　　无产阶级文化大革命万岁！

　　以毛主席为代表无产阶级革命路线万岁！

　　　　伟大的毛泽东思,想,万岁！

　　伟大的领袖毛主席万岁！万岁！万方岁！

赤卫军《越轨造反团翻印》,1967年1月31日
一机毛泽东思想烈火造反团再印 1967年2月1日
一机系统捍卫毛泽东思想革命造反联络会 67.2月9日
翻印 毛泽东思想卫东站普明印 67.2月27日

289

我的检查

陈毅

1967.1.24

同志们同学们，战友们

我在文化大革命中犯了错误，今天向同志们作检查

在文化大革命初期五十多天里，我在领导外事口的文化革命运动中执行了以刘邓为代表的资产阶级反动路线，犯了方向、路线错误，具体表现在贯彻执行了一些条条框框来束缚和压制了革命的群众运动，采取了国民党"训政"的办法，派出一批工作队，以约束群众，限制群众发展，到镇压群众，结果把外事口初步发动起来的文化大革命运动打了下去。

外事口执行了刘邓资产阶级反动路线最严重的表现是派出了大大小小十五个工作队或工作组，其中由外办、外事政治部派往对外文委、侨委有关局和学校六七个，由外交部派往所属单位和学校的六七个，这批工作队中以时彦和刘新权两个工作队的问题最为严重，时彦工作队造成为全口闻名的坏典型。时彦在对外文委和第二外语学院实行了资产阶级专政，镇压群众，用逼供信的办法把革命群众打成反革命。陈伯达同志、康生同志、江青同志最早发现时彦的问题，群众时彦就怀恨在心，不择手段挑拨和陈伯达同志的关系，企图假借我的名誉对抗陈伯达同志，特别恶劣的是搜集材料，企图陷害陈伯达同志。陈伯达是我党内杰出的理论家，我从一九四四年认识他以来一贯很尊重他，向他学了不少的东西。陈伯达同志、康生同志、江青同志他们学习毛泽东思想学的好，他们有了高度政治敏感，他们能很快发现时彦的阴谋诡计，我却还落后于他们，直到暴露之后才辨出真假。时彦妄图挑拨我和陈伯达的关系，无损于我们之间的团结，却暴露了他们自己的反革命政治扒手的真面目。

刘新权工作队也采用逼供信、黑材料等等办法在外语学院镇压革命群众，把革命群众打成反革命。其它一些工作队和工作组也都程度不同的执行了资产阶级反动路线。各工作队工作组犯的错误，我都应负很大的责任。我认为什么执行刘邓资产阶级反动路线呢？主要是由于自己思想上的原因。文化大革命一开始，我对这场无产阶级文化大革命是很不了解的。当时群众运动来势很猛，我没有正确思想准备，相反我却有很多错误的思想。在这关键的时刻，对于如何对待群众，对待群众运动，我站错了立场，不是站在无产阶级立场上充分相信群众，依靠群众，放手发动群众，发扬大民主进行文化大革命，而且害怕群众运动来势过猛会打乱正常秩序，影响外事工作。我口头上虽然也说要放手发动群众，实际上是多方限制，企图把革命的群众运动限制在我所想象的轨道上行进。因此对那些条条框框派工作组运动等等作法觉得比较适合自己的口味。当时就是在这种思想上接受和执行了刘邓的资产阶级反动路线，犯下了大错误。

由于我执行了资产阶级反动路线，既然在总方向犯了错误，不言而喻在运动中对一些具体问题的处理自然也就错误百出。外事口执行资产阶级反动路线的后果是使外事口的文化大革命运动遭到了严重的挫折。外事口各机关各学校普遍地程度不同地被打击了革命群众的

根据性。使许多革命群众受到迫害，有些革命群众被打成了"反革命""右派"他们在精神上受到了很大的折磨。这是我晓得了反　　　主席的正确领导而犯了错误不能不使我痛心疾首，懊悔交加。我　　　　里谈谎。我要向运动中所有受打击受伤害的革命同志宣布平反。晓礼赔谎。

八届十一中全会，毛主席到正了这条错误路线，动员行了以毛主席为代表的无产阶级革命路线。但是我在运动初期我不自觉地站在资产阶级反动路线上，犯了路线上的错误。到运动后期还是犯了错误。我在两次会议上都是以毛主席为代表的无产阶级革命路线上来。在执行以毛主席为代表的无产阶级革命路线中还犯了一些错误。十一中全会以后，我认到正错误很不彻底，没有彻底批判资产阶级反动路线。...在组织上对犯了错误的...彻底批判...没...对无限支持的很...我对无限支持的两派强调保护，过分调查把犯了严重政策错误...讲政策，说了很多错误的话。

...把犯政策...错误...的红上把...上运动疗气...当前我...财政...观念...实际感很根...是是毛主席...是...好...评...对待...指...对待...群众的革命运动...

群众...我认误军阻挠...把握住革命...的左...照运动功气流为...批判这前期的运动...动能特意...自去上...功水数对...根据...草命年师人力...大革命...从头...犯...次犯错...自没...凡上很多...工作...经验...民主作风不够工作作风亦线条也达

接下页

主义的领导方法等々这些方面对于我犯错误加重错误都有关系

为了彻底清理思想纠正错误回溯到文化大革命以前我也曾讲过不少的错话其中错误比较严重的是一九六二年广州文艺工作者和科学工作者会议上的讲话那次讲话的主要错误是对知识分子无原则的捧场评价过高而没有强调政治上思想上的改造以致被一下方拒绝改造的知识分子所利用还有一九六一年对北京高等院校应届毕业生的讲话和以后关于学习外语的话在红专关系上都没有强调突出政治而过份强调了专业助长了一些人的不问政治的倾向这些讲话有的曾公开发表流毒全国影响很坏这是值得我深刻检讨几个月来同志们给我写了很多的大字报提了很多良好的批评同志们要把我狠狠烧一烧，烧掉我思想上所有不符合毛泽东思想的脏东西这是对我最大的帮助我表示衷心的感谢同志们希望我改正错误，我也有决心改正自己的错误毛泽东思想和广大革命群众的帮助给了我彻底改正错误的力量今后我必须坚决认真学习毛泽东思想以林彪同志为榜样学习象他那样活学活用运用自如同时还要向周恩来同志伯达同志康生同志江青同志和其它同志学习他们学习毛泽东思想都学得很好我必须按林彪同志指示来学习毛主席著作就是代着问题学活学活用学用结合急用先学立杆见影在用字上狠下功夫把毛泽东思想真正学到手要把"老三篇"当做座右铭来学彻底改造世界观彻底改造世界观对我来说首要的就是要端正对群众的态度真正用无产阶级世界观来对待群众对待群众运动充份相信群众依靠群众按照毛主席的教导放下臭架子甘当小学生高估征求批评诚恳接受监督以满腔热情到群众中去虚心向群众学习过去是靠吃老本过日子现在不够了必须重新向群众学习才能在右的斗争中做出一些新的贡献毛主席说我们共产党员应该经风雨见世面这了风雨就是群众的大风雨这个世面就是群众斗争的大世面我决心投入这了伟大的群众运动的洪炉彻底烧掉自己的错误坚决同革命群众站在一起坚决不渝地支持你们並且和你们一起共同来批判我在文化大革命运动中所犯的错误一起来彻底肃清资产阶级反动路线在外了口的影响坚决同志们站在一起粉碎产贵阶级反动路线的新反扑粉碎资产阶级的经济主义坚决支持你们革命的夺权斗争把无产阶级文化大革命进行到底！ 同志们同学们战友们我向你们的革命造反精神致敬!我坚决支持你们的革命行动!虚心向你们学习学习你们的革命造反精神让我们一道高举毛泽东思想伟大红旗共同努力外了口的无产阶级文化大革命搞的更好。

无产阶级文化大革命万岁！以毛主席为代表的无产阶级革命路线万岁！
伟大的中国共产党万岁！无产阶级专政万岁！
伟大的导师、伟大的领袖、伟大的统帅伟大的舵手毛主席万岁！万岁万万岁！

内蒙师院东方红延京联络站等六个单位印
1.28

陈毅检查大会记录

时间：1967，2月17.25
地点：人民大会堂

中央负责同志出席大会有：总理、伯达、江青、李富春、李先念、谭
震林、王力、关锋

周总理：

同志们同学们战友们我们首先向外了系统各个单位和学校的同志
们同学们战友们致以无产阶级文化大革命的战斗敬礼！

我代表我们伟大领袖毛主席和他的亲密战友林彪付主席党中央、国务院中央
军委、中央文革小组向你们好！外了系统各单位各部门各学校已经成立
了联络机构我们也曾座谈过几次由于我们工作忙一直到现在才召开你
们这个系统的会议由陈毅同志向你们作关于他在无产阶级文化大革命
中所犯错误的检查首先我要说明，你们在外了系统各单位的座谈会上提
出的意见很多有的属于共同的有的属于各个部门个别的因为今天检查
不同能占大家很多时间不针对一个单位一个部门问具体的依检查只能原
则性的概括算领实质性的作检查至于详细所将来预可能在本部门座谈
会上和群众会上和你们一起座谈这样以致合适这是对人民内部矛盾所
采取的方针今天不可能在大会上做详细的检查占去我们们时间也占去
大家的时间今天请中央及同志中央文革小组同志来参加会议刚才有的单
位向我们提出抗议开会开晚了，我们很忙中央人少很少参加的同志要动脑
手写文章占去一些时间我们向你们宣读我们方要准确但也希望你们了
维实际情况。

陈伯达

我代表中央文化革命小组的同志们向大家问好我觉得陈毅同志的
讲话很好像这样的老同志在群众面前以小学生的态度坦白谦意正确的
对待自己的错误表明自己彻底改正有过的错误这是我们要象他学习的
陈毅同志的讲话我觉得有一缺点就是对我的评价我不敢当战友谪同大
家一起同陈毅同志一起继续好。地学习毛主席著作好，当毛主席的好
学生我愿向你们学习。

无产阶级文化大革命万岁
战无不胜的毛泽东思想万岁
我们伟大的导师，伟大的领袖毛主席万岁。

293

八千团

卫东报

国营天津印染厂毛泽东思想卫东宣传社

第5期　　1967年3月8日

毛主席语录

文艺批评有两个标准，一个是政治标准，一个是艺术标准。

又是政治标准，又是艺术标准，这两者的关系怎么样呢？政治并不等于艺术，一般的宇宙观也并不等于艺术创作和艺术批评的方法。

江青同志关于电影问题

全军创作会议，共看国产片68部，加上外国片共80部，连同以前共看影片300多部。这68部影片是与我军关系大的。

在68部影片中，好的有七部，《南征北战》《平原游击队》《战斗里成长》《上甘岭》《地道战》。故事好，但线条粗些，《分水岭》夏天军队不够突出，《海鹰》有些小缺点，吉普车上两个人吃苹果，有点吉普女郎劲头，出征时唱"宁愿出征，不顾在家，盼断肠"，是小资产阶级情调。

好的影片体现了主席的思想，写了人民战争，人民军队、军民关系是真正按主席思想写的。其余影片问题分以下几种：

1. 反党反社会主义的毒草；

2. 宣传错误路线，为反革命分子翻案；

3 丑化軍隊老干部，写男女关系，爱情；

4 写中间人物的。

具体情况如下：

1.《狼牙山五壮士》影片开头是岳飞题词："还我河山"，还有荆柯词，风萧萧兮易水寒，壮士一去兮，不复还；用岳飞、荆柯词写五壮士很不恰当，不能类比。用此词比当时英雄不好，没有写出五壮士当时起何重大意义。五壮士在影片上表现很难看，丑化了军队。把战争写得很残酷，加个音乐是哀乐。五壮士与加个战争没联系。写我们军队把五壮士丢下就不管了。是歪曲我军的。敌人旅团长舞刀冲上山，不符合事实，叫旅团长药于师长，不可能这样干。影片改改还可用。

2《独立大队》

毒草。加个是描写土匪，宣扬了土匪，丑化了军队，丑化了政治干部，对土匪的改造不依靠政治，而是依靠土匪义气，靠土匪改造土匪。我们对土匪低三下四。好象离开他们不行。马龙的转变不知为什么。

3《铁道游击队》

没写主席关于游击战争的战略战术，反则写的是主席批判的游击主义。游击队不依靠群众，都是神兵，只是芳林嫂一个群众。有政变搞不到政治工作。不象构高度组织纪律性的无产阶级游击队，象一帮农民小资产阶级队伍，没写党的领导，不象八路军领导的，单纯地搞惊险神奇动作，宣扬个人主义，影片的插曲很不健康。

4《战火中的青春》

主要是宣扬个人，宣扬个人英雄主义，有点梁山伯祝英台的意思，没写政治工作，完全宣扬了单纯军事观点，排长军阀主义，歪曲部队生活，丑化军队形象。

5《黑山阻击战》

这支部队打锦州时，阻击廖耀湘兵团南下的叫"黑瞎部队"，廖兵团早七点跑来，晚六点又跑回，这是辽沈战役之主要战役。这支部队在北平边还有个塔山，阻击战，看影片好象就是黑山阻击战起了作用。影片中没有树立一个英雄，师长吊儿郎当，营长打仗还谈恋爱，丑化了师长、军长，政委，没写我军顽强勇敢，没写击战斗的激烈，拼刺刀好象现似的。把后勤工作写得一团糟，把敌人写得很顽强，逃跑时还阅兵。

295

6《林海雪原》

有严重缺点　这是写土匪的，是在东北搞土改的基础上搞的剿匪，没写土改，这是四平保卫战役后　部队分两工作队搞土改，为配面后方剿匪，影片只是一个部队干，没群众，好象是部队脱离群众的。影片充满了土匪气；有一般化装土匪审讯，这是歪曲。打威虎山好象就是相子荣，夸大了柏子荣个人作用。个人英雄主义。柏子荣化装以后比土匪还象土匪，是歪曲，没写阶级斗争，土匪临死时，还很顽强，没羞辱。

7《五更寒》

违背阶级路线，美化乔风（地主小老婆，破娃），宣相查风在关键时刻起极重要作用，比党员还好。写党员动摇，叛变，群众怕接见游击队，怕斗争。歪了虎子低沉　为自己抹黑，长了敌人志气，充满了人性论，乔风对游击队一见钟情，叛徒回家，还搞团员，夫妻还温情。

8《英雄虎胆》

美化特务阿兰，跳摇摆午一坊是资产阶级生活大展览，歪曲了侦察部队形象，曾参谋化装后，比敌人还象敌人。剿匪不靠发动群众，只靠派进去去，与林海雪原都是学苏联的。

9《红日》

涟水战役是违背毛主席指示打的，七战七捷了　不按主席的电报干，还要再干　就打了败仗。

10《战上海》

是写国民党的戏，我们没有一个英雄人物塑造而来，都是面条。当时南京己解放，敌人大势己去　敌人要跑了，敌人洋相很多，内部矛盾很厉害，而我们写的敌人很神气，很排场，是不符合实际的；写打城市不能打炮，造成伤亡，为保城市舍生围救，写在影片上是不好的。既是有，也是个别情况，　把刘义的作用夸大了。刘义成了很让人同情的人物，最后一句一话（母亲）说："二十年前，我瞎子了。"这是客观上为陈独秀辩护。

11《两个巡逻兵》：

把边防战士写得愚蠢，跟着敌人后跑；把敌人写得很顽强，一个人是发完报才当俘虏。丑化了我们，我们是两个战士抓不住　个敌人。老战士蠢，少数民族只谈恋爱，吃喝，丑化了少数民族。

12《岸边激浪》

写敌人很顽强、坚决，亲生儿子也干。我们麻痹，地主婆隐藏了十多年也没发现。把我们写成没有党的领导，没军民联防，民兵没政治工作。阿娟、阿兰也是一见钟情。

13《对兵邓志高》

写的是典型的中间人物，部队有扣冠子偷瓜的，指导员不讲原则，合稀泥。宣传教条主义，政治工作走过场，邓志高为何转变，不清楚。

14《哥俩好》

也是写中间人物。没写新军委成立之后部队的新面貌，没写政治工作落实到军队之情况，没写大虎为什么好，二虎为什么转变，充满了低级趣味，二虎爬到将军身上摸肩章，真搭了豆腐西洋相。

15《长空比翼》

写中间人物。英雄屡犯错误，蛮横骄傲，无法无天，是飞机击落后大觉悟。写飞机被击后右很孤单，把师长写得简单粗暴。常用"我们的自由主义战士"及"带儿郎喵兵"的话，政治不做政治工作。传肖恩光字医梅花写的怕死。

16《三年里知道》：

违背阶级路线，似乎合作化高了中农不行。对富裕中农的违法行为不靠人民群众起来斗争，不靠政治，靠物质刺激。党团组织一团糟，支部书记是个老好巨滑，影片的落后人物均没有转变。写的军队有个用了虎文如此，支援上中农发家致富。

17.《布谷鸟又叫了》

把农村党支部写的落后，只有小资产阶级知识分子才是先进的，用小资产阶级面貌改造党。说党不关心人，只关心牛猪，没有人情。辱骂干部生孩子如老母猪生娃。宣扬跳午，唱歌，玩为幸福，充属个人主义。插曲为《茉莉花》的翻旧版。

18《青山恋》

歪曲主席的话，把主席讲的"未来是属于你们的"说成未来属于落后分子的。歪曲老干部对知识分子不搞教育，不搞政治思想工作，只靠温表。这些人都是极端个人主义者，但场上说这些人都是革命的，进步的，这些人来之不是青年宁。唯一的正面人物是一个不懂事的孩子。没写工农结合，对上海青年上山下乡是很大的歪曲。

19《花好月圆》

名字就没有阶级斗争，对合作是全面歪曲攻击，农村没有进步的，会是落后分子。一团漆黑里，"三八"式的村长是个老落后，其他党员不是怕老婆就是投机商（还为搞投机）新党员李梅只知搞恋爱。只有一个贫农还写成小丑，对上中农的资本主义倾向不斗争，只搞物质刺激，把合作化写成为提高生活，把落后势力写得又顽强，似乎他们专政。我们没办法，写多闹恋爱，似乎男女见了面就走不动。低级。

20. 《我们村里年青人》

写三角恋爱，四对。歪曲农村青年人的精神面貌，没有英雄形象，尽是中间人物。丑化革命干部，老社长是老保守，会计是反面人物。

21. 《五朵金花》

整个影片写一男一女，别人都是陪衬他们谈恋爱，情歌很有问题。对少数民族不说他们觉悟，政治成分精神面貌的变化，尽是吃唱谈恋爱。

22. 《星火之火》

以五卅惨案为背景，表现星火之火，"五卅"发生在一九二五年，那时我们还没根据地，主席还没提出星火之火，说"五卅"就是星火之火，是歪曲实际是立三主义，提倡城市暴动。领导工人空手夺武器飞行集会歌词中有一句"等我们需要时搞武装"，那就是说，这以前不需要抓武装斗争了。把一个农村妇女写成中间人物，不写工人，不符合历史事实，把工人阶级写成很软。

23. 《革命家庭》

歪曲历史事实，歌颂王明路线，不写武装斗争，农村包围城市，只写地下工作，把地下工作者生活写得很豪华，机关越大越阔，生活越豪华，脱离群众，充满人情味。

24. 《聂耳》

为阳翰笙田汉宣传，似乎上海地下党是他们领导的，聂耳是他培养的，他们是革命音乐，戏剧、电影的主帅爷，似乎仅文化围剿的主将是阳翰笙，是他们在主席之前提出了文艺与工农兵结合，为工农兵服务，写战争是从四次反围剿开始写，不写一二三次，只写王明路线的诗大电影的主帅爷片夸大了聂耳的作用，借聂耳来吹他们自己，似乎中国的泥泉是又勇军进行曲唱出来的，是阳翰笙，田汉指示来的是与主席思想争领导权，是搞反革命复辟作舆论准备，把聂耳写的很轻浮。

25. 《地下航线》

違背历史事实，影片里写地下党受破坏，游击队困在山上。不强调从战场上消灭敌人夺武器，而靠地下送武器，写地下工作不是靠群众，而是靠个人智谋神出鬼没靠投机商，靠甫志高。影片写了多迷信，对迷信欺骗没批判，掩盖了敌人之残酷，最后保持了航线，是违背地下工作真实的。

26 《烈火中永生》

严重的问题是为重庆市委书记（判徒）翻案。小说许云峰是工委书记而在影片中成了市委书记，这是根本不同的，歪曲白区工作，市委书记在食館谈工作，江姐一被捕就承认为党员。地下办公"挺进报"是盲动主义把华蓥山游击队写成由重庆市委领导的，而市委重庆又受上海局领导，是城市领导农村斗争即违背主席思想的，又不符合历史事实当时不是上海局而是党中央直接领导。许云峰、江姐两们形象不好，许象旧知识份子，江姐有些骄气，华子良为疯子，有句台词不好，如特务头子严醉对江姐说"我可以把你全身扒光"一面写生死斗争，一面写天安门联欢，把天安门联欢写在这们场合上不好。

27. 《女飞行员》

一九五六年～～一九五七年时招了些女飞行员，是彭德怀黄克诚领导影片却把林总说的写到那里，是为彭黄翻案。宣扬了人和技术的矛盾，宣扬了技术第一。对当用的国民党教，只强调了技术改革，不强调思想改造，所有人物情节都是为了上天，写女飞行员只为了给女飞行员争口气，山沟里出凤凰，女飞行员写的很软弱，一遇问题就哭鼻子。不做政治思想工作思想变化很简单，相大娘一说项就转变了。

28. 《万水千山》

主席批评写了分裂主义，只写了一方面軍，没写一、二方面軍。混战一场，凄惨低沉，一教导员还死了，没写主席軍事路线，没写出长征时主席思想的胜利。由于长征在历史上的重大意义，由于这片在群众中有一定影响、要组织力量重新拍摄。

30 《椰堡的故事》

是涣散斗志、瓦解士气的片子、在紧张的斗争中战士陷于爱不能自拔。宣扬了爱情、纪律之矛盾、最后冲破了纪律、取得了胜利二妹子一家之遭遇把阶级斗争是虚、爱情是实。指导员不做思想工作、反而说媒拉缝、认为队里可以恋爱结婚。影片的章法、歌曲都利用了人情味、问题大。很多手法恶毒破坏纪律、用绝情艺术手法使人困惑、使人感到军队残酷。

31 《前方来信》

题材主题都是错误的、是对革命战争的歪曲。将革命战争写很惨。独生子牺牲了、两代妻妇最后通过假信来安慰。将战争写得凄惨、宣扬个人主义（独生子一般是不征兵的）。

32 《农奴》

有缺点真、揭露有余、歌颂农奴不够、情调低、鱼已解放还没有翻身求解放的要求、这是农奴没有革命的浪漫主义、迷信色彩重、调子低、带有不好的宣传效果。

33 《兵兵的人》

宣传个人主义、四连落后份子太多了、不像两年前的四好连队。连干只是严格要求、没有耐心说服、指导员工作很少、班干很粗暴、剧本笑都打不到点上、四好连队好像就是为了争红旗打转。阶级教育不够、欧小龙转变好象就是他姊唱了段歌、歌也是软的。

34 《雷锋》

有缺点。把雷锋的好事都集中到一天来做不合理。影片中的毛主席不好（？）是政治性的错误。将雷锋之好事由中间人物三大力来继承、不好。防洪指挥部主任形象也不好。他对雪锋说："好接班人"结果雪锋就死了这不好。

36 《水手专的故事》

把敌人写得很高明，估计我们的情况很准确。我们写得很被动，故事又真实，后半部离奇得很。

36 《大李小李和老李》

低级庸俗、把故事按排在屠场是别有用心的，影射我们像猪一样破事。写干部不是胖猪就是瘦猴，把车间主任关在冷藏室、把干部写得像猪一样。

37 《赤峰号》

舰长水平低、不懂战术、闹个人主义。政委没原则性 跟舰长跑、只讲了半句话、孤儿的处理不恰当，抽曲又健康。

38 《冰山上的来客》

作者是伪满人员、没有党的领导、夸大个人作用。正个影片没有政治工作、抓专凭吹笛子指挥战斗、凭歌子辨别特务，音乐从头到尾是靡靡之音，情歌都是伪满时歌曲的翻版。

39 《野火春风斗古城》

争取关团专起义、没有和当时的大斗争环境连系起。看不到争取的必要性、美化了关敬陶、似乎诉取他不可。把汉奸写得正义爱国、我们小赵相信他、事实上我们是很危险的、是冒险主义。杨晓冬在关键时刻软弱、金环像泼妇、拔簪刺

301

敌人不合理、银环是中间人物，累犯错误，和杨晓冬一见面就钟情，成分夸了这段爱情。杨母三次出场两次是给儿子说媳妇，歪曲了革命母亲的形象。

40《上1号兵站》

对党的秘密工作是歪曲、诬蔑，干秘书工作是天投机取巧，正天和敌人、地痞、流氓混在一起，不依靠群众，有些打法是敌特务的作法。出上海凭什么也不行，一个小青年就解决问题了。

41《今天我又休息》

把先进工作者的事迹都是要在一天做，不合理，宣传有劳无逸，是天民也实的傻呼呼的，有些是为了取笑。

42《碧空雄师》

要中间人物，林天游转变完成主要是姐的教育，没有四个第，连士即官僚主义又粗暴，指导员是非不清，不解决问题。

43《三个战友》

丑化革命军人形象，看不到党的领导，看不到阶级斗争，三个人，一个怕老婆，一个行恋爱，一个行自发，充满了低级趣味。

44《红河激浪》

为高岗、习仲勋翻案。

45《怒潮》

美化彭法怀、为彭法怀翻案。最后要攻打城
建立农村根据地、是錯误的军事路线、插曲有问是

46《人民的巨掌》

歪曲宽的肃反政策是宽大无边。为反革命胡风翻
地下宽寄的老八路之明的负。解放后上海似乎还由敌
（敌人的电台甘）改造特务不是靠群众而是靠家庭。大

47《女兰五号》

没有宽的领导、宣传球队指导活动、美化了资
小姐。最后叫小姐爱上了穷运动员、宣传了阶级调合
海奇一。

48《红霞》

宣传假投降美人计、是不符合历史事实的、红霞在临
歌词、宣场了活命哲学 情节调是小資产阶级的。

49《生活的浪花》

是暴露社会主义阴暗面的电影、攻击社会主义制度
宽组织无能、对问题不敢管、或是温情主义。宣传专家
教授专政。宣传人民在前进的道路上一定要摔跤、也不
摔了跤就会爬起来。

　　50《抓壮丁》
　　51《兵临城下》　52《阿诗玛》
　　53《逆风千里》　54《青春的脚步》

国营天津印染厂毛泽东思想
卫东宣传社　翻印　1967.3.11.

衛东

一九六七年

7

最 高 指 示

阶級敌人是一定要尋找机会表現他們自己的。他們对于亡国、共产是不甘心的。不管共产党怎样事先警告，把根本战略方針公开告訴自己的敌人，敌人还要进攻的。阶級斗爭是客观存在，不依人的意志为轉移的。就是說，不可避免的。人的意志想要避免，也不可能。只能因势利导，夺取勝利。

目　录

説　明

　　本期諸文中所引我們偉大导师毛主席的語录，本应用黑体字，但因排字条件限制，未能如愿，特此説明，并向讀者致欠。

　　　　　　　　　　　　　　　　　　　　　本刊編輯部

砸爛修正主义建党綱領
捍卫毛主席的建党学說

毛主席指出："革命党是群众的向导，在革命中未有革命党领错了路而革命不失败的。"又指出，建设"一个全国范围的、广大群众性的、思想上政治上组织上完全巩固的、布尔塞维克化的中国共产党"，是一个光荣而又严重的任务。几十年来，毛主席一直把党的建设当作无产阶级革命的三大法宝之一，并在长期的革命实践中，天才地、创造性地发展了马克思列宁主义的建党学说。

建设一个什么样的党？怎样建设党？这是党内两条路线斗争的焦点，是区分马克思主义和修正主义的试金石。

《九评》指出："资产阶级和国际帝国主义懂得要使社会主义国家蜕变为资本主义国家，首先要使共产党蜕变为修正主义的党。"党内头号走资本主义道路当权派刘少奇，是深知这一点的，他的黑《修养》就是典型的反毛泽东思想的修正主义建党纲领，是一株打着"有益于党的建设和巩固"的旗号，疯狂地歪曲和阉割毛主席的建党学说的大毒草。对刘少奇的疯狂挑战，我们必须予以迎头痛击。

一、戳穿"全民党"的阴謀，捍卫无产阶級政党的純洁性

马克思列宁主义、毛泽东思想教导我们，阶级通常是由政党来领导的，而任何政党都由本阶级的骨干分子组成，都是从属于一定阶级的。党性是阶级性的最集中的表现。我们共产党是无产阶级的先锋队和最高组织形式，它集中地代表着无产阶级的利益和意志。共产党的党性是无产阶级的阶级性的集中表现。

一切修正主义者，总是极力抹杀无产阶级政党的阶级性。在苏共二十二大上赫鲁晓夫就公开打出了"全民党"的破幡，极为荒唐地宣布苏联共产党已经是"全民的政治组织"。中国最大的修正主义分子刘少奇在宣扬"全民党"这个修正主义的谬论上，比赫鲁晓夫是有过之而无不及的。他早在一九三九年，就在其黑《修养》中描绘了一幅"全民党"的兰图。他胡诌什么："加入我们党的人，不只是家庭出身和本人成份各不相同，而且是带着各种不同的目的和动机而来的。"接着他便连篇累牍地摆出了各种不同的动机和目的：有的为了"吃得开"；有的为了"分田地"；有的是为了"到共产党里找出路"，解决"职业"，"工作"和"读书"问题；有的为了解决"包办婚姻"、"摆脱家庭的束缚"，有的竟然是"被亲戚朋友带进来的"。刘少奇所讲的党，简直是一个乌七八糟的大杂烩，哪里还有什么为实现共产主义而奋斗的远大理想？哪里还有一点革

命的影子？哪里还配称为无产阶级的先锋队？

无产阶级政党也包括其它阶级出身的成员，但在吸收其它阶级出身的成员时必须按照马克思恩格斯所指示的，"首先就要要求他们不要把资产阶级、小资产阶级等等的偏见的任何残余带进来，而要无条件地掌握无产阶级世界观。"

然而，这位自称为中国"刘克思"的刘少奇对带着各种阶级偏见、有着各种各样的个人目的和私人动机的人，却是不分良莠，不问政治态度，兼收并蓄，统统拉入党内。他说什么："即使如此，也不是什么了不起的大问题"，公然为投机分子、阶级异己分子混入党内大开了方便之门。

刘少奇正是在这个"全民党"的幌子下，大搞招降纳叛、结党营私，把许多赫鲁晓夫式的个人野心家、阴谋家拉入党内，把许多社会渣滓、富农、资本家、叛徒和民族败类塞入党的各级组织中。抗日战争时期，他指使狱中的党员自首叛党，保存叛徒狗命，然后再改名换姓、留在党内；解放前夕，他疯狂叫喊："在东北，有一万富农党员也不怕。"解放初期，他又大肆鼓励资本家入党，对反动资本家王光英说："你资本家也当了，也没有整你，又入了党，则更好了。"长期以来，在他的庇护和网罗下，形成了一个庞大的反革命集团，为在中国复辟资本主义，阴谋篡党篡政，进行了组织上的准备。因此，我们必须彻底戳穿刘少奇大搞"全民党"的罪恶阴谋，坚决捍卫共产党的纯洁性。以保证我们党千秋万代，永不变色，永远代表着无产阶级的根本利益，领导着无产阶级和广大劳动人民，为实现共产主义的远大理想而奋斗。

二、粉碎"党内和平"的謬論，积极进行党内两条路綫的斗争

政党是阶级斗争的产物，同时，又是阶级斗争的工具。政党是在阶级斗争中存在和发展的。因此，社会上的阶级斗争一定要反映到党内来，形成党内两条路线的斗争。正如毛主席所说的那样："党内不同思想的对立和斗争是经常发生的，这是社会的阶级矛盾和新旧事物的矛盾在党内的反映。"这就极明确地给我们指出了党内斗争是有鲜明的阶级性的，是不以人们的意志为转移的。而刘少奇却明目张胆地与毛主席的英明论断大唱反调，在《修养》中别有用心地歪曲党内两条路线的斗争，鼓吹"党内和平"的谬论。他说："因为各种党员看问题的方法不同，就使他们处理问题的方法也各不相同，就引起许多不同意见不同主张的分歧和争论，就引起党内斗争"，并且诬蔑我们的党内斗争是人为的"平地起风波"，这是彻头彻尾的修正主义黑话，其目的就是把极其尖锐复杂的阶级斗争归结为认识和方法问题，用来掩盖和抹煞党内斗争的阶级实质，否认党内斗争的必要性，使党员以"方法不同"，"认识不同"的超阶级的庸人观点来看待党内两条路线斗争，以达到扼杀党内两条路线斗争的可耻目的。

不仅如此，刘少奇在《修养》中还公开鼓吹"党内和平"，极力取消党内斗争。他挥着"党内和平"的大棒，猖狂地反对毛主席的无产阶级革命路线。他胡说什么，不能"在什么条件下都要开展党内斗争"，肉麻地宣扬和鼓吹"在原则路线上完全一致的党内和平"，恶毒诬蔑我们"把某些同志当作机会主义者"，"故意制造党内斗争"，等等，所有这些，都是修正主义的陈词滥调。

毛主席教导我们："党内如果没有矛盾和解决矛盾的思想斗争，党的生命也就停止了。"林彪同志也指出："我们党最大特点之一，就是党内生活是斗争的，不是和平的，不是妥协的。我们党要成为坚强的进步的党、有战斗力的党，就要进行党内斗争。""我们共产党的哲学是斗争的哲学"。几十年来，在毛主席的直接领导下，我们党一直以斗争的哲学为指导，坚决地积极地进行党内两条路线的斗争。解放前，在毛主席领导下，我们曾同陈独秀、李立三、王明、张国焘等人所代表的"左"的或右的机会主义路线进行了坚决的斗争，在斗争中，确立了以毛主席为代表的党中央，取得了一个又一个的伟大胜利。建国十七年来，我们又在毛主席领导下进行了三次大的党内斗争，粉碎了高、饶反党集团的篡党阴谋，打退了彭、张一小撮右倾机会主义分子的疯狂进攻。在这次史无前例的无产阶级文化大革命运动中，在毛主席的领导下，我们又揪出了以刘少奇为首的反革命修正主义集团，把他们的反革命丑恶嘴脸暴露于光天化日之下。正是因为我们坚持了两条路线的斗争，才打退了形形色色的机会主义者的一次又一次地猖狂进攻，把他一个个都扫入了历史的垃圾堆。

必须指出，刘少奇之所以鼓吹"党内和平"，取消党内斗争，是由其反动的阶级本性所决定的，这是他用来向我们无产阶级进攻的工具。

抗日战争时期，他正是利用这个虚伪的口号阻止我们对王明的投降主义路线的批判；

驱逐了日本帝国主义之后，他又在"党内和平"烟幕下，大肆贩卖投降主义黑货；

正当中国人民刚刚获得了新生之后，他又以"党内和平"作掩护，极力要把中国引向资本主义的邪路上去，妄图使中国人民重坠痛苦的深渊；

一九六二年，正是国际上反华声浪甚嚣尘上，国内牛鬼蛇神鼓噪一时，蒋匪帮在台湾海峡蠢蠢欲动的时候，刘少奇又一次抛出黑《修养》，疯狂反对三面红旗、反对毛泽东思想、咒骂毛主席，为彭、张集团翻案，为地富反坏张目，鼓励资本主义复辟。

当我们伟大领袖毛主席点燃了无产阶级文化大革命的熊熊烈火之后，他又是一面高喊"党内和平"，一面大搞白色恐怖，疯狂地围剿革命派，镇压无产阶级革命运动，用心何其毒也！

可见，刘少奇的"党内和平"是用来庇护一切反革命修正主义分子，并鼓励他们兴妖作怪的保护伞，是不折不扣的反革命两面派的理论，是地地道道"合二而一"论。刘少奇所谓"和平"，不过是只许他们大搞资本主义复辟，向我们党疯狂进攻，而不准我们予以反击的代名词而已。

为使他的"党内和平"谬论流毒更深，他还千方百计地蒙蔽党员群众。他要党员在党内斗争中做好"受到某些委曲和冤枉"，受到"误会和打击"的思想准备。其目的是挑起党员对党内斗争的反感。使他们抱着消极挨斗的心理，置身于两条路线斗争之外。他公然对抗毛主席一再强调的"积极的思想斗争"，宣扬资产阶级思想与无产阶级思想"和平共处"，"合二而一"的谬论。以使资产阶级思想自由泛滥，占领各种市场和阵地，逐渐改变我们党的颜色。

还必须指出，正是在刘少奇的"党内和平"的影响和欺骗下，使一些同志在无产阶级文化大革命运动中看不清这是一场两个阶级、两条路线、两个司令部的大搏斗，自觉或不自觉地站在资产阶级反动路线一边，给革命造成了严重的损失。这一沉痛的教训，我们必须牢牢记取。

我们党的全部历史雄辩地证明：只有积极进行党内两条路线斗争，才能使我们党在阶级斗争的风浪中，不断成长壮大。因此，我们必须高高举起毛主席开展党内斗争的伟大红旗，随时随地向形形色色的机会主义思潮作不调和的斗争。

三、打倒奴隶主義和反动的"馴服工具"論，捍卫党的民主集中制的原则

民主集中制是我们党的组织原则，是毛主席建党学说的重要组成部分。毛主席说，我们党"在组织上，厉行集中指导下的民主生活。""在这个制度下，人民享受着广泛的民主和自由；同时又必须用社会主义的纪律约束自己。"

但是刘少奇却在《修养》中极力歪曲和反对党的民主集中制原则，大肆贩卖奴隶主义和反动的"馴服工具"论。在《修养》中，他别有用心地大讲特讲什么"党性"，"党的观念"、"组织观念"，要党员养成"绝对服从"的性格，使党员在他的所谓"党性"和"纪律"的轨道上爬行，不得有半点"越轨"。照他的黑话办下去，党员就会成为他推行反革命修正主义路线、进行资本主义复辟的"馴服工具"。实际上，他的"党性"，就是"奴隶性"，就是"馴服性"，他的"纪律"就是用来束缚党员手脚的绳索。

为了使他的奴隶主义得以推行下去，他大耍偷天换日的欺骗伎俩，宣扬"朕即党"的反动谬论，他胡诌什么："党的干部和党的领导人，更应该是党和无产阶级的一般利益的具体代表者。"他把自己描绘成"党的化身"，党员对他只能绝对地服从，不可有半点异议。

不仅如此，他还大搞愚民政策，向党员大灌迷魂汤，宣扬逆来顺受的奴隶哲学，他天花乱坠地鼓吹什么要"容忍、宽大、委曲求全"，"以德报怨"、"己所不欲、勿施于人"，"能爱人"、"将心比心"，"忠恕"等等骗人的鬼话，使党员丧失阶级斗争的观点，失去政治远见，不要革命锐气，磨掉斗争棱角，成为思想呆滞，头脑迟钝，只知"忍"、"恕"，不分敌我的胡涂虫。

所有这一切形成了他的一整套奴隶主义哲学和反动的"馴服工具"论，这是他的修正主义建党纲领的重要组成部分之一，是与我们党的民主集中制原则相对抗的修正主义组织原则，是不折不扣的反革命理论。

刘少奇这种修正主义组织原则，是他在中国复辟资本主义的工具。他正是打着这样的旗号，蒙蔽了一部分群众，以"绝对服从"来驱使被蒙蔽者为他奔走效劳。在轰轰烈烈的无产阶级文化大革命中，他靠一些受《修养》蒙蔽和毒害的干部和群众来推行资产阶级反动路线，打击、陷害敢于起来造反的无产阶级革命闯将，千方百计地保一小撮反革命修正主义分子，极力同毛主席的无产阶级革命路线相对抗，造成了革命运动的曲折和反复。林彪同志一针见血指出了这种修正主义组织原则的危害性："一旦有时机……有**的家伙就会拿'下级服从上级'的组织原则，发号施令来篡夺政权，来改变我们的社会制度"，这一点，我们是必须予以百倍警惕的，万万不可粗心大意，万万不可糊涂起来。**

其次，这是刘少奇用来压制群众运动，镇压革命造反者的武器，保护自己的工具。谁要敢于触犯和揭露他的反革命罪行，根据"老子就是党"的混蛋逻辑，"反党"的大棒便会劈头盖脑地打过来。谁要不服从他的修正主义指挥棒的调动，根据"绝对服从"的修正主义理论，便会给你戴上一顶"反革命"的帽子。一句话，就是只许听凭他大搞资本主义复辟，不准我们造他的反，只许他阴谋篡党篡政，不准无产阶级给予反击。在这场史无前例的无产阶级文化大革命运动中，党内头号走资本主义道路的当权派正是以他的黑《修养》做为救命草，来保护自己，围剿革命派，实行白色恐怖，大搞资产阶级专政的。妄图将轰轰烈烈的革命运动打下去，用心何其毒也！

毛主席教导我们："共产党员对任何事情都要问一个为什么，都要经过自己头脑的周密思考，想一想它是否合乎实际，是否真有道理，绝对不应盲从，绝对不应提倡奴隶主义。"最近又指出："危害革命的错误领导，不应当无条件接受，而应当坚决抵制。"我们一定要铭记毛主席这一教导，把它作为指针，打倒奴隶主义和反动的"驯服工具"论，改变"过去那一付奴隶相"，加强我们的无产阶级纪律性，树立革命权威，捍卫党的民主集中制。

四、彻底批判资产阶级世界观，
不断地加强党的毛泽东思想的建设

毛主席历来都教导我们："掌握思想教育，是团结全党进行伟大政治斗争的中心环节。如果这个任务不解决，党的一切政治任务是不能完成的。"为了实现党的纲领，完成共产党的伟大历史使命，必须抓住这个中心环节，不断地加强党的思想建设。

任何一个阶级，总是用本阶级的世界观来建设党，作为党的指导思想的。我们共产党必须用毛泽东思想来作为指导思想，以无产阶级的世界观来建设党。

毛主席说："无产阶级要按照自己的世界观改造世界，资产阶级也要按照自己的世界观改造世界。"刘少奇的黑《修养》，就是为了按照资产阶级世界观来改造我们党而抛出来的。

无产阶级世界观归根结底就是一个"公"字，而资产阶级世界观归根结底就是一个"私"字。

毛主席说："共产党员无论何时何地都不应以个人利益放在第一位，而应以个人利益服从于民族的和人民群众的利益。"他教导我们要"毫不利己专门利人"，要"全心全意地为人民服务"。而在刘少奇的《修养》中，却塞满了资产阶级个人主义的臭货，从头至尾都散发着令人作呕的资产阶级铜臭。他在美丽言辞的伪装下，拐弯抹角地提倡个人主义，大肆宣扬虚伪的"公私溶化"论，竭力兜售"吃小亏占大便宜"的市侩哲学。他也假惺惺地大讲什么"刻苦的修养"，"争取党的事业的发展"，然而，这种"修养"的出发点和归宿却完全是为着个人。他说："党员只有全心全意地争取党的事业的发展、成功和胜利，才能提高自己的能力，增强自己的本领……否则是不可能的。"仅此一句，就彻底暴露了他的"高级个人主义"的反动实质。原来，在他的"全心全意"的背后，恰恰隐藏着最无耻最自私的个人野心。他所谓"党的事业"不过是取得个人私利

311

的手段和途径。他为公是假，为私是真；假公之名，行私之实。这种"吃小亏占大便宜"的市侩哲学是非常狡诈和阴险的。它教人如何用虚伪的手段来攫取个人名利，教人如何一步一步向上爬，成为一个"大人物"。修来养去，只能越养越修，越养越成修正主义。按照这种资产阶级世界观培养出来的人只能是个人主义野心家、投机成性的伪君子。我们共产党如果照此进行思想建设，"马列主义的党就一定会变成修正主义的党、变成法西斯党。"

不仅如此，他还在《修养》中疯狂地攻击战无不胜的毛泽东思想，含沙射影地咒骂我们心中的红太阳毛主席。他借"做马克思和列宁的好学生"来否认毛泽东思想是我们党的根本指导思想，妄图抽去我们党的思想灵魂，代之以资产阶级世界观，由此看来，他要使我们党改变颜色的企图不是昭然若揭了吗？

我们伟大领袖毛主席亲手缔造的中国共产党，今天已经是负有世界革命重任的大党，全世界革命人民都对中国共产党寄予无限的希望。因此，用毛泽东思想建设党，还是用资产阶级世界观来腐蚀党，这是决定我们党的性质，决定我们党的存亡的大问题，它直接关系到无产阶级的命运，直接关系到中国和世界革命事业的前途。

林彪同志教导我们："我们要让亿万人民掌握毛泽东思想，让毛泽东思想占领一切思想阵地，用毛泽东思想来改变整个社会的精神面貌。"我们一定要按照林彪同志的教导，不断地加强党的毛泽东思想的建设，大破资产阶级世界观，大立一心为公的无产阶级世界观，使我们的党永远沿着毛泽东思想的轨道胜利前进，在我们伟大领袖毛主席的英明领导下，为中国和世界革命做出更大的贡献。

五、结 语

综上所述，中国的赫鲁晓夫刘少奇之所以肆无忌惮篡改党的性质，大搞"全民党"，歪曲党内两条路线斗争，鼓吹"党内和平"，大肆贩卖奴隶主义和反动的"驯服工具"论；之所以要用资产阶级世界观来腐蚀我们的党；之所以对毛主席的建党学说明目张胆地进行阉割、篡改和背叛，其目的，就是为了把无产阶级的党蜕变为修正主义的党，在我们社会主义祖国实现资本主义复辟。联系到伟大导师列宁亲手缔造的苏联共产党蜕变的沉痛教训，联系到刘少奇几十年来篡党篡政的阴谋活动，使我们更加深切地认识到，彻底砸烂《修养》这个修正主义的建党纲领，捍卫毛主席的建党学说是具有多么伟大的意义。

目前，一个轰轰烈烈的革命的大批判运动已经进入了更深入更广泛的新阶段，让我们更高地举起毛泽东思想的革命批判旗帜，奋起千钧棒，拿起笔作刀枪，为彻底埋葬刘少奇的修正主义建党纲领，捍卫毛主席的建党学说而斗争。

光荣、伟大、正确的中国共产党万岁！
我们伟大的领袖毛主席万岁！

南开大学卫东红卫兵
《摧红兵》

讓「搜索」論見鬼去吧！

勤夫

自诩为中国"刘克思"的刘少奇，在其大名鼎鼎的黑《修养》里，借反对"左"倾机会主义为名，发表了这么一段妙论："他们在党内并没有原则分歧的时候，也硬要去'搜索'斗争对象，把某些同志当作'机会主义者'，作为党内斗争的'草人'。"

在这里，这位素以"修养专家"著称的"刘克思"，竟然抛弃了自己到处宣扬的"委曲求全"，变得不"忍"、不"恕"了；不唯不"忍"、不"恕"，反而牢骚满腹，老羞成怒了！查其原因，盖为我们在所谓"党内并没有原则分歧的时候，也硬要'搜索'斗争对象"，把他的"某些同志当作'机会主义者'，作为党内斗争的'草人'"所引起的。

事实果真是这样的吗？党内斗争果真是"故意制造"的吗？

我们伟大的领袖毛主席指出："我党历史上多次错误路线和正确路线之间的斗争，实质上是党外阶级斗争在党内的表演。""**党内如果没有矛盾和解决矛盾的**思想斗争，党的生命也就停止了。"这是任何人都不能制造，任何人都无法抹杀的客观存在。是不依人的意志为转移的。但是，那位自封的"刘克思"，为着替"搜索"论寻找"理论根据"，公然否认客观存在的党内斗争，抹煞党内两条路线斗争的阶级实质，"创造"了一个前人没看到，后人遇不着的"党内并没有原则分歧的时候"。这充分说明，自以为了不起的"刘克思"，满脑壳都是反动剥削阶级的东西。"刘克思"所奉行的哲学，原来是货真价实的**历史唯心主义**。这种反动透顶的历史唯心主义，正是刘氏"搜索"论的哲学基础。

"兔死狐悲，物伤其类"。反革命修正主义分子刘少奇，对其形形色色的机会主义者"同志"失败，颇为悲愤，为了替其难兄难弟"鸣冤"、翻案，就从资产阶级、修正主义的破烂摊上，拣来了臭气薰天的"搜索"论，向我们劈头打来，攻击我们硬要"搜索"斗争对象，竟然连他的"同志"都作为党内斗争的"草人"了。

事实又是怎么样的呢？陈独秀、李立三、王明是我们硬"搜索"出来的？高岗、饶漱石也是我们硬"搜索"出来的？彭德怀、张闻天还是我们硬"搜索"出来的？你的彭、罗、陆、杨诸"同志"，连你那位赫鲁晓夫兄弟和你刘少奇本人，都是我们硬"搜索"出来的？

事实正如毛主席指出的那样："阶级敌人是一定要寻找机会表现他们自己的。""不管共产党怎样事先警告，把根本战略方针公开告诉自己的敌人，敌人还要进攻的。"形形色色的机会主义者，都是阶级敌人的帮凶。资产阶级掌权时，他们为维护资产阶级的统治而拼命进攻马克思列宁主义；无产阶级掌权后，他们又为复辟资本主义而疯狂攻击马克思列宁主义。全部国际共产主义运动史证明，马克思主义同形形色色的机会主义的斗争，总是由机会主义者的进攻开始，至机会主义者的惨败而告终的。形形色色的机会主义者，修正主义者，包括刘少奇这样有"高度修养"的修正主义头目在内，统统是自己跳出来的，根本用不着我们去搜索。因此，挑起党内斗争的"功劳"，应当归于你刘少奇及你的机会主义祖宗、兄弟和同志。我们决不"盗名窃誉"。

在现实生活中，站在反动资产阶级立场上，从历史唯心主义出发，去"搜索"斗争对象，进行无情打击的人确实是有。但这不是我们，而是刘少奇们。你们在"四清"运动和无产阶级文化大革命中所积极推行的"打击一大片，保护一小撮"，不正是"搜索"斗争对象，制造种种罪名，进行残酷打击的铁证吗？所以，"搜索"斗争对象，硬要把革命派打成"反革命"的"桂冠"，应当物归原主，戴到刘少奇头上。

有时候，我们也要"搜索"。对那些老奸巨滑的反党分子，对刘少奇之流的打着"红旗"反红旗的家伙，我们是"搜索"了。然而，我们的"搜索"，是在你们跳出来之后，我们所以能把你们"搜索"出来，还是因为你们确确实实是混入党内的机会主义分子、修正主义分子。这同你们的"搜索"，是毫无共通之处的。

刘氏"搜索"论的哲学基础，是抹煞党内斗争，取消党内斗争的阶级实质的历史唯心主义。

刘氏"搜索"论的出发点，是为机会主义者"喊冤"、翻案，以联合一切机会主义者攻击党中央和毛主席。

如今，刘氏"搜索"论，是刘少奇之流为自己的反革命罪行进行辩解的反动工具。

对反动透顶的刘氏"搜索"论，我们必须彻底砸烂！让它同它的制造者刘少奇一道到十八层地狱中见鬼去吧！

市侩意識的演进

·馬前卒·

何谓市侩？市侩即掮客，即是狡猾多端、唯利是图的买卖居间人。这种人在政治上称作政治掮客，党内最大走资本主义道路的当权派刘少奇就是头号的政治掮客。刘少奇集市侩意识之大成，将封建地主的"市道"，资产阶级"生意经"发展、演进、升华为"市侩哲学"，大肆兜售贩卖，到处招摇撞骗，真是混蛋透顶，反动之极！

马克思曾说过：在阶级社会中，"各个时代的社会意识，尽管形形色色、千差万别，总是在一定的共同的形态中演进的，也就是在那些只有随着阶级对立的彻底消逝才会完全消逝的意识形态中演进的"。市侩意识的演进也复如此。

封建地主阶级的市侩意识谓之"市道"。在封建社会里，天下以"市道交"，君有势则从君，君无势则去。重富而忘仁，重利而忘义，为诈骗而不信，为苟活而失节。正象古谚所说：天下熙熙，皆为利来，天下攘攘，皆为利往。封建统治阶级所标榜的仁、义、信、节，说穿了统统不过是为掩盖地主阶级对农民的刻苛剥削和残酷的压迫而涂抹的一层神圣的色彩罢了。

314

资产阶级的市侩意识谓之"生意经"。这是赤裸裸的利己主义，冷冰冰的金钱关系，凶狠狠的大鱼吃小鱼的"森林法则"。它无情地斩断了种种复杂的封建羁绊，用公开的、无耻的、直截的、冷酷的剥削，代替了由封建的政治幻想掩遮着的剥削。因此，食丰履厚，财运亨通，则成了他们孜孜以求的"圣品"，"人不为己，天诛地灭"则成了他们虔诚恪守的格言。

刘少奇的市侩意识谓之"市侩哲学"。

刘少奇本来就是个地地道道的市侩，然而自投机革命以来，便成了高级市侩。他替卑鄙的市侩行径和肮脏的市侩意识披上了一件"高尚的"、"马列主义"的、迷人的外衣。于是乎，在他这里，市侩意识变成了高级的"市侩哲学"。

刘氏市侩哲学究竟是一种什么货色呢？

就是要人们"下定决心，甘愿自己去吃一些亏"，这样"最后人民是会了解你们，照顾你们"的。

就是要人们"与人接触时，情愿吃点亏。遇到困难，人家不愿做的事我做，任劳任怨"，这样"最后大家说你是个好人，大家愿意与你交朋友，将来还有大发展。"

一言蔽之："吃小亏，占大便宜"。

为了迷人，畅销其市侩哲学的黑货，刘少奇这个高级市侩祭起了三个法宝：

一曰："顾一头"。刘少奇说什么"党员个人利益应该完全服从党的利益，克己奉公"，"不要先想个人利益"，因为"在社会主义条件下，一心一意搞个人利益的人是搞不到个人利益的。一心一意为人民服务反而会有个人利益。只顾一头反而会有两头"。请看：刘少奇的市侩嘴脸是何等丑恶，刘少奇的市侩心理是何等龌龊。什么只顾"人民利益"这一头，这纯粹是虚谎！什么"会有两头"，这完全是骗人！实际上，他们贪婪攫取的这一头，绝非党和人民利益的一头，而是可卑的个人利益的一头。

二曰："合乎马列主义无产阶级世界观"。完全是胡说八道！我们要问：说"回乡务农"是为了爬上"乡、县、省干部"，"中央"干部，为了"将来要记载在历史上"，说"上山打游击"是为了"当将军"，"当部长"，这难道也是"无产阶级世界观"？不，这是不折不扣的以个人主义为核心的资产阶级世界观！

三曰：合乎"向相反方向发展的规律。"真是奇谈怪论！

矛盾的双方向相反方向发展，即是说，经过无产阶级对资产阶级的不屈不挠的斗争，社会主义必然代替资本主义。那末试问："吃小亏，占大便宜"，在抗日战争时期为活命保身，于狱中"忍辱负重"，"委曲求全"，自首叛变，在解放战争时期，被人民革命胜利吓谎了手脚，散布和平幻想，同敌人妥协，企图把中国拉入资本主义，合乎什么"向相反方向发展的规律"？这不是地地道道的拉着历史车轮倒退的反动逻辑，又是什么？

封建地主的市侩意识，资产阶级的市侩意识，早已臭不可闻，没有市场了；但是刘少奇的"市侩哲学"则因蒙起了一层"共产主义道德"、"无产阶级世界观"的彩纱，因此还有些销路，便成了毒害、腐蚀革命人民的鸦片烟。

毛主席教导我们："我们这个队伍完全是为着解放人民的，是彻底地为人民的利益工作的。"刘少奇却反其道而行之，拐弯抹角提倡个人主义，在我们队伍中间肆无忌惮地宣扬反动的"市侩哲学"，这就充分地暴露了刘少奇反对毛主席，反对毛泽东思想的反革命真面貌。

是可忍，孰不可忍？难道我们能看到刘氏"市侩哲学"大肆放毒而坐视不管吗？绝对不能！"金猴奋起千钧棒，玉宇澄清万里埃"，我们一定要高举毛泽东思想批判大旗，彻底批臭刘少奇的"市侩哲学"，彻底埋葬刘少奇的"市侩哲学"！

吃与穿事虽小，却是大有讲道的。比如吃的目的是为饱肚，穿的目的是为了暖身，这是其一；吃的饭放在肚皮里边的胃里，穿的衣却放在皮肤之外的身上，这是其二。单就第二点而论，衣服穿在身上，只要不是瞎子，看一眼就可以知道穿的是什么衣服，而饭吃进胃里，一般说来，就不那么容易看得出来。

了解了这一点基本知识，便可以知道许多人吃穿观的不同的原由了。有人想哗众取宠，重穿而轻吃，有人想大饱口福，重吃而轻穿，这都是俗夫子之见，暂置不论之列。中国的以"修养"起家的刘少奇的吃穿观，大致说，也属于重吃而轻穿一类，但"修养"到家的刘少奇毕竟不同凡响，这里边还有更深的"哲学道理"。刘氏的这一"哲学思想"，集中表现于他在对夫人王前发表的一段言论："你看人家刘玉瑛（洛甫之妻）多聪明，穿得不好，吃得多好啊，吃在肚子里谁也不知道。"

这是"经典"言论，不能只照字面去理解。疏解一下，就是如果心里想既吃好又穿好，但一下子就穿得太刺眼，影响了担当大任的"革命家"的"修养"，那就不仅不能吃好，穿好也就成了暂时的。二者不可得兼，取吃而舍穿，待得"修养"成功，成了"领袖"，则既吃好又穿好的目的便达到了。这基本上是符合"吃小亏，占大便宜"的道理的。看，刘氏市侩哲学运用的何等灵活自如！

吃和穿的哲学

红丁

外观和内容本不一致，故如有肮脏思想，必藏之于灵魂深处，切不可溢于言表，暴露人前。打个比方，想贪污党费，打个金鞋拔子，增加些生活的内容，但必须做到第一不能明做，而要打着为公的名义，混水摸鱼，东西到手之后，就说不知怎么党费不见了；第二，也不能把这事写进《论修养》里去宣扬"贪污有理"论，而只能写成"在党内，在人民中，他吃苦在前，享受在后，不同别人计较享受的优劣，而同别人计较革命工作的多少和艰苦奋斗的精神。""他没有任何私心，所以他无所畏惧。"以声东击西，布置迷魂阵。

吃穿事小，做人事大。几句话充分暴露了刘少奇肮脏的精神世界。

早在一九四二年，毛主席就一针见血地戳穿了刘少奇的卑鄙灵魂："这种人闹什么东西呢？闹名誉，闹地位，闹出风头。……这种人的吃亏在于不老实"。真是千真万确，不老实的人，终究没有好下场，尽管刘少奇多年来乔装打扮，多方伪装，但到底逃不过用毛泽东思想武装起来的革命群众雪亮的眼睛，在轰轰烈烈的无产阶级文化大革命中被揪出来，露了原形。历史的辩证法就是这般无情！

在"控訴党內头号走資本主义道路当权派在桃園大队犯下的滔天罪行大会"上的发言

原桃园大队党支部书记　　**吴 臣**

按：吴臣同志是原桃園大队党支部书記，在一九六三年十一月至一九六四年四月桃園大队"四清"期間，被資产阶级分子王光美打成了"坏分子"，就被監督劳动改造，达三年之久。吴臣同志任党支部书記期間基本上坚持走社会主义道路，热爱集体，关心集体，曾多次獲得"紅旗支部"称号；在他含冤劳动期間，一貫坚持活学活用主席著作。就是这样一个同志，却被刘少奇、王光美加上种种罪名，瘋狂地进行政治迫害，打成了"坏分子"。是可忍，孰不可忍！

吴臣同志的問題，绝不是他一个人的問題，而是尖銳的阶级斗争，是无产阶级和資产阶级圍繞一个党支部展开的夺权斗争。通过这场斗争，可以充分看出，党内最大的走資本主义道路当权派刘少奇，为了复辟資本主义，是如何拚死地与无产阶级争夺着每个基层政权的；同时也可以看出，文化大革命初期，刘少奇、王光美拚死地镇压革命群众，打击广大革命干部，保护一小撮走資本主义道路当权派，绝不是偶然的，而是有其历史必然性的。

各位首长，解放军同志们，全体贫下中农，革命造反派同志们：

今天我能够到这个大会上来讲话，心里感到万分激动，这是我们心中最红最红的红太阳毛主席给我的机会。要不是他老人家亲自发动的这场无产阶级文化大革命，我吴臣就没有今天。我要一千遍，一万遍地高呼：我们的伟大领袖毛主席万岁！万岁！万万岁！！！

我从小就是一个受苦人，解放前，我家房无一间地无一壠。后来我跟着我爹到东北做小买卖，又当过学徒工，过着牛马不如的生活，是毛主席和共产党领导我们穷人翻身得解放。我热爱党，热爱我们伟大的领袖毛主席。可是資产阶级分子王光美和党内头号走資本主义道路的当权派，在伟大的"四清"运动中，给我捏造了种种罪名，硬给我扣上了"坏分子"的帽子，把我和地富反坏搞到一块儿去，整整三年了，压得我抬不起头来。

中国的赫鲁晓夫和資产阶级分子王光美对我的种种迫害，这不是对我吴臣一个人的問題。我一个吴臣，别说戴上"坏分子"的帽子，就是死了也没有什么。这是两个阶级，两条道路的你死我活的斗争，这是資产阶级同无产阶级夺权的斗争，王光美到我们桃园搞四清，就是为了来夺我们无产阶级的权。进行資本主义复辟。

毛主席亲自主持制定的农村社会主义教育运动的"前十条"，正确地提出了农村两

317

个阶级、两条道路斗争的问题，是指导"四清"运动的纲领性文件。可资产阶级分子王光美来到桃园，却忠实地执行了党内最大的走资本主义道路当权派的一系列黑指示，大搞形"左"实右"打击一大片，保护一小撮。"表面上看来挺"左"，其实是反对毛主席，反对毛泽东思想，为帝国主义、现代修正主义和各国反动派服务。他们想在中国复辟资本主义，想让我们贫下中农再吃二遍苦，我们贫下中农决不答应，一千个不答应！一万个不答应！伟大的无产阶级文化大革命，把这两个坏家伙给揪出来了，这是毛泽东思想的伟大胜利！这回他们再也别想逃脱用毛泽东思想武装起来的革命群众的天罗地网！我们要坚决把他们斗倒、斗臭、斗垮，叫他们永世不得翻身！

现在，有毛主席给我们作主，我要说话，我要起来造反，我要揭发党内头号走资本主义道路的当权派和他的臭老婆王光美在桃园"四清"中的滔天罪行，我要控诉他们对我的种种迫害。

我当了十几年的干部，由于我没有学好主席著作，没听毛主席的话，我犯了不少错误，打骂群众，多吃多占等等。在"四清"运动中，群众对我进行批判，帮助教育都是对的，但是，资产阶级分子王光美（化名董朴）为了在桃园复辟资本主义，篡党篡政，对我和广大干部实行了残酷斗争，无情打击，给我加上种种罪名。她在桃园期间，共找我谈过六次话，第一次让我介绍村里敌我情况，干部情况，我根据当时我掌握的情况向她作了汇报，当我谈到关景东有严重问题时，她就变了模样，不耐烦地说："不要老提关景东了！"她为什么要包庇关景东呢？原来早在1958年，浮夸风的祖师爷——党内头号走资本主义道路的当权派就来到卢王庄和关景东（当时的高级社副主任）勾搭上了。"四清"运动中，王光美包庇关景东，这并不奇怪！他们这些大大小小的走资本主义道路的当权派本来就是一路货。

"四清"运动中，王光美指挥她的爪牙关景东之流大整我的黑材料，给我捏造了许多莫须有的罪名，在太和寨大会上宣布撤销我的党内外一切职务。他们胡说我捆绑群众，国民党法西斯作风……从太和寨那次会议回来，我向王光美表示，对工作组的这种作法我不能接受，王光美恶狠狠地冲着我说："你有什么接受不了的！？你一点也不老实！告诉你，你不打算老老实实交待问题，你就滚蛋！"

在以后的几次谈话中，王光美一再逼我交待政治上四不清的问题。一定要我承认当过特务，伪警察，勾结过国民党，放走反革命分子等等。我说："党的政策是实事求是，我是一个共产党员，我得对党负责，没有的事，我不能承认，这样做还会给党添麻烦。"王光美立刻暴跳如雷："什么实事求是！老实告诉你，你死不承认对你没什么好处！你就是抵抗四清运动！你的作风就是国民党作风，你们的支部就是国民党支部，是黑支！……"我听了很气愤，我说："十多年来，我们桃园支部一直是走社会主义道路的，国家交给我们的任务年年超额完成，各项工作一直走在头里，得到过党和国家多次奖状和奖旗，怎能说我们是国民党支部，黑支部呢？！"王光美却说："那些都是欺骗来的，你们向上头行贿送礼骗来的红旗。"我反驳她说："我们回回完成任务，难道都是骗来的？"由于我顶了王光美，就惹怒了这个资产阶级臭小姐，每次她把我叫去，谈不几句，她就怒气冲冲地说："你老老实实反省去！"或者说："你不老实，你滚吧！"接着，她就把我变相地扣押起来，不让出工。她组织了一批打手，从早到晚天天审问我，追逼我。每当他有传讯我时，不是拍桌子就是瞪眼眼，骂我更是家常便饭，甚至还用手枪威胁我。审讯中，他们罚我弯腰低头到80°以下。就这样，逼得我神志昏迷，精神极度紧张。有时，实在支持不住了，就拉我到门口吹吹凉风，每当把我架到门外，就有人不知是怀着好心还是恶意对我说："你就承认下来得了。"我强打着精神，对他们说："没有的事，我怎么能随便承认？"他们就说："反正你不承认也得承认，要不然，对你没好处。"就这样，资产阶级分子王光美一手策划和组织的大批打手威逼审讯了我整整45天，1964年5月15日在桃园大会上，当众宣布开除我的党籍。并给我扣上"坏分子"的帽子。

当时，我心中十分难受，我日日夜夜地想念毛主席，有时作梦也梦见毛主席他老人家，我想，总有一天，毛主席会来解放我的，我的问题是会弄个水落石出的。在那些日子里，许多贫下中农，偷偷跑来安慰我，鼓励我，让我别泄气。当时，在资产阶级分子王光美的高压下，村里一片白色恐怖。如果谁要说"吴臣好"或者说一句"吴臣没什么大问题呀！"就要被找去，"教育"好几天。尽管这样，广大贫下中农还是从心眼里同情我，支持我的。

文化大革命开始时，我闺女在学校里开了一个地富反坏子女会。散会后，她回家进门就抱着我的大腿哭。她哭着说："爸爸，你当上坏分子，这可怎么好？""我们学校发了《毛主席语录》，爸爸，你还是好好学习毛主席的书，你听毛主席的话，改好吧！"我也流下了眼泪，我说："我很想学主席的话，可是你爸爸不认得字，没有文化咋学啊？"我闺女说："我教给您。我教一句，你学一句。"

从此以后，每天我们爷儿两个利用饭前饭后，晚上的时间，一句一字地学习毛主席语录。我学的第一条语录是："我们应当相信群众，我们应当相信党，这是两条根本的原理。如果怀疑这两条原理，那就什么事情也做不成了。"我听了这段话后，心里热呼呼的，我想："对呀！毛主席教导我们，要相信群众，相信党，我绝对不是一个坏分子，我是热爱党、热爱毛主席的，我要好好劳动，改正自己的错误、缺点，总会有一天，问题会真相大白的。

我又学了"政策和策略是党的生命，各级领导同志务必充分注意，万万不可粗心大意。"我联想到，过去我也是一个干部，但是，有的地方我没有听毛主席的话，没按党的政策办事。今后可不能粗心大意了。但是，王光美在我村里干的那一套，难道是按党的政策办事吗？她无缘无故地把我打成坏分子，决不是党的政策。

在毛主席亲自领导的无产阶级文化大革命中，党内最大的走资本主义道路的当权派和他的臭老婆王光美被揪出来了，我心里想，毛主席要解放我了。我几次想去北京，找中央文革小组，找毛主席去告状，去北京和革命小将一起造党内最大的走资本主义道路的当权派的反。我想去北京，但是一想到毛主席接见红卫兵的时候，某某人也还出来过，他是不是还有权呢？再加上桃园的关景东之流执行资产阶级反动路线，白色恐怖压得贫下中农抬不起头来。一想到这些，我就有些害怕了。可是就在这个时候，也就是一九六六年十二月份，无产阶级文化大革命的烈火烧到了桃园，外地革命师生来到村里串联，煽风点火，宣传主席思想，我村的革命造反派也组织起来了。这时，我每天特别注意听广播，听北京的声音，听毛主席的声音。当我听到在伟大领袖毛主席的领导下，中国的赫鲁晓夫被揪了出来，让他靠边站了，我心里很高兴。这时，**我就和我的女儿学习**了"下定决心，不怕牺牲，排除万难，去争取胜利。"毛主席的话给了我很大鼓舞，我一遍又一遍地背诵毛主席语录，越背越有力量，越背心中越亮堂，我要下定决心，不怕牺牲，和党内最大的走资本主义道路的当权派斗争到底，和资产阶级分子王光美斗争到底。

毛主席说："凡是敌人反对的，我们就要拥护；凡是敌人拥护的，我们就要反对。"

党内最大的走资本主义道路的当权派，最喜欢我们桃园党内走资本主义道路的当权派关景东，关景东也最崇拜他。在无产阶级文化大革命中，这两个坏家伙都被革命群众揪了出来，我们一定要把他们批倒、批臭，让他们永世不得翻身！

资产阶级分子王光美的爪牙关景东、关福顺、岳绍田，这些家伙坏透了！他们心中有鬼，怕我起来造反，就在去年十月的一天，把写好的反革命传单，扔在我的门口，想用这个方法陷害我，保住臭妖婆王光美，他们是多么狠毒啊！现在，这个反革命集团被揪出来了，我们一定要打倒他们，把他们踢到一边儿去，不让他们挡在社会主义道路上。

毛主席说："一切反动派都是纸老虎。看起来，反动派的样子是可怕的，但是实际上并没有什么了不起的力量。从长远的观点看问题，真正强大的力量不是属于反动派，而是属于人民。"用毛主席的话对照党内最大的走资本主义道路的当权派和臭妖婆王光美在桃园的所作所为，我越来越认清了他们的嘴脸，这些人就是反动派，就是纸老虎。

毛主席还教导我们说："凡是错误的思想，凡是毒草，凡是牛鬼蛇神，都应该进行批判，决不能让它们自由泛滥。"桃园四清后，党内最大的走资本主义道路的当权派和他的臭老婆王光美，搞了个《桃园经验》，这是一株大毒草，我们一定要把它拔掉，不能让它自由泛滥。

这次毛主席亲自发动的无产阶级文化大革命，是全国七亿人民的大问题。我们决不能让党内最大的走资本主义道路的当权派复辟资本主义，如果按照他这一套办法干，全国不光是我吴臣的问题，而是千百万人头落地的问题，中国就会变颜色，就会变成修正主义，我们贫下中农又要受压迫。毛主席说的对，我们决不能让这些反动派自由泛滥！今天，我们桃园大队广大贫下中农起来造反了！起来造刘少奇的反了！起来造王光美的反了！有伟大的领袖毛主席，有伟大的中国共产党，我们天不怕，地不怕！这个反我们是造定了！

今后，我决心更好地学习毛主席著作，坚决打倒"私"字，大立"公"字，一心一意跟着毛主席，坚决把无产阶级文化大革命进行到底！我决心跟着毛主席，干一辈子革命！

打倒刘少奇！

打倒王光美！

无产阶级文化大革命万岁！

伟大的中国共产党万岁！

我们心中最红最红的红太阳毛主席万岁！万岁！万万岁！

資产阶級分子王光美打击迫害
安育仁同志的滔天罪行

安育仁同志是抚宁县原水利科科长。他在六二年水利工程建设中坚持了自力更生群众办水利的正确方针，坚持了党的原则，对桃园没有破格照顾，因而触怒了在桃园"蹲点"的王光美，被王光美停职反省，受留党察看一年的处分。并被禁闭了九个月，失去了人身自由，遭受了残酷的政治迫害。

一九六二年，芦王庄公社提出了引电，搞水利的问题。桃园本是土地肥沃，生产搞得较好的地方。解放以来，党支部领导桃园大队贫下中农始终坚持了自力更生，勤俭办社的方针。但因桃园水源不足，不能建扬水站，只能计划搞二眼机井和一个抽水点，经费自筹。此时王光美在桃园"蹲点"，大搞反革命经济主义，她非要建扬水站不可。专署没有批准。王光美包庇重用的党内走资本主义道路的当权派关景东就找到县水利科，狐假虎威地说："我们桃园搞四清了，哪个村的工作队也没有我们村的大，我们村是中央的。"威逼水利科给桃园拨款。水利科长安育仁同志说："中央的也得按中央指示办事，……"这话很快传到王"娘娘"耳朵里，从此，王光美就对安育仁同志进行了残酷的迫害。

接着，专署、县水利局负责同志勘察了桃园水源，并在专署会议上决定桃园打三眼机井，自筹四千元，国家支援六千元，让桃园大队商量。但在王光美的唆使下，工作队以大队名义向公社水利科写了一个报告，要求全部国家支援，不给不行，口气非常之硬。安育仁连夜赶到专署汇报请示，专署坚持原则仍然未批。这下子可触怒了王光美，她依仗党内最大的走资本主义道路的当权派刘少奇的"权势"，大发雷霆，立刻给抚宁县委第一书记强华打电话、去信，进行训斥和质问。强华吓得不知如何是好，指示安育仁再去桃园勘察，若有一丝希望，也建扬水站。于是安育仁找到芦王庄公社社长朱少会同到桃园检查水源。看到河水甚少，安育仁说："这河水连四寸泵也不够抽。"正说着，王光美来了，尖声尖气地问安说："给我搞测量了吗？我们什么时候动工？"安育仁回答说："来看看水，上级还未批准呢！"王"娘娘"一听，怒气冲天，大声训斥说："没批准是谁的责任？你给我说说，全县都批了，单桃园没批，这是什么道理？！没款就不批桃园吗？……"说完便扬长而去。这时安育仁才知惹了王光美，闯了大祸，便去找她道歉。但王光美拒不接见，安育仁一直等了三、四个小时，吓得连晚饭也没敢吃。而狼心狗肺的王光美还恶狠狠地说："没吃就对了，吃了也得让他吐出来！"呸，资产阶级分子王光美真是狠毒已极。

安育仁又空着肚子连夜向强华作了汇报，如果要建扬水站，只有让洋河水倒流，这要浪费很多工，花很多钱。但最后由于惹不起王光美，决定桃园动工，劳力不足，从别村调来支援，补助款就从拨给全县打机井的四万元中抽出五分之一（八千元）给桃园，全县却少打四眼机井。

尽管如此，王光美仍不放过安育仁，一次安育仁去见她，她说："你既来了，心里别有病；不来我们要喊你去。有些问题想跟你讲：第一，你懷国家之慨，在水利工程上有恩赐观点，哪个给你送礼，就给哪个办，不送礼就不办（这是捏造），……第二，对四清煽冷风，干部都因为你不当干部了（纯系嫁祸于人）；第三，你说新干部无能，这点款要是吴臣打也打出来了(造谣)，第四，那天找你时，你在那儿挨了批评，火了，和我们撒冤。"安育仁本想来赔礼道歉，却挨了一个多小时的训斥，凭空加上这许多罪名。

随后便让安育仁停职反省，把他关在一个小屋里，有二人专门看守，他完全失去了人身自由，不能出屋，买东西只能让别人代买，所用衣物也不准回家去拿，已经到了五、六月天气很热了，他还穿着棉衣、棉裤，在小屋子里闷热得难受。这还不算，连通信的权利都被剥夺了，他不能给亲人写信，他爱人来信都要经过检查，认为没有多大问题才交给他。文件报纸也不给他看。在禁闭屋里，每天让他写检查，他写了一份又一份，上纲再上纲，还是过不了关。最可恶的是王光美竟敢动用公安厅专政机关来审讯安育仁，对一个普通的、正直的共产党员进行残酷政治陷害。说安育仁同志"抗拒四清"，"以现行反革命论处"，实行资产阶级专政，其用心何其毒也!

残酷的迫害逼得安育仁同志曾想自尽。但他想起了毛主席的教导："当着天空中出现乌云的时候，我们就指出：这不过是暂时的现象，黑暗即将过去，曙光即在前头。""下定决心，不怕牺牲，排除万难，去争取胜利。"毛主席的话使他心中豁然开朗，给了他斗争的勇气和力量! 在九个月漫长的禁闭生活中，安育仁同志始终坚持学习毛主席著作，他反复学习了"老三篇"和《湖南农民运动考察报告》等文章，使他能经受种种迫害、打击，没有在白色恐怖下屈服。

到一九六五年一月三日正式宣布安育仁同志撤职反省，不久让他到随军干校（变相劳改队）边劳动边检查，他什么东西也没带，只带了一套《毛泽东选集》。在随军干校中，不组织干部学习毛著，而是发给安育仁同志《论共产党员修养附录》，企图用《修养》从政治思想上腐蚀麻痹他的革命斗志。安育仁同志抵制住了，一个半月后，又将安育仁同志调回机关参加运动。这时他见到了毛主席亲手制定的"廿三条"，高兴极了，他如饥似渴地学习，并用"廿三条"的精神去衡量自己的问题和王光美搞的四清，更觉得王光美的作法是错误的。而机关工作组却在王光美的指挥下，给安育仁扣上了"抗拒四清运动"的大帽子，在干部会和群众大会上进行斗争，百般地打击、陷害。安育仁同志用主席思想作指导坚持了九个月的斗争，直到一九六五年六月，才获得了自由，开始降职工作（由水利科长降为科员），并给了他"留党察看一年"的处分，但在广大群众的压力下，上级一直没有批准。王光美这个资产阶级分子就这样忠实执行了党内最大的走资本主义道路的当权派刘少奇的形"左"实右的路线，破坏四清运动，打击革命干部。

毛主席亲手发动的史无前例的无产阶级文化大革命犹如一声春雷，把全国的广大群众充分发动起来了。气势磅礴，扫荡着大大小小的党内走资本主义道路当权派、反革命修正主义分子。被王光美迫害的安育仁同志起来造反了，他揭发和控诉了刘少奇、王光美之流在桃园四清中所犯下的滔天罪行，并表示和刘邓陶血战到底，永远站在以毛主席为代表的无产阶级革命路线一边，把无产阶级文化大革命进行到底!

南開大學衛東赴桃園調查組
一九六七年四月

王光美在《桃園經驗》中
造謠、撒謊十五例

編者按：臭名昭著的《桃園經驗》是劉少奇妄圖復辟資本主義的反革命經驗，是他对抗毛澤東思想，推行形"左"实右的资产阶级反动路線的典型。资产阶级分子王光美，在这篇所謂的《經驗》中，大耍欺骗手段，颠倒黑白，造謠生事，拼命美化自己。本期刊登的《王光美在〈桃園經驗〉中造謠、撒謊十五例》，就是王光美丑恶灵魂的大暴露。

王光美的謊言	事实真象
（引自《桃园经验》）	

一、造謠生事，美化自己

1． "关希英退了一千多元，还常说：'感谢来自北京的救人之心，毛主席和共产党的政策就是好，挽救了我。要不然，早晚得进法院。'"

（64页）

1． "我只退四百多元，定案也是这些。"

（关希英）

2． "有一个饲养员王转元当了二十几年的长工，小时候要饭，地主逼死他的父亲，母亲又自杀了，他本人受尽了苦。"

（74页）

2． 王转元的父亲还很健康，贫下中农说："王转元的父亲每天还挣八分工呢！"

3． "二队有个贫协代表叫李永平，他从'四清'开始就非常好，……他看到那时饲养员工作态度不好，喂牲口夜里偷懒，他就每天夜里来喂一次牲口。开始饲养员不知，连搞了十几天，饲养员知道了，很受感动，说：'哎呀，到底是贫协代表啊！……这不是我们队里的活雷锋吗？'"

（87页）

3． "活雷锋夜里喂牲口这事并没有，那时候他每晚上开完会后来这里坐一坐。" （饲养员关福岭）

"王光美临走的时候，给巩固组指示：要'三出'，出经验，出人材，出产品，所以她留下的那几个人就每天搜集材料，于是就把一个本来很一般的青年，说成是'活雷锋'，还请来了好多记者，有的写，有的录音，有的照相，就这样'活雷锋'出来了。群众还不知道，影响很不好！"

（"五四"造反队员岳志强）

4．"为了有利于工作，我改了名字……在工作队里作一个普通队员……尽量摆脱领导事物。"

（58页）

5．"进村以前，公社向我们介绍……他们说群众非常欢迎'四清'，现在已磨了米，砍了肉，准备接待'四清'工作队。"

（8页）

6．"桃园四队的贫农赵铁金……'哑叭'了好几年，在我们进村以后……他揭发了不少别人不知道的'四不清'问题，哑叭在'四清'中说了话。"

（125页）

4．"在许多问题上，都是王光美怎么说，我就怎么做……什么问题都由王光美一个人决定，不许别人提出和她相反的观点和意见。"（桃园工作组长王兴武）

5．工作队杨××曾问过王光美："'磨了米，砍了肉，准备接待'四清'工作队'这恐怕不属实吧？"王光美却连声说："形容词，形容词。"

6．赵铁金的爱人说："他是五八年病的，胸腔不好受，说不出话，哑了四年，六三年夏天（大约八月份）就逐渐会说一些话了……到十一月份搞'四清'时，就全会说话了。"

二、装模作样，搞假"三同"

7．"同吃是不是有斗争？也有斗争。我们工作队对这个问题很重视，工作队决定，肉、鱼、蛋一律不吃。开会讲，个别也谈。……讲了好多次，顶了好多次。"

（19—20页）

8．"……'四清'工作确实很紧张，日日夜夜，可是不管多紧张，也得挤时间去劳动，哪怕干一个钟点。"

（21页）

9．"支部如果有问题的话，工作组要住到贫下中农家，很难一下就住对。同住，有斗争。"

7．王光美对其他工作队员说："下去不要吃生菜，到社员家一次不吃，两次不吃，第三次自然就给你做熟菜吃了。"

8．贫下中农说："王光美下地劳动，先化好装，作个样子，等照完相就走了。"干一个钟点，其实太多了，实际上照相只要几秒钟就足够了。

9．"她自己住一间房子，还要个女警卫员。对面屋三个男工作队员，实际是她的警卫员。连工作组的同志来找她还得先报告，允许后方可入内。"

（房东刘玉森）

三、包庇坏人，打击好人

10．"为了查清关景东的问题，我们派了一百三十八人次出去调查。"

（43页）

10．"调查关景东的问题，哪儿用过那么多人次，十来次也没有，顶多有七、八次。一百三十八人次是全大队总的出去调查的数字！"（工作组组长王兴武）

11．"我们对基层组织，不是一脚踢开，是教育他们自觉革命，由支部领导生产。"

（28页）

11．"我们刚一进村，对干部还有个分析，而王光美一来，就通通把干部赶上楼，一个个下楼过关。她还说：'在革命的非常时期，可以不要原来的领导。'"

（工作队队员赵××）

王光美自己还直接对支部书记吴臣说过："你们纯粹是国民党支部，是黑支部！"

12．"回乡上户口，起码得给他（指吴臣）孩子送双皮鞋，谁回乡来都得送点什么东西。"

（50页）

12．"一次我家姑爷张殿才从沈阳回来时，送给我孩子一双三元钱的条绒鞋。并不是为了上户口。别的人回乡，也并没有向我送什么。"

（吴臣）

13．"所以我们下决心，交给全体党员和群众讨论，……一致说吴臣从来就不是好人，一致提出开除他的党籍，非戴坏分子帽子不可，说他就是坏分子，原来就是流氓。"

（98页）

13．"好多事都是在'根子会'上讨论的，没有让广大贫、下中农说话，这些事都不是在大会上办的，而是在小会上办的。工作组说吴臣在东北干过这个，干过那个，他们去调查，群众以为真的。那时候工作组说什么，群众没有一个说不中的，哪个敢说不中？"

（现桃园党支书卢伦）

14．"吴臣实际上是钻进共产党内的一个国民党分子。"

（99页）

14．"可是我去东北调查的结果，都是假的。回来汇报后的第二天就把我调走了，并撤了我的职。后来王光美还认为吴臣是国民党分子。"

（苏森林）

15．"吴臣想把持桃园的领导权，想要复辟，他要推翻'四清'和对敌斗争的革命成果。"

（97页）

15．"我没有想把持桃园大权的想法，没那个野心。但我对王光美搞'四清'是有看法的。可是他们对我实行专政，我有话不能讲。王光美把我打倒，打成坏分子，心中有鬼，怕我翻案，揭露她。"

（吴臣）

南大衛東赴桃園調查組整理

刘少奇吹捧的十三株大毒草

在文艺战线上，多年以来，始终贯穿着以毛主席为代表的无产阶级文艺路线同以刘、邓为代表的反革命修正主义文艺黑线之间殊死的斗争。尤其是建国十七年来，文艺大权为中国的赫鲁晓夫刘少奇及其爪牙陆定一、周扬所篡夺，他们把持着文艺阵地，为阴谋篡党篡政进行了舆论准备，犯下了滔天的罪行。

党内最大的走资本主义道路当权派刘少奇，除了鼓吹反动影片《清宫秘史》外，还竭力扶植过许多毒草出笼。为了把刘少奇这个"假革命"、"反革命"彻底批倒斗臭，为了夺回文艺大权，我们整理汇编了刘少奇吹捧的十二株大毒草，供大家批判。

一、《青春之歌》（電影）

这是一部根据黑作家杨沫同名反动小说改编的黑影片。一九五八年小说出笼以后，就立即受到刘少奇、彭真等反革命修正主义分子的赞扬。刘少奇的案头上经常摆放着《青春之歌》。周扬立即指示扬沫将小说改编成电影，亲自决定由北影拍摄成彩色片，由夏衍亲手修改了导演台本，旧北京市委邓拓、廖沫沙、陈克寒、杨述多次作"指示"，林默涵、夏衍、陈荒煤还亲自决定挑选了扮演林道静的演员，并多次审查样片。一九五九年九月廿四日深夜，彭真率领旧北京市委部局以上干部，亲自审查了《青春之歌》，并立即批准为国庆十周年献礼影片。不久，刘少奇携带全家看了这部黑影片，赞不绝口。

这部反动影片，颠倒黑白，歪曲历史事实，大肆吹捧和美化刘少奇、彭真之流及原北方局，为之树碑立传，做篡党篡政的舆论准备。影片恶毒地攻击和诋毁毛主席关于知识分子必须与工农相结合的指示，宣扬知识分子不通过与工农结合就可以"革命化"，把刘氏"黑修养"通过艺术形式搬上了银幕，主人公林道静就是一个按刘氏"黑修养"修养成的"共产党员"。

二、《四郎探母》（京剧）

这是一出美化叛徒、宣扬叛徒哲学、为叛徒立传的黑戏。全戏通过对不分敌我、投敌叛国的杨延辉的歌颂，大肆贩卖了民族投降主义和阶级投降主义。这出戏，是一直为统治阶级所吹捧的。清朝慈禧太后曾亲自修改过这个剧本。在日本帝国主义侵华时，这出戏在沦陷区曾大演特演，深得日寇"好评"。

刘少奇在一九四九年、一九五六年和一九六一年曾三次吹捧这出戏，"指示"改编上演，并反复鼓吹说："《四郎探母》唱唱也不要紧么，唱了这么多年，不是唱出了一个新中国吗？"这是对我们伟大领袖毛主席最恶毒的攻击，是包庇叛徒集团、宣扬叛徒哲学的自白，是他阴谋篡党篡政的狼子野心的大暴露！是在为复辟资本主义制造舆论准备。

三、《紅旗》（朝鮮舞劇）

该舞剧通过处心积虑编导的独舞、双人舞、群舞，细腻地刻划了一个在金日成指使下到日占区当伪区长的"党员"崔炳勋如何在敌人屠刀下委曲求全、忍辱负重的心理，塑造了一个为广大朝鲜人民、甚至连他的亲生女儿和女婿（都是革命者）都认为他是叛徒的地下工作者的"艺术形象"。

这出舞剧，一九六二年九月刘少奇在平壤曾看过，与金日成臭味相投。随后立即派人学习。一九六三年十二月十__日在北京天桥剧场由中央歌剧舞剧院与朝鲜演员合作演出，邓小平、彭真、罗瑞卿看了以后立即汇报给刘少奇，次日（十四日），从来不愿意看舞剧的刘少奇兴致勃勃地看了个专场，大声叫好，并接见了朝鲜演员，进行了"亲切的"谈话。

四、《王昭君》（京剧、晋剧两种）

王昭君是汉元帝时的一个宫女，公元前三十二年，汉朝匈奴和亲，嫁给呼韩邪单于，对这段和亲历史，历代文人曾编过许多评书和戏曲。

一九六四年一月，刘少奇在一次他所召集的抗拒毛主席对文艺界批示的黑会上说："六条标准中，讲了有利于团结全国各族人民而不是分裂各族人民。乌兰夫同志说《王昭君》在内蒙影响很大，对蒙汉民族团结起了很好的作用，过去的《昭君出塞》悽悽惨惨很不好。"于是《王昭君》这出戏在刘少奇黑指示下，把"悽悽惨惨"出塞的昭君写成了"欢欢喜喜"出塞，为西汉屈辱于外敌大唱赞歌。大肆宣扬了民族投降主义和阶级投降主义。

五、《恶虎村》（京剧）

取材于反动小说《施公案》。该剧把一个为了忠于封建官僚地主阶级而不惜背信弃义、"大义灭亲"的叛徒、走狗特务黄天霸当作侠气横溢的英雄来歌颂。一九六四年刘少奇大肆鼓吹"《恶虎村》是好的，《恶虎村》里的黄天霸有教育意义。"刘少奇企图通过叛徒黄天霸来推行他的投降哲学、叛徒哲学和活命哲学。

六、《野猪林》（京剧）

一九六六年六月三十日，文化革命之初刘少奇向北京京剧院下达"指示"，要京剧院演《野猪林》招待外宾和他自己，旧文化部付部长李琦在刘少奇指使下，竟然指名要已被革命群众揪出的黑帮分子李少春、袁世海主演，后因革命群众强烈反对才未得逞。

《野猪林》取材于《水浒传》，描写林冲受贪官迫害，夫妻离散，家破人亡，最后逼上梁山。这种戏，在解放后的今天，搬到社会主义舞台上，其恶毒之用心是同《海瑞罢官》的出笼完全一样的。对于刘少奇来说，他所以要在文化大革命中指使黑帮分子李少春自编自演这出戏，其狼子野心不仅是为右倾机会主义分子翻案、疯狂攻击社会主义制度，更阴险恶毒的是为在文化大革命中被革命群众揪出来的彭、罗、陆、杨反党集团和形形色色的牛鬼蛇神鸣冤叫屈，为他自己的反党反社会主义反毛泽东思想的滔天罪行翻案，以抗拒以毛主席为代表的无产阶级革命路线。

七、《老殘游記》（小說）

系清朝刘鹗（一个出身封建官僚家庭的汉奸）所写的章回小说。该书竭力鼓吹要拥护封建统治，宣扬帝国主义的物质文明，恶毒咒骂义和团运动，与《清宫秘史》如出一辙。而刘少奇在一九四一年曾一再命令他的第三个妻子王前丢掉毛主席的《新民主主义论》，去背诵《老残游记》。

八、《雷雨》（話劇）

这是曹禺一九三三年写的话剧，剧作者公开站在反动的资产阶级立场上，歪曲三十年代的历史，对资产阶级大唱赞歌，对劳动人民大肆丑化，鼓吹"剥削有理"，"反抗有罪"，宣扬"阶级调和论"和"人性论"。

剧中的大资本家周朴园，是中国买办官僚资本家的典型形象，是个对工人阶级嗜杀成性的刽子手，是个满嘴"闭门思道"，"吾日三省吾身"，实则满肚子男盗女娼的伪君子。

刘少奇对这出话剧欣赏备至。一九四一年，刘少奇就要他第三个妻子王前读《雷雨》，并且要把台词都背诵下来。一九五三年，刘少奇看了北京人民艺术剧院演出的《雷雨》以后，当场万分兴奋地说："深刻！很深刻！非常深刻！"

九、《燎原》（电影）

已在报纸上公开批判，从略。

十、《二进宫》（京剧）

通过描写明朝大臣徐延昭、杨波如何维护朝纲，宣扬维护封建统治，为封建主义唱赞歌，鼓吹"君君臣臣父父子子"。

一九六一年二月二十一日刘少奇在怀仁堂看中国京剧院演出时，曾"指示"要把《二进宫》好好"改改"，继承下来，保留下来。

十一、《梅龙鎮》（京剧）

又名《游龙戏凤》，是一出地地道道的色情戏，它描写的全部内容是明朝皇帝朱厚照在梅龙镇客店如何调戏村女李凤姐。

一九五九年刘少奇亲自点李少春主演的《梅龙镇》。看完以后，拐同王光美，接见了演员，并"指示"搞全部的《李凤姐》，直到一九六一年还念念不忘要看这出戏，足见刘少奇灵魂是何等丑恶！

十二、《天鵝湖》（芭蕾舞）
十三、《巴黎圣母院》（芭蕾舞）

这两出舞剧是西欧资产阶级和苏修的"艺术标本"，是肯尼迪和赫鲁晓夫十分欣赏的。一九五六年刘少奇说："看《天鹅湖》可以提高兴致，《巴黎圣母院》的艺术水平也很高，也有教育作用。"与赫鲁晓夫、肯尼迪唱一个调子。

南大衛東《看今朝》戰斗隊

67年4月

卫东报

国营天津印染厂毛泽东思想卫东宣传社

第九期　　　1967年3月22日

～～～～～毛　主　席　语　录～～～～～

　　我们应当相信群众，我们应当相信党，这是两条根本的原理。如果怀疑这两条原理，那就什么事情也做不成了。

毛主席 最新指示

　　二、三、四月份是夺权的决战时刻，当前四大任务：(一)夺权，(二)抓革命，促生产，(三)镇反，(四)内部整风（整思想、整作风、整组织）。

　　政委什么灵，如政治委员，也是在发号施令了。"打倒一切"，"怀疑一切"他连一切都怀疑，对自己就不怀疑。

　　你要当院长，老要了解一些业务，市一级是革命的领导。军队组织，区一级是机关干部，武装部，群众组织，工厂是厂级，有行政干部，技术干部，工人的革命造反群众组织，有年轻工人，干表工人，民兵。

　　《论共产党员修养》是欺人之谈，对资产阶级有利，要好好批判。

註：　　二月十九日于长春系乔，姚文元在上角传达了一些关于文化大革命的精神，此文搞自其中大意，不是原话，仅供参考。

毛主席的批示

　　林彪同志：
　　(一) 此两件应即转发全国。
　　(二) 大学、中学和小学高年级，每年训练一次，每次二0天，上课后在军训的二0天中，军训的时间每天不超……

本期要闻：《聂元梓成了老佛爷》……P.6

　　　　　《斯大林称赞林彪》……P.8

已四小时，同时学校无课程 相差增加四小时。

(三)党政军民机关，除老年外，中年 青年都要实行军训，每年20天。

以上照办。

毛泽东 21.9 (以上转抄)

康生同志对全总四个组织主办的《红旗》第一期
《揪出反革命两面派刘宁一》一文的批语
和李富春同志给他们的信

康生同志：

对中华全国总工会工人文工团毛泽东思想红卫兵，毛泽东思想宣传队红旗公社，全总机关《国际红旗》公社等四个组织主办的《红旗》第一期上发表的《揪出反革命两面派刘宁一》（康生同志在这个标题名下打了一个大问号）一文的批语：

"刘宁一同志不是反党反社会主义的三反分子，他不是刘邓资产阶级司令部的人。把刘宁一同志诬蔑为反革命分子，并且到处散发，这是完全错误的，是别有用心的。

刘宁一同志不是"三合一少"路线的制定者，相反，刘宁一同志是首先揭露和反对"三和一少"的人。此报诬蔑宁一同志是"三和一少"路线的制定者和忠实执行者，这完全是颠倒黑白，混淆是非，是为真正制定三和一少的人打掩护。

此报盗用"红旗"党刊毛主席的题字，作此报的报头，制造混乱，鱼目混珠。我将这意见写信富春同志，富春同志已写信给全总与这篇文章的四个组织，信的内容首问富春同志。

康生 1967.3.6

中华全国总工会文工团，毛泽东思想红卫兵 毛泽东思想宣传队《红旗》公社 中华全国总工会机关《国际红旗》公社的革命同志们：

看了你们二月二十八日的信和"红旗"第一期，我和康生同志但有下列意见向你们建议：

(一)刘宁一同志，中央认为不是"三反分子"，因此你们红旗不能公开散发。(二)你们不能把马传吉等人所谓揭露刘宁一同志的材料来揭露刘宁一。(三)希望你们好好学习《红旗》杂志第四期社论和人民日报发表的"我们要把兵团向何处去？"等重要文章来提高政策水平。(四)你们的报刊不需用"红旗"名义，以免与中央的"红旗"混淆起来。如你们才把文件学完，向我们谈谈。

富春 三月三日

李富春同志给全总四个组织的信

听毛主席的话

毛主席的最新指示

很遗憾，写全国第一张马列主义大字报的人不是真正的马列主义者，但她在客观上影响很大。

〈北京轻院东方红〉

关于聂元梓

〈聂元梓八月二十一日被迫于北大哲学系传达〉

江青：你是北京两大派斗争的总后台。

伯达：如果北京市发生武斗，你（指聂元梓）要负责。

聂元梓：我不是，如果是我下乡劳动去。

戚本禹：赖是赖不掉的。

〈首都工代委市人民银行革联卫卫〉

斩断伸向中央的这只黑手

八月十一日，江青同志再一次向全市革命造反派发出了战斗的动员令。她说："为什么一定要把我和陈伯达同志还有戚本禹同志分为一派，把关锋和康老分为一派？奇怪，你们怎么知道我们内部的事情呢？根据什么呢？我总觉得这里面有鬼，这里面有只黑手！这只黑手不仅伸向革命小将，还想打我们的主意。那肯定是要失败的！"

革命造反派的战友们，行动起来，抓住黑手，斩断它！把鬼揪出来！

让我们打开新账旧账，看一看聂元梓在北京市无产阶级文化大革命运动中究竟干了些什么勾当，充当了一个什么角色吧！

在伟大的历史文件《五·一六通知》发表以后，她抛出所谓"揪出新的黑线"的反动论调，扬言"只有来一个陶铸嘛！"要揪出"新的赫鲁晓夫式的人物"，抛开主席指出的大方向，企图重搞一个资产阶级的方向；

她自称"江青派"，分裂中央文革，在全市全国造成了极其严重的政治混乱；

她以林杰——关锋——康生的反动逻辑冲击无产阶级司令部，企图从极"左"或极右的方面来动摇中央的领导；

她一手炮制了什么"摘桃派"的理论，为其全面夺取市革委委大权制造反动舆论，并直接策划了围打谢付总理的罪恶活动，的文散布什么"左派组织内也有两条路线两个司令部的斗争"，什么"左派队伍要大动荡，大分化，大改组"。颠倒敌我关系，扰敌阶级阵线，将斗争矛头指向兄弟院校的左派组织，分裂红代会，破坏无产阶级革命的大联合。

总而言之，聂元梓为了狙据大权，抢头花交椅，伙同孙蓬一之流大搞政治赌博，在赌坊上跳来跳去，搞得乌烟瘴气，打乱了毛主席的战略布署，以右的方面制造了严重的混乱。

这还不够，聂元梓这只黑手还从华北局机关伸向党中央，挑拨中央和中央文革的关系，攻击周总理，煽动保守组织"卫东"战斗队给毛主席写"协议书"对抗我们心中最红最红的红太阳毛主席，是可忍，孰不可忍！

六六年十二月二十六日，党中央根据毛主席的批示批发了李雪峰十二月十六日的检查。中共中央文件中发（六六）六二六号批语指示："李雪峰同志的检讨是好的，诚恳的，根据毛主席的指示发给大家参考。"同时毛主席亲自派李雪峰去天津组织大联合、大夺权。

出于某种不可告人的目的，聂元梓和聂元素这个鬼勾搭、积极支持由李立三反革命修正主义集团所操纵的保守组织"一联总卫"，对抗毛主席批示，散布分裂中央的反革命谣言。

一月初，聂元梓对"一联总部"头目人李炳和、高才松说"中央在什么情况下批发李雪峰的检查，我不了解，但可以肯定，中央是不保任何人的"并居心叵测地煽动道："你们对中央批发李雪峰的检查有意见，可以用战斗队的名义写抗议嘛！"

一月二十四日李炳和、高才松等为着李雪峰的材料来北大，由聂元梓定稿并上交中央，当时聂元梓还鼓动李炳和亲起草一封给中央的信附上。李炳和在附信底稿中写道："华北局革命群众对李雪峰检查有意见"；聂元梓看后改成"陈伯达、康生、江青同志，我们对中央批发李雪峰的检查有意见。……"公然煽动群众给毛主席写抗议信，假手于群众对抗党中央。聂元梓这样搞，到底出于什么目的，这难道不足以发人深省吗？

再看，这只黑手如何分裂中央与中央文革的关系，掀起攻击周总理的反革命逆流的罪恶活动。

一月二十一日晚，聂元梓在电话中对"一联总卫"李炳和说："中央和中央文革对李雪峰的意见不一致，康生、伯达同志是支持你们的，要怎么支持就怎么支持，你们赶快整理材料报中央，这有统一中央的……要肯定老董的作用"聂元梓一边邦腔，轻易地说"总理是保李雪峰的"这些活在"一张"群众中传开后，顿时妖风四起，有人说"总理和中央文革对李雪峰的看法不一致"，"周总理的活只能代表他个人"更有甚者，有的人迎着总理说"中央有唱白脸的，有唱红脸的！还有人骂"周总理是老保"

是谁制造谣言，别有用心地挑拨离间中央与中央文革的关系，打一派，拉一派，从右的方面制造政治混乱?!

是谁，煽阴风，点鬼火，假手于不明真相的群众，一手掀起了攻击周总理的反革命逆流?!

这一等"的败类且无花下、到头来终是要清算的。

李雪峰奉调到天津后，华北局以李立三为首的反革命修正主义集团和天津万、张反革命修正主义集团相互配合，阴谋破坏毛主席的伟大战略布署，聂元梓又参与了这场复辟资本主义的罪恶活动、煽动群众专门和周总理唱对台戏。

一月三十一日，总理指示"雪峰不能回来，是毛主席派他去的，伯达同志和我都很关心天津的问题"二月七、八日又指示道"天津任务很重，李雪峰同志还不能回来"，而二月十日，聂元梓却对李病和等人说"中央保的名单上没有李雪峰，你们应该根据你们的材料去搞"三月上旬，聂元梓说"李雪峰是刘邓司令部里的一员干将"，中旬又说"一定要打倒李雪峰"，"还要和北京市高等院校串联"……一切要革命的同志睁开眼，看一看这铁一般的事实吧！为了达到自己不可告人的目的，聂元梓可以把全北大，全北京的群众作为自己的赌注押到赌场上，在天津大联合的关键时刻，制造政治混乱，对于这一切，聂元梓赖得掉吗？

更可恨的是，聂元梓插手天津问题后的一系列罪恶活动中，对外放风，说什么"中央文革支持我们啦"什么"伯达同志给她写了条子"啦，什么"她被单独接见"啦等"，神乎其神，致使在华北局流传着这样一种论调"这次北大反李雪峰是有来头的"。

聂元梓一贯玩弄两面派手法，上瞒中央，下欺群众，谎报军情，假传指示，借此愚弄、煽动不明真相的群众。这一切我们都领教过，我们心中也是有数的，但却没料到聂元梓竟堕落到这种地步，她欺骗中央愚弄群众，竟达到了如此肆无忌惮的地步！

毛主席是我们心中最红最红的红太阳，谁诋毁毛主席，我们就打倒谁！

党中央和中央文革是统一的整体，谁分裂中央文革就打倒谁！

聂元梓必须向毛主席革命路线投降！

（摘抄自 新北大 井岗山兵团七级《长缨在手》战斗队）

老佛爷爱听？歌

—— 新北大井岗山兵团《风雷激》战斗队

有人说老佛爷爱听颂歌，她就是在颂歌中怒、然而沾、自喜。

她拍大照片，搞展览，巨幅画像上了墙；拍了电影，还要演戏，她决心让普天之下的老百姓都瞻仰到老佛爷圣颜，老佛爷高大的形象，伴随着颂歌，配上了音乐，实在好看，爱在劲听，老佛爷眉开眼笑，喜上心头。

小李子唱颂歌，被钦封为"大管家"，加赐黄马褂；民院抗大的郑老二进表朝圣，立即封为"坚定左派"，加派祁庆富为北大校文革驻民院特使，帮助郑老二料助政务，真是顺佛者昌、鸡犬升天！佛颜大悦，众神加冠！

语曰"好景不长"、"乐极生悲"！

到如今，老佛爷运交华凶，臭名远扬。

在二月腥风血雨中建筑起来的"新北大公社"的宝塔，风雨飘摇，倒塌之时，指日可待；昔日引自以豪的"亲密战友"都自恐卷进"反新北大的逆流"，把老佛爷闹了众叛亲离，天然风暴；被镇压或将被镇压的五千"反聂分子"，正高举革命造反战旗，迎着浩荡东风，浩荡集井冈山；呜呼！老佛爷的太平盛世今安在？

"我准备在八年十年内受孤立！"老佛爷愿意孤立起来，下定决心，准备听它八年、十年颂歌，颇有美"卧薪尝胆"气概！人们要问，为什么老佛爷这样倒霉？我们伟大领袖毛主席早在十八年前就指出，他们"就是这样倒霉的"因为"他们坚决地反对人民，站在人民的头上横行霸道，因而把自已孤立在宝塔的尖顶上…

老佛爷，时到今日，你是痛改前非，低头认罪，爬上梯子，从宝塔顶上走下来呢，还是执不悔悟，"垮了就垮了"，从宝塔顶跌下去，闹个身败名裂呢？何去何处，我们小老百姓拭目以待！

海河消息 天津大专院校红代会河北大学毛泽东思想八一八红卫兵赴京调查团于九月二日发表"关于聂元梓破坏天津市文化大革命的严正声明"，聂元梓必须向天津市四百万人民低头认罪。 三代会天拖红旗公示士《万水千山》

334

读毛主席的书，听毛主席的话，照毛主席的指示办事

毛主席的最新指示

▲一个机关有两派，我就不相信这一派是左的，那一派是右的，我相信是可以弄清楚的。

凡是有群众组织，就不要说成是反动组织、保守组织，要对他们做细致的思想工作。

〈王力同志在8月15日在新华社讲〉

▲有了《马恩列斯语录》，鲁迅的也要搞语录。

〈周恩理接见侨务代表讲〉

▲很遗憾，写至国志一张马列主义大字报的人不是真正的马列主义者，但她在世界上影响很大。 〈北京轻院东方红〉

▲肖华是友不起来的夫子 〈北京农机东方红〉

▲七月七日，毛主席在接见×××至找至谈人员听了汇报以后说：新武器、导弹、原子弹搞的很快，二年零八个月芯氢弹，我们的发展速度超过了美国、英国、法国，现在变成了世界第四位，导弹有很大成绩，这是赫鲁晓夫帮忙的结果，撤走了专家，逼着我们走自己的路，要给他"一吨"的勋章。

▲我们中国不仅是世界革命的中心，而且是军事上、技术上也要成为世界革命人民革命事业的中心，要给他们武器，现在可以公开给他们武器，就是刻了中国字的武器（除了一些特殊地区）就是要公开的支持，要成为世界革命的兵工厂。

戚本禹同志讲：

现在全国武斗是反革命逆流，形势很快会扭转。希望革命造反派坚持到底。

蜀水东山（第7期）

═══ 斯大林同志谈林彪元帅 ═══

19 3×年十月林彪同志去苏联疗养参加苏联卫国战争。1940 年斯大林格勒保卫战开始了，斯大林同志召开了紧急会，到会的苏联军官都是老将，胡子一大堆，他们看不起林彪同志，说什么"中国派小孩军官参加我们的会议了"。发言后，林彪同志发表了自己的意见，这一场战争应该怎样佈置，需要多少兵力说了一遍。讲完后，斯大林同志连之点头，并林赞说"好！这次战争你来指挥好了。"林彪同志谦逊地说："我不行我当个参谋就行了"斯大林同志要林彪同志指挥林彪同志说"我是个中国人没有军权"斯大林同志就把格勒保卫战的指挥权交给了林彪同志。在这次战役后扭转了整个世界战争的形势。林彪同志亲率各路大军进行反攻，一直把德军赶走苏联国土回到莫斯科后，斯大林格勒保卫战结束了。斯大林同志召集了一个总结合，林彪同志也在场，斯大林同志向林彪同志"像你这样的年轻军官有多少？林彪同志回答说"多得很！斯大林同志给林彪同志很高的评价，又说："你们中国有这么多像你这样的军官，中国很快会胜利的"又说："你在这次战役中立了很大的功劳，如果帝国主义胆敢发动第三次世界大战，那么一定灭亡在你们中国人手里！你留在苏联好吗？林彪同志说："我没有意见，你向我们的毛主席好了。"于是斯大林同志打电报给毛主席。毛主席坚决不同意，说"斯大林格勒战役已胜利了，我们中国抗日战争还需要人。"斯大林同志说："那么用一个机械师换行吗？毛主席说："我们只要有了林彪同志，将来几十个、几百个机械师都有了"。

　　向林彪同志学习！　向林彪同志致敬！

　　光焰无际的毛泽东思想万岁！

　　伟大领袖毛主席万岁！万岁！万万岁！！

　　（抄自北京工代会东风服装店大字报）

天拖红旗公社"万水千山"主办　　1967年9月4日

衛东

（教育革命专刊）

一九六七年 **10**

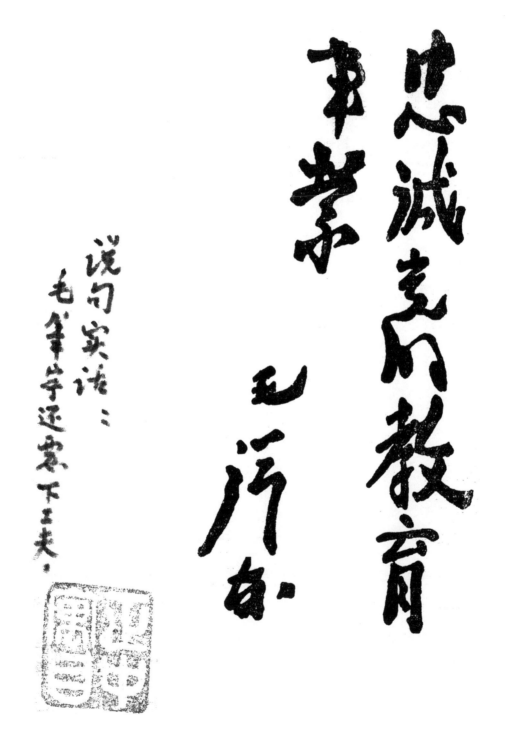

忠诚党的教育事業

毛泽东

说句实话：
毛笔字还要下工夫。

毛泽东同志是当代最伟大的馬克思列宁主义者。毛泽东同志天才地、創造性地、全面地繼承、捍卫和发展了馬克思列宁主义，把馬克思列宁主义提高到一个嶄新的阶段。毛泽东思想是在帝国主义走向全面崩潰，社会主义走向全世界胜利的时代的馬克思列宁主义。毛泽东思想是全党全国一切工作的指导方針。

《中国共产党第八届中央委員会第十一次全体会議公报》一九六六年八月十二日

目　　录

339

毛 主 席 論 教 育

一、教 育 要 革 命

学制要縮短，教育要革命，資产阶级知識分子統治我們学校的现象，再也不能繼續下去了。

> 《全国都应該成为毛澤东思想的大学校》
> 一九六六年八月一日《人民日报》

改革旧的教育制度，改革旧的教学方針和方法，是这場无产阶級文化大革命的一个极其重要的任务。

在这場文化大革命中，必須徹底改变資产阶級知識分子統治我們学校的现象。

> 《中国共产党中央委員会关于无产阶級文化大
> 革命的决定》（一九六六年八月八月）

世界上一切革命斗爭都是为着夺取政权，巩固政权。

> 《今年的选举》（一九三三年九日）

凡是要推翻一个政权，总要先造成輿論，总要先做意識形态方面的工作。革命的阶級是这样，反革命的阶級也是这样。

> 《中国共产党中央委員会关于无产阶級文化
> 大革命的决定》（一九六六年八月八日）

在现在世界上，一切文化或文学艺术都是属于一定的阶級，属于一定的政治路綫的。

> 《在延安文艺座談会上的講話》（一九四二年
> 五月）《毛澤东选集》第三卷第八六七頁

被推翻了的資产阶級采用各种方法，企图利用文艺陣地，作为腐蝕群众、准备资本主义复辟的温床。

> 轉摘自陈伯达同志《在首都举行文艺界无产阶
> 級文化大革命大会上的开幕詞》，一九六六
> 年十二月四日《解放軍报》

这些协会和他們所掌握的刊物的大多数（据說有少数几个好的），十五年来，基本上（不是一切人）不执行党的政策，作官当老爷，不去接近工农兵，不去反映社会主义的革命和建設。最近几年，竟然跌到了修正主义的边緣。如不認眞改造，势必在将来的某一天，要变成象匈牙利裴多菲俱乐部那样的团体。

> 轉摘自《高举毛澤东思想偉大紅旗，把无产阶
> 級文化大革命进行到底》， 九六六年六月
> 六日《解放軍报》

历史是人民創造的，但在旧戏舞台上（在一切离开人民的旧文学旧艺术上）人民却成了渣滓，由老爷太太少爷小姐們統治着舞台，这种历史的顚倒，现在由你們再顚倒过来，恢

复了历史的面目，从此旧剧开了新生面，所以值得庆贺。你們这个开端将是旧剧革命的划时期的开端……

《看了〈逼上梁山〉以后写給延安平劇院的信》
（一九四四年一月九日）

为着革命战爭的胜利，为着苏維埃政权的巩固与发展，为着动员民众一切力量，加入于伟大的革命斗爭。为着創造革命的新时代，苏維埃必须实行文化教育的改革，解除反动統治阶級所加在工农群众精神上的桎梏，而創造新的工农的苏維埃文化。

《中华苏維埃共和国中央执行委員会与人民委員会对第二次全国苏維埃代表大会的报告》
（一九三四年一月）《毛澤东同志論教育工作》第一二頁

帝国主义文化和半封建文化是非常亲热的两兄弟，它們結成文化上的反动同盟，反对中国的新文化。这类反动文化是替帝国主义和封建阶級服务的，是应該被打倒的东西。不把这种东西打倒，什么新文化都是建立不起来的。不破不立，不塞不流，不止不行，它們之間的斗爭是生死斗爭。

《新民主义論》（一九四〇年一月）《毛澤东选集》第二卷第六八八頁

一切奴化的、封建主义的和法西斯主义的文化和教育，应当采取适当的坚决的步驟，加以扫除。

《論联合政府》（一九四五年四月二十四日）
《毛澤东选集》第三卷第一〇八三頁

国防教育。根本改革过去的教育方針和教育制度。不急之务和不合理的办法，一概废弃。新聞紙、出版事业、电影、戏剧、文艺，一切使合于国防的利益。

《反对日本进攻的方針、办法和前途》（一九三七年七月二十三日）《毛澤东选集》第二卷第三三四頁

文化革命是在观念形态上反映政治革命和經济革命，并为它們服务的。

《新民主主义論》（一九四〇年一月）《毛澤东选集》第二卷第六九二頁

革命文化，对于人民大众，是革命的有力武器。革命文化，在革命前，是革命的思想准备；在革命中，是革命总战綫中的一条必要和重要的战綫。

《新民主主义論》（一九四〇年一月）《毛澤东选集》第二卷第七〇一頁

随着經济建設的高潮的到来，不可避免地将要出现一个文化建設的高潮。中国人被人認为不文明的时代已經过去了，我們将以一个具有高度文化的民族出现于世界。

《在中国人民政治协商会議第一届全体会議的开幕词》（一九四九年九月二十一日）《毛澤东同志論教育工作》第四三頁

341

现在的文化大革命，仅仅是第一次，以后还必然要进行多次。毛泽东同志近几年經常說，革命的誰胜誰負，要在一个很长的历史时期內才能解决。如果弄得不好，資本主义复辟将是随时可能的。全体党员，全国人民，不要以为有一二次、三四次文化大革命，就可以太平无事了。千万注意，决不可丧失警惕。

《偉大的历史文件》，一九六七年五月十八日
《人民日报》

"中央和中央各机关，各省、市、自治区，都有这样一批资产阶级代表人物。"

全党必須"高举无产阶級文化大革命的大旗，徹底揭露那批反党反社会主义的所謂'学术权威'的資产阶級反动立场，徹底批判学术界、教育界、新聞界、文艺界、出版界的資产阶級反动思想，夺取在这些文化領域中的領导权。而要作到这一点，必須同时批判混进党里、政府里、軍队里和文化領域的各界里的資产阶級代表人物，清洗这些人，有些则要調动他們的职务。"

混进党里、政府里、軍队里和各种文化界的資产阶级代表人物，是一批反革命的修正主义分子，一旦时机成熟，他們就会要夺取政权，由无产阶級专政变为資产阶級专政。这些人物，有些已被我們識破了，有些则还沒有被識破，有些正在受到我們信用，被培养为我們的接班人，例如赫魯晓夫那样的人物，他們現正睡在我們的身旁，各級党委必須充分注意这一点。"

《偉大的历史文件》，一九六七年五月十八日
《人民日报》

二、党 的 教 育 方 針

教育为无产阶級政治服务、教育与生产劳动相結合……

《中国共产党中央委員会关于无产阶級文化大革命的决定》（一九六六年八月八日）

我們的教育方針，应該使受教育者在德育、智育、体育几方面都得到发展，成为有社会主义觉悟的有文化的劳动者。

《关于正确处理人民內部矛盾的問题》（一九五七年二月二十七日）人民出版社第二三頁

学生也是这样，以学为主，兼学别样，即不但学文，也要学工、学农、学军，也要批判資产阶級。学制要縮短，教育要革命，資产阶級知識分子統治我們学校的現象，再也不能繼續下去了。

《全国都应該成为毛澤东思想的大学校》一九六六年八月一日《人民日报》

高等学校应抓住三个东西：一是党委領导；二是群众路綫；三是把教育和生产劳动結合起来。

視察天津大学时的指示（一九五八年八月十三日）《毛澤东同志論教育工作》第六七頁

抗大的教育方針是：坚定正确的政治方向，艰苦朴素的工作作风，灵活机动的战略战

术。这三者是造成一个抗日的革命的军人所不可缺的。抗大的职員、教員、学生，都是根据这三者去进行教育，从事学习的。

《被敌人反对是好事而不是坏事》（一九三九
年五月二十六日）

　　苏維埃文化教育的总方針在什么地方呢？在于以共产主义的精神来教育广大 的 劳 苦民众，在于使文化教育为革命战争与阶级斗争服务，在于使教育与劳动联系起来，在于使广大中国民众都成为享受文明幸福的人。

《中华苏維埃共和国中央执行委員会与人民委
員会对第二次全国苏維埃代表大会的报告》
（一九三四年一月）《毛澤东同志論教育工
作》第一五頁

　　一个軍事学校，最重要的問題，是选择校长教員和规定教育方針。

《中国革命战争的战略問題》（一九三六年十
一月）《毛澤东选集》第一卷第一七〇頁

　　执行苏維埃的文化教育政策，开展苏維埃領土上的文化革命，用共产主义武装工农群众的头脑，提高群众的文化水平，实施义务教育制度，增加革命战争中动員民众的力量，同样是苏維埃的重要任务。

《中华苏維埃共和国中央执行委員会与人民委
員会对第二次全国苏維埃代表大会的报告》
（一九三四年一月）《毛澤东同志論教育工
作》第一五——一六頁

　　在一切为着战争的原则下，一切文化教育事业均应使之适合战争的需要，因此全民族的第十个任务，在于实行如下各项的文化教育政策。第一，改定学制，废除不急需与不必要的课程，改变管理制度，以教授战争所必需之课程及发揚学生的学习积极性为原则。第二，創設并扩大增强各种干部学校，培养大批的抗日干部。第二，广泛发展民众教育，組織各种补习学校、識字运动、戏剧运动、歌泳运动、体育运动，創办敌前敌后各种地方通俗报纸，提高人民的民族文化与民族觉悟。第四，办理义务的小学教育，以民族精神教育新后代。

《論新阶段》（一九三八年十一月）《毛澤东
同志論教育工作》第三三頁

　　教育必须为无产阶级政治服务，必须同生产劳动相结合。劳动人民要知識化，知識分子要劳动化。在科学、文化、艺术、教育队伍中，兴无产阶级思想，灭资产阶级思想，也是长期的、激烈的阶级斗争。我們要經过文化革命，經过阶級斗争、生产斗争和科学实驗的革命实踐，建立一支广大的、为社会主义服务的、又紅又专的工人阶級知識分子的队伍。

《关于赫鲁晓夫的假共产主义及其在世界历史
上的教訓》一九六四年七月十四日《人民日
报》

　　现在一面学习，一面生产，将来一面作战，一面生产，这就是抗大的作风，足以战胜任何敌人的。

一九三九年给抗大出版的《生产战綫上的抗
大》的题詞

学生自觉地要求实行半工半讀，这是好事情，是学大校办工厂的必然趋势，对这种要求可以批准，并应該給他們以积极的支持和鼓励。

《毛主席视察武汉大学时的指示》（一九五八年九月十一日）　九五八年九月二十九日《人民日报》

以后要学校办工厂，工厂办学校。老师也要参加劳动，不能光动嘴，不动手。

《视察天津大学时所作的指示》一九五八年八月十二日《毛澤东同志論教育工作》第六七頁

学校是工厂，工厂也是学校，农业合作社也是学校，要好好办。

《在南开大学和天津大学视察时的談話》（九五八年八月十二日）《毛澤东同志論教育工作》第四五頁

高中毕业后，就要先做点实际工作。单下农村还不行，还要下工厂，下商店，下連队。这样搞它几年，然后讀两年书就成了。大学如果是五年的話，在下面搞三年，教員也要下去，一面工作，一面教。哲学、文学、历史不可以在下面教嗎？一定要在大洋楼里教嗎？

《杭州講話》（一九六五年十二月二十一日）

（四十八）、一切中等技术学校和技工学校，凡是可能的，一律試办工厂或者农場，进行生产，作到自給或半自給。学生实行半工半讀。在条件許可的条件下，这些学校可以多招些学生，但是不要国家增加經費。

一切高等工业学校的可以进行生产的实验室和附属工場，除了保証教学和科学研究的需要以外，都应当尽可能地进行生产。此外，还可以由学生和教师同当地的工厂訂立参加劳动的合同。

（四十九）、一切农业学校除了在自己的农場进行生产，还可以同当地的农业合作社訂立参加劳动的合同，并且派教师住到合作社去，使理論和实际结合。农业学校应当由合作社保送一部分合于条件的人入学。

农村里的中小学，都要同当地的农业合作社訂立合同，参加农副业生产劳动。农村学生还应当利用假期、假日或者課余时间回到本村参加生产。

（五十）、大学校和城市里的中等学校，在可能条件下，可以由几个学校联合設立附属工厂或者作坊，也可以同工厂、工地或者服务行业訂立参加劳动的合同。

一切有土地的大、中、小学，应当設立附属农場；没有土地而邻近郊区的学校，可以到农业合作社参加劳动。

《工作方法六十条（草案）》（一九五八年二月十九日）

我給青年講几句話：
一、庆祝他們身体好，
二、庆祝他們学习好，
二、庆祝他們工作好。
新中国要为青年們着想，要关怀青年一代的成长。青年們要学习，要工作，但青年时期是长身体的时期。因此，要充分兼顾青年的工作、学习和娱乐、体育、休息两个方面。

《接見青年團第二次全國代表大会主席團時的
指示》（一九五三年六月三十日）

为了保证我們的党和国家不改变颜色，我們不仅需要正确的路綫和政策，而且需要培养和造就千百万无产阶級革命事业的接班人。

…………

具备什么条件，才能够充当无产阶級革命事业的接班人呢？

他們必須是眞正的馬克思列宁主义者，而不是象赫魯晓夫那样的挂着馬克思列宁主义招牌的修正主义者。

他們必須是全心全意为中国和世界的絕大多数人服务的革命者，而不是象赫魯晓夫那样，在国內为一小撮资产阶級特权阶层的利益服务，在国际为帝国主义和反动派的利益服务。

他們必須是能够团結絕大多数人一道工作的无产阶級政治家。不但要团結和自己意見相同的人，而且要善于团結那些和自己意見不同的人，还要善于团結那些反对过自己并且已被实践証明是犯了錯誤的人。但是，要特別警惕象赫魯晓夫那样的个人野心家和阴謀家，防止这样的坏人篡夺党和国家的各級領导。

他們必須是党的民主集中制的模范执行者，必須学会"从群众中来，到群众中去"的領导方法，必須养成善于听取群众意見的民主作风。而不能象赫魯晓夫那样，破坏党的民主集中制，专横跋扈，对同志搞突然袭击，不講道理，实行个人独裁。

他們必須謙虚謹愼，戒驕戒躁，富于自我批評精神，勇于改正自己工作中的缺点和錯誤。而絕不能象赫魯晓夫那样，文过飾非，把一切功劳归于自己，把一切錯誤归于別人。

无产阶級革命事业的接班人，是在群众斗爭中产生的，是在革命大风大浪的鍛煉中成长的。应当在长期的群众斗爭中，考察和識別干部，挑选和培养接班人。

《关于赫魯晓夫的假共产主义及其在世界历史
上的教訓》一九六四年七月十四日《人民日
报》

要造就一大批人，这些人是革命的先鋒队。这些人具有政治的远見。这些人充満着斗爭精神与牺牲精神。这些人是胸怀坦白的，忠誠的，积极的与正直的。这些人不謀私利，唯一的为着民族与社会的解放。这些人不怕困难，在困难面前总是坚定的，勇敢向前的。这一些人不是狂妄分子，也不是风头主义者，而是脚踏实地富于实际精神的人們。中国要有一大群这样的先鋒分子，中国革命的任务就能够顺利的解决。

《在陝北公学成立与开学紀念題詞》一九六六
年七月十四日《光明日报》

抗大以及一切由知識分子所組成的軍政学校及教导队之办理方針，应当如下：

（一）把知識青年訓練成为无产阶級的战士或同情者，把他們訓練成为八路軍的干部，确是一个艰苦的工作，我们应努力轉变他們的思想，注意于領导他們思想轉变的过程，用适当的方式組織学生中的思想上的爭論与辯論，实际上这样的学校中一定有资产阶級思想与无产阶級思想的斗爭。

（二）学校一切工作都是为了轉变学生的思想。政治教育是中心的一环，課目不宜过多，阶级教育、党的教育与工作必須大大加強。抗大不是統一战綫学校，而是党領导下的八路軍干部学校。

（三）教育知識青年的原則是：

1、教育他們掌握馬列主义，克服資产阶级及小資产阶级的思想意識；

2、教育他們有紀律性、組織性，反对組織上的无政府主义与自由主义；

3、教育他們决心深入下层实际工作，反对輕視实际經驗；

4、教育他們接近工农，决心为他們服务，反对看不起工农的意識。

中共中央軍事委員会一九三七年七月《关于整
理抗大問題的指示》

抗大为什么全国聞名、全世界聞名，就是因为它比較其他的軍事学校最革命最进步，最能为民族解放与社会解放而斗爭，……

抗大的革命与进步，是因为它們的职員、教員与課程是革命的进步的，又因为它們的学生是革命的进步的，……

……抗大之所以是个光荣的軍事学校，不但因为大多数人拥护它称贊它，也还因为投降派頑固派人們在那里起劲地反对它，污蔑它。

抗大三年来有其貢献于国家民族与社会的大成績，这就是它教成了几万个青年有为与进步革命的学生。

《抗大三周年紀念》（一九三五年五月三十日）
《毛澤东同志論教育工作》第三十五至三十
六頁

三、党的領导和群众路綫

領导我們事业的核心力量是中国共产党。

指导我們思想的理論基础是馬克思列宁主义。

中华人民共和国第一届全国人民代表大会第一
次会議开幕詞（一九五四年九月十五日）一
九五四年九月十六日《人民日报》

我們应当相信群众，我們应当相信党，这是两条根本的原理。如果怀疑这两条原理，那就什么事情也做不成了。

《关于农业合作化問題》（一九五五年七月三
十四日）人民出版社版第九頁

抗大不是統一战綫学校，而是党領导下的八路軍干部学校。

中共中央軍事委員会《关于整理抗大問題的指
示》（一九三七年七月）

一个百人的学校，如果沒有一个从教員中、职員中、学生中按照实际形成的（不是勉强凑集的）最积极最正派最机敏的几个人乃至十几个人的領导骨干，这个学校就一定办不好。

《关于領导方法的若干问题》（一九四三年六
月一日）《毛澤东选集》第三卷第九〇一页

要信任群众，依靠群众，尊重群众的首創精神。……要讓群众在这个大革命运动中，自己教育自己，去識别那些是对的，那些是錯的，那些做法是正确的，那些做法是不正确的。

《中国共产党中央委員会关于无产阶級文化大
革命的决定》（一九六六年八月八日）

这里是两条原则：一条是群众的实际上的需要，而不是我們脑子里头幻想出来的需要；一条是群众的自願，由群众自己下决心，而不是由我們代替群众下决心。

《文化工作中的统一战綫》（一九四四年十月
三十日）《毛澤东选集》第三卷第一〇一一
页

在教学改革中应注意发揮广大师生的积极性，多方面的集中群众的智慧。

《毛主席視察湖北鋼鉄生产》（一九五八年九
月二十九日）《毛澤东同志論教育工作》第
四六页

我們必須告訴群众，自己起来同自己的文盲、迷信和不卫生的习惯作斗爭。

《文化工作中的统一战綫》（一九四四年十月
三十日）《毛澤东选集》第三卷第一〇〇九页

主要的在于发动人民自己教育自己，而政府給以恰当的指导与調整，給以可能的物質帮助，单靠政府用有限财力办的几个学校、报紙等等，是不足完成提高民族文化与民族觉悟之伟大任务的。

《論新阶段》（一九三八年十一月）《毛澤东
同志論教育工作》第三三页

我們的文化是人民的文化，文化工作者必須有为人民服务的高度的热忱，必須联系群众，而不要脱离群众。

《文化工作中的统一战綫》（一九四四年十月
三十日）《毛澤东选集》第三卷第一〇一〇
页

四、突出政治

你們要关心国家大事，要把无产阶級文化大革命进行到底。

毛主席会見首都革命群众时的談話（一九六六
年八月十日）

政治是統帅，是灵魂，政治工作是一切工作的生命綫。

一九六六年三月十四日《解放军报》

青年应該把坚定正确的政治方向放在第一位……

一九六六年六月二十日《解放军报》

347

政治教育是一切教育的中心。

《接見老撾愛国战綫党文工团团长及主要成員
时的談話》（一九六四年九月四日）

阶級斗爭，一抓就灵。
《中共中央关于目前农村工作中若干問題的决定》

阶級斗爭，是你們的一門主課……
国防科委文件：《毛主席与毛远新同志談話紀
要》（六九四年）

除了学习专业之外，在思想上要有所进步，政治上也要有所进步，这就需要学习馬克思主义，学习时事政治。没有正确的政治观点，就等于没有灵魂。……思想政治工作，各个部門都要負責任。共产党应該管，青年团应該管，政府主管部門应該管，学校的校长教师更应該管。

《关于正确处理人民内部矛盾的問题》（一九
五七年二月二十七日）

掌握思想教育，是团結全党进行伟大政治斗爭的中心环节。如果这个任务不解决，党的一切政治任务是不能完成的。

《論联合政府》（一九四五年四月二十四日）
《毛澤东选集》第三卷第一〇九五頁

在现时，毫无疑义，应该扩大共产主义思想的宣传，加紧馬克思列宁主义的学习，没有这种宣传和学习，不但不能引导中国革命到将来的社会主义阶段上去，而且也不能指导现时的民主革命达到胜利。

《新民主主义論》（一九四〇年一月）《毛澤
东选集》第二卷第六九九頁

……工业学大庆，农业学大寨，全国学解放军，加强政治思想工作……
《中国共产党第八届中央委員会第十一次全体
会議公报》（一九六六年八月十二日通过）

由于訴苦（訴旧社会和反动派所給予劳动人民之苦）和三查（查阶級、查工作、查斗志）运动的正确进行，大大提高了全軍指战員为解放被剝削的劳动大众，为全国的土地改革，为消灭人民公敌蔣介石匪帮而战的觉悟性；同时就大大加强了全体指战員在共产党領导之下的坚强的团結。在这个基础上，部队的純洁性提高了，紀律整頓了，群众性的練兵运动开展了，完全有領导地有秩序地在部队中进行的政治、經济、军事三方面的民主发揚了。这样就使部队万众一心，大家想办法，大家出力量，不怕牺牲，克服物質条件的困难，群威群胆，英勇杀敌。这样的軍队，将是无敌于天下的。

《評西北大捷兼論解放軍的新式整軍运动》
（九四八年三月七日）《毛澤东选集》第四
卷第一二九二頁

許多好心的教育家、科学家和学生們，他們埋头于自己的工作或学习，不問政治，自以为可以所学为国家服务，結果也化成了梦，一概幻灭了。

《論聯合政府》（一九四五年四月二十四日）
《毛澤东选集》第三卷第一○八一頁

单純军事观点在紅军一部分同志中非常发展。其表現如：

（一）認为军事政治二者是对立的，不承認军事只是完成政治任务的工具之一。甚至还有說"軍事好，政治自然会好，軍事不好，政治也不会好"的，則更进一步認为軍事領导政治了。

（二）以为紅军的任务也和白军相彷彿，只是单純地打仗的。不知道中国的紅军是一个执行革命的政治任务的武裝集团。特別是現在，紅军决不是单純地打仗的，它除了打仗消灭敌人軍事力量之外，还要負担宣传群众、組織群众、武裝群众、帮助群众建立革命政权以至于建立共产党的組織等項重大的任务。

《关于糾正党内的錯誤思想》（一九二九年十二月）《毛澤东选集》第一卷第八七——八八頁

五、教学方針和教学方法

現在学校課程太多，对学生压力太大。講授又不甚得法。考試方法以学生为敌人，举行突然襲击。这三項都是不利于培养青年們在德智体諸方面生动活泼地主动地得到发展的。

《关于学校課程和講授、考試方法問題》的批示（一九六四年三月十日）

学制要縮短。課程設置要精簡。教材要徹底改革，有的首先删繁就簡。

《中国共产党中央委員会关于无产阶級文化大革命的决定》一九六六年八月八日

改訂学制，废除不急需与不必要的課程，改变管理制度，以教授战争所必需之課程及发揚学生的学习积极性为原則。

《論新阶段》（一九三八年十一月）《毛澤东同志論教育工作》第三三頁

理工科还要有自己的語言，六年中先搞三年試試看，不一定急于搞二年。尖端科学搞三年，要有针对性也許行。三年不够，将来再补一点。

有針对性才能少而精，有針对性才能有一般和特殊相結合。六年改三年，这样做以后步驟稳妥，方向对头。新事物干它几年，不断总結經驗才行。

国防科委文件《主席和毛远新同志談話紀要》（一九六六年二月）

学生負担太重，影响健康，学了也无用。建議从一切活动的总量中，砍掉三分之一。邀請学校师生代表，討論几次，决定执行。

《毛主席对北京师范学院調查材料报告的批示》（一九六五年七月三日）

根本改革过去的**教育**方針和教育制度。不急之务和不合理的办法，一概废弃。

《反对日本进攻的方針、办法和前途》（一九三七年七月二十三日）《毛澤东选集》第二卷第三三四頁

我們的教育存在着很多問題，其中主要的問題是教条主义。以教育制度来說，**我們現在**正在改革。現行的学制年限太长，課程太多，教学方法有很多是不好的。学生讀了书本还是书本，学了概念还是概念。

毛主席接見尼伯尔教育代表时关于教育問題的講話，一九六四年

改变教育的旧制度、旧課程，实行以抗日救国为目标的新制度、新課程。

《为动员一切力量争取抗战胜利而斗争》（一九三七年八月二十五日）《毛澤东选集》第二卷第三四四頁

現在的学制、課程、教学方法、考試方法都要改，这是摧残人的。

現在这个办法是摧残人材，摧残青年，我很不贊成，讀那么多书，考試办法是对付敌人的办法，害死人，要終止。

《春节指示》一九六四年

我主张先行簡化。汉字的数量也必須大大精簡，只有从形体和数量上同时精簡，才能算得簡化。

《关于汉字簡化的指示》（一九五三年）《中国文字拼音化問題》第五頁

文字必須改革，要走世界文字共同的拼晋方向。

《关于文字改革的指示》（一九五五年十月二十四日）一九五五年十月二十四日《人民日报》

尊重各少数民族的文化、宗教、习慣，不但不应强迫他們学汉文汉語，而且应贊助他們发展用各民族自己言語文字的文化教育。

《在中共中央六届六中全会上的講話》（一九三八年十一月六日）一九五三年九月九日《人民日报》

教 授 法

1、启发式（废止注入式）；

2、由近及远；

3、由浅入深；

4、說話通俗化（新名詞要释俗）；

5、說話要明白；

6、說話要有趣味；

7、以姿势助說話；

8、后次复习前次的概念；

9、要提綱；

10、干部班要用討論式。

《中国共产党紅軍第四軍第九次代表大会决議案》（一九二九年十二月）《毛澤东同志論教育工作》第一六五頁

现在的考試方法,是对敌人的方法。是突然袭击,出偏題,古怪題,还是考八股文章的办法,我不贊成,要完全改变。我主张先生出一些題公布,由学生研究,看书去做。例如对《紅楼梦》出二十个題目,如学生能答出十題,答得好,其中有的很好,有主见,可以打一百分。如果二十題全答了,也对,但平平淡淡,沒有主见的,給五十、六十分。考試可以交头接耳,冒名頂替。你答对了,我抄你的,抄下来算好的。交头接耳、冒名頂替過去不公开,现在让它公开。我不会,你写了,我抄一遍也可以。可以試点。先生講課允許学生打瞌睡,你講得不好,还一定让人家听？不如睡覚,还可以养神。

一九六四年春节指示

要自学嘛,靠自己学嘛,肖楚女沒有上过学校,不但沒有上过洋学堂,私塾也沒有上过。我是很喜欢他的。农民講习所教书主要靠了他。他是武汉茶館里跑堂的,能写得很漂亮的文章。农民講习所,我們就是拿小册子叫人家看,什么广东的农民运动,广西东兰县的农民运动,就是拿这些小册子給人家看。现在学校不发講义,我是講大学,叫学生記筆記,叫学生死抄。为什么不发講义？据說是怕犯錯誤。其实还是一样,記笔記就不怕犯錯誤？应該印出来叫学生看,研究。你应該少講几句嘛！主要是学生看材料,包括烏龟壳、青銅器。你講历史,就应該把材料給人家。材料不只发一面的,两方面的（正反面的）都要发,新学、旧学都要发嘛！把新民学报、苏报印下去,单发梁启超的不行。我写的《革命战爭的战略問題》,就是紅大的講义,写了就不要講了,书发給你們,你們看嘛！《論持久战》也是这样写出来的。《矛盾論》写了几个礼拜,白天、黑夜写,准备可难了,写出来后,只講了两个小时,写好了就不要講了嘛！人家看嘛！现在的教員蠢得很,懶得很。

毛主席在中央常委会的講話。一九六四年六月八日

不要把分数看重了,要把精力集中在培养訓練分析問題能力和解决問題能力上,不要跟在教員后面跑受約束。

国防科委文件：《主席与毛远新同志談話紀要》一九六四年

大学生尤其是高年级学生,主要是自己鑽研問題。講那么多干什么。过去公开号召大家爭取全优,在学校里是全优,工作不一定就是全优。

国防科委文件《主席与毛远新同志談話紀要》

百花齐放、百家争鸣的方针，是促进艺术发展和科学进步的方针，是促进我国的社会主义文化繁荣的方针。艺术上不同的形式和风格可以自由发展，科学上不同学派可以自由争论。……艺术和科学中的是非问题，应当通过艺术界科学界的自由讨论去解决，通过艺术和科学的实践去解决，而不应当采取简单的方法去解决。

> 《关于正确处理人民内部矛盾的问题》（一九五七年二月二十七日）

要充分运用大字报、大辩论这些形式，进行大鸣大放，以便群众阐明正确的观点，批判错误的意见，揭露一切牛鬼蛇神。这样，才能使广大群众在斗争中提高觉悟，增长才干，辨别是非，分清敌我。

> 《中国共产党中央委员会关于无产阶级文化大革命的决定》（一九六六年八月八日）

知识的问题是一个科学问题，来不得半点的虚伪和骄傲，决定地需要的倒是其反面——诚实和谦逊的态度。你要有知识，你就得参加变革现实的实践。

> 《实践论》（一九三七年七月）《毛泽东选集》第一卷第二七六页

六、知識分子和工农民众相結合

阶级斗争、生产斗争和科学实验，是建设社会主义强大国家的三项伟大革命运动，是使共产党人免除官僚主义、避免修正主义和教条主义，永远立于不败之地的确实保证，是使无产阶级能够和广大劳动群众联合起来，实行民主专政的可靠保证。

> 《关于赫鲁晓夫的假共产主义及其在世界历史上的教训》一九六四年七月十四日《人民日报》

人的正确思想，只能从社会实践中来，只能从社会的生产斗争、阶级斗争和科学实验这三项实践中来。

> 《人的正确思想是从那里来的？》（一九六三年五月），人民出版社版第一页

学习馬克思主义，不但要从书本上学，主要地还要通过阶级斗争、工作实践和接近工农群众，才能真正学到。

> 《在中国共产党全国宣传工作会议上的讲话》（一九五七年三月十二日），人民出版社版第九——十页

……知识分子如果不和工农民众相结合，则将一事无成。革命的或不革命的或反革命的知识分子的最后的分界，看其是否愿意并且实行和工农民众相结合。

> 《五四运动》（一九三九年五月）《毛泽东选集》第二卷第五四六页

中国的广大的革命知识分子虽然有先锋的和桥梁的作用，但不是所有这些知識分子都能

革命到底的。其中一部分，到了革命的緊急关头，就会脱離革命队伍，采取消极态度；其中少数人，就会变成革命的敌人。知識分子的这种缺点，只有在长期的群众斗争中才能克服。

《中国革命和中国共产党》（一九三九年十二月），《毛泽东选集》第二卷第六三六頁

中国广大的革命知識分子应該觉悟到将自己和农民结合起来的必要。农民正需要他們·等待他們的援助。他們应該热情地跑到农村中去，脱下学生装，穿起粗布衣，不惜从任何小事情做起，在那里了解农民的要求，帮助农民觉悟起来，組織起来，为着完成中国民主革命中一項极其重要的工作，即农村民主革命而奋斗。

《論联合政府》（一九四五年四月二十四日），《毛泽东选集》第三卷第一○八○頁

知識分子在其未和群众的革命斗争打成一片，在其未下决心为群众利益服务并与群众相結合的时候，往往带有主观主义和个人主义的傾向，他們的思想往往是空虚的，他們的行动往往是动摇的。

《中国革命和中国共产党》（一九三九年十二月）《毛泽东选集》第二卷第六三六頁

必須坚持干部参加集体生产劳动的制度。我们党和国家的干部是普通劳动者，而不是騎在人民头上的老爷。干部通过参加集体生产劳动，同劳动人民保持最广泛的、經常的、密切的联系。这是社会主义制度下一件带根本性的大事，它有助于克服官僚主义，防止修正主义和教条主义。

《关于赫魯晓夫的假共产主义及其在世界历史上的教训》，一九六四年七月十四日《人民日报》

现在也有一些人到工厂农村去，结果是有的有收获，有的就沒有收获。这中間有一个立場問題或者态度問題，也就是世界观的問題。

《在中国共产党全国宣傳工作会議上的講話》（一九五七年三月十二日），《毛泽东著作选讀》甲种本，一九六四年版第五四頁

知識分子要和群众結合，要为群众服务，需要一个互相認識的过程。这个过程可能而且一定会发生許多痛苦，許多磨擦，但是只要大家有决心，这些要求是能够达到的。

《在延安文艺座談会上的講話》（一九四二年五月），《毛泽东选集》第三卷第八七八頁

阶级斗爭是你們的一门主课，你們学院应該到农村去搞四清，从干部到学员全部去。一个不留，今年冬天或明年春天就去，早去比晚去好，一定要去。对于你不仅要去参加五个月的四清，而且要去工厂搞上半年五反。你对社会一点也不了解嘛，不搞四清你不了解农民，不搞五反你不了解工人。这样一个政治教育完成了我才算你毕业，不然軍工学院讓你毕业，我是不承認你毕业的。阶级斗爭都不知道，怎能算大学毕业。

国防科委文件：《主席同毛远新同志談話紀要》（一九六四年）

353

思想改造，首先是各种知識分子的思想改造，是我国在各方面徹底实现民主改革和逐步实行工业化的重要条件之一。

《三年来的师范教育》，《新华月報》一九五
三年第二期第一六四頁

一切可以到农村中去工作的这样的知識分子，应当高兴地到那里去。农村是一个广闊的天地，在那里是可以大有作为的。

《在一个乡里进行合作化规划的經驗》一文的
按語（一九五五年）《毛澤东同志論教育工
作》第一九八頁

对于我們的国家抱着敌对情緒的知識分子，是极少数。这种人不喜欢我們这个无产阶级专政的国家，他們留恋旧社会。一遇机会，他們就会兴风作浪，想要推翻共产党，恢复旧中国。这是在无产阶級和资产阶级两条路綫、社会主义和资本主义两条路綫中間，頑固地要走后一条路綫的人。这后一条路綫，在实际上是不能实现的，所以他們实际上是准备投降帝国主义、封建主义和官僚资本主义的人。这种人在政治界、工商界、文化教育界、科学技术界、宗教界里都有，这是一些极端反动的人。

《在中国共产党全国宣傳工作会議上的講話》
（一九五七年三月十二日），《毛澤东著作选
讀》甲种本一九六五年版第五二頁

七、理論联系实际

在在职干部的教育中，教哲学的不引导学生研究中国革命的邏輯，教經济学的不引导学生研究中国经济的特点，教政治学的不引导学生研究中国革命的策略，教軍事学的不引导学生研究适合中国特点的战略和战术，諸如此类。其結果，謬种流传，误人不淺。

《改造我們的学習》（一九四一年五月），《毛
澤东选集》第三卷第七九八頁

要講实际，科学是反映实际，是講实际的道理。不知道实际，老講书本上的道理怎么成？

毛主席在南开大学和天津大学视察时的指示
（一九五八年八月十三日）《毛澤东同志論教
育工作》第四五頁

本本主义的社会科学研究法也同样是最危险的，甚至可能走上反革命的道路，中国有許多专門从书本上討生活的从事社会科学研究的共产党員，不是一批一批地成了反革命嗎，就是明显的証据。……讀过馬克思主义"本本"的許多人，成了革命叛徒，那些不識字的工人常常能够很好地掌握馬克思主义。馬克思主义的"本本"是要学習的，但是必须同我国的实际情况相结合。我們需要"本本"，但是一定要糾正脱离实际情况的本本主义。

《反对本本主义》（一九三〇年五月），《毛
澤东著作选讀》甲种本第一九——二〇頁

大体上可以說，搞工业的知識分子較好一些，因为他們结合实际。搞理科的，也就是搞

純科学的，就差一些。但是比文科还要好一些。最脱离实际的是文科。无論学历史的也好，学哲学的也好，学法律的也好，学經济学的也好，都太脱离实际，他們最不懂世界上的事情。

......

清华大学有工厂。那是一所理工科大学，学生如果只有书本知識，而不做工，那是不行的。

但是，大学文科不好設工厂。不好設什么文学工厂、历史学工厂、經济学工厂，或者設什么小說工厂（笑声）。文科要把社会作为自己的工厂。师生应該接触农民和城市工人，接触农业和工业。不然学生毕业以后用处不大。比如学法律的如果不到社会中了解犯罪的情况，法律是学不好的。不可能有什么法律工厂，要以社会为工厂。

所以比較起来，我国的文科最落后，就是因为接触实际太少。

《毛主席接見尼泊尔教育代表团时关于教育問題的談話》（一九六四年）

讀书是学习，使用也是学习，而且是更重要的学习。从战争学习战争——这是我們的主要方法。沒有进学校机会的人，仍然可以学习战争，就是从战争中学习。

《中国革命战争的战略問題》（一九三六年十二月）《毛澤东选集》第一卷第一七四頁

知識分子如果不把自己头脑里的不恰当的东西去掉，就不能担负教育别人的任务。我們当然只能是一面教，一面学，一面当先生，一面当学生。要做好先生，首先要作好学生。許多东西单从书本上学是不成的，要向生产者学习，向工人学习，向貧农下中农学习，在学校則要向学生学习，向自己教育的对象学习。

《在中国共产党全国宣傳工作会議上的講話》（一九五七年三月十二日）

我国革命和建設的胜利，都是馬克思列宁主义的胜利。把馬克思列宁主义的理論和中国革命的实践密切地联系起来，这是我們党的一貫的思想原則。

《人民教育》一九五六年第十期第六頁

不仅学生要搞勤工俭学，教师也要搞。机关干部也要办点附属工厂，不然光講空的，脱离实际。

在南开大学和天津大学視察时的談話（一九五八年八月十三日）《毛澤东同志論教育工作》第四五頁

八、普 及 教 育

为消灭文盲而斗爭。

《新中华报》一九三九年四月十九日

这里一切文化教育机关，是操在工农劳苦群众的手里，工农及其子女有享受教育的优先权。苏維埃政府用一切方法来提高工农的文化水平。

《中华苏維埃共和国中央执行委員会与人民委

員会对第二次全国苏維埃代表大会的报告》（一九三四年一月）《毛澤东同志論教育工作》第一三頁

我們必須告訴群众，自己起来同自己的文盲、迷信和不卫生的习慣作斗爭。……因此，在教育工作方面，不但要有集中的正規的小学、中学，而且要有分散的不正規的村学、讀报組和識字組。

《文化工作中的统一战綫》（一九四四年十月三十日），《毛澤东选集》第三卷第一〇〇九頁

农民的学习技术，应当同消灭文盲相結合，由青年团負責一同管起来。技术夜校的教員，可以就地选拔，并且提倡边教边学。

《一个受歡迎的农业技术夜校》一文的按語《中国农村的社会主义高潮》（九五五年十二月一十七日）《毛澤东同志論教育工作》第五六頁

还有文化建設，要使边区老百姓每一个人至少識一千个字，要提倡卫生，要使边区一千多个乡每乡設立一个小医务所，还要教会老百姓閙秧歌、唱歌，要达到每个区有一个秧歌队，家家有新內容的年画、春联。

在延安大学开学典礼上的講話（一九四四年五月三十一日延安《解放日报》）《毛澤东同志論教育工作》第三九頁

从百分之八十的人口中扫除文盲，是新中国的一項重要工作。

《論联合政府》（一九四五年四月二十四日）《毛澤东选集》第三卷第一〇八三頁

……所謂普及，也就是向工农兵普及，所謂提高，也就是从工农兵提高。用什么东西向他們普及呢？……只有用工农兵自己所需要、所便于接受的东西。……只能是从工农兵群众的基础上去提高。……沿着工农兵自己前进的方向去提高，沿着无产阶級前进的方向去提高。

《在延安文艺座談会上的講話》（一九四二年五月）《毛澤东选集》第三卷第八六一頁

九、批 判 繼 承

对于外国文化，排外主义的方針是錯誤的，应当尽量吸收进步的外国文化，以为发展中国新文化的借鏡；盲目搬用的方針也是錯誤的，应当以中国人民的实际需要为基础，批判地吸收外国文化。

《論联合政府》（一九四五年四月二十四日）《毛澤东选集》第三卷第〇八四頁

对于中国古代文化，同样，旣不是一概排斥，也不是盲目搬用，而是批判地接收它，以

356

利于推进中国的新文化。

　　　　　　　　　　　　《論聯合政府》（一九四五年四月二十四日）
　　　　　　　　　　　　《毛澤澤选集》第三卷第一○八四頁

　　学习有两种态度。一种是教条主义的态度，不管我国情况，适用的和不适用的，**一起搬**来。这种态度不好。另一种态度，学习的时候用脑筋想一下，学那些和我国情况相适合的东西，即吸取对我們有益的經驗，我們需要的是这样一种态度。

　　　　　　　　　　　　《关于正确处理人民内部矛盾的問題》（一
　　　　　　　　　　　　九五七年二月二十七日）

　　对于中国和外国过去时代所遺留下来的丰富的文学艺术遺产和优良的文学艺术传統，我們是要繼承的，但是目的仍然是为了人民大众。对于过去时代的文艺形式，**我們也并不拒絕**利用，但这些旧形式到了我們手里，給了改造，加进了新内容，也就变成革命的为人民服务的东西了。

　　　　　　　　　　　　《在延安文艺座談会上的講話》（一九二四年
　　　　　　　　　　　　五月）《毛澤东选集》第三卷第八五七頁

　　我們必須繼承一切优秀的文学艺术遺产，批判地吸收其中一切有益的东西，作为我們从此时此地的人民生活中的文学艺术原料創造作品时候的借鉴。

　　　　　　　　　　　　《在延安文艺座談会上的講話》（一九四二年
　　　　　　　　　　　　五月）《毛澤东选集》第三卷第八六二頁

　　中国现时的新政治新經济是从古代的旧政治旧經济发展而来的，中国现时的新文化也是从古代的旧文化发展而来，因此，我們必須尊重自己的历史，决不能割断历史。但是这种尊重，是給历史以一定的科学的地位，是尊重历史的辯証法的发展，而不是頌古非今，不是贊揚任何封建的毒素。对于人民群众和青年学生，主要地不是要引导他們向后看，而是要引导他們向前看。

　　　　　　　　　　　　《新民主主义論》（一九四○年一月）《毛澤
　　　　　　　　　　　　东选集》第二卷第七○一頁

　　中国的长期封建社会中，創造了灿烂的古代文化。清理古代文化的发展过程，剔除其封建性的糟粕，吸收其民主性的精华，是发展民族新文化提高民族自信心的必要条件；但是决不能无批判地兼收并蓄。

　　　　　　　　　　　　《新民主主义論》（一九四○年一月）《毛澤
　　　　　　　　　　　　东选集》第二卷第七○○至七○一頁

　　中国应該大量吸收外国的进步文化，作为自己文化食粮的原料，……但是一切外国的东西，如同我們对于食物一样，必須經过自己的口腔咀嚼和胃腸运动，送进唾液胃液腸液，把它分解为精华和糟粕两部分，然后排泄其糟粕，吸收其精华，才能对我們的身体有益，决不能生吞活剝地毫无批判地吸收。所謂"全盘西化"的主张，乃是一种錯誤的观点。形式主义地吸收外国的东西，在中国过去是吃过大亏的。

　　　　　　　　　　　　《新民主主义論》（一九四○年一月）《毛澤
　　　　　　　　　　　　东选集》第二卷第七○○頁

林彪同志关于教育工作指示

高举毛泽东思想伟大紅旗，
把学习毛主席著作放在首要地位

我国是一个伟大的无产階級专政的社会主义国家，有七亿人口，需要有一个流一的思想，革命的思想，正确的思想，这就是毛泽东思想。有了这个思想，才能保持旺盛的革命干劲，才有坚定正确的政治方向。

毛泽东思想，反映了国內国际斗争的客观规律，反映了无产阶级、劳动人民的根本利益。毛泽东思想并不是劳动人民自发地产生的，而是毛主席在伟大的革命实践基础上天才地繼承和发展了馬克思列宁主义的思想，是綜合了国际共产主义运动的新經驗，把馬克思列宁主义提高到一个崭新的阶段。

摘自林彪同志就工业交通战綫活学活用毛主席
著作写的一封信。（一九六六年三月十一日）

毛泽东思想是当代馬克思列宁主义的頂峰，是最高最活的馬克思列宁主义，是反对帝国主义和现代修正主义的强大思想武器。对我們军队来說，最好的武器不是飞机，不是大炮，不是坦克，不是原子弹，最好的武器是毛泽东思想。最大的战斗力是用毛泽东思想武装起来的人，最勇敢，不怕死。我們每一个干部战士，都要把活学活用毛主席著作，当作自己毕生的战斗任务，眞正把毛泽东思想学到手。

一定要把毛主席的书当作全軍各項工作的最高指示。讀毛主席的书，不是一般地讀书。一般地讀书，可以执行，也可以不执行。指示就必須执行，最高指示就尤其要执行。毛主席的話，水平最高，威信最高，威力最大，句句是眞理，一句頂一万句。我军的一切工作，我們的一切言論行动，都必須以毛泽东思想为准則。凡是符合毛泽东思想的，我們就坚决拥护，坚决去做；凡是违背毛泽东思想的，我們就坚决抵制，坚决反对。

《解放軍报》一九六六年元旦社論

林彪同志提出的五項原則，……

第一，活学活用毛主席著作，特别要在"用"字上狠下功夫，要把毛主席的书当作我們全軍各項工作的最高指示。

第二，坚持四个第一，特别要大抓狠抓活思想。

第三，領导干部要深入基层，狠抓四好連队运动，切实搞好基层，同时要切实搞好干部的領导作风。

第四，大胆地提拔眞正优秀的指战员到关键性的負責崗位上。

第五，苦練过硬的技术和近战夜战的战术。

《一九六六年全軍工作的方針》

我們学习馬克思列宁主义怎样学呢？我向同志們提議，主要是学习毛泽东同志的著作。这是学习馬克思列宁主义的捷径。馬克思、列宁的著作那么多，里面有許多人名地名你都搞不清。最好先讀毛泽东同志的著作。讀化学并不一定找到发明化学的人，学几何学不一定要找欧几里德，不一定都要讀他們的原著；后来的著作，有一些当然不及原著，但是有一些比原著还好，发展了，新的創造很多。世界是发展的，反映世界規律的理論也在发展。認識是从低級往高級发展的。毛泽东同志全面地、創造性地发展了馬克思列宁主义，綜合了前人的成果，加上了新的內容。要好好学习毛泽东同志的著作。我們学毛泽东同志的著作容易学，学了馬上可以用，好好学习，是一本万利的事情。

> 一九五九年九月，林彪元帅在全軍高級干部会
> 議上的講話

認眞学习毛泽东著作，是我們学习馬克思列宁主义的最好方法，使我們能够很好地領会馬克思列宁主义的精神和实質。一切干部的理論学习，都要以毛泽东著作为主要內容。部队和院校的軍事、政治訓練，都要以毛泽东著作为基本課程。要全面地改革軍事、政治訓練，敎材中一切与毛泽东思想不相符合的部分，必須徹底革除。

> 軍委扩大会議《关于加强軍队政治思想工作的
> 决議》

我軍的干部，都应当認眞地学习毛泽东同志的著作。在目前，无論是干部和战士，都应該挑选几篇必修的和当前实际斗争联系最密切的文章去精讀，領会精神实質，解决当前部队的现实問題。也就是說，要带着問題学，活学活用，学用結合，急用先学，立竿見影。

> 林彪同志关于加强部队政治思想工作的指示
> （一九六一年一月）

人人讀毛主席的书，听毛主席的話，照毛主席的指示办事，做毛主席的好战士。

> 軍委扩大会議《关于加强軍队政治思想工作的
> 决議》

我們要念念不忘阶級斗争，念念不忘无产阶級专政，念念不忘突出政治，念念不忘高举毛泽东思想伟大紅旗。

> 摘自 一九六六年五月二十七日《解放軍报》

突出政治　坚持四个第一

一九六〇年开了会，提出了政治工作領域中的四个关系：武器和人的关系，各种工作和政治工作的关系，政治工作中的各种工作和思想工作的关系，书本思想和活的思想的关系。在这四个关系中，人的因素第一，政治工作第一，思想工作第一，活的思想第一。这是軍委已經明确规定了的。现在是不是都这样办的？到底把政治工作摆在什么地位？各軍区、軍种、兵种認識不一样，劲头不一样，用多少力量去做不一样，什么人去做不一样。因此，摆法就不同了。有的把四个第一变为四个第二，沒有把政治工作摆在首要地位，沒有認眞抓活思想，工作做得不少，就是沒有抓政治思想工作。凡是这样搞的，任何工作也做不好，一定要出乱子，一定要出政治事故。

> 一九六二年四月，林彪元帅在軍委編制装备会
> 議上的講話

宣传毛泽东思想、活学活用毛主席著作、四个第一、三八作风、四好运动等，这些东西的落实，說起来容易，实际很难，可不簡单，要經常抓，反复抓，放松了就会走样，就会費力大，成效小。我們就要抓住这些根本的东西不变，但是有时有变，是不变中有变，变中有不变。

一九六四年四月，林彪元帅对全军报紙工作会
議的指示

我們是党和毛主席創建和領导的軍队，是以政治为特点，政治統帅軍事。毛主席一向教导我們，政治是統帅，是灵魂，政治工作是一切工作的生命綫。只要我們的思想工作和政治工作稍微一放松，其他的工作就会走到邪路上去。……軍事技术是我軍战斗力組成的重要因素之一，但不是根本的因素。根本的因素是政治的力量。……时間上誰让誰的问题，基本上要确定一个原則：让給政治。軍事訓練、生产等可占用一定时間，但不应冲击政治，相反，政治可以冲击其他。

《林彪同志关于当前部队工作的指示》一九六
四年十二月二十九日

事情在任何时候都是千头万緒的。我們几十年搞过来搞过去，最重要的事情还是这几样：搞好政治思想工作，搞好作风，搞好訓練，搞好生活管理。这些都是过硬的东西。把这几样事情搞好了，一旦有事就能够对付。我們部队建設不把基层单位搞好不行，要搞好基层单位不搞好这四样也不行。所以，司令部、政治部、后勤部，各級領导都要搞好这四个方面的工作。当然，領导机关尤其是高級領导机关，还有其他工作，但是整个部队基本上就是要搞好这四件事。

一九六一年十一月，林彪元帅在全軍政治工作
会議上的講話

在机关院校中普遍开展四好单位运动，以四好为綱，加强机关建設。

中央軍委一九六四年国防建設工作綱要

改 革 学 制

学校教育要实行两个原則：一要少而精，二要短而少。学制要改革，时间不要太长。干部老住学校，就会脱离实际，越学越空。

林彪同志在全軍高級干部会議上的講話（一九
六〇年九月）

办好院校，使全軍干部都能輪番进学校学习。学制要短，除某些技术学校外，应多采用半年到一年的学制。教育內容要压縮，突出重点，抓住精华，使干部学得精通。教育計划要合乎实际的需要和可能，用得着的就学，用不着的就不学，把急需学的首先学到手。每天上課的时間不要太长，要留出适当的复习的时間。要发动群众，不断地改革教学內容、方法和制度，貫徹"少而精"、"短而少"的原則，眞正做到教学的多快好省。

軍委扩大会議《关于加强軍队政治思想工作的
决議》

課程內容应"少而精"

教育內容也要精簡，重要的东西不在多，而在反复地学，学会运用，多講不如多練。少而精的精，就是要求抓住精华，学得精通。无論軍事、政治、文化教育都要少而精，部队、机关、院校的教育也都要少而精。这样，才能費力小而收获大。

一九六〇年九月，林彪同志在全軍高級干部会
議上的講話。

教学內容要精簡，要压縮。应該把那些次要的东西堅决砍掉，一定要舍得砍掉那些次要的問題。什么都学，結果什么也学不到。

一九六〇年八月，林彪同志在第八次全軍院校
工作会議小型会議上的講話

我們的教育計划是根据什么来制定的？是根据需要和可能来制定的。不这样，就会脱离实际。許多人都想多学一些东西，想学許多的科目，想什么都学得完备，但是結果相反，学到的东西却很少。我們的教育計划要根据学生将来出去工作的需要，根据学生原有程度，根据党中央和軍委的規定，根据我們学校的设备等等条件来制定。因此，少而精是我們制定教育計划最重要的原則。

《在抗大第三期全校干部会議上的結論》（一
九三八年五月二十二日）

改革教学方法和考試方法

教育方法要簡明易懂。不要用資产阶级的办法，資产阶级把教育当营业，故弄玄虚，拖长时间，抬高价格。要簡明，模型，图表，多种多样，使大家眞正学到东西。形式主义，煩瑣的东西都不要。大家要想出各种好办法来改革教育的方法。

一九六〇年八月，林彪同志在第八次全軍院校
工作会議小型会議上的講話

适当地分配时间。我們的学习应该是紧张的，不能把时间浪費，但也不能全部的时间都用在上課方面，要减少一些上課与开会的时间，增加一些看书时间。……只有这样才能保障教育計划的完成，才能使得所学的东西联系起来，把复杂的东西变为簡单的，把具体的提到原則上，又把原則的运用到具体的环境具体的工作中去。

《在抗大第三期全校干部会議上的結論》（一
九三八年五月二十二日）

搞什么"完整的"、"系統的"学习，而不联系实际，学习得个五分，可是品行常常很坏，行动可以犯罪，行动可以得零分，得二分，得三分。因为理論沒有同他的实际結合，他的痛的地方，你沒有去沾，这就是脱离实际，这样就会变成书呆子。

林彪同志在全軍高級干部会議上的講話（一九
六〇年十月）

馬克思、列宁关于教育的言論摘录

而你們（指资产阶級——編者）的教育不也是由社会决定的嗎？不也是由你們借以进行教育的那种社会关系决定的嗎？不也是由社会通过学校等等进行的直接的或間接的干涉决定的嗎？共产党人并沒有发明社会对教育的影响；他們仅仅是要改变这种影响的性質，要使教育摆脱統治阶級的影响。

馬克思、恩格斯：《共产党宣言》，人民出版
社一九六四年第六版四四頁

眞正的阶級斗爭在任何资本主义社会中，都是首先在經济和政治領域內进行的。把学校部門从这領域里分出来，就是一种怪誕的空想，因为使学校（以及一般的“民族文化”）脫离經济和政治是不行的……

列宁：《关于民族問題的批評意見》，《列宁
論国民教育》，人民教育出版社版二三一頁

在国民教育方面也是这样：资产阶級国家愈文明，它就愈会撒謊，說学校可以不問政治而为整个社会服务。

事实上，学校完全变成了资产阶級統治的工具，浸透了资产阶級的等級思想，它的目的是为资本家培养恭順的奴才和能干的工人。

列宁：《在全俄教育工作第一次代表大会上的
演說》，《列宁论国民教育》，人民教育出版
社版二八九頁

今天請同志們同我們一起来討論文化教育工作，最主要的是要解决教育同我們的政治相結合的問題。如果有必要的話，可以确定任何一个名称，因为我們在自己的整个教育工作方針方面不能持那种教育不問政治的陈腐观点，我們不能脫离政治安排教育工作。

……

……我們不能不公开地提出問題，我們不願一切陈旧的謊言公开承認：教育不能不同政治联系。

列宁：《在全俄省、县国民教育厅、局政治教
育会議上的演說》，《列宁论国民教育》，人
民教育出版社版四〇五——四〇六頁

用任何理由斥責吸引学生参加政治活动，即使斥責“过早地”吸引学生参加政治活动，都是虛伪的，都是蒙昧主义的表現。

列宁：《日益增長的矛盾》，《列宁论国民教
育》，人民教育出版社版一四八頁

在国民教育方面，俄共給自己提出的任务是：把一九一七年十月革命时开始的事业进行到底，把学校由资产阶級的阶級統治工具变为摧毁这种統治和完全消灭 社会阶 級划 分的工

具。学校应当成为无产阶级专政的工具，就是說，不仅传播一般共产主义原则，而且在思想、組織和教育方面传播无产阶級对劳动群众中的半无产的和非无产的阶层的影响，以利于徹底鎮压剥削者的反抗和实现共产主义制度。

列宁：《俄共（布）党綱草案》，《列宁論国
民教育》，人民教育出版社版三三三頁

在苏維埃工农共和国里，整个教育事业的組織，不論是在一般的政治教育方面，或是特殊地在艺术方面，都必須貫徹着无产阶級为順利地实现其专政的目的——即推翻資产阶級，消灭阶級，消灭任何人剥削人的现象——所进行的阶級斗爭的精神。

列宁：《論无产阶級的文化》，《列宁論国民
教育》，人民教育出版社版四〇二頁

如果学习、教育和訓練只局限于学校以內，而与蓬勃的实际生活脱离，这样教育方式我們是不会相信的。……我們的学校必須使人們在学习期內便能成为参加推翻剥削者斗爭的人。

列宁：《青年团的任务》（一九二〇年十月一
日在俄国共产主义青年团第三次全国代表大
会上的演說），《列宁論国民教育》，人民
教育出版社版三九六頁

我已回答了我們应当学习什么，我們应从旧学校和旧科学中采取一些什么的问题。现在我还想来回答应当怎样学习的问题。我的回答是：只有把学校活动的每一步驟，把教育、訓練和学习的每一步驟，与全体劳动者反对剥削者的斗爭密切联系起来，才能学习这些东西。

列宁：《青年团的任务》（一九二〇年十月二
日在俄国共产主义青年团第三次全国代表大
会上的演說），《列宁論国民教育》，人民
教育出版社版三九七——三九八頁

对一切儿童实行公共的免費的教育。取消现在这种形式的儿童的工厂劳动。把教育同物質生产结合起来，等等。

馬克思、恩格斯：《共产党宣言》，人民出版
社 一九六四年第六版四八頁

普遍禁止童工是和大工业的存在不相容的，所以这是空洞的虔誠的願望。
实行这一措施——如果可能的話——是反动的，因为在按照各种年龄严格調节劳动时間并采取其他保护儿童的预防措施的条件下，生产劳动和教育的早期结合是改造现代社会的最强有力的手段之一。

馬克思：《哥达綱領批判》，《馬克思、恩格
斯全集》十九卷，人民出版社版三五頁

……未来教育——这种教育对一切已滿一定年龄的儿童来說，都是生产劳动同智育和体育相结合，它不仅是增进社会生产的一个方法，并且是唯一的生产一个全面发展的人的方法——的胚芽，就是从工厂制度发芽的。

馬克思：《資本論》第一卷，人民出版社一九
六三年第二版五二二頁

所以必须使共产主义青年团把自己的训練、自己的学习、自己的教育与工农的劳动结合起来，不要关閉在自己的学校內，不要只限于閲讀共产主义书籍与小册子。只有在劳动中与工人农民打成一片，才能成为眞正的共产主义者。

列宁：《青年团的任务》（一九二〇年十月二
日在俄国共产主义青年团第三次全国代表大
会上的演說），《列宁論国民教育》，人民
教育出版社版三九九頁

如果不把青年一代的教学和生产劳动结合起来，未来社会的理想是不能想象的；我们不可能把脱离生产劳动的教学和教育或者把脱离相应的教学和教育的生产劳动，提到现代技术水平和科学知識现状所要求的那种高度。……

很显然，为了把普及生产劳动同普及教育结合起来，必须使所有的人都承担参加生产劳动的义务。

列宁：《民粹派空洞計划的典型》，《列宁論
国民教育》，人民教育出版社版二四頁

现在，我们应当培养一支新的教师大军，他們应当同党、党的思想緊密地联系在一起，应当充滿党的精神，应当把工人群众吸引到自己身边，用共产主义的精神教育他們，使他們关心共产党人正在进行的事业。

列宁：《在全俄省、县国民教育厅、局政治教
育会議上的演說》，《列宁論国民教育》，人
民教育出版社版四〇九頁

教师大军应該向自己提出巨大的教育任务，而且首先应該成为社会主义教育的主力軍。应該使生活和知識摆脱对資本的从属，摆脱资产阶级的束縛。教师不能把自己放在狹隘的教学活动的圈子里。教师应該和一切战斗着的劳动群众打成一片。新教育学的任务是要把教师的活动同組織社会主义社会的任务联系起来。

列宁：《在全俄国际主义教师代表大会上的演
說》《列宁論国民教育》，人民教育出版社
版二八四頁

在任何学校里，最重要的是講授的思想政治方向。这个方向由什么来决定呢？这完全而且只能由教学人员来决定。同志們，你們明明知道，一切"监督"、一切"領导"、一切"教学大綱"、"章程"等等，所有这些，对于教学人员来說都是空談。任何监督、任何教学大綱等等，絶对不能改变由教学人员所决定的課业方向。……

……学校的眞正的性質和方向不是由地方組織的良好心愿决定的，不是由学生"委员会"的决議决定的，也不是由"教学大綱"等等决定的，而是由教学人员决定的。

列宁：《给卡普里党校学生尤利依、万尼亞、
薩維利伊、伊万、符拉季米尔、斯坦尼斯拉
夫和佛瑪諸同志的信》，《列宁論国民教
育》，人民教育出版社版一一四——一一六
頁

……在为社会主义革命而进行的斗争中，在反对那些一直抱着資产阶級旧偏見、站在旧制度和虚伪的立場上、幻想可以把旧制度的一些东西保存下来的教师的斗爭中，絕大部分教师是一定会眞誠地站到被剝削的劳动者的政权方面来的。

　　　　列宁：《在全俄国际主义教师第二次代表大会
　　　　　　上的演說》，《列宁論国民教育》人民教育
　　　　　　出版社版二九五頁

有一种唯物主义学說，認为人是环境和教育的产物，因而認为改变了的人是另一种环境和改变了的教育的产物，—— 这种学說忘記了：环境正是由人来改变的，而教育者本人一定是受教育的。……

　　　　馬克思：《关于費尔巴哈的提綱》，《馬克思
　　　　　　恩格斯全集》第三卷，人民出版社版，第四
　　　　　　頁

（本刊由教育革命办公室編写組选編）

365

《文革史料叢刊》第一輯 六冊

李正中輯編 古月齋叢書3-5

第一輯共六冊，圓背精裝
ISBN：978-986-5633-03-5

第二輯共五冊，圓背精裝
ISBN：978-986-5633-30-1

第三輯共五冊，圓背精裝
ISBN：978-986-5633-48-6

文革史料叢刊　內容簡介

　　《文革史料叢刊第一輯》共六冊。文革事件在歷史長河裡，是不會被抹滅的，文革資料是重要的第一手歷史資料。其中主要的兩大類，一是黨的內部文宣品，另一是非黨的文宣品，本套叢書搜集了各種手寫稿，油印品，鉛印文字、照片或繪畫，或傳單、小報等等文革遺物，甚至造反隊的隊旗、臂標也多有收錄，相關整理經過多年努力，台灣蘭臺出版社，目前已出版至第三輯，還在陸續出版中。

蘭臺出版社書訊

第一輯-第三輯（三輯）目錄

前言：忘記歷史意味著背叛
李正中

序言：中國歷史界的大幸，也
是國家、民族之大幸　張培鋒

第一冊：最高指示及中央首長
關於文化大革命講話

第二冊：批判劉少奇與鄧小平
罪行大字報選編

第三冊：劉少奇與鄧小平反動
言論彙編

第四冊：反黨篡軍野心家罪惡
史選編

第五冊：文藝戰線上兩條路線
鬥爭大事紀

第六冊：文革紅衛兵報紙選編

前言：忘記歷史意味著背叛
李正中

序言：中國歷史界的大幸，也
是國家、民族之大幸　張培鋒

第一冊：文件類

（一）中共中央文件 11

（二）地方文件 69

第二冊：文論類（一）

第二冊：文論類（二）

第二冊：文論類（三）

第三冊：講話類

前言：忘記歷史意味著背叛
李正中

序言：中國歷史界的大幸，也
是國家、民族之大幸　張培鋒

第一冊：大事記類

第二冊：會議材料類

第三冊：通訊類

第四冊（一）：雜誌、簡報類

第四冊（二）：雜誌、簡報類

文革史料叢刊第一輯

第一冊	頁數：758
第二冊	頁數：514
第三冊	頁數：474
第四冊	頁數：542
第五冊	頁數：434
第六冊	頁數：566

文革史料叢刊第二輯

第一冊	頁數：188
第二冊㈠	頁數：416
第二冊㈡	頁數：414
第二冊㈢	頁數：434
第三冊	頁數：470

文革史料叢刊第三輯

第一冊	頁數：239
第二冊	頁數：284
第三冊	頁數：372
第四冊㈠	頁數：368
第四冊㈡	頁數：336

9 789865 633035　30000

古月齋叢書 3 定價 30000元（再版）

9 789865 633301　20000

古月齋叢書 4　定價 20000元

9 789865 633486　25000

古月齋叢書 5　定價 25000元

書款請匯入以下兩種方式

銀行
戶名：蘭臺網路出版商務有限公司
土地銀行營業部（銀行代號005）
帳號：041-001-173756

劃撥帳號
戶名：蘭臺出版社
帳號：18995335

100 台北市中正區重慶南路1段121號8樓之14
TEL：(8862) 2331-1675 FAX：(8862) 2382-6225
E-mail：books5w@gmail.com
網址：http://bookstv.com.tw/